2014年度浙江省社科联省级社会科学学术著作出版资金全额资助出版（编号：2014CBZ08）

浙江省社科规划一般课题（编号：14CBZZ08）
教育部人文社会科学青年基金项目（编号：13YJC840046）

当代浙江学术文库
DANGDAI ZHEJIANG XUESHU WENKU

富人治村
——城镇化进程中的乡村权力结构转型

袁 松 著

中国社会科学出版社

图书在版编目（CIP）数据

富人治村：城镇化进程中的乡村权力结构转型／袁松著 . —北京：中国社会科学出版社，2015.12
（当代浙江学术文库）
ISBN 978 - 7 - 5161 - 6695 - 6

Ⅰ.①富…　Ⅱ.①袁…　Ⅲ.①农村—群众自治—研究—中国
Ⅳ.①D638

中国版本图书馆 CIP 数据核字（2015）第 166963 号

出 版 人	赵剑英
责任编辑	田　文
特约编辑	胡新芳
责任校对	朱妍洁
责任印制	王　超

出　版	中国社会科学出版社
社　址	北京鼓楼西大街甲 158 号
邮　编	100720
网　址	http://www.csspw.cn
发 行 部	010 - 84083685
门 市 部	010 - 84029450
经　销	新华书店及其他书店
印　刷	北京君升印刷有限公司
装　订	廊坊市广阳区广增装订厂
版　次	2015 年 12 月第 1 版
印　次	2015 年 12 月第 1 次印刷
开　本	710×1000　1/16
印　张	24.25
插　页	2
字　数	415 千字
定　价	89.00 元

凡购买中国社会科学出版社图书，如有质量问题请与本社营销中心联系调换
电话：010 - 84083683
版权所有　侵权必究

《当代浙江学术文库》编委会

主　任　　郑新浦　蒋承勇
副主任　　何一峰　邵　清　周鹤鸣　谢利根
编　委　（以姓氏笔画排序）
　　　　　王　河　王俊豪　毛剑波　卢福营
　　　　　史习民　池仁勇　杨树荫　吴　笛
　　　　　沈　坚　陈立旭　陈华文　陈寿灿
　　　　　陈剩勇　林正范　金　涛　金彭年
　　　　　周　青　周建松　宣　勇　费君清
　　　　　徐　斌　凌　平　黄大同　黄建钢
　　　　　潘捷军

编委会办公室

主　任　　何一峰
副主任　　俞晓光
成　员　　黄　获　周　全　杨希平

总　序

浙江省社会科学界联合会党组书记　郑新浦

源远流长的浙江学术，蕴华含英，是今天浙江经济社会发展的"文化基因"；三十五年的浙江改革发展，鲜活典型，是浙江人民创业创新的生动实践。无论是对优秀传统文化的传承弘扬，还是就波澜壮阔实践的概括提升，都是理论研究和理论创新的"富矿"，浙江省社科工作者可以而且应该在这里努力开凿挖掘，精心洗矿提炼，创造学术精品。

繁荣发展浙江学术，当代浙江学人使命光荣、责无旁贷。我们既要深入研究、深度开掘浙江学术思想的优良传统，肩负起继承、弘扬、发展的伟大使命；更要面向今天浙江经济社会的发展之要和人文社会科学建设的迫切需要，担当起促进学术繁荣的重大责任，创造具有时代特征和地方特色的当代浙江学术，打造当代浙江学术品牌，全力服务"两富"现代化浙江建设。

繁荣发展浙江学术，良好工作机制更具长远、殊为重要。我们要着力创新机制，树立品牌意识，构建良好载体，鼓励浙江学人，扶持优秀成果。"浙江省社科联省级社会科学学术著作出版资金资助项目"，就是一个坚持多年、富有成效、受学人欢迎的优质品牌和载体。从2006年开始，我们对年度全额资助书稿以"当代浙江学术论丛"（《光明文库》）系列丛书资助出版；2011年，我们将当年获得全额重点资助和全额资助的书稿改为《当代浙江学术文库》系列加以出版。多年来，我们已资助出版共553部著作，对于扶持学术精品，推进学术创新，阐释浙江改革开放轨迹，提炼浙江经验，弘扬浙江精神，创新浙江模式，探索浙江发展路径，产生了良好的社会影响和积极的促进作用。

2013年入选资助出版的27部书稿，内容丰富，选题新颖，学术功底较深，创新视野广阔。有的集中关注现实社会问题，追踪热点，详论对策破解之道；有的深究传统历史文化，精心梳理，力呈推陈出新之意；有的收集整理民俗习尚，寻觅探究，深追民间社会记忆之迹；有的倾注研究人类共同面对的难题，潜心思考，苦求解决和谐发展之法。尤为可喜的是，资助成果的作者大部分是浙江省的中青年学者，我们的资助扶持，不惟解决了他们优秀成果的出版之困，更具有促进社科新才成长的奖掖之功。

我相信，"浙江省社科联省级社会科学学术著作出版资金资助项目"的继续实施，特别是《当代浙江学术文库》品牌的持续、系列化出版，必将推出更多的优秀浙江学人，涌现更丰富的精品佳作，从而繁荣发展浙江省哲学社会科学，充分发挥"思想库"和"智囊团"的作用，有效助推物质富裕精神富有现代化浙江的加快发展。

2013年12月

序

《富人治村——城镇化进程中的乡村权力结构转型》是袁松在其2012年通过的博士学位论文基础上修改成书的。

大约是2005年下半年，在浙江衢州广电总台工作的袁松写来长信，讲述了他对"三农"问题的看法、忧虑，表示自己有决心投身三农研究之中。这是一封让人印象深刻的长信，其中也讲到了他的家乡湖北鄂州的农村问题。

2005年正是"三农"大热的时候，袁松出身于农村，又在媒体工作，关心"三农"问题也算是十分正常的了。他要考我的研究生，我当然是很欢迎的。袁松2004年从武汉大学本科毕业，本科所学专业是应用化学，同时攻读了新闻专业的双学位，由理转文，到衢州工作两年，终于在2006年考入华中科技大学社会学系，跟我读硕士研究生。

2006年是我在华中科技大学正式带硕士生的第二年，之前在华中师范大学工作和带研究生。袁松这一届，我在社会学专业所带硕士生还有赵晓峰、刘燕舞。赵晓峰、刘燕舞也是因为对"三农"问题的兴趣考到我的门下。他们入学后，我却没有让他们去关心"三农"，而是要求他们系统阅读社会学、人类学、政治学、经济学等学科的经典著作。袁松以及晓峰、燕舞和他们这一届其他的研究生一样，没有辜负我的期待，很快就投入到经典著作的阅读中，并且逐渐有了对经典的体悟与把握。我大致统计了一下，袁松他们这一届在硕士研究生期间阅读了100多部经典著作，这为他们从事学术研究打下了良好基础。

袁松的特点是心思细密，甚至经常与文字过不去，有些地方会不断重写，不厌其细。也许是受到理工科出身背景的影响，他是一个完美主义者，希望自己的作品没有缺点，这其实很难。

袁松以及晓峰、燕舞都顺利地由硕转博，在博士期间开始了"三农"的调查研究。但这个"三农"调查研究与他们进入硕士前的想象有比较大的差异，因为我要求他们广泛调研，每年有100天以上时间驻村，且每次驻村都要对村庄政治、经济、社会、文化、宗教、历史进行细致全面的调查，以形成对农民生活逻辑与村庄治理逻辑的理解。这样，他们对"三农"问题的热情就转化成了学术兴趣。在这样一种学术兴趣的支持下，他们几乎没有一天休息，每天都奋战在田野中、文献里。

2009年国庆是60周年大庆，天安门举行了隆重的阅兵式。这年国庆与中秋正好重叠。在这个美好的日子里，我带着十多个同学在浙江奉化3个相邻村庄调研，其中我和袁松、郭俊霞、王会、陈锋等人在金峨村调研。金峨村以金峨山命名，据说金峨山是宁波第一高峰，海拔700多米，我们登上山去，发现金峨山的确很美。更美的是金峨村，它是当地著名的花木村。丹桂飘香，花好月圆，我们就在这里调研。

正是在金峨村的调查，我们发现了沿海发达地区因为经济发展而必然导致的经济分化，经济分化又导致社会分层，社会分层通过人情等机制形成社会排斥，结果，发达地区农村形成了远不同于一般中西部农业型地区的村庄政治结构，这一结构的核心是积极参与政治的富人与消极对待村庄政治的大多数一般村民。这种不平衡引起了村庄中阶层间的怨气，这种怨气又会以上访等形式来表达。

金峨村的调查使袁松确定了博士学位论文的选题。他希望通过自己在沿海发达地区的深入调查来揭示发达地区乡村治理的特殊性。他因此在2010年底联系到浙江大学毛丹教授，并在2011年上半年用6个月时间在浙中农村完成了博士学位论文调查。2012年上半年，他提交的题为《富人治村——城镇化进程中的乡村权力结构转型》的学术论文，不仅顺利通过答辩，还被评为优秀博士学位论文。

《富人治村——城镇化进程中的乡村权力结构转型》很好地把握了时代背景，将城镇化进程中的土地升值与项目进村作为影响村民自治的新的变量，用类型对比的方法把握乡村基层权力结构在资源流量剧增时的突变，在细致观察的基础上描述基层权力运作方式的变化。他的考察范围没有局限于选举、治理等政治现象本身，而是将"富人治村"放在近年来中国农村的巨变之中，挖掘这一村治现象背后隐含着的村庄社会基础、基层治理机制以及国家与社会关系的变迁。《富人治村》调研深入，文笔细腻，逻辑严谨，有力地推进了华中村治研究群体的既有研究。

袁松现在任教于浙江师范大学，他继续在浙江进行田野调查，且已经有了一些新的思考。相信他在博士学位论文出版后，很快就会再有系列关于发达地区乡村治理研究的有力度作品的发表。

期待袁松新的作品。

是为序。

贺雪峰

2014年10月于武汉

目 录

第一章 导论 …………………………………………………… (1)
    一 问题意识 ………………………………………………… (1)
    二 文献梳理 ………………………………………………… (4)
    三 研究设计 ………………………………………………… (16)

第二章 分化与疏离：吴镇的经济社会形态 ………………… (36)
    一 田野概况：梯度的非农化 ……………………………… (36)
    二 社区记忆：家族的弱关联 ……………………………… (45)
    三 社会分层：权力的日常化 ……………………………… (58)

第三章 富人主政：选举产生的村庄权力格局 ……………… (81)
    一 村委会选举：选票的升值 ……………………………… (81)
    二 农村基层党建：新党员的富人化 ……………………… (108)
    三 人大代表选举："巨富"的游戏 ………………………… (135)

第四章 地利之争：城镇化进程中的村庄政治 ……………… (143)
    一 利益构成：嵌入城镇空间的宅基地开发 ……………… (143)
    二 行动策略：失地农民安置的场域化演绎 ……………… (165)
    三 博弈结果：富人担纲的必然性 ………………………… (183)

第五章 场域的定型：乡村治理中的权力互构 ……………… (194)
    一 村级治理：公共性的萎缩 ……………………………… (194)
    二 乡村关系：控制还是交换？ …………………………… (209)
    三 个案考察：参政动机分析 ……………………………… (235)

第六章　结论 ……（253）

一　内容总结：寡头定理——利益密集型农村的权力结构化 ……（254）

二　理论透视：权力的利益网络与乡村场域的结构洞 ……（262）

三　政策反思：乡村治理往何处去？……（277）

参考文献 ……（294）

附录 ……（312）

附录1　吴镇村民委员会选举工作细则 ……（312）

附录2　承诺书样本 ……（319）

附录3　越州市委组织部关于"两推一选"制度的工作总结 ……（322）

附录4　关于切实解决农村多年不发展党员问题的意见 ……（332）

附录5　关于印发《吴镇解决农村多年不发展党员问题工作责任制》的通知 ……（334）

附录6　关于建立2009年度解决农村多年未发展党员问题镇（街道）领导联系点制度的通知 ……（336）

附录7　越州市委组织部关于基层党建工作的调研报告 ……（337）

附录8　越州市城乡新社区建设实施办法 ……（342）

附录9　关于全面推进新农村建设实施意见 ……（349）

附录10　吴镇岭村社区建设实施细则 ……（354）

附录11　吴镇岭村社区建设实施细则补充规定 ……（360）

附录12　两封与旧村改造有关的上访信 ……（361）

附录13　越州市村级干部基本报酬考核办法 ……（363）

附录14　吴镇村（居）集体经济组织财务管理制度 ……（367）

后记 ……（374）

第一章
导　论

一　问题意识

　　本书的核心问题意识是"富人治村"的实践机制。这个问题的解答涉及以下三个彼此相关的问题："富人治村"的治理模式是怎样形成的？它在乡村场域中生成了怎样的权力结构？这种结构在资源密集化的治理背景下会对地方秩序产生怎样的影响？

　　富人治村并不是一个新的现象，20世纪90年代初期以来，随着民营经济在沿海发达地区的勃兴，先富能人当选村组干部已成为当地农村一道常见的政治风景。"苏南模式"消失之后，随着原乡村集体企业的去政治化和去社区化，江苏等地农村出现了大量"先富参政"的现象，并且许多地方还是政府鼓励下的富人治村，如江苏射阳县明确规定：村党支部书记或村主任个人资产必须在10万以上（郑燕峰，2003）。而在浙江，据省民政厅2002年统计，先富群体占浙江全省新当选村委会委员的比例约为30%，在义乌、永康、瑞安、乐清等地则是60%（肖菁、岳海智，2003）。

　　富人治村的现象并不是沿海发达地区的专利，中西部地区城郊附近的农村同样如是。据《商界》杂志社2004年的一项调查，重庆市渝北区玉峰镇6个村的24名村干部中，私有资产在100万元以上的村干部占了一半以上。[①] 在吉林省白城市，市委制定了《关于大力选拔致富能人型村干部的意见》、《关于大力培养选拔致富能人入党的意见》，重点在选人用人机制上下功夫（鞠万义等，2003）。革命老区甘肃省庆阳市大力开展"双培双带"工程，使越来越多的先富群体走上了村一级的领导岗位，"庆阳

[①] 该杂志编辑部在文章中欣喜地判断，"富人治村的新时代已经来临"。引自《富人治村新时代》，《乡镇论坛》2004年第6期。

市卅铺镇15个行政村中，有6个村的村党支部书记个人资产在50万元以上"（谭飞、赵锋，2004）。

2005年之后，中国农村富人参政的迹象更加明显，乡村新富阶层通过公开竞选的方式走上了政治前台（肖立辉，2008）。从见诸媒体的报道来看，浙江、江苏、广东、福建、重庆、山西、山东、吉林等地的村两委选举过程中，都有大量率先富裕起来的私营企业主、个体工商户积极参加竞选，他们以较强的致富能力影响选民的投票意向，还以"承诺"和"捐赠"等形式赢得多数选民的支持而当选。当然，最典型的仍属浙江地区。2009年，一份最新的调查数据显示，整个浙江省富人当选为村委会主任的比例已达2/3（商意盈等，2009）。

值得注意的是，上述变化与农业税的全面取消相同步。另一个因素是，近年来农民的生育观念也发生了巨变，村级计划生育工作的难度大大减轻，已基本上转由乡镇的专属部门来负责。所以，税费改革以后，农村基层组织的主要定位不再是从农村汲取资源，村干部的角色也从繁重的、与村民形成对抗关系的税费征收与计划生育任务中解脱出来，转到引导村庄发展，为村民提供优质的公共产品方面。于是，在新的时代背景下，"带头致富能力强、带领致富能力强"的新型"双强"村两委建设成为地方政府努力的目标，而"带头致富、带领致富"的"双带"方针成为全国性的农村基层组织工作的主导方针。各省份陆续启动了农村基层组织创优争先的"先锋工程"建设，旨在"把党员培养成致富能手，把致富能手培养成党员，把党员致富能手培养成村组干部，使广大农村党员在带头致富和带领群众共同致富这两个方面充分发挥先锋模范作用"。

在革命话语消退和以新农村建设为核心的城镇化浪潮中，农村经济精英的参政热情逐步高涨，"富人治村"也渐渐由颇具新闻价值的"新鲜事"转而成为随处可见的"平常事"，局部地区的个别现象显现出全面扩展的趋势，这个时候，对"富人治村"现象的研究就十分必要：既然这种模式极有可能演变为最为普通的治理模式，那么，对"富人治村"的研究在某种意义上就是在探讨中国乡村治理的未来和中国基层政治的走向，它关系到基层治理方式的转型、地方秩序基础与社会性质的变化。所以，这个问题的重要性和前瞻性是不言而喻的。

笔者对此现象的关注始于2009年国庆期间作为华中村治研究团队的一员在浙东地区为期三周的田野调查。一开始只是想考察这一地区的社会分化，但当地几乎清一色的由富人主持村政的现象让我们感受到与此前经常调查的中西部农村的差别。而且，我们分组调查的3个村的主职村干部的资产实力与其他村干部明显不在同一级别，这些富甲一方的村庄精英高大威猛的形象让普通村民们相形见绌。这种经验调查中的崭新事物对调查者已感麻木的神经是一种强烈的刺激，发达地区农村的治理模式与中西部农村的对比如此鲜明，以至于让笔者有了建构理想类型的冲动。

但在接下来回到中西部农村的调查中，笔者却发现，其实中西部农村从某种程度上讲也是"富人治村"，只是其中"富人"的内涵有所差别，或者说，是不同地区的村庄社会分层状况有所不同。发达地区农村及城郊农村的特殊之处在于，位于村庄顶层的精英在致富以后依然生活在村庄附近，他们与村庄没有脱离关系。相比之下，普通的农业型村庄中顶层的富人几乎永久地离开了村庄。剩下的仍然在村内生活并担任村干部的精英与普通群众的距离虽有，但还不至于在资本实力上相差一两个数量级，而且和他们处于相同档次的精英大有人在，想要在社会地位上遥遥领先，并不是那么容易。不过，在农村逐渐城镇化、工业化的过程中，上层精英又有回流的迹象，比如在位于武汉郊区的孝感经济开发区周边农村，许多已经在城市买房的"大老板"又重新回到村庄，角逐村内权力，并获得了成功（参见李祖佩，2012）。因此，从类型对比的角度来看，所谓"富人治村"，实际上是村庄权力结构的一个变化过程：随着特定社会空间中的资源愈来愈密集，场域内的权力结构可能会产生相应的变化。在这个变化过程中，村内各种精英的力量均衡让位于社会分层体系里的上层经济精英的合纵连横，他们彼此竞争与合作的结果将决定村两委的权力配置。

总的来看，传统的家族长权威或"毛式干部"的体制性精英主导村政的格局已经成为过去，"致富能手"引领村庄发展的时代正在走近。那么，富人主导村庄并实施治理的权力结构是怎样形成的？与资源密度的关系是什么？其内在机理为何？"富人治村"模式的普遍化趋势对农村社会的基层治理又意味着什么？要解答上述重大问题，我们不能仅仅停留于现象层面的分析，而是需要深刻理解富人治村发生的社会基础、治理逻辑及其政治社会影响。如此，才能在战略方向与制度设计上做出准确的判断与恰当的调整。

二 文献梳理

本书是一项政策基础研究①，其旨趣不在于用源自农村的经验材料证实或证伪社会科学的某种一般性理论，也不在于对局部经验进行分析总结，为农村政策的制定或改进提供直接的建议。笔者的目的在于理解城镇化进程中农村基层治理的权力结构及其变动趋势，理解自上而下施行的"带头致富、带领致富"的基层组织建设方针在农村的实践机制。但是，这并不意味着对社会科学一般理论的忽视，相反，恰恰是要利用这些理论资源来为有着本土问题意识的理论建构服务。由于本项研究的上述性质，本书需要回顾的既有研究就不能仅仅局限于学界对"富人治村"本身的探讨，而是要超越这一狭窄论域，将视野扩大至农村权力结构及其社会基础的研究。

（一）"富人治村"研究

学界对"富人治村"现象的研究可以按照分析视角分为三种类型。第一种可称之为"功能—绩效"视角。这类研究主要从农村经济与社会发展绩效的角度论述富人治村模式的功能。项辉、周威锋（2001）认为农村经济精英在村庄经济发展与村级事务决策中发挥了主要作用。党国英（2003；2004）认为，富人群体是先进生产力的代表，他们治理村庄可以减轻农民负担，实现农民增收，而且可以带动农村经济与民主政治飞速发展。东部地区农村的经济社会结构发生了巨大的变化，这些地区的乡村居民对民主政治有强烈的需求；乡村社会中崛起的富人阶层所具有的社会性质，将会承担起这一历史重担。任强（2005）论述了先富能人参政在市场中介、乡村治理结构、村庄合作文化的转型等方面具有特殊意义，他指出，在社会区分原则已经在乡村社会扎根的情况下，先富群体能否回应农民在新时代背景下兴起的迫切需求，能否在与社区权力结合的基础上形成有效的"市场与公共服务中介"还有待实践的检验。王国勤（2009）认为，"先富参政"的制度安排，在"有效性"，即乡村经济和一般物质性

---

① 贺雪峰在反思以中国农村作为实证材料的"中国农村研究"时，将其分为理论研究、政策研究和政策基础研究三种基本类型。详见《论农村政策基础研究》，载《什么农村，什么问题》，法律出版社 2008 年版，第 35 页。

的公共产品供给或提升方面，无疑取得的绩效比较明显；在"稳定"方面，只能说取得了一定的绩效；而在"公正性"方面，则乏善可陈。郭剑鸣（2010）在对浙江省多个村庄的实地调查中发现，富人治村改变了村治的生态环境和职能结构，村庄的公共服务得到强化，"越来越多的基层干部尤其是县乡主要领导在实际工作中，深切悟到富人当选村官，有利于改变农村落后面貌，发展村级经济，尤其是乡镇任务的落实。因此，地方领导鼓励并支持富人群体竞选村官在浙江比较普遍"。另一方面，他也列举了一些隐忧："富人村官对村治责任的担当不稳定，违规违法现象时有发生；富人上台后可能利用职权发展家族企业或转移集体资产，进一步加剧贫富分化"等。

第二种是"民主—发展"视角，即把农村社会分层与先富能人的参政作为嵌入村民自治的重要变量，探讨富人治村与基层民主的关系。多数学者认为，富人治村将会增进基层民主的发展。徐勇（1996）认为，由于能人治理促成了社区经济社会的迅速发展，在能人治理下的社区有可能比其他社区更快地实现向法治型治理模式的转换。郎友兴等（2003；2009）认为，先富能人只是"原子"式的政治管理者，并不会形成乡村精英的利益群体，因此这并不意味着富人政治的出现。胡序杭（2005）认为先富能人争当村官，对村级权力结构合法性程度的提高和农村基层民主政治建设的发展具有积极效应。卢福营（2006）在其博士学位论文中从以下几个要点对先富治村与基层民主的关系进行了详细论证：①获得村民认同的村庄领袖不是普通的农村经济能人，他们之所以能够通过村民民主选举程序产生，除了拥有较强经济能力及社会关系资源，还具有良好的人品。新兴的经济精英治村经过了群众的委托和授权，是对历史上乡绅治村的传承和超越。②从精英主义和多元主义的理论传统来看，精英民主才是现代社会中的常态。村民自治作为农村基层民主政治是一个渐进的发展过程，将大致经历"管理者控制—权势精英主导—群众自治"的演进阶段。③20世纪80年代创建的村民自治建立在均平化的社会结构之上，当前的实践与之存有偏差，而先富能人主导的多元精英治理是对村民自治制度的适应性调整。基于此，他认为，新兴经济精英治村是农村经济社会变迁的必然，也是国家建构现代农村社会的产物，他们将承担起党和政府赋予的重要使命（卢福营，2008）。

但是，也有少数人认为，富人治村恰恰可能会阻碍基层民主的发展。

黄俊尧（2007；2009）指出，富人治村可能会导致精英治理格局的固化，而这与村民自治的取向相背离：先富能人与村庄其他阶层进行多种类型的社会资源交换和策略互动，改变了选举的进程和结果，乃至影响了村庄的选举方式；他们一方面有可能对村庄的经济、社会事务做出贡献，但另一方面对"民主治村"机制的创新能力和动力均不足，势必会制约村庄内生性民主的发展。[①]

第三种是"治理—秩序"视角。这种视角主要通过考察村庄治理实践中精英与普通村民之间的复杂互动来展现富人主政时的秩序构成。卢福营（2006；2012）指出，个私企业主主政的村庄治理是"经济能人治村"，私营企业主通过多种途径和方式，积极参与村庄领袖的竞选，表现为一种基于社会理性和经营理念的政治行为。投资增值成为村庄治理的主要目标，利益导控成为村庄治理的主导原则，务实理性成为村庄治理的重要策略。作为一种精英主导的群众自治形式，村级治理呈现出经营式治理的特征。桂华、刘燕舞（2010）从村庄政治分层的角度来理解富人治村，他们指出，村庄从治理到发展的转型以及村庄的经济分层形塑了村庄政治分层。村庄内外所形成的只有富人才能带领村庄经济发展的话语转换为只有富人才有资格参与村庄政治的话语。这种话语体系的建构固化和维系了村庄政治分层的合法性，从而固化了富人的权威。陈锋、袁松（2010）从村庄日常生活的角度切入，揭示出"富人治村"使得贫富之间的矛盾与公私之间的矛盾纠结交错，对富人村干部们的道德优越感心怀怨气的少数村民选择越出村民自治的框架，通过信访等形式进行非制度的政治参与。赵晓峰（2010）认为，富人在构筑权力结构网络之时也为普通村民参与村庄政治树立了经济实力、道义伦理和社会活动能力三大门槛，在村内形成了政治排斥。而林辉煌（2010）则根据他在浙东农村的调查经验概括了富人主政格局下的新型政治伦理。此外，欧阳静（2011a）基于江西桔镇的长期研究考察了当地"富人治村的逻辑"，她敏锐地感受到，这与传统乡绅的"简约治理"不同，因为富人村干部很少主动地回应村庄内部的公共服务需求。她将富人治村的研究扩展至乡—村关系的视域，认

---

① 对此，申端锋、刘金志（2009）在探讨乡村社会地方秩序形成的机制时进一步指出，士绅与国家共享儒家正统，人民公社干部与国家分享相同的意识形态与治理目标，这是非正式的、不规则的地方治理得以实现的关键。

为当前富人治村的逻辑仍然是一种行政逻辑，而非自治逻辑，"除完成上级下达的行政任务外，富人村干部的主要时间和精力用于自己的职业……他们中的大部分人是'不在村干部'"。

既有研究在推进认识的同时也存在以下不足：首先，对"富人治村"从局部现象转为全面兴起的时代背景——"城镇化"缺乏应有的关注。农村税费改革之后迅速推进的城镇化进程所引起的土地升值与项目进村是和富人回村参政紧密相关的重要变量，应当引起足够的重视。其次，对"富人治村"现象的差异缺乏关注。由于忽视了不同地区资源密度的差异，我们无法清晰地看到基层权力结构在资源流量剧增时的演变趋势。最后，过于偏重选举、治理等政治现象本身，没有深入挖掘"富人治村"逐步普遍化的社会基础。由于考察对象局限于少数先富能人，缺乏自下而上的普通村民的视角，因而对村庄政治得以展开的整体社会生态无法作深入的剖析。

本书将采取探究基层秩序内核的治理视角。仅仅考察"富人治村"这种权力结构与治理模式的绩效，常常会陷入功能主义式的循环论证，无法辨明其利弊背后的本质性的逻辑。事实上，随着乡村内外的各种复杂因素的变换，富人治村模式的正功能和负功能具有变动甚至是互换的可能，而一些暂时无法通过现象看清的潜功能也会显现。要达到对富人治村的深度理解，并在一定程度上克服质性研究的个案局限性，需要将富人治村的权力结构置于当代乡村社会—市场—国家的宏观场景之中，考察它与其他诸多变量的复杂关联。

此外，在笔者看来，此项研究可以没有理论预设，但一定不能没有从学理上进行把握的野心。以下三项：如何监督村官完善村民自治以发挥富人治村的积极效用，如何把握富人治村与基层民主发展的关系以及如何理解富人治村下的地方秩序构成及国家治理转型，这是三个不同级别的问题，倘若不能在更深的层次上对问题有全面的把握，就无法摆脱浅层问题的纠缠，进而使立论的统摄力超越就事论事的窠臼。

（二）乡村权力结构研究

如果要对上一小节中研究具体专题的三种视角进行定性，那么，第一种可以归于政策研究的范围，而第二种与第三种则属于学理研究，只是其研究路径有所分歧，而这种分歧，可以置于更为深远的学术脉络中来审视，这个脉络就是"国家与社会关系"的理论框架在学术史中的展开与演变。

中国乡村权力结构的研究发轫于学界对传统社会的理论建构。费孝通先生（1998）区分了村庄中的同意权力、横暴权力、教化权力三种基本的权力类型，提出了由士绅构筑的非正式网络衔接在国家与村庄之间形成的"双轨政治"（费孝通，2006a）。张仲礼（1991）也在对19世纪中国社会的研究中突出了士绅模式的作用。黄宗智（2000a；2000b）在分析华北平原和长江三角洲农村社会变迁的两部经典著作中考察了不同的农业生态、土地占有形态、农民居住模式、家族力量等诸多向度对村庄权力结构的影响。同时，他还在关于清代纠纷处理的研究中提出了"第三领域"的概念，这是一个正式制度与非正式制度发生对话的半官半民的中间地带，国家与社会在此交互渗透，维持秩序（黄宗智，2001）。而在近期的研究中，黄宗智（2008）又提出了"集权的简约治理"的概念，用来指称传统社会的地方权力实践。在他看来，基层的治理广泛地使用了半正式的行政方法，依赖由社区自身提名的准官员来进行治理。这份来自传统时期的简约治理遗产，持续存在于民国时期、集体化时期和当今的改革时代。

王铭铭（1997）在闽南农村的人类学研究中借鉴吉登斯的民族—国家理论，以村落地方制度的变迁映射出国家与社会的历史互动。萧凤霞（Siu，1989）在对广东新会农村的研究中指出，近代以来的国家政权通过培植和拉拢地方精英，把他们吸收到国家的控制范围，并利用其关系网络控制农村社会，将传统的相对独立的乡村逐渐变成"细胞化社区"。与之类似的解释性概念还有戴慕珍（Oi，jean，1989）提出的"庇护关系"网络以及许惠文（Shue，1988）在描述行政区划上彼此分割的乡村直接与国家相连时形成的"蜂窝状结构"。杜赞奇（2002）在其成名作《文化、权力与国家》中以基于西欧经验总结出的"国家政权建设"框架来理解近代中国国家权力的下沉，并发现了"国家政权的内卷化"。在面对严峻的外部压力时，民族国家必须加大对乡村社会的渗透以便汲取资源完成工业化，但这个下沉的过程却破坏了原有的"权力的文化网络"，导致保护型经纪蜕变为赢利型经纪，乡村秩序逐渐走向崩溃。

上述研究以社会人类学与历史学领域为主，学术旨趣在于以国家—社会关系的框架来理解近代中国乡村社会的转型。到了20世纪90年代，"国家—社会"框架已成为中国乡村权力结构研究的主导范式。众多学人纷纷涉入，成果丰硕。王沪宁（1991）、张鸣（2001）、曹锦清等（1995）

对乡村社会文化与权力进行了考察。孙立平、郭于华（2000）以崭新的研究方式分析了国家正式权力在乡村实践中的非正式运用。吴毅（2002）在川东双村的深度个案中，通过现代性、国家与村庄地方性知识的复杂互动考察了乡村权威结构的百年变迁。仝志辉、贺雪峰（2002）从权力的人格化角度将村民区分为体制精英—非体制精英—普通村民，将乡村权力研究扩展至村庄内部。毛丹（2006）以"公共领域"这一具有高度包容力的分析性概念深入考察了村内、村际及乡村之间的权力关系。金太军（2002；2008）考察了村庄中体制内精英和体制外精英在村级治理中的行为方式及其权力互动。肖唐镖（2001）以江西农村为经验基础考察了宗族文化对乡村权力结构的影响。郭正林（2005）将村庄视作国家权力与民间权威的交汇场所，并详细分析了村庄权力的二元结构。张静（2006；2007）在她的研究中较为完整地引入了"国家政权建设"理论，并以之为理想模型分析了中国乡村基层政权的制度设计，指出基层的核心问题在于"授权来源没有发生转换"：国家政权建设是一个双向的过程，一方面，国家权力须向下延伸，保证国家对基层社会控制能力；另一方面，国家权力需要通过基层民主加以规范和制约。换句话说，国家权力的扩张与制衡须保持同步，才能使其在基层社会获得有效性。

这一时期"国家—社会"研究框架强势兴起的背景有两个：一是社会主义市场经济确立以后，社会本身发生了巨大的转型；二是一步到位的民主政治幻想遭遇重大挫折，学者们开始摆脱"国家本位"的精英式路径，转而探寻民主得以建立的社会基础（邓正来，1994），而村民自治则被认为是市民社会初步兴起的标志，对于探索中国特色的民主政治之路具有实践功能和潜在的理论意义（景跃进，2002；徐勇，2000；王振耀，2000）。由于上述"历史机缘促成的意外"（吴毅、李德瑞，2007），以村民自治研究为主轴的农村政治研究一时间成为"显学"，许多学者暂时放弃了对宏大问题的关怀，转而追问促成历史机变的根基，强调"学术重心下沉"，将研究领域转至乡村基层政治。不过，出于投身这一领域的宏大关怀，他们也容易在民主理念的视域中以国家取向遮蔽乡村社会的自身逻辑。

在村庄政治研究中大量引入"国家—社会"框架是对此前注经式的中国政治研究的一种"反动"，但是，这种反动并没有持续太长时间。进一步的研究发现,中国的市民社会是政府主导的,具有"官民双重性"(俞可平等,2002:189—222):发现"社会"的努力得出的结论是社会权力中国家的在场。与此相应,被寄予厚望的村民自治也未能起到改良乡村治理、提高农民政治地位的作用。21世纪之初,李昌平(2002)痛陈"农村真穷、农民真苦、农业真危险",并大声疾呼"要给农民以国民待遇"之时,乡村政治研究的明星效应渐然消停,学者们下移至村庄的视角又重回庙堂之上。[①]

不过,对村民自治实践的预期落空并不表明这场学术运动本身没有意义,它促发了人们对中国民主进程的再思考。而且,以村民自治研究为由头的乡村政治研究也逐渐将视域超出选举事件本身,真正将学术重心下沉到村庄,以内部视角代替外部视角,以"深描"式的理解代替政策性的思考。贺雪峰在对转型期乡村社会性质的研究中提出了"乡村治理"的研究框架。这一新的框架并不是要直接追求民主,而是要理解乡村社会的秩序是如何可能的,后一问题的回答比前者更具优先性。质言之,要回答未来应当如何,首先必须回答现实是什么;理解社会自身的内生需求是讨论改革设计的前提。在深入考察"乡村治理的社会基础"过程中,贺雪峰(2003)陆续提出了"半熟人社会""村庄社会关联""农民认同与行动单位"等解释性概念,尝试解读乡村社会的内在运作机制及农民的生活逻辑。此后,他又进一步提出要进行村治类型的区域差异比较研究,力图进行不同经济文化区域之"村治模式"的归纳(贺雪峰,2008;2009a),回答"为什么同样的中央政策会在不同地区的农村会有不同的实践后果"(贺雪峰,2009b),从而为理解农村政策的实践提供理论解释。

这一学术转向开启了探寻乡村权力结构之社会基础的细致研究,进而构成了阐释权力实践的基本要件。

[①] 徐勇(2006b)写道:"笔者早在1990年代初开始'发现社会',提出了国家政治和社会政治的二分法,并一直从社会的角度研究农村村民自治和城市社区自治。10年后,笔者开始'回归国家',但着眼的则是现代国家的建构。因为,正如没有一个以市场经济和公民权利为根基的现代公民社会,就难以建构一个现代国家一样,没有一个现代国家,现代公民社会也难以建构起来。"

(三) 乡村权力结构的社会基础研究

在人类学家的视野中，各种琐碎的社会现象之间存在着广泛而复杂的逻辑关联。在常人方法学那里，社会行动总是处在场景之中，具有无尽的索引性，场景本身也是行动的一部分，行动与对行动的说明密不可分，二者的辩证关系构成了行动的"反身性"（reflexivity）。行动、场景和说明构成了复杂的实践整体（杨善华，1999：56）。而在具体的村庄生活中，各种村治现象之间也彼此交融，互为因果。所以，只有形成了对村庄的整体质感，才能理解某个专门问题与其他问题（issue）之间的内在关系。反过来，对特定专题的深入研究也将增进对各种乡村政治社会现象的整体认知。

从这个意义上讲，要想深入理解权力结构在实践中的生成过程及其社会效应，就需要对乡村生活中与权力构成有关的林林总总的政治社会现象有足够的认识。这些现象涉及诸多的专门议题，如果做一个粗略的归类与列举，在文化方面，有"社区记忆""农民公私观念""地方性规范""村庄价值生产能力""民俗变迁""村庄公共生活"等；在社会层面，有"农民流动""社会分层""家庭结构""面子竞争""红白喜事""人情往来""农民闲暇""纠纷调解""灰色势力（混混）"等；在经济层面，有"土地制度""农地征收""农村城镇化""农民合作""基层市场""非正规经济"等；在政治层面，有"乡镇体制""乡村关系""村级治理（村两委关系、村委会选举、村内派系）""农村基层党建""农民上访""公共品供给""钉子户治理""农村政策信息传播"等。

这些村治现象是如此之多，以至于任何研究者要想在短期内通过单独研究达到对每一个专项问题的深入理解几乎成为不可能，毕竟中国农村有着庞大的人口和久远的历史，在时间和空间维度中具有高度的变动性与差异性，并且正承受着各种宏观因素的综合影响，这与原始部落完全不可同日而语。要克服这个难题，出路有两个，一是在公共学术平台中寻求滋养，二是以团队的方式运作集体学术。笔者有幸成长于被学界称为"华中乡土派"的研究群体之内，从中受益良多，而本书对于村庄权力结构的解剖正是建立于这个群体的前期研究基础之上。尽管本书的田野作业在浙中地区完成，但笔者的立意却是要通过对这一资源密集地区的研究来为理解普通农村的命运提供镜鉴。① 所以在此处，笔者必须梳理这些前期研究，以便让正文部分出现的若干学术概念与理论命题不至于显得突兀。

2000年年初，贺雪峰（2001a）在江西的经验调查中发现，宗族意识较强的村庄，村庄权力结构一定要反映出宗族结构，否则就难以形成均衡状态。有些村的干部在姓氏或片区之间的分布不仅逐步形成了一定的比例，而且由哪一片或者由哪一姓担任一把手或二把手，都逐渐固定化了。他将这种村庄权力结构要反映村庄宗族构成的现象，称为"村庄权力结构的模化"。此种研究路径的长处在于，它比根据授权来源抽象地谈论村委会与党支部的权力关系更具针对性，也更有现实解释力。之后，贺雪峰与罗兴佐、董磊明、王习明、胡宜等人又陆续在陕西关中、安徽阜阳等地的调查中发现了以兄弟、堂兄弟关系为基础的"户族"（贺雪峰，2005）、"小亲族"（申端锋，2007a）等认同单位，它们的形式比较类似，但又与江西的宗族在规模及凝聚力方面有较大差别，同时也与江汉平原的原子化地区形成鲜明对比。这些前期的积累促使他们提出了"农民认同与行动单位"的概念（贺雪峰、董磊明，2005；贺雪峰，2007a），并以之为核心来解释乡村治理的区域差异。此后，一批年轻学人陆续在全国农村的多个调查点展开调查，撰写"村治模式"，试图检验这一概念在更多区域和更多村治现象（如选举竞争、村级债务、村庄公共供给）中的解释力。②

在笔者看来，"农民认同与行动单位"深化了对"社会资本"的认识，并在中国乡村的具体语境中将其操作化，达到了对"差序格局"的拓展性理解（吕德文，2007a）。同时，它也比前期提出的"村庄社会关联度"这一概念在外延与内涵上更为清晰和丰富。这一理论工具之于乡村权力结构研究的重要意义在于，它能够从社会内生基础的角度解释权力

---

① "城郊村或工业化程度较高的农村虽然与普通农村差异极大，但这些农村往往是普通中国农村现状基础上再走一步的结果。这多走的一步，恰恰可能将普通村庄仍未展现出来的各种关系清晰地展现出来，这就为转而理解普通中国农村中那些孕育着的基因提供了因素。"（贺雪峰，2008：110）

② 这形成了《中国村治模式实证研究丛书》中的一系列成果，其中包括赣南（郭亮，2009）、赣中（王小军，2009）、浙西（陈辉，2009）、鄂中（陈涛，2009）、鄂西（李德瑞，2009）、关中（丁卫，2009）、苏北（骆建建，2009）、湘南（杨华，2009）、皖北（陈柏峰、郭俊霞，2009）、皖南（张世勇，2009）、豫东（刘洋，2009）、豫北（郭鹏群，2009）、川西（王习明，2009）、东北（李洪君、张小莉，2009）以及福建客家地区（吕德文，2009a）等多个区域的农村调查。

的微观构成：正是民间具有较高信任度和日常交流的联系网络构成了民众参与政治、角逐权力，使集体行动得以发生，使基层政治得以运转的基础，而这一日常网络的核心特征则可以通过认同与行动单位予以充分的表达。

不过，将众多的村治现象统括起来，用一些关键词来勾勒具体区域的社会性质，这仍然是社会学调查的经验积累工作，如若进入到乡村权力的专题研究之中，就必须进一步将社会生活中看似平常、零碎的细节汇聚在一起，探寻结构变迁背后的诸多变量及其影响机制。现举三项研究为例浅做说明。

董磊明（2008）以对巨变中农村社会的性质把握来解释纠纷调解的变迁。他发现，随着流动增加、就业多样化、社会经济分化，农民间异质性大为增强，村庄私人生活和公共生活发生了重大变迁，家庭日益私密化，村民之间陌生感增加。这些因素加剧了村庄的半熟人社会化，原先的亲密群体正在逐步解体，村民对村庄共同体的依赖和认同下降，村庄内生权威生成的社会基础不断遭到削弱，这与国家在基层力量的不足一起导致了乡村混混大量介入纠纷。所以，巨变中的乡村社会正呈现出"结构混乱"的状态，比以往任何时候都需要一套权威性的规范体系和力量来维持秩序。陈柏峰（2008）以乡土逻辑的变异来解释乡村混混的兴起。他指出，由于熟人社会的"熟悉"和"亲密"越来越少，村民的行为准则不再是人情，行为也不再围绕着情感关系展开，他们不再顾及情面、讲究互让，而是为了利益动辄求助于乡村混混，倚仗于暴力。国家转型和社会经济的发展给乡村江湖带来了巨大的机遇。乡村混混不再好勇斗狠，转而追逐实利。与之类似的还有谭同学（2007）对转型期乡村的道德内涵与社会结构变迁的研究，他提到，改革开放后的村庄道德秩序造就了一种"富即光荣"的话语，以财富标准主导的村庄纵向社会结构俘获了村庄道德秩序，"致富变得比致富的手段更为大多数的村民所看重"（2007：219）。与国家常规权力大幅度退出村庄权力格局相对应，村庄内部的社区性公共权力也因失去原有社会结构及其相应的道德秩序支持而迅速瓦解。伦理本位的村庄逐渐迈向核心家庭本位的村庄。

上述研究的共同特点是，以乡村社会的巨变为自变量（解释项），以某一个专题问题如纠纷调解、乡村混混、村庄结构为因变量（被解释项），通过整体理解社会转型来把握某个方面的具体问题。这种研究进路的优势十分明显，因为村庄生活具有高度的非均一性和不规则性，很不适合进行切片式的专题研究，如果能对整体联系的厚重经验进行把握，那将比通常意义上从既有文献出发的就事论事要来得全面、深刻。同时，这也比此前偏于静态的村治模式的描述更进了一步，它能从类似于民族志撰写的工作中超脱出来，通过对社会转型过程的动态把握捕捉特定问题的内在逻辑，从而更有利于对话的进行和理论的生长。

总之：从村庄内生基础的角度考察权力结构，主要是从农民的社区（共同体）记忆受现代性影响之后留存的行动单位着手，通过分析整体均衡状态的形成机制来解释权力的构成。不过，这种操作路径比较侧重于场域空间内的文化整合，但对社会分层的因素强调不够，或者说，它注目于"引力"而非"斥力"，即使讨论社会解体也是从整合机制的缺失切入，显然，这不利于我们看到问题的另一面。所以，在村庄社会分层与权力结构变动的关系上，相关研究还有待深入。[①]

而在村庄内生基础之外，必须加以强调的是国家权力的影响。无论我们怎样系统化地探讨社会基础对于基层权力构成的作用，都无法充分解释地方秩序的机理，因为中国农村自近代以来一直是现代民族国家改造的对象，国家权力对于乡村社会一直是"在场"的。

取消农业税以前，基层政府在向上提取资源的过程中与村内的代理人形成了乡村利益共同体，其搭车收费或贪污自肥与钉子户的抗税之间形成了不可逆的恶性反馈，导致了20世纪90年代末严重的三农问题（贺雪峰，2012a：197）。取消农业税以后，学界的判断是乡村利益共同体瓦解，基层政权逐渐"悬浮"，村干部由"赢利型经纪"蜕变为名副其实的"守夜人"与"撞钟者"（吴毅，2001）。欧阳静（2010）在回答当下的"乡镇政权是什么"的问题时，以"策略主义的运作逻辑和维控型的特性"来作答。不过，她的判断是以普通的农业型乡镇为底版的，如果考虑当前城郊地区如火如荼的新农村建设（或小城镇建设）中涉及的农地征收、土地置换与非农用地开发，乡镇的生存策略也许会有新的内涵。

正是因为集体土地的因素越来越重要，甚至可以说已经变成转型期国

[①] 陈柏峰（2009；2012）、杨华（2010；2012）、林辉煌（2012）等人近期展开了对农村具体社会空间中的分层状况的研究，不过他们的兴趣并不在于揭示社会分层与权力结构的关系。

家与农民关系的一个最为突出的利益中介，所以对这个利益转换枢纽的研究就显得十分必要，否则我们将难以理解乡村场域中的权力争夺。郭亮（2010）指出，农村税费改革之后，土地的市场行情开始逆转。国家的地权政策不断地压缩基层政府对土地所享有的制度性支配权力，扩大农户对土地所享有的权利，农村的地权秩序开始了一场转型。由于地价上涨，农户对土地的权利意识得以形成，围绕着土地权属的确定和土地收益的分配，各种行动主体展开了激烈的博弈。朱静辉（2011）基于浙东地区的实证研究认为，在土地增值收益的分配过程中存在着正、反两个面向的分配机制，正向机制是村民以个人或组织的形式通过各种手段积极争取增值收益的分配，而反向的灰色机制则是"以赢利型的村干部、混混与权势者侵蚀集体所享有的权益"。然而，上述研究的问题意识在于土地制度之实践形态的探讨，而不是地租分配与乡村权力结构变动的关系。

  应该说，社会学领域对于国家与农民之间权力互动的研究从未停歇。不过，由于扎根田野，我们似乎更为擅长于从底层视角观察农民对于国家权力的反制，并以此来反思从上至下的政策实施。吕德文（2009b）对农村钉子户的独到研究将这种边缘群体视角发挥到极致，并以此解释了税费改革前后的政策实践。吴毅（2007a）在《小镇喧嚣》中演绎基层政治时对"刁民"的形成机理有非常精彩的分析，并且他还通过对农民上访过程的深描与阐释有力地反驳了于建嵘（2010）对于国家—农民关系的情绪化判断。申端锋（2009）、田先红（2010）等人在随后的研究中提出了农民上访研究的新范式，将过于政治化的，与田野现实相偏离的维权范式转换为"治权"范式。田先红指出，随着信访治理压力的加大，基层政府不得不疲于应对，并将信访维稳工作提升到政治高度。发展与稳定构成当前基层政府的两大任务，二者共同形塑了当前基层政府的行为逻辑。为了维护社会稳定，基层政府不得不以降低合法性为代价，牺牲治理能力。国家权力如何进入乡村社会仍是一个问题，这种进入不是简单的权力下沉，而是如何与乡村社会有效对接的问题，亦即国家基础权力发展的问题。申端锋（2010）在对这一问题的挖掘中走得更远，他认为，最根本的问题是乡村治理的政治性，政权性质的模糊致使分类治理丧失了原则，蜕化为纯粹的治理技术，从而出现了"有分类无治理"的困境。从这个意义上讲，当前基层政权的社会主义性质应该进一步明确，即进一步明确乡村治理的政治原则。离开了政治原则，夸大治理技术和治理能力，最终将会使治理陷入困境。

他们的研究非常重要，因为具体语境中国家与农民关系的"去政治化"是形塑当前乡村权力结构的重要背景，离开这个背景，我们不仅无法切实看清基层政府的行动，还容易陷入"压迫—抗争"模型的浅表认识与简化逻辑中，无法把握村庄场域的权力实践。

总的来说，当前的乡村权力结构研究已经较为体系化，但是由于一直强调理解"80%村庄的80%现象"，因而视线多半固守在中西部普通的农业型村庄。尽管这可以"描绘出大多数中国农民生活于其中的农村的形貌"（贺雪峰，2009a：7），但却因此而忽略了一个极为重要的研究维度，那就是资源密度的变化对于乡村权力结构的影响。更明确地说，由于缺少对资源流量剧增状况下的乡村治理形态的研究，我们无法清晰地看到基层权力结构的演变趋势，进而难以辨明乡村治理的重构路径。

由此看来，本项研究将会在学术脉络中占有自己的位置。

三 研究设计

（一）研究方法

1. 面向实践的"结构性叙事"

黄宗智先生（2005）曾撰文指出，中国研究正被两种对立所主宰：一是西方化和本土化的对立，现在已高度意识形态化和情感化；二是与此相关的理论和经验的对立，两者截然分开。要超越这两种对立，从认识论的角度上讲，须从中国本土经验的实践出发，进而提升到理论概念，然后再回到实践中检验。布迪厄提出的实践社会学值得我们借鉴，他一反过去从理论前提/假设出发的认识方法，要求从微观研究的人类学出发，试图超越主观主义和客观主义的长期分歧以及"形式主义的意志主义和马克思主义的结构主义间的分歧"。

从实践出发，同时照顾到象征和物质因素以及主体与结构因素，构建维持人类实践基本统一性的总体性社会事实，是实践社会学的核心特征。在布迪厄看来，实践具有以下明确特性：首先，实践具有空间性、时间性和暂存性，而暂存性是时间的一个自明的特性。在这三者之中，时间性是最为关键的，它表明了实践是具有内在节奏的。[①] 其次，实践具有模糊性、盲目性和不确定性。实践并非是有意识的，或者说并非全然是有意识的，但又不是纯粹随机的、偶然的。最后，实践具有策略性。[②] 在行动者的经验中，策略成为他们的实践之源，这就是实践的逻辑，这种逻辑有别于学者为解释实践而建构的种种分析模式。简单地说，"事物的逻辑≠逻辑的事物"（黎民、张小山主编，2005）。

实践社会学不可与经验主义的研究相提并论，它要求发现实践的隐秘逻辑，由此提炼出抽象的理论概念，而不是纯粹的经验研究的累积。实践社会学之于转型社会的适用性在于，中国的转型发生在政体连续的背景中，尽管改革看起来是以正式制度推进的方式进行的，但为了使阻力最小，改革的实施者们常常是把意识形态争论放在一边（所谓"不争论"，"只干不说"，"打左灯，向右转"），在策略和变通的层面推进着制度与结构的变迁。[③] 从这个意义上讲，研究转型期的中国社会，必须在动态的实践过程中，而不是在静态的制度主义视野中通过社会角色、制度设置、正式结构等集体表象来观察。孙立平（2008）充分认识到以上因素，他大力倡导以"过程—事件分析"为操作方案的"实践社会学"，并将其归入新的转型社会学之列。在一篇论文中，他（2002a）将实践社会学的关注点概括为四个要素："过程、机制、技术和逻辑"，事件性的过程是基本切入点，机制是逻辑发挥作用的方式，技术是实践过程中行动主体采取的

---

① 孙立平（2002b）将其称为"实践的紧迫性"，将"时间性"的特点更加清晰地显示出来。实践的时间性的一面是制度主义式的分析无法做到的。在本书的论述中，权力实践的时间性将显现出其极端重要性。

② 实践中存在从规则到策略的过程。布迪厄说："策略这个概念是我用来摆脱客观主义观点的手段，是我用来摆脱结构主义（例如通过依赖于无意识这个概念）预先假定的排除行动者的行为的手段……策略是实践意义上的产物。"参见布迪厄《文化资本与社会炼金术》，包亚明译，上海人民出版社1997年版，第62页。

③ 刘世定等（1997）对"变通"这种中国转型过程中的独特机制进行了系统的探讨：变通既不是一种完全正式的制度运作方式，也不是一种完全非正式的制度运作方式，而是介于正式的运作方式与非正式的运作方式之间的一种准正式的运作方式……变通的最微妙之处在于它对原制度的似是而非全是。也就是说，从表面上来看，它所遵循的原则及试图实现的目标是与原制度一致的，但变通后的目标就其更深刻的内涵来看，则与原制度目标不尽相同甚至根本背道而驰。笔者在田野调查中深深感受到"变通"在基层的重要性，尤其对于发达地区的地方政府而言，提前变通，"打政策擦边球"，获得先发优势，几乎是保证核心竞争力的不二法门。

策略，逻辑则是研究的目标。要完成上述环节，发现社会生活实践状态中的逻辑，深度个案研究有着明显的优势。

笔者在认识论问题上十分认同实践社会学的进路，但是在研究和写作过程中却又对不断"讲故事"的"过程—事件分析"持有疑虑：以事件为中心来展开叙述，意味着以时间为轴心来制作文本，将田野中获知的信息变成故事的情节，将资料安排成故事中索引出的背景，这样做的优点是故事本身的流畅性与完整性，但代价却是难以看到故事之外的更广阔的社会事实。以某个事件为中心，可以通过复杂的关系/事件分析发现过程中的实践逻辑，但却难以让人看到事件背后的整体结构。[①] 如果要想通过深入考察某个故事来透析场域的结构，那么除了文本制作者要掌握极其高超的复调叙事艺术以外，还对故事本身的材料有着极高的要求。具体地说，这个故事不仅要足够详细，还要足够复杂，复杂得能够容纳整个结构在事件过程中展现出来。这样的成功案例不是没有，如《叫魂》（孔飞力，1999），或《大河移民上访的故事》（应星，2001），但是获取这种材料的机会是如此之少，以至于我们难以复制这种方法展开常规意义上的研究活动。[②]

诚然，对乡村社会转型过程中种种有悖于制度设计的复杂现象，单纯把握事物的结构因素很难求解事物发展与变化的机理，但是反过来，如果将结构淹没于"长亭连短亭"式的无尽叙述中，又将让读者只能看到无数的权力技术，研究者的立场似乎没有了，连权力的合法性与权力主体的政治性也消失了。正如尹钛评《大河移民》一书时所写的："它（指'过程—事件分析'的方法）也许非常有助于我们理解当前中国的处境，但

---

① 李猛（1996）指出，各种关系/事件构成了一个"根茎"，不同的关系/事件之间通过复杂的关系线联系起来，无需借助事件等级制中某种中心的中介来完成。他引用德勒兹的话说，事件构成了连续性上的"切口"，在切口处无数的关系/事件相互交叠。所以，通过关系/事件的观念，可以将"小事件因果关系"与对各种复杂的社会关系分析结合起来。也就是说，我们所面对的并不是一个孤立的事件，而是一次"切割"各种"关系/事件"折叠而成的球茎表面上所产生的许多切口。但是，按照他的这种基于后现代哲学的分析模式去解构事件，固然可以避免宏大理论式的解释模式，但得到的却很难说仍是社会科学所追求的"因果关系"。

② 况且，仅用讲故事的行文方式并不一定就比"结构—制度分析"更加高明，结构分析固然受到既有框架的遮蔽，但"过程—事件分析"所能得到的也不可能就是社会世界的真实，它"只是相关社会成员在特定话语系统的约束和引导下所完成的某些话语建构物"（谢立中，2010：270）。

在帮助我们改变这种处境方面，却毫无建树。作者过于关注日常生活，过于追求细节的真实，这种刻意追求的风格，屏蔽了中国政治体系中最具有支配力的权力关系，他的书中忽视那些最为明显的结构性力量，刻意将自己的视野限制在微观的、当下的权力关系上，用心地描述事件的具体场域，却不去追问这场域如何可能。"

基于以上考虑，笔者将本书定位为一种"结构性叙事"。经验调查的质感获知，权力的实践状态既非支配，亦非反制，场域中的权力结构是相关的权力主体在利益博弈中施展行动策略达到的动态均衡。由于权力结构不是一个静态的实体，而是动态的过程，是能动的网络，所以，必须要以叙事的方式通过各行动主体的博弈均衡将权力结构展现出来。另外，鉴于无法用一个复杂的故事将整个结构化过程刻画出来，所以笔者选择牺牲叙事的流畅性，通过不同事件（如选举、村庄改造等）以及不同访谈对象根据自身生活经验对特定事物的观察，辅以笔者在调查中掌握的相关数据、文件等，共同缝补出整个乡村权力场域的全貌。当然，这样做是有缺憾的，在以还原权力结构为中心的叙述中，单个故事是不完整的，村庄自身的图景也不尽清晰。不过，笔者觉得这种碎片化的叙事无伤大雅，因为笔者最终的研究目的并不是为了欣赏某个故事，或是去认识某个特定的村庄，而是要删繁就简，勾勒出权力场域的结构与运行逻辑。①

2. 基于深度个案的类型比较

个案研究的意义在于探寻社会的复杂性、多样性和微妙性。"人类对于知识的探求从来就存在两条路径，即寻求条理化的路径和探求复杂性的路径，前者为实证量化分析及逻辑推理所专属，后者则主要是质的研究的领地。"（吴毅，2007b）对于高度变动中的、名实分离的、缺乏恰切理论解释的中国农村，深度的质性研究更适合于发现其内在规律。

何谓深入？在笔者看来，首先，是对个案相对应的研究单位中的各类社会因素有详细的了解，然后寻找这些因素之间的联系，并建立一个分析框架。其次，是寻找所关注的专门问题与其他社会现象的关系，并予以理论化的处理。再次，是在厚重经验的基础上理解现象背后的行动者的意义

---

① 鉴于读者在阅读心理上对材料的完整性有一定要求，为弥补缺憾，笔者尽量在注释中对相关细节加以补充。

世界。这三个方面彼此交叉,既有区别又密切联系,共同构筑着社会人类学调查的深度。①

不过,很少有哪个深度个案的研究者会声称自己只在意个案本身,如果不是有更大的学术抱负,我们不会主动去异乡忍受长期的寄居生活。但是,一旦个案研究的意图超出了对调查地点本身的描述,如何克服个案的代表性,就成为一个老生常谈而又无法绕开的经典问题。费孝通先生回应这个问题的方式是将社区研究应用到不同类型农村的调查研究中,并通过不同类型的比较逐步从局部走向整体,达到对整个中国的认识。所以,本着"志在富民"的追求,他在调查完有了初步乡村工业的开弦弓村之后,又与同事合作在云南调查了禄村、易村和玉村,这3个村分别代表"纯农业的村庄""手工业比较发达的村庄"和"受商业中心影响较深的村庄"。②

费老的操作路径对学界影响颇深。社区研究基础上的类型比较作为发现和建构理论的方式具有很多优点,它可以让研究者保持对经验的敏感性,能够对司空见惯的现象进行反思,从而在田野调查中拥有好奇心与洞察力。许烺光(1990:28)认为,比较研究具有重大价值,它虽然不能提供"精确的衡量尺度",但提供了一个"相对的衡量尺度",这对于社会科学中的质性研究尤其有用。

但是,比较研究方法运用起来却不是那么简单。依笔者愚见,比较研究最应当注意的方面是"比较对象的层次性",这种层次性是一种"抽象层级",我们可以按照对象的属性将其分为两个理想型,一为现象层次,二为抽象层次。现象层次的比较看起来简单,其实难以操作,因为社区中的现象背后涉及的变量太多,而且无法像自然科学的实验一样加以控制,直接以不同社区的某个现象进行对比,容易得出许多似是而非的结论,对思考的深入构成干扰。而在抽象层次上,按照拉德克利夫-布朗(2005:174)的说法,"真正的比较,不是将一个社会的某个孤立的习俗与另一个社会的类似习俗进行比较,而是将一个社会的整个制度、习俗和

---

① 若将人类学史中的民族志按上述三个方面加以划分并分别列出代表作,那么第一个方面是综合民族志,典型如拉德克利夫·布朗(2005)的《安达曼岛人》,第二个方面是专题民族志,如马林诺夫斯基(2009)研究库拉圈交换的《西太平洋上的航海者》,第三个方面是深描民族志,如克利福德·吉尔兹(1999:484)关于巴厘岛斗鸡的记述。

② 参见费孝通、张之毅《云南三村》序言部分,社会科学文献出版社2006年版。

信仰体系与另一个社会的整个制度、习俗和信仰体系进行比较。总之，我们需要比较的不是制度，而是社会的体系或社会的类型"。但是，与布朗的观点不同，费孝通及其老师吴文藻均认为"涂尔干式的社会学过于强调社会一元论，主张社会的外在性与强制性，使社会变为最终的现实，会忽略了文化各部分相互依赖的关系"（王铭铭、杨清媚，2010）。所以，费孝通（1998：92）在论述如何展开以理解中国为目标的社区研究时写道："社区分析的初步工作是在一定时空坐落中去描画一地方人民所赖以生活的社会结构……第二步是比较研究，在比较不同社区的社会结构时，常发现了每个社会结构有它配合的原则，原则不同，表现出来结构的形式也不一样。于是，产生了。'格式'的概念。"① 在晚年的一次访谈中，他说："只有从每个社区根据它特有的具体条件而形成的社会结构出发，不同社区才能相互比较。在比较中才能看出同类社区的差别，而后从各社区具体条件去找出差别的原因，再进一步才能看到社区的发展和变化的规律，进入理论总结的领域"（费孝通、方李莉，2001）。

费老的论述鞭辟入里，笔者深以为然。笔者自己在此项关于"富人治村"的研究中是这样操作的：首先，笔者在一个"集镇"②周围有意选择了七个土地非农化程度有所差别的行政村。这7个村在空间上距离集镇中心的远近不一，各村农地被征用的比例不同，宅基地上的房屋租金也不相同。相应地，各村土地被征用以后经过开发在二级市场上的价格也有差异。这意味着各村在实现农地用途转换为建设用地的机会中实现的资产增值呈现出不同的幅度，而且其特点是越靠近集镇中心增值幅度越高。同时，由于地方政府在靠近集镇的中心村投入更多的基础设施经费，因而其

---

① 费孝通用"格式"来形容结构形式，认为 pattern、configuration、integration 都是为结构研究所用的概念。参见王铭铭、杨清媚《费孝通与〈乡土中国〉》，《中南民族大学学报》（人文社会科学版），2010年第4期。

② 《现代汉语词典》（2002：593）对"集镇"的解释是："以非农业人口为主的比城市小的居住区。"费孝通（2006b：58）先生曾对集镇做过重要研究。他指出，"中国有五种人口集中在社区类型：村庄、有城墙的或驻军的镇、暂时的市场、市镇和通商口岸"。临时市场是在地方上发展起来的，而不是上面推行下来的东西，这种临时的市场不代表一个社区。"市场"只是因交通方便而选出的一块地方。虽然日中时分人山人海，集中于市，但日落时就会散去，晚上就空空如也。而有市场的"镇"则是一个永久的社区。而有城墙的或驻军的镇则是政治中心，关注安全和防护。驻军的镇是作为传统的官僚当局和有钱绅士们的驻地，而市场镇是农民的地方工业和比较发达的商业和手工业的联系环节（费孝通，2006b：64—67）。

所承接的资源下渗的流量也更大。这样选点的好处是显而易见的，由于这7个村彼此相邻，且长期构成一个市（县级）人大代表选区，因而共享一套文化系统，有着相同的语言、习俗、生活观念、交往结构、市场氛围和政策环境，并且有着极为类似的生态环境、聚居模式和社区记忆，以上因素意味上述村庄实行治理的社会基础基本相同，这有利于我在对村治现象进行比较之前控制大多数变量，为厘清资源流量与村庄权力结构之间的关系做好前期准备。只有大部分的变量被固定，才有可能在少数几个不同的变量中寻找对于村庄权力结构差异的解释，进而探讨权力结构发生变化的机理。否则，单个的村庄政治社会现象将不具备可比性。而在设定了特定类型的乡村场域内的基本要件之后，空间意义上的"现象层次"的区域差异便有可能成为时间差异的展演，或者说，历时性的变迁可以在共时性的空间中通过类型对比呈现出来。需要加以补充的是，笔者之所以选择7个村而不是3个或者更少，目的是想在离镇中心从近到远的村庄中找到足够多的类型，丰富对比的层次性，而且，如果每种类型中不止1个村庄，那么笔者就可以有效地避免个别村庄中出现的偶然状况①对核心机制的判断。当然，笔者也不可能凭一己之力调查更多的村庄。谭同学（2009）提出"类型比较视野下的深度个案"，笔者非常赞同。他的意思是，以深度个案为主，有意识地辅之以多个不同类型的"影子个案"作为参照系，以提供比较视野。"论证与分析主要围绕深度个案进行，而不是真正的两个或两个以上个案并重"，考虑到研究者自身精力的有限，所以"只能将主要精力放在深度个案的调查与研究上，对于其他类型比较性经验的调查与研究，在客观上很难做到与深度个案相提并论的程度"。笔者在此项研究中便是将主要精力放在对离集镇较近的一个大村之中展开的全面调查，而其他的6个村庄则各有侧重。②

在获得对于问题意识的初步解答之后，笔者的工作是要设法把基于内部对比建立的关于社会结构的"格式"提升到区域的层次，因为区域研究构成了个案调查与理解中国社会之间的重要中介，如果能够通过基于个

---

① 如出现改变村治形态的特殊政治人物，或是被基层政府作为先进典型来包装。

② 从这个意义上讲，本书的多点个案调查并不构成统计学中的小样本，不能在概率上对代表性加以外推。它实质上还是一种个案调查，区别只在于调查的单位从村庄扩展到了村一镇。

案调查撰写的大量村治模式建构出区域模式①，那么在区域比较的基础上，就能够建构出具有普遍意义的理论框架（贺雪峰，2007b）。显然，贺所言的区域模式比较是抽象层次上的社会结构的"格式"之比较，但它比费老的社区研究基础上的比较多出了"区域"这个层级。此举的意图无疑是想克服社区基础上的类型比较所产生的以偏概全的困境，将认识中国社会的宏愿建立在复杂程度相对有限的区域模式之上。然而，这样一来，新的问题便出现了：我们如何保证个案研究基础上形成的村治模式对于其所在的区域具有代表性？

3. 个案拓展与区域提升

对于上述问题，已有的回答是："将个案村的材料放回到区域中去，看其中哪些指标与区域常规不同……以个案为基础的村治模式必须容许区域材料的批评，并经受住区域研究的检验。撰写出来的村治模式是开放的，可以容许讨论和批评，并因此可以修改完善……注重对已有数据资料的使用，并逐步加大以抽样调查为基础的数据的使用"（贺雪峰，2009b：157—163）。但是，究竟怎样在多次调查中将个案研究与区域经验"反复互动"，区域经验本身又是什么？何种意义上的统计数据才是可靠的，值得加以检验的？这些问题我们还没有现成的答案。

此时，我们可以回过头来反思为什么费老晚年对以类型学研究的方式回应"代表性"问题不能感到满意。如果仅从逻辑上讲，类型学的进路是可以行得通的，因为就某个问题对社区进行划分，其类型是可以穷尽的。而从学理上讲，通过不断地提出问题，划分类型，并加以研究，我们可以不断地增进对社会的把握能力，并在此基础上通过学术对话不断完善本土社会学的理论建构。但是，问题在于：整体大于个体之和，对无数个村庄类型的研究之积累并不等于能够认识整个中国社会。只要学者自己不是为了"纯科学"的目的去把玩某个学科的理论，而是本着"天下兴亡，匹夫有责"的民族责任感去服务于中国社会的改造，那么，他就一定不会满足于这种托名于科学理论的智力游戏，而是要通过自己的研究实践达到对整体意义上的中国社会的真切认知。换句话说，尽管费老声称自己追求的是个案研究的类型代表性而非问卷抽样式的总体代表性，但他试图达

---

① 学界在近年的深入探讨中已逐渐形成了一些区域模式，如秦晖对关中地区的研究，华南学派对华南农村的研究，历史学界对华北农村的研究等。

到的实际上还是后者。所以在他那里，关于类型的概括总被某个区域的模式所替代。①

卢晖临和李雪（2007）在一篇专门讨论个案研究的综述性文章中将学术史上克服个案局限性的方法分为四种：超越个案的概括、个案中的概括、分析性概括及扩展个案法。超越个案的概括试图"验一滴血而知全身"的方法在复杂文明中并不适用。个案中的概括是人类学的解决方式，"个案就是个案，而非更广泛的东西"，人类对于自身的认知说到底都是一种地方性知识②，正确的认识途径是用当地人的眼光去理解他者的事件（张静，2000）。分析性概括更进了一步，它改变了"个案阐释"与"通过文化间对比来揭示理论"这两种工作互相分离的状态，其方法是从理论出发到个案，再回到理论，或者说，是在已有理论的基础上通过个案来检验、修正和完善理论。不过，在这种解决方案下进行中国农村研究，其结果是"只关注特定的问题，丧失了对中国社会进行客观概括的宏大关怀"（陈柏峰，2010），以至于"当前的社区研究已经成为一个检验各种假设和命题的实验场"（卢晖临，2005）。③ 在这个背景下，布洛维（2007：77—135）重建和发展的拓展个案法（the extended case method，也有译作"延伸个案"者）引起了有着本土关怀的学者们的重视。这种方法通过对宏观、微观两方面因素的经验考察，达到对问题的深入理解，搜集资料兼涉宏观和微观两个方面，分析时则始终抱持反思性的信条，时时体察宏观权力等因素对日常实践的渗透性和影响力。研究者居高临下地看待具体生活，亦从具体生活中反观宏观因素的变迁。通过宏观与微观因素的往复运动，进而解答问题。它跳出了个案研究的狭小天地，解决了宏观与微观如何结

---

① 正是因为社区研究基础上的类型比较与认识中国的研究目标之间有着巨大的张力，他才会在晚年将研究单位扩大至小城镇、区域乃至族群。他希望在研究中不仅解剖麻雀，还能看到个案与外界的联系（孙秋云，2010）。但是，当研究范围扩展以后，调查的深度客观上又难以保证了。毕竟，中国社会的内部差异太大，历史又太悠久。

② 吉登斯（2000）认为，借助"科学""先进"的符号普及于全球的大众文化，只是近代以来现代性从西欧扩散的结果。

③ 在笔者看来，这种跳过"代表性"问题专注于理论对话的研究方案虽然在逻辑上无懈可击，但却极其容易落入西方社会科学理论的框架体系之中，丧失自己的问题意识。在社会科学领域具有普世价值的纯科学理论是不存在的，即使由于学界一时风气使然，这种"在中国做海外中国研究"（吕德文，2007b）的进路大行其道，但皓首穷经为他人作嫁衣自己却浑然不知，这难道不值得反思吗？

合的问题。同时经由理论重构,也实现了其理论上的追求。

上述研究给人以极大的启发。在笔者看来,拓展个案法是个案研究超越地域局限性的利器,倘若能够展现制度规范与日常实践之间的矛盾,并在追溯这些矛盾时不仅考虑内在的冲突,同时把宏观的国家权力、市场结构、历史变动等因素考虑在内,把田野经验"扩展出去",将反思运用于民族志,深入理解微观处境中的权力关系如何被宏大的结构所形塑,同时纠问特定环境中的政策实践如何被场域内的微观力量所重构,那么我们就能够在局部经验中抽取一般,让微观研究具有宏观效应,从而避免传统个案研究将研究视野局限在狭小世界中无心顾及更广的缺憾。在本书的具体论证环节,笔者有意识地引入了县乡两级政府的文件、工作报告,基层官员撰写的文字以及笔者对他们的访谈记录。以之为论据的好处不仅在于充分凸显了乡村场域中国家权力的重要性,将自下而上的视角与自上而下的视角整合起来,避免了"只见社会,不见国家;只见树叶,不见树林;只见描述,不见解释;只见传统,不见走向"(徐勇,2006a)的倾向,更在于因此而容纳了国家科层系统与乡村社会之间的互动,让个案调查的地点成为我们揭开盖子透视权力实践的窗口。[①] 当分析视角在上下之间往复穿梭时,具体的村庄成了一个权力容器,我们考察和分析的现象也就不可能仅仅只是某个特定村庄中的个别现象,而是在乡镇乃至县市的范围内具有共性,否则地方政府不可能以正式文件的方式对这些现象做出反应。而当个案中的考察对象在县域范围内具有共性时,我们就很难再说它是个别地区的偶然现象,它是在各种内外因素综合作用之下出现的,具有一定程度的普遍性和必然性。如果我们能够找出这些综合作用的因素,并指明其存在条件/区域/范围,那么从个案中得出的结论就能够在区域的层次上发挥效力。此时,操作个案的田野是我们发现规律的地点,而"区域"则成为对所发现的规律进行证伪的试验场。从这个意义上讲,如果能够用好扩展个案法,从政策实施效果与权力互动的角度切入,那么将个案研究

[①] 施从美(2008)指出,"随着现代国家的成长,社会愈来愈被国家所塑造。当下乡村社会状态,在相当程度正是由国家塑造而成的。当下乡村社会里可以处处看到'国家'的身影。所以说,不从'自上而下'的国家视角研究乡村社会,是根本无法准确认识和解释当下乡村社会的"。但是,对于怎样用文件来展开研究,他却语焉不详。而笔者认为,在缺乏田野调查经验的情况下,试图单纯用自上而下的视角通过文件的收集、筛选和甄别来研究乡村治理将是一条歧路。

提升到区域层次，最终进行区域间的综合比较，并不是没有可能。

总之，如果只满足于生产"纯知识"，以社会/人类学调查的方式进行农村研究的学者大可以不去理会所谓"代表性"问题，然而，只要我们还怀着学术报国的志向，希望为自己的民族贡献一点智慧，那么我们就难以绕开这个问题。尽管完全克服"总体代表性"困境注定了是一种"堂吉诃德式企图"（王宁，2007），但是，正是这种有着些许悲壮之美的"明知不可为而为之"的不懈努力推动着我们的学术向前发展，使我们离中国社会科学本土化的目标越来越近。"不避肯綮，操刀解牛"，是当代每一个有所担当的年轻学人应有的态度，如果一定要在方法上完美了再去做研究，那么研究对象早就消失了。

（二）研究单位

本书的研究单位介于村落与乡镇之间，笔者把这种研究单位命名为"村—镇"。

将村庄作为研究单位是农村研究的一个常规选择，"无论出于什么原因，中国乡土社区的单位是村落，从三家村起到几千户的大村"（费孝通，1998）。在经历集体化时代以后，国家建构的地方性作为新传统嵌入到村落之中（吕德文，2008b），村庄（行政村）已经构成了中国乡村所有区域的基本社会结构单元。村庄作为研究单位的魅力还在于，它是官民交汇的临界点，是国家与社会相遇的地方。但其不足之处在于操作起来容易忽视村庄与外界的联系，这些联系既包括与国家权力之间，也包括与基层市场之间的复杂互动。在施坚雅（1998）看来，村落具有开放特征，无论从对外还是对内的角度，都不构成中国农民生活中结构完整和功能完备的单位，构成这个单元的应该是"基层市场圈"。虽然"基层市场共同体"的分析框架在风靡一时之后也受到众多学者基于区域经验差异的批评，但他的理论不啻为对村庄社区研究者的重要提醒。

费孝通先生（2010）晚年将"小城镇"作为新的社区研究单位。这一研究单位的意义不仅在于容纳了基层市场的特点，而且从小城镇出发进行研究也更容易对社会整体进行把握。"小城镇"作为社会结构的一个关键环节，凝聚了中国社会在发展进程中的基本矛盾。正是基于对小城镇研究的拓展，费孝通展开了对城乡关系和城乡体系的研究（丁元竹，1995）。

吴毅、欧阳静等学者在近期的农村研究中陆续展开了对乡镇的研究，不过，他们的关注点更多的是乡镇基层政权的运作。虽然他们也强调乡域政治中的社区整体感，并力图"体现出乡村基层政治在体制与非体制、结构与非结构以及制度与文化的贯通方面所呈现出来的时空统一性和完整性"（吴毅，2007a），但是，他们的注意力显然放在了基层政权的行动与性质上，无暇顾及村庄本身。当然，这是研究目的使然，我们不能对作者太过苛求。毕竟研究单位的范围扩大之后，调查起来是极为困难的，如果研究单位再上升到县市一级，在田野经验的社会基础层面几乎将无法操作。正如孙立平（2001）所言，在以国家—农民关系为主要考察对象时，"如果将村庄作为研究的基本单位，所看到的往往是农村社会生活中乡土性的层面，而忽略国家的权力在农村中的存在。相反，如果以乡镇作为研究的基本单位，当然有利于对国家因素的观察和分析，同时也就容易忽视农村社会生活中的那些乡土和日常生活的因素，从而导致对农村日常生活自主性的低估"。

表1—1　　　　　　　　不同田野研究单位的比较

研究单位	研究旨趣	主要学科视角	分析范式
村落	社区生活	社会学、人类学、政治学	社区分析范式
基层市场共同体	经济	人类学	经济区域分析范式
乡镇	科层性与乡土性之间的互动	政治学、社会学	乡镇共同体分析范式
县	科层性	政治学、社会学	县域分析范式

因此，不存在一个最好的研究单位，选择怎样的田野研究单位是由研究目的所决定的。[①] 本书的主题是通过描述国家正式权力与社区性微观权力的碰撞与互构来展现"富人治村"这一社会事实，基于这一研究目的，笔者需要做出以下选择。首先，笔者的研究重点是乡村场域的权力实践而非经济变迁，后者只是本书的一个论述背景。所以笔者并不在意自己所选取的7个行政村是否构成一个"基层市场共同体"[②]，但笔者会在书中详

---

① 狄金华（2009）曾对各种农村研究单位做了一个很好的梳理，笔者将其结论部分缀于此处（见表1—1），以资小结。

② 据县志资料及村中老人的回忆，这7个村在新中国成立前的确共享一个集市，至今7个村的老年人还有同赴一处参加重阳节庙会的传统。

细交代村庄之间的经济关联以及它们与外部市场的关系。① 其次,鉴于本书的论述主题是"富人治村",而且在目前的制度条件与意识形态环境中不可能存在"富人治镇"乃至"富人治县",所以论文的主要场景应是村庄而不是乡镇,但笔者又必须盯住乡村两级之间的权力关系,将镇政府作为一个重要的行动主体。

综上所述,笔者将本书的研究单位定格为"村—镇",其中既包括7个基层(自治)组织和一个县级直接选举单位②,还包括乡镇基层政府以及以集镇为中心的基层市场。

(三) 田野工作

本书中的"吴镇"是笔者给所调查的7个行政村合取的学名③,这7个村位于浙中盆地东端,彼此相邻。在行政建制上,它属于越州市陵口镇④的一个工作片。

陵口镇辖区面积53.6平方公里,含67个行政村(居),总人口11.4万人,其中户籍人口5.3万,外来人口6.1万。目前,全镇已有各类企业1000多家,以饰品、卫生纸业、针织、服装、五金、建材等为主导产品,建立了特色工业区、化妆品园区。同时,该镇也是越州市传统的粮、糖、猪生产基地,种植业以水稻、蔬菜为主,兼有甘蔗、甜瓜、葡萄、花卉苗木等经济作物。2009年全镇实现工农业总产值53.3亿元,其中规模以上企业工业总产值16.9亿元,农业总产值2.89亿元,完成财政总收入8190万元。农民人均纯收入8350元。

从辖区面积、人口规模和行政村数量上来看,陵口镇是一个超级大

---

① 费孝通先生(1999:35)指出:"在研究农村这种基层社区时,只要不忘记它是有许多方面和本社区之外的世界相联系这一点,然后集中注意力在本社区自身,还是可以在既划定的范围内观察到社区居民社会生活各方面的活动,并把本社区和外界的关系交代清楚,还是可以在这既定的空间范围内把这个社区人文世界完整地加以概括。"

② 因为它们构成了一个完整的市人大代表选区。

③ 按照学术惯例,也出于对访谈对象的保护,本书所涉及的人名及县级以下地名均经过技术处理。

④ 越州市是浙江省的一个县级市,既不沿海,也不与外省相邻,境内地势较平坦,以岗地和平原为主,属亚热带季风气候,温和湿润,四季分明,光热资源丰富,年平均气温17℃,平均年降水量1100—1600毫米,年平均日照2129.7小时,无霜期243天左右。为了叙述方便,下文中"全镇""镇政府"及政府文件中的"吴镇"均指行政建制上的陵口镇。

镇，不过，在越州市像这样的大镇非常普遍，这缘于20世纪90年代初的机构精简与乡镇合并。目前的陵口镇在1949年越州县解放时是在原民国行政区划基础上设立的吴陇区。1961年吴陇区设9个人民公社，其中包括吴陵公社、陈塔公社、朱店公社、张田公社。1983年政社分设，原则上以原公社范围建乡。1986年吴陵乡改为陵口镇。1992年，越州市各乡镇实行"撤划并"，陈塔乡、朱店乡、张田乡并入陵口镇。为了便于管理，镇政府在原来的各个乡镇的基础上分设了4个工作片。1992年的这次"撤划并"在乡镇一级实现了机构的合并与在编人员的精简，但在行政村一级，仍然延续着20世纪60年代开始的生产大队的规模，只有少数的自然村实行了合并。①

也就是说，陵口镇现在的一个工作片的规模即相当于集体时代时的一个人民公社。笔者调查的7个村所在的吴陵工作片一共有23个行政村，在选举越州市人大代表时，这23个村被划分为3个市人大代表选区，"吴镇"的7个行政村恰好构成一个选区。②

2011年2月下旬，经过老师和朋友的层层引荐，笔者找到了越州市民政局的基政科，接待笔者的科长听说笔者想就"富人治村"的选题展开长期调研，顿时脸露难色，他的第一反应是让笔者去他们重点建设的先进社区，并向笔者展示了这个明星村的宣传资料。经过笔者的反复解释，他慢慢地认识到笔者的身份毕竟与记者不同，然后才拨通了他在吴镇政府工作的一个朋友的电话。当天离开民政局时笔者半开玩笑地问他，"现在不是倡导先富能人治村吗，我宣传一下岂不是很好？"他回答说："我们这里贿选太多了，传出去不好的哇！要是有记者下来，宣传部门都要全程陪同的。"

从2011年3月初开始，笔者的调研工作分三个阶段陆续展开。第一个阶段，笔者租住在吴镇的塘村，对该村进行重点考察，内容涉及村庄社会的方方面面，力图对当地的社会性质有一个全面的理解。这个阶段持续了一个多月。这段时间通过在塘村认识的朋友介绍，又结识了附近几个村

---

① 其中的原因是，随着城镇化、工业化进程的推进，当地农村的土地越发升值，试行的行政村合引起了各村之间尖锐的利益矛盾和土地纠纷，最后只好被叫停。这也是某些小村人口很少却也独立成村的主要原因。

② 2010年以后，由于新《选举法》实行城乡"同票同权"的原则，城镇产生的代表名额有所减少，而农村的名额相对增加，这也使得原来的选区范围有所改变。

的熟人。第二个阶段从4月底开始，还是运用熟人介绍认识更多熟人的方法，经过不断地滚雪球式的访谈，笔者把调查范围扩展到了吴镇的7个村。不过囿于精力所限，塘村之外的其他6个村，村庄政治与治理过程才是笔者调查的重点。这个阶段到7月初才基本宣告结束，此后笔者回学校整理材料，构思论文框架。8月下旬笔者又回到吴镇，进行第三个阶段的调查，但这个阶段为期较短，只持续了两周时间，主要是查漏补缺，补充一些此前调查时因为粗心而遗漏掉的信息。算起来，笔者在吴镇总的驻村时间应该在100天左右。

  本书的资料来源主要有以下几个方面：

  一是田野调查中的人物访谈资料和参与式观察的记录。访谈对象"从上至下"包括民政局干部、乡镇干部、村干部、村庄精英和普通村民。笔者的大部分访谈时间都集中在村干部和村庄精英的身上，因为他们那里的信息量最大，不过，为了避免他们作为一个整体可能给笔者带来误导，笔者还访谈了很多普通村民中的"明白人"，这些人有一定的文化水平和表达能力，对村庄中的现象有自己比较独立的观察和见解。

  二是镇政府提供的可以公开的政策文件、制度文本以及部分统计报表和会议记录。

  三是《越州市志》和《越州年鉴》，这有助于笔者立足更大的地域范围理解吴镇的历史和经济社会变迁。

  此项研究的田野工作也留下了不少遗憾。因为调查范围大，调查时间相对较短，笔者很难跟通过间接关系认识的只有一面之交的朋友建立足够的信任，在一些涉及诸如贪污、行贿、上访、内部交易等事情的细节时，访谈对象都点到即止，他们害怕笔者走漏了风声，对其生活造成干扰甚至是伤害。他们的担心是不无道理的，有一次笔者约一名上访核心人物在小旅馆谈话，开门时居然发现外面有人偷听。原来，作为一个不像打工者的外来人，笔者的行动早被村内关系紧张的派系势力注意到了。这种情形导致本书中的某些材料不够全面，同时也不够翔实，难以通过细致的"过程—事件"分析来展现其微妙的权力技术。

  处于城镇化进程中的吴镇各村已越来越陌生化，这与笔者此前在中西部农村相对"容易"的调查形成鲜明对比。即使是久居村里的"明白人"，也无法说清各家各户的情况，而对于比自己小一代的年轻人，则更不知悉。这一方面是由于各自的谋生方式、居住模式发生分化，在一起相处的时间不多；另一方面也是由于外来人口的大量进入，常住的外来人口在吴镇各村与本地人口基本持平，人口容量的倍增稀释了之前的交往空间。此外，对于笔者这个"湖北佬"来说，当地的吴音着实难懂，因而很多时候笔者无法在参与观察中通过某些言语细节的捕捉去理解他们在符号和意义层面的互动。这使得笔者这本声称使用了社会人类学方法的作品很难做到像一篇民族志那样对吴镇社会日常生活的点点滴滴都做出精致的深描（thick description）。

尽管材料略显粗糙，缺乏整体感，加之笔者受学术训练与理论系统的约束，也不可能做到在观察与分析中做到纯粹"客观"，但笔者尽可能使自己关于村庄社会性质与权力运作实践的论述建立在大量质性调查的基础之上，最大限度地避免学理上的偏离。

（四）内容说明

1. 理论资源

本书的核心理论资源是布迪厄的"场域"理论。之所以说是"理论资源"而非"理论框架"，是因为此项研究的思路为经验取向的归纳逻辑而非理论取向的演绎逻辑，理论在研究中既不是组装经验的道具，也不是用来裁剪和切割经验的手术刀，而是一种可以帮助我们把问题看得更为清晰明朗的放大镜，它只具有手段的意义，而不是目的本身。

采用何种理论资源，并不在于其在学术史上的先后，也不在于其观点的新颖与否，而在于其对特定现实的穿透力。在本书中，场域（arena）是农村社会成员所置身的地点、环境、社会舞台及周围的社会空间。场域既是地理上的（村庄、乡镇、县、国家），也是功能上的（行政的、市场的），它是内在包含了物质资源与文化象征的集合。场域概念有助于克服"国家""社会"的空泛本质，化解"国家"与"社会"的结构性对立。①

布迪厄用场域隐喻空间，将其视为一个开放的概念，强调"依据场域进行思考即是关系性地进行思考"（斯沃茨，2006：136—138）。场域

---

① 在布迪厄看来，一个整体的社会空间之中有许多重叠、交叉和相互渗透的行动场域。社会大世界是由大量具有相对自主性的社会小世界构成的，这些社会小世界是具有自身逻辑和必然性的客观关系的空间，其自身特有的逻辑不可化约为支配其他场域运作的那些逻辑（黎民、张小山，2005：345）。

被定义为"各种位置之间存在的客观关系的一个网络（network），或一个构型（configuration）"。它由附着于某种权力/资本形式的各种位置间的一系列客观历史关系所构成，其界限位于场域效果停止作用的地方，没有明显的边界；场域同时也是一个争夺的空间，这些争夺旨在维续或变更场域中这些力量的构型。各个位置的占有者用策略来保证或改善他们在场域中的位置，获取更多的资本，并生产出对他们自身最为有利的象征物，而这正是场域的动力学。

所以，场域就像一个磁场，它有以下两个主要特征：一方面，它是诸种客观力量彼此相联而被调整定型的一个系统（磁场的引力）；另一方面，它也是一个冲突和竞争的空间（磁场的斥力）。这些特征使场域具备了"某种历史性的动态变化和调适能力，避免了传统结构主义毫无变通弹性的决定论"（布迪厄、华康德，1998：17—18）。

布迪厄试图通过"场域"把社会活灵活现的结构化动态性质，以共时理解的概念形式表达出来。在他看来，社会空间是由人的行动场域所组成的，"不论是作为社会制约性条件的社会结构，或者作为行动者整个实践过程的伴随物及产品的社会结构，布迪厄都是从行动者之间的力的关系网的观点，从行动者之间相互施展权力运用策略的观点，从行动者之间的资本总量的竞争的观点去进行分析和说明"（高宣扬，2004：136）。

社会结构并不是抽象的，社会结构只能是行动者在不同场域中进行象征性实践的社会空间，它永远同从事象征性实践的行动者的"生存心态"、同行动者在权力斗争和较量中所进行的各种不同类型的社会实践紧密相联。社会结构同行动者在各个场域中的实际行动的紧密关系，一方面表现为社会结构为行动者的具体实践提供客观的制约性条件，另一方面又表现为社会结构本身依赖于行动者的整个实践过程。

总之，场域中的权力实践是一种过程。场域的最基本因素，是多面向的社会关系网络。"这些多面向的社会关系网络，作为场域的基本构成因素，不是固定不变的架构或形式，而是历史的和现实的、实际的和可能的、有形的和无形的、固定下来的和正在发生的以及物质性的和精神性的各种因素的结合。所有这一切，决定着场域本身是具有生命力的，而且始终处于各种力量关系的紧张状态之中。"（高宣扬，2004：138）

2. 概念界定

（1）权力

本书认同吉登斯的权力观。"权力"是以资源占有为基础的社会支配能力，它不是单维度和单向性的，也不是某种实质性的因素，而是一种相互关系。决定权力性质的，是场域中组成特定相互关系的各个位置上的行动者所握有的实际资本的总和。

权力在韦伯那里是一种即使遇到反对也能贯彻意志的机会，它被看作一种所有物，权力拥有者的合法性来源不同，实施支配的类型也就不同。但是在福柯看来，权力是一种非中心化的、多元的、分散的关系存在，它是生产性的实践，而不是外在的强制。所以，韦伯的权力是一种支配—服从关系，而福柯的权力是一种创造性的微观权力。吉登斯的权力观是对二者的综合，他从资源的角度来理解权力，既关注到权力的支配性，也注意到权力的能动性，并在其"结构化理论"中将权力的二重性统一起来。资源是权力得以实施的媒介，"权力的大小以行动者所能动员的资源为前提"（吉登斯，1998：30）。进一步地，他将资源划分为"配置性资源"和"权威性资源"两大类型。前者指的是权力实施过程中所使用的物质性手段，其源泉是人类对自然界的支配；后者指的是权力实施过程中的非物质性手段，其源泉是一些人相对另一些人的支配地位。

（2）城镇化

"城镇化"是指以乡镇企业和小城镇为中心，实现农村人口由第一产业向第二、三产业转换，居住地由农村区域向城镇区域迁移的空间聚集过程。与此相应的变化有以下四项：一是人口职业非农化，二是管理模式居民化，三是基础设施市政化，四是生活方式现代化。

"镇"是城市形成与发展的重要基础与条件，也是连接城市与乡村的重要纽带。虽然在我国现阶段"城镇"还很难直接转化为"城市"，但在国家工业化和现代化的发展进程中，城镇作为连接城市与农村的枢纽发挥着重要的作用，它可以分散城市过度密集的人口，吸收从农业中转移出的剩余劳动力。从现实国情来看，在推进城市化的过程中，我国并不缺少大中城市，但却缺乏能将二者衔接起来的空间形式，缺一座座连接城乡协调发展的空间桥梁。小城镇的发展对解决这个问题提供了一个良好的方案。在一个运转良好的现代区域内，具有不同功能、不同规模和发展序列的大都市、中小城市、城镇、集市直至乡村，乃是一个相互依存关系的体系。在这个体系中，城镇无疑是一个重要节点。

(3) 内卷化

"内卷化"在本书中指称社会治理体制的一种状态：它无法提高制度绩效，反而因内部设置愈来愈复杂而使制度发展陷入停滞，以至于和制度设计者的期待相比成为实质上的倒退。

"内卷化"的概念最早由美国人类学家戈登维泽提出，被用来描述这样一类文化模式，"当达到某种形态以后，既没有办法稳定下来，也没有办法使自己转变到新的形态，取而代之的是不断在内部变得更加复杂"（李锦顺，2007）。后来，吉尔兹（Geertz，1963）和黄宗智（2000a；2000b）先后将此概念应用于农业经济的研究，指称单位工作日报酬递减的"无发展的增长"。但这个概念在杜赞奇（2003）那里被用来概括一种政治社会现象，即在国家政权建设的背景下，权力的扩张并没有带来效益的提高，国家机构没能扩大新增结构的效率，而只能靠复制或扩大旧有的国家与社会关系来扩大其行政职能。贺雪峰（2011d）在形容取消农业税后的农村治理状况时用"乡村治理内卷化"来加以形容："随着国家的资源输入，乡村社会中出现了一个全新的结构，这个结构就是地方政府与地方势力的结盟……这个全新结构将吸取大部分自上而下输入农村的资源，并不断侵蚀乡村社会的公共利益。"

3. 章节安排

本书共有六章，除本章"导论"和第六章"结论"以外，主体部分共有四章，第二章至第四章分别从权力结构的社会基础、制度基础、经济基础三个层面展开分析，第五章则以结构化过程为主线，论述"富人治村"的治理背景下乡村权力结构的核心特征与形成机理。

具体结构和章节安排如下：

第二章，"分化与疏离：吴镇的经济社会形态"。交代田野调查地点的整体社会特征，包括经济构成、社区记忆和社会分层状况。这一章的重点是通过社区记忆水平与社会分层的综合效应烘托出村庄政治的底色。

第三章，"富人主政：选举产生的村庄权力格局"。从权威性资源的分配过程着眼，探讨权力结构的形成机制。这一章从村委会选举、农村基层党建和人大代表选举三个方面展开描述，考察乡村政治中的权力实践。

第四章，"地利之争：城镇化进程中的村庄政治"。考察日常性的村庄公共生活中配置性资源的分配。这一章的重点是场域内各类行动主体的利益构成、行动策略与博弈状况。深入理解"地利"的争夺，是我们探究乡村权力结构的前提。

第五章,"场域的定型:乡村治理中的权力互构"。论述富人主政格局下的村级治理与乡村关系,分析场域内微妙的权力关系与均衡形成机制,并考察"富人治村"的治理绩效。此外,通过不同个案理解富人的参政动机,将有助于增加本项研究的经验质感,强化因果关联。

第六章,"结论"部分将回顾本书的主要内容,厘清整体的论证逻辑。笔者将尝试概括资源流量较大时的村治模式,并在学理上提炼出某些一般性的规律。最后,对与研究主题有关的政策思路进行若干反思。

第 二 章
分化与疏离：吴镇的经济社会形态

本章首先交代吴镇的概况，包括各村的地理位置、经济格局和产业特征，然后重点描述吴镇的社区记忆与社会分层，这些因素构成了吴镇政治生活的社会基础，是吴镇村治场域中各种现象得以发生的基本条件。

一 田野概况：梯度的非农化

（一）地理方位

按照市政府出台的城乡规划，整个越州市被划分为主城区、副城区、城郊区和远郊区，主城区是政治、经济和文化中心，副城区以制造业为主，城郊区定位为生态农业区，远郊区被确定为自然保护区。吴镇的位置在城郊区内，同时又处于副城区产业带规划控制区的边缘，它既有镇中心的工业园区，又有镇郊仍然生长着农作物的耕地。

以下是吴镇各村的大致方位：

如图2—1，吴镇东临越城街道，距市中心约10公里，在越州市的"十分钟经济圈"内。北侧工业园区的一期工程兴建于20世纪90年代初，至今已扩展到第三期。图中城乡公路以北的土地都被纳入到工业区块之内，垅村的耕地已被征收完毕，塘村也有大量耕地被征。靠近北侧的岭村位置比较特殊，它紧邻越城街道，而且正在扩建中的商贸区和工业区二期就在岭村原来的地域范围内，这使得岭村近年来土地大幅升值，房屋租金也一路看涨。相比之下，离镇中心较远的田村、坞村、宅村尽管在修建基础设施时有地被征，但还是剩余了较多的耕地。而靠近吴陵山的塔村，农地到现在还没有被征用过，不仅如此，吴陵山这座海拔40多米的小山丘上还有很多坡地被附近村民开垦出来。

严格意义上讲，塘村和垅村已经实行了"村改居"，应该被称作居委

第二章　分化与疏离:吴镇的经济社会形态　37

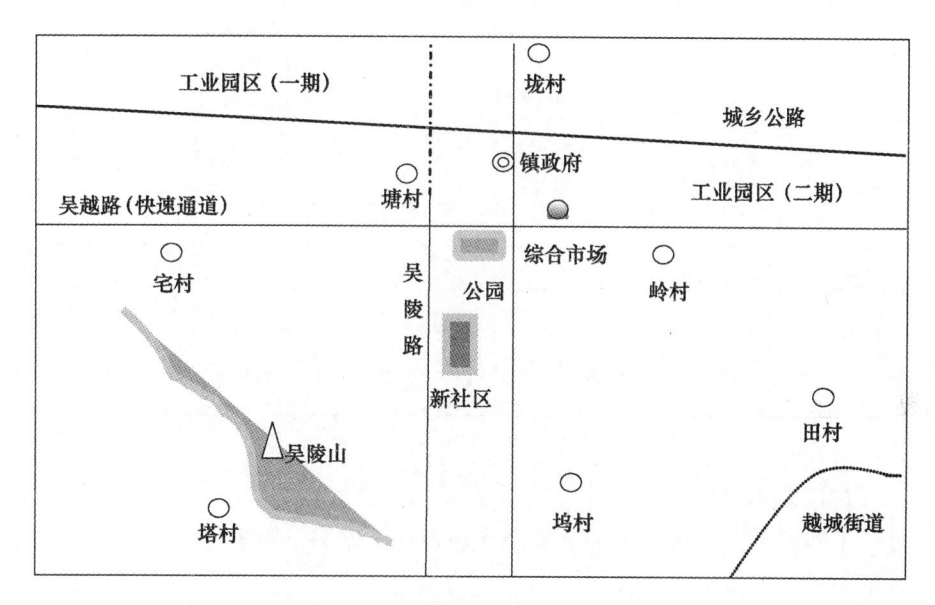

图 2—1　吴镇七村位置分布

注：1. 本图并非严格按地图上的比例尺所画，只能示意性地表示各村的大体方位。

2. 图中吴陵路的虚线部分表示已经规划而尚未完成拆迁的路段，实线部分表示已经建设完工。

3. 图中新社区地块为规划中旧村改造完成后的居民小区。

会，但是由于福利待遇与管理机制上仍然与改名之前基本相同①，大家觉得除了村委会换块牌子，每家换个户口本之外一切照旧，所以本书为了叙述方便还是以"村"来称呼。

表 2—1 是这 7 个行政村的基本情况：

---

① 具体而言，在社会保障方面，"居民"并未享受城镇企业职工基本养老保险、医疗保险及失业保险，只有失地农民养老保险与新农村合作医疗；其他的退休政策、拆迁政策、兵役政策、计划生育政策方面，仍与以前一样。村民宅基地仍是集体土地，并未转为国有土地，房屋虽由当地房管部门发放了所有权证，但并未纳入城市私房管理，不能入市交易。管理体制方面，仍然沿用原有的"两委会"设置，干部选举方式与村两委选举完全相同，而且股份经济合作组织的管理人员与两委干部重叠，是"一套班子、两块牌子"，并未实现与社区脱离，成为企业化运作的市场主体。

表2—1　　　　　　　　　　吴镇七村基本情况

村名	人口数	户数	党员人数	现有耕地面积（亩）	人均耕地面积（亩）
塘村	1629	755	80	205	0.12
垅村	287	117	7	0	0
岭村	710	307	26	234	0.33
坞村	938	414	49	587	0.62
田村	481	208	24	236	0.49
宅村	443	195	22	282	0.64
塔村	787	338	36	1023	1.29
合计	5275	2334	244	2567	0.48

在过去20多年里，吴镇发生了巨大的变化，不仅镇郊建起了工业区，规模不断扩大，而且村里的家庭小作坊也逐渐增多。随着经济的发展，靠近镇中心的土地被大幅征用，农民的收入来源中，农业所占的比重不断下降。与经济发展同步的是流动人口的大量进入，在镇郊的几个村，每年的常住外来人口与本村人口基本持平。这使得吴镇看上去像中西部的县城，熙熙攘攘，人流涌动，而其村庄越来越具备城中村的特点。以下，笔者将从个体经济、租金市场与农业状况三个主要方面来介绍吴镇的经济格局。

（二）个体经济

吴镇的个体经济非常发达，农民的主要收入有赖于此。笔者在各村走访时，经常在路边看见车间、仓库、宿舍三合一的小作坊，这些小作坊既有本地村民在自家住宅内从事生产，也有相当一部分是外地老板租用村内民房。小作坊内机器不多，一般不超过10台，聘请的工人数量也很有限。每家作坊所承担的都是某种工艺流程的一个环节①，而各种工艺环节的分工可以细到非常精微的程度。笔者曾经观察过一个从事玩具行业的小作坊，50多平方米的房间，3台机器，4个工人，老板所接的单子就是用涂

---

① 吴镇范围内没有形成"专业村"，但吴镇附近有这种情况出现。所谓专业村是指全村都集中从事某个行业，比如生产袜子，各家各户自行组合，按市场规则形成生产和销售上的合作关系。

料在一批圆形的纽扣上印上娃娃的笑脸。印完之后，这些纽扣会被送到邻村一个专事缝纫的小作坊，然后把纽扣缝到毛绒玩具上。

在越州市，每个行业出名的企业周围都有一群同行的小企业，而小企业的下游又有一大批的家庭作坊，这就像小草托着绿叶，而绿叶又衬着红花。其实质是在每个领域形成了行业群（也有人称之为"商圈"），有了行业群，才会有凤毛麟角的优秀企业杀出重围，脱颖而出。像饰品、丝袜、衬衫、拉链、织带、箱包、相框、玩具等行业，无不是如此。举饰品行业为例，整个生产环节中的打版、压模、翻砂、抛光、点钻、滴胶等一系列的工艺都会有对应的小型加工厂，分散在各个村庄。大企业在工业园区内，可以集中所有的工艺流程，生产的是有品牌的产品；小企业租用村里提供的厂房，其工艺流程不全，生产的是散件或是仿制品；小作坊即民宅，专为其他企业从事某个生产环节的委托加工。[①] 当然，这里的"大"和"小"只是相对而言，他们之间的界限非常模糊，如果连续接到大单，小作坊需要扩大规模，就会租用更大的场地，变成小企业；而小企业有了资金实力，就有可能整合更多的工艺流程，成为进入工业园区的大企业。反过来，倘若出现意外，投资失败，那么逆向的过程同样也会发生：企业裁掉工人、缩小规模、另换场地，直至回到村内的民房。不过，后一个过程对于高度依赖订单的小企业发生的概率较大，而工业园区内已经比较成熟的企业则极少发生。

近年来，随着市场容量的渐趋饱和，吴镇的老板们发现"生意越来越难做了"。在技术含量不高，工艺容易被模仿的轻工业领域，企业主们走的都是"劳动密集型"的路线，"就是比谁的利润率更低，谁的劳动力更便宜"。家庭作坊的优势便在于此，它可以节约租金，大幅节省工人的食宿开销，并且可以随着订单的变化灵活调整生产规模和时间强度。当"生意难做"之后，吴镇出现了一个悄然的转型：大家都倾向于把房子出租给外地人来经营，自己抽身出来从事其他生意，比如只经营商铺；更为年轻而自家又有资金实力的精英则会投资房地产、矿产、典当行[②]等。其

---

① 他们的委托者多是小企业主，而小企业主的委托者则是市场中的批发商。当地很多的企业主自己就是批发商，在城里有固定的店铺。吴镇个体经济从发展历程上来讲，是先有商业，再有工业，一批头脑活络的农民在 20 世纪 80 年代末到县城做生意，发现某种商品好卖，再回到家乡创办企业。

② 其业务实质是民间的高利贷。

中的原因，用他们的话来讲，就是做实业太辛苦，没日没夜，钱还不好赚，不如直接去投资。

目前，镇郊的塘村、岭村、垅村靠近路边的住宅里的空房都在出租。而位置稍差的宅村、田村和坞村尽管有部分房间作为仓库出租，但大多还是本村村民在经营，只是他们做小五金、草帽、发箍、头饰、织袜等产品的利润已越来越薄。更远一些的塔村，家庭作坊相对偏少，富余的青年劳动力主要是在工业园区的企业里工作。

（三）租金市场

与本地人口持平的常住外来人口再加上短期停留的打工者，使得吴镇作为劳动力流入地呈现出勃然生机。每天早上，街口的职介中心门前人头攒动，说着普通话又带着浓重地方口音的青壮年劳动力挤在信息栏前面，用手机记着老板们的用工需求和电话号码，这种景象与中西部只剩下留守群体的空壳村庄形成鲜明的对比。同时，这也意味着"租金"成为吴镇农民的重要收入来源。塘村的会计吴家祥说：

> 在我们这里，只要你房子的面积够大，就可以吃喝不愁。只要路好，车子进出方便，每个村子都有老板进去办厂，（他们）有的是为了节约成本，有的是想偷漏税，偏远一点，管理费什么的少一点，各种监管也没有那么严。租金价格呢，我们这里不高，一层租出去的多，三间房，100多平方米，一年2万（元）。街上的，一年3万5（千元）。店面房还要贵些，25个平方（米），一年七八千（元），还是在里弄里面的老房子。说来说去啊，我们赚的也就是外地人的钱，租屋办厂的、租店做生意的、租房睡觉的，他们一年忙到头，能带走的（钱）还是少，吃啊喝啊玩啊，都在我们这里花掉了。

来吴镇打工的外地人主要来自江西、安徽、河南、湖北等中部省份。他们大致可以分为以下几种：第一种是刚从学校毕业还未成家的年轻人，他们主要在比较正规的企业里打工，笔者曾见到一些带着孩子气的小青年是父母亲自送到工厂里来的。这些年轻人吃住都在厂里，平时到镇上来消费。年轻人的优点是精力旺盛，"加班赶工能够扛得住"，出错的可能性较小。但是，在机器旁反复操作同一个动作的普工毕竟收入不高，2010

年吴镇普工的平均月工资水平为1500—1800元。年轻人的另一个选择是去小企业或者作坊里面当学徒，学一门手艺。尽管刚开始时收入很低，甚至只包吃住，但是随着技术要领的掌握，自己成为师傅，工资就会不断增加。比如塑料玩具厂里的注塑机师傅，小五金厂的铝合金师傅、氩弧焊师傅，饰品厂里的打版师、压模师、烧焊师、抛光师等。成为师傅的熟练工的月工资为2500—3500元。

第二种是已经结婚，年龄偏大的打工者，这种往往被称为"夫妻班"。在一些劳动强度不大的场合，如包装工、勤杂工等，"夫妻班"是很受欢迎的，因为他们往往任劳任怨、易于管理。"夫妻班"的另一个比较常见的情况是，两人当中至少有一方（绝大多数是男方）掌握了某种技术，收入水平尚可，另一方可以租住在村里，干点来料加工的手工活，如果有合适的工作机会就出去上班。在销售旺季，很多厂因为订单增加临时需要扩充人手，租住在村里的妇女就成了老板们招工时的选择。笔者在塘村调查时，曾与笔者租住在同一个房东家的有三对河南籍的夫妻，丈夫都是叉车司机，月收入有3000多元，于是妻子和小孩也一起过来在吴镇生活。由于吴镇相对城市而言总体消费水平不高①，夫妻当中一方有较稳定收入便可以承受起全家在吴镇的生活成本，不用忍受一家人两地分离之苦。尽管他们知道自己无法在吴镇定居下来，随着年龄的增长还是要返回家乡，但他们毕竟能够在青壮年时期既得到物质上的充裕又体会到家庭的欢乐。

第三种打工者也是已婚的中年人，但数量极少。他们的不同之处在于经过多年的历练，掌握了某个行业中的客户来源、工艺流程、基本技术要领、材料构成、进货渠道、生产成本核算、单据处理等，在获得资金支持的情况下，他们也会模仿起曾经的主顾，租下厂房，买来机器，自己当起老板。只有这批数量极少的成功者②才有可能在创业地点付款买房，成为

---

① 镇上住房出租的月租金价格为300—400元/间，镇郊的村子如塘村则只有150元左右。对于一个三到四口人的核心家庭来说，两间房子60多平方米已完全够用。生活日用品方面，浙中地区就是原产地，面向低端消费者的商品价格相当低廉，与普通农村无异。而且，由于生活在流动性大的陌生人环境中，他们也没有因生命仪式上的面子比拼而来的大额开支。

② 据吴镇一位从工商所退休的干部说，这种创业成功的打工者"一千个人里面也只有两三个"，而且创业之后"守不守得住还是个问题"。在吴镇，每年撑不下去倒掉的老板要占到10%，原因主要是"款收不回来，资金链断掉"。

一个"当地人"。

然而,外地人致富后"落地生根"的愿望并不强烈,除非是出嫁或入赘,否则他们很难与本地人在交往中实现心理上的融合。在吴镇调查时,访谈对象在谈起外来打工人员时多少都有些怨气,这一点引起了笔者的注意。以下是比较常见的一些说法:

> 这些人不讲人情的,以前住在隔壁的一对江西人,我经常送些菜给他们吃,还让他们在我家楼上晾衣服,好了,住了几个月搬到村那头去了,路上碰到我就像不认识一样。

> 他们不太讲卫生,你看水沟里面那些垃圾就是他们顺手倒的,都不知道多走几步倒到垃圾桶里面去。怎么说好呢?人的素质还是有一点差别的,下班之后就到公园的草地上到处踩,山上的凉亭上面乱写乱画的,不也是他们?

> 哎呀,打工的人很会享受生活的,一到工休就是吃饭喝酒,一上桌就是大半天。过年也不回家,每天大鱼大肉、喝酒、打牌,(他们)好像不怎么知道省钱的。

以上这些日常化的言论并不能说是本地村民的刻板成见。在经常更换工作地点和租住地的流动状态下,外来人口的人生心态、生活方式和归属感与本地人肯定是有差别的[①],而且,打工者的大量涌入客观上挤压了吴镇的公共活动空间,也增大了基础设施的负荷,这使得本地人下意识地产生了上述看法。不过,吴镇农民的可爱之处就在于,心理上的排斥并不等于行动中的拒绝,哪怕他们对陌生人没有好感,也会笑眯眯地听他讲话。当地有句老人小孩都知道的谚语,叫"客人是条龙,不来就要穷"。也许这句民谚作为一种文化现象应该与吴镇一直以来因地少人多而倒逼出的经商传统有关:珍惜与每个陌生人的关系,说不定哪天他就会成为自己的财源。而事实上,作为一个整体,外来务工人员正是实体经济的主要价值创

[①] 笔者平时与吴镇的外来打工者聊天时的感受是,他们没有稳定的未来预期,无法进行长远的人生规划,只能走一步看一步,能享受就享受,以后的问题以后再说。

造者与吴镇的租金提供者。

(四) 农业状况

尽管用地面积最多，但农业在渐已工商化的吴镇经济中所占比重不高，从2009年官方公布的工农业产值的数字来估算，大约只有5%。镇郊的塘村和岭村，所剩的有限耕地存在大量的抛荒，主要原因有征而未用、项目工程建设造成配套渠系毁坏、土地部分被征后重新调整没有落实到户（成为村民小组的公地）等，也有部分地块是因为种植效益低下，或位置不佳、难以与其他土地连片，农户自己不愿耕种又未及时流转。虽然村委提供的数字中还有上百亩的耕地，但笔者在这些村却难以见到大片的农作物[①]，偶尔在一片围墙之内，可以看到杂草丛中被人垦出几块菜地，就像衣服上打着的补丁。

稍远的坞村、田村和宅村情况有所不同。坞村在实行农田改造后对全村土地统一办理委托手续，由村委对外招标，分别流转给本村和外村的8个大户规模经营，农户按拥有的承包份额每年获得200元/亩的租金[②]，以及市政府提供的260元/亩、镇政府100元/亩的一次性补贴。承包大户种植的种类有水稻、蔬菜、瓜果、莲藕等，其中种植水稻的每亩可以获得省财政的粮食订单补贴140元。而按照越州市发展现代农业扶持项目的资金补助办法，早稻晚稻复种指数达100亩，土地流转期限5年以上每亩可获补贴400多元；连片开发水果、蔬菜面积在50—100亩的，一次性给予200元/亩的补助，超过100亩的，补助为300元/亩。[③] 可以看出，地方政府在本辖区实现了一定程度的工业化之后，财政上有能力通过政策刺激加快当地的非农化与城镇化进程。

田村的耕地主要是被本村的20多个农户用来种植葡萄，他们转租

---

① 后文将要提到，各个村都有一些违章建筑，占用了所剩的耕地。
② 坞村的传统种植项目为水稻和甘蔗，如果把人力成本计入在内，每亩土地上的纯利润与流转后所得的租金基本持平。
③ 笔者调查时认识的粮食承包大户老陈（不是吴镇人）在闲聊时很感慨地说："现在搞农业要想发财，就得吃透政策，上通下通。"言下之意是，从事农业种植的资本利润率不高，只有信息灵敏，打通与政府相关部门的关系，想办法通过各种方式争取国家补贴，才可以获得比较可观的收益。老陈去年从各村转包了近400亩土地种植水稻，获得的各种补贴和奖励就有5万多元。

了同村村民的土地,并且成立了一个葡萄专业合作社。不过,经笔者深入了解,田村的这个合作社"合作"的程度不深,合作社的理事长是田村现任的村委会主任,社员们只是一起协调挖沟排水,共同购买一些技术资料,核心的环节如肥料、农药等生产资料的购买,田间管理以及运输和销售都是分开的。宅村也有一个十余家农户组成的小型甜瓜合作社,转包了村里近一半的农地,但是这个合作社的运行更像是个独资公司,因为它其实是由理事长即法人代表单独出资,社员并不参与分红,只按劳动量领取工资。这个合作社的社长姓李,是宅村的一名支委委员,他坦言,注册合作社是为了方便申请一些项目资金,因为政府对农民专业合作社有很多政策上的扶持,而且这种支持是多方面、高额度的,其中包括开办经费补助、技术补贴、农机补贴、贷款贴息、农业保险补助、绿色有机农产品奖励、标准化示范区奖励、优秀合作组织奖励等。

塔村耕地最多,利用的格局也最为复杂。这个村没有专业合作社,村委既没有像一些城郊村一样以土地承包权入股,成立股份经济合作社,也没有将土地集中收回再统一招标,其中最主要的原因,是村民们的意见难以统一。大部分的村民尤其是老年人对土地依然相当重视,他们宁愿自己辛苦一点"赚个口粮",也不愿将土地流转出去。当然,这也与塔村位置较偏,经商的机会相对较少,并且房屋出租的市场不佳有很大关系。整体来看,塔村有 300 多亩土地由农户各自流转给承包大户,每亩租金为 200—300 元。这些承包大户多为外村人,以种植莲藕和大棚蔬菜为主,农忙时雇请本地村民帮工,每日工价为 80 元。如果不计入政策性补贴,承包者在除去租金、生产成本和工人工资等费用后每亩地的纯收益在 300 元左右,比种植水稻的收益略高。塔村余下的土地绝大多数都由平时在家做手工活的老人耕种,其作物类型较为传统,如水稻、甘蔗、番薯、油菜等,而且田地分散,规模很小,无法使用大型机械。从某种意义上讲,这种耕作方式还没有摆脱"过密化"(黄宗智,2000a)的陷阱,剩余的劳动力仍被不计成本地投入到单位面积的土地上,他们囿于生存环境的限制,遵循的仍然是小农的"道义理性"(斯科特,2001),而不是大农的经济理性。

总的来看,吴镇的产业结构从中心到边缘呈现出辐射状的梯度性非农化格局。距离镇中心最近,毗邻工业园区和商业区的塘村、垅村和岭村,土地被征用而实现非农用途的比例最高，农业的保留程度最低，村民的职业异常多元化，且已转移至第二、第三产业；稍远的坞村、田村和宅村土地被征用的比例其次，农业依然保留，但多数耕地通过土地流转实现了规模集中，大部分村民已脱离农业，正向非农职业转移，且以从事服务业和个体经营为主；最远的塔村尽管修建了通村的柏油路，但由于吴陵山的阻隔，土地暂时还未被列入到镇区扩展的规划之中，其土地有部分流转，但农业的前现代化特征依然明显，村民的职业呈现出高度兼业化的特征，务农、手工加工与工厂打工并行。根据以上特点，我们可以把吴镇的七个行政村划分为三种类型，即镇郊村、近郊村和远郊村。尽管各村有产业结构上的梯度差别，但由于其以个体经济为绝对主体的乡村工业较为发达，因而村内精英的主体并未流失，他们仍然留在村庄中参与政治生活。并且，由于租金收入在村民的整体收入构成中占据了相当的比例，人们对于土地尤其是宅基地的分配十分敏感。

二　社区记忆：家族的弱关联

社区记忆与社会分化是构成村庄社会性质的两个重要维度（贺雪峰，2003），是我们理解村庄秩序，探究村庄场域权力构成的基本前提。社区记忆对应着传统型的社会关联，而经济社会分化则趋向现代型社会关联。[1] 社会学的经典作品中有很多类似的关于社会性质的二元分类，最典型的如机械团结与有机团结（涂尔干，2000）、共同体与社会（滕尼斯，2010）、礼俗社会与法理社会（费孝通，1998）等，这些各有侧重的分类作为一种理想类型的划分，并非相互排斥，而是可以在一定的时空场域中共存。同样，此处所说的传统型与现代型社会关联也共存于社会系统之中，但传统型社会关联强调人们调用社会关系时所依凭的资源是伦理性的、道德性的，基于传统价值而产生的义务感；而现代型社会关联则强调共同体产生分化之后人们以理性的契约关系相联结。相比之下，前者与社

---

[1]　村庄社会关联强调的是村民作为行动主体在应对事件时调用村庄内部关系的能力。此处没有用"社会团结"的概念，因为涂尔干的"社会团结"强调的是社会整体的结构性特征，社会优先于个人发挥作用。参见［法］涂尔干《社会分工论》，渠东译，生活·读书·新知三联书店2000年版，第257页。

区历史中形成的内部成员共同遵循的地方性知识（吉尔兹，2000）有关，而后者缘于商品交换高度发展后市场逐渐从社会中"脱嵌"（波兰尼，2007），工具性关系取代表达性关系成为人际关系的主导特征。因此，当一个社区的集体记忆较强时，传统的、历史的、文化的因素便会在社会行动中呈现出自身的重要性，反之，当社区记忆的水平较弱时，基于工具理性的社会行动与社会关系将成为主导。以下，笔者将从宗族观念、红白喜事、民俗活动等方面来对吴镇的社区记忆进行考察。

（一）宗族观念

吴镇的历史最早可追溯至2000多年前，古属越国。但查阅县志，即发现镇内各大姓多在宋朝迁入。如吴姓相传为北宋末年避金兵入侵，自河南迁居而来。朱姓相传为洛阳朱宗儒避金兵入侵，随宋室南渡迁居至此。何姓为北宋宣和年间为避方腊兵起，自睦州白岭上何村迁隐。李姓祖籍陇西，随宋室扈驾南渡至此。罗姓，宋末避元兵由河南新城迁居。而包姓则为元末为避战乱自崇德迁居，后裔分居吴陵各村。

不过，对当地的姓氏格局与居住模式影响最大的却是近代的太平天国运动。一些老人听祖辈讲起，当年太平军败退时成了流寇，路经此地，杀掠甚多，而一些士兵及流民就地隐匿，改名换姓，其后代遂成为当地人。另外，清末民初的战乱时期，许多失去土地的外地人来此做长工，新中国成立后分得土地，也成为当地人。这些人被吴镇的原住民称为"客姓"。据估计，吴镇的本姓和客姓人数基本相当。总体而言，虽然各村皆为杂姓混居，但都有一到两个主姓，而在人数较少的小村（如垅村），则会出现单姓独大的局面。

新中国成立前，吴镇几乎各村都有祠堂，大姓还有公田。不过，经过土改与集体化之后，族产不复存在，而在"文化大革命"尤其是"破四旧"运动期间，祠堂遭毁、族谱被烧的事件大量发生，男尊女卑、长幼有序等传统观念遭到批判，这与全国各地的农村大体相似。但有所不同的是，到了20世纪80年代末，随着当地经济形式的好转，宗族经历了一轮器物层面的重建浪潮，这可以说是人民公社时期被压抑的宗族意识的释放。然而，进入90年代以后，随着经济的起飞，工业化、城镇化进程的启动，人口流动的加剧，宗族活动的浪潮逐渐平息，此前修建的象征性建筑也被闲置。吴镇的7个村有3个小祠堂，其中塘村吴姓和田村朱姓的祠堂作为老年人协会的活动室被人承包,人们在里面打牌、聊天,承包人按桌次收取费用。坞村罗姓的祠堂一直作为仓库使用,但在1999年秋天失火被烧,此后再也没有重建。进入21世纪以后吴镇只有两次可以称得上是集体性的宗族活动,一次是2001年塔村何姓建好通村公路之后集资修牌楼,最近的一次是塘村吴姓2005年的"续谱",分散在越州市境内28个村的吴姓各大小房支由几名退休的老干部组织,举行了一场仪式:

> 上谱的人不分男女每人出40块钱,谱修好了放在老村子里,大家花钱雇人开着轿车,扎着红绸子,去把族谱拿回来。听说还办得挺隆重,我们没参加。老年人喜欢搞这样的事,我们反正出点钱,让他们开心一下。

可以说,吴镇的宗族活动并不显著,人们对宗族也没有表现出强烈的认同感。但差别在于,由于其资源的相对充裕,即使只有少数人参与,活动依然能够顺利举行,并且声势浩大。有趣的是,这样的宗族仪式性的活动居然是借用了大量的雇佣关系才得以完成的。如果一个外来者是初到吴镇,见此情形可能还会产生宗族复兴的错觉。

从效果上看,类似的仪式并不像江西、福建等地的宗族型村庄那样可以起到加强同姓间凝聚力的作用。[①] 因为自始至终参与的只是一些有闲暇时间的老人,而仪式过后,修谱的理事会即告解散,各村之间并没有后续的人情往来与集体活动,连清明祭祀的时候大家也不会回老家祭祖,只是各自在近处祭拜家坟。而这里的家坟,没有一个固定的"代"的概念来描画,最久远的就是家中老人还记得的,曾经在死者生前与之有过亲密接触的先辈。"祭拜一下是为了心里好过一点,死了就是死了,不可能求他保佑的。"

岭村包姓的"迁坟"活动也很有意思,2006年修建吴越路时涉及包姓坟地的征收:

> 我们把所有的老坟合在一起,立了块碑,写上"列祖之墓",(因为)不记得哪个是哪个了,挖出来的时候就是一点土,什么都没

[①] 有兴趣的读者可以阅读王铭铭(2004)、钱杭(1995)的著作。

有，合在一起象征性地弄一下，政府赔的钱，各家拿走。有人提议一起吃顿饭的，结果生意太忙，一顿饭都没有吃成。

上述事例可以说明①，在观念层面上当地人对于祖先已经没有了传统时代的那种敬畏感。其中的原因，与历次政治运动的打击、现代化取向的意识形态、无神论的去魅化的新式教育以及现代传媒的普及息息相关，以至于笔者去询问当地人有关宗族事务的问题时，访谈对象竟羞于应答，因为这些事情在他们的价值向量里被赋予了"封建、迷信、愚昧、落后"的消极意涵。

（二）红白喜事

红白喜事又叫"赶人情"，是农民日常生活中举办频率最高的集体活动，包括婚嫁、丧事、过生日、做寿、起新屋（新房建成）等。考察红白喜事的意义在于它的形式、程序与内涵等各个方面集中体现了一个文化区域围内的"小传统"（Redfield，1956），反映了社会行动的主要路径与社会关系网络的性质，是观察社区记忆水平的重要显示器。此处限于篇幅不对吴镇各种人情活动的具体过程及礼物交换做详细描述，只探讨其现状与变化机制。

从红白喜事的性质上看，当地的相关活动在礼仪上不断简化，公共性递减而私人性增加。② 比如按照传统习俗，一对夫妻的婚姻需经历的程序有：做媒、望依、定亲、下礼、送日子、挈果子、辞亲、回赠、起身酒、别祖先、迎娶、拜天地、宴请、闹新房（又称"讨果子"）、见公婆、谢媒等，整个程序走完少则半年，多则两三年，而婚礼要持续两天

---

① 这是质性研究方法中比较常用的策略，即通过对人们习以为常的行动方式的分析和反思来间接测量社会观念，而不是直接用问卷来提问。这也是涂尔干所说的，从一种社会事实出发去理解另一种社会事实，而"不应到个人意识的状态中去寻找"。参见《社会学方法的准则》，商务印书馆1995年版，第125页。

② 公共性与私人性是宋丽娜（2011）在其博士学位论文《人情的社会基础研究》中提出的分析框架，给人以很大启发。公共性意味着活动的举办方式遵循特定的共同规则（如村民之间是否送人情是按血缘关系而非交往的深浅而决定，礼金的水平是按照关系的亲疏远近而非感情的亲密程度，喜事是全村的或整个家族的喜事，主家只是一个承办者而已，一切事务都要符合规矩），而私人性则意味着人情活动的举办方式往往是自身经济地位、认知方式、情感偏好的体现，遵循个人效用最大化的目标。

的时间。这种习俗形成于村庄边界相对封闭、村民较少流动的农业时期，有强调婚姻的神圣意义、在两个家族间加强磨合的功能。现在，婚嫁变成了非常简单的事："吃一顿饭就完了。"大多数事项已经在私下里办好，需要通过公开仪式进行表演[①]的时间非常短暂，而且公开展示的内容没有一定的规则，如何当众答谢父母，是否闹新房，由各家自行决定。

礼仪简化的直接原因有两个：一是主办方与客人的时间都很宝贵，"生意很忙，各有各的事"；二是大家都倾向于向城里人看齐，"乡下的老传统过时了"。相对于红喜事，白喜事尽管也在简化，但公共性的严肃意味仍然比较明显。送终、报丧、守尸、设灵、祭拜、入殓、出殡（火化）、安葬、做七[②]等传统程式基本完备，而且一些细微的"讲究"和禁忌被保留了下来，如：男尸须理发，剃前不剃后，取意"留后"；女尸须梳头、挽髻，不使披散；家人按死者生辰八字择日发葬；出殡时路遇祠、庙、桥、路廊，孝子跪地请神放行；七七内孝子不理发，两足年屋内才能脱素换红。丧事的简化体现在非礼仪性的环节，比如由于土地的升值，村内宅基地受到严格控制，房屋高度密集，供众人瞻仰、祭拜、敬献花圈的灵堂只能临时性地设在某处的空地上，用防雨布围起即可。由于居住格局的愈发密集，设灵、祭拜的丧事礼仪持续的时间不能太长（最多半天），否则嘈杂的鞭炮声、喧闹的锣鼓声和往来的车辆声会惊扰周围村民，激起矛盾。礼毕后的宴席不再像从前一样在家中举行，而是去饭店就餐。[③] 至于去何种规格的饭店，则由主家的经济能力而定。另外，礼金的多少也不全由血缘关系的亲疏远近来决定，"送得多回得就多，肯定要加一点，好朋友送得比亲兄弟多都没什么好奇怪的"。

---

① "就人类学而言，仪式根本上是一种表演……文化和意义借助这种仪式性的表演得以展现，或者观看者可以从仪式表演中心照不宣地领会到仪式背后的意义。"参见赵旭东《文化的表达》，中国人民大学出版社2009年版，第193页。

② 死者落气之后每七日为一"七"，于中堂设灵，供奠饭。

③ 塘村妇女主任说："90年代初的时候还是在村里面办的，后来形成风气，在酒店里办。一来免得麻烦，简单、省事、节约时间，免得耗费精力，大家几天做不了事情，欠人情太多。二来村子里面窄，车子都走不进来，都是握手楼。三来大家手头上也不缺那个钱，再说，人家都这样办，气派，自己不这样办，有点丢人的。还有，子女的要求也很重要，要跟上潮流嘛。"

红白喜事等活动的行动路径也发生着巨大的变化。一些老年访谈对象回忆，新中国成立前，村里不同的姓氏住在不同的方位，同一个姓氏的不同房支也是一样，"生得亲的喜欢住在一块，办大事的时候好互相帮忙。后来村里的空地都被占光了，大家就到村子边上去找地方建房，也不管挨着谁，反正就是插花住"。大集体时代，住房靠近的农户被划到一个生产队里，互相之间也有了人情往来，红白事的时候都要到场，但办事的时候来帮忙的还是血缘相近的本家。分田到户以后，户籍在同一个村民组的农户又不断地向外扩散，形成了同一个村民小组但不住在一起的局面。由于地方经济的不断发展，村民各有各的就业门路，大家现在只熟悉曾经在生产队时一起出工干活的同龄人，而对他们的后代则非常陌生，连名字都叫不上来。与此相应，办喜事时非亲属关系的村友中大多只邀请平日里要好的邻居。此时的红白喜事也不需要互助了。到20世纪90年代后期，人们举办红白喜事已经高度依赖市场，办婚礼请婚庆公司，办丧事请殡仪馆[1]，宴席全部在饭店举行，客人往返包车。也就是说，随着收入的增加，交通的便利和信息技术的发达，家族的互助与合作被作为替代性行动路径的市场机制所代替，仪式参与者对传统行动单位的习得与传承逐渐失落，而新的关系网络则需要个体发挥主体能动性进行建构。

另外，笔者在吴镇调查时收集了一些红白喜事的礼单[2]。其中，笔者的房东吴先生的礼单可以比较完整地显示改革开放以来他家的关系网所发生的变化。吴出生于1953年，家中兄弟姊妹5人，他排行老大，于1979年结婚，1992年他最小的一个妹妹出嫁，2006年他的女儿出嫁，此处展示的礼单内容（见表2—2）便是这三次红喜事[3]的集中反映。

---

[1] 农村里会请民政部门从事殡仪工作的专业人员来操办事务，但不会去殡仪馆。也有专业的殡仪公司，是事业单位投资兴办的，提供殡葬用品（如寿衣、花圈、礼炮等）定做，遗像制作，灵车预定，灵堂布置，陵园墓地购买等一系列的服务。

[2] 这是受了阎云翔（2000：103—110）的启发，而笔者在吴镇的观察也能够与他在东北所做的关于礼物交换和私人生活的卓有成效的研究相呼应。

[3] 之所以不把白喜事中的礼单也拿出来，是因为白喜事中有很多亲戚是他与其他兄弟姐妹的公亲，不仅仅属于某一个家庭。

表 2—2　　　　　　　　婚庆活动中的关系网络变迁

客人与主家的关系类型		1979 年的礼单		1992 年的礼单		2006 年的礼单	
		客人户数	占比%	客人户数	占比%	客人户数	占比%
先赋型	宗亲	17	21	17	16	13	7
	继承性姻亲	11	14	14	13	15	8
自致型	创设性姻亲	10	13	22	20	36	18
	干亲	1	1	1	1	0	0
	村友	39	48	24	22	15	8
	同事	0	0	12	11	57	29
	朋友	2	3	19	17	61	30
总计		80	100	109	100	197	100

注：类型中的村友绝大多数是与吴同一个村民小组的农户，少数是与吴不同小组的邻居。与类型中的朋友关系并不交叉。

若从受礼者的角度来审视其与馈赠者的关系，则可以把这些关系罗列为宗亲、姻亲、干亲、村友、同事及朋友关系等，但是从这些关系构成的性质来看，又可以分成两个基本范畴，即先赋型和自致型，后者反映了行动者在社会生活中对自身关系网络的主动建构。为了让两种分类同时操作变得可行，笔者将吴先生的姻亲分成了两类，一是继承性姻亲，二是创设性姻亲，前者包括吴的姑父、舅父、姨父和他们的子女，这一类姻亲关系是他从父亲那里继承来的，自其出生便已存在，而后者包括吴的血亲（妹妹）的配偶、配偶的血亲以及配偶的血亲的配偶。这里要特别说明的是，1992 年他的小妹出嫁时父亲已经去世，婚事是他一手操办的，新的姻亲所送的礼金由他接收。

我们可以从表 2—2 中获取一些重要的信息。首先，吴的关系网络的规模从 1979 年到 2006 年扩展了近 2.5 倍。吴的经济状况在 1979 年时在村庄中处于中下层，20 世纪 80 年代末他学习食品加工手艺，并与人合伙经营糕点店，90 年代中期他开始独立经营一家小型的面点加工作坊，现在他的经济地位从次序上讲在村里处于中等偏上的位置。可以说，吴的关系网络的扩展、社会资本的增加与他经济地位的上升基本同步。

其次，是亲属关系的比重。吴姓是塘村大姓，吴的亲兄弟只有 1 个，但与他同一个爷爷的堂兄弟（三服之内）有 12 个，而没有出五服的堂兄弟还有 20 多人。从礼单上看，"一爷之孙"仍然比较亲密，并被视为一个家族，出了这个范围的堂兄弟是否走动要视平时的感情而定。吴家的宗亲关系与姻亲关系一开始大致相当，但现在姻亲的规模明显大于宗亲。吴本人非常重视姻亲关系，送礼与回礼都表现得很大方，而这在整个吴镇都是很正常的现象。吴的女儿和女婿是自由恋爱，但他和妻子最终同意这门婚事并以价值十万的本田轿车作为嫁妆，一个重要的原因就是家住邻镇的亲家家族比较大。

最后，是关系网性质的变化：社会关系的自致性、建构性增大，这也意味着关系的可塑性、流动性与不确定性增强。在整个网络扩张的过程中起主要作用的是同事关系和朋友关系，生产队内的村友关系渐淡，而一起开店办厂的同事与生意伙伴越来越多，毕竟村民们大部分的时间都不在一起，他们的生计模式与居住地点发生了分离。吴家最近一次礼单中的同事和朋友关系激增，很大程度上是因为吴的女儿和女婿在市区上班，也就是说，下一代人的主要人际关系已基本上与村庄无关了。

另外，为了不使表格显得太复杂，表 2—2 中没有呈现出各种关系的客人的礼金的对比，此处稍作补充。总的来说，礼金水平最高的还是家庭成员的近亲，这是社会联系的最紧密的内核，不因关系处理的好坏、生意往来的变更而起伏；其次是好朋友与稍远的亲戚，这是一个比较可靠的网络的中圈，是寻求帮助的"第二梯队"；礼金最次的是普通朋友、同事和村友，他们作为关系较好的熟人处于关系网的外围。

（三）民俗活动

以下再对作为传统精神载体的民俗活动进行简单勾勒。广义上说，其实宗族活动和婚丧嫁娶的人生仪礼都属于民俗的一种形式（钟敬文，1998），此处的民俗活动系指狭义的岁时节日民俗。

传统的节日民俗活动在吴镇有较完整的保留和展现，笔者刚入吴镇调查时适逢清明，家家门窗插着柳枝，一些村民到野外采菁，把菁洗净捣烂，配之以糯米粉揉团，制成各种馅的"清明馃"。中秋时，各家都在买粽子、炒粉干、杀鸡鸭、吃月饼，有老人用簸箕盛着石榴、枣子、菱角、香柚还有月饼、麻糍等食品在门前赏月，这被称之为"拜月亮"。

春节时，拜年的范围局限在"至亲"的范围内，同一个家族的亲属也只是互通电话而已。不过，一些大型活动如元宵节时的"迎龙灯"不仅没有式微，反而规模更盛。作为社区性的活动，在血缘认同之外发挥着地缘整合的作用。越州市的农村据说现在有400多条龙灯，有板凳龙、竹节龙和布龙以及珠灯、人物灯等。按照传统民俗，龙灯路过谁家，谁家就得燃放焰火或鞭炮来迎接和礼送龙灯，尽可能地让龙灯在自家门前多停留一些时间。只有那些家境太差的人家才会点一挂小鞭炮敷衍一下，家境稍好的人家，都会燃放焰火和鞭炮迎送，这也是农民们在春节时"扬眉吐气"的一种娱乐方式。至于燃放焰火和鞭炮的数量，纯属自愿，那些经商办厂的富豪此时放掉十万八万也不足为奇。同时，人们还可以对这条巨龙许下今年希望实现的宏愿，如果愿望实现，来年春节则用添加龙身上的灯盏来还愿，这也是龙灯越迎越长的原因。

从组织形式上看，这些龙灯队的主体成员由一些村庄的村民组成，规模大小不一，少则四五十人，多则上百人，他们把舞龙灯当作一种兼业活动，同时也可在节日里娱乐身心。吴镇农贸市场旁一面墙壁的醒目处有一幅彩印的广告牌，以一条巨型龙灯为底纹，上面写着：

中国舞龙王——×迎龙灯专业队——提供庆典、演艺、开业等服务。地址：××××××，手机××××××，网页××××××

由此看来，作为传统民俗活动的迎龙灯活动已经在相当程度上商业化了，但这并不妨碍它作为一种地方性的隆重活动继续存留。到了每年春节、元宵节期间，为各种生意忙碌了一年的农民暂做休息，各个行政村也从集体收入中拿出开支，邀请龙灯队伍到本村来表演。与传统时代的本村村民自行组织、自己表演的形式相比，这样的活动缺少了因深入参与而生发的"集体欢腾"（涂尔干，宗教生活）；但与待在家里打牌、看电视的城市家庭不同，沿途欣赏、放鞭炮的大人和小孩还是可以在这种活动中体会地方文化，维系基本的村庄认同。

（四）家族存续——兼论市场经济与传统记忆的二重关系

至此，笔者以各种主要的民间文化活动为中心对吴镇的社区记忆做了一些现象层面的考察，但这对于建立一种质性认识仍不充分，我们还需要尝试着对其集体记忆的现状与机制做出理论上的概括。

社会/集体记忆不同于个体记忆的地方在于，社会的寿命比任何一个个人的寿命都长，研究记忆的社会构成，就是要研究使得共同的文化传统、行动方式得以延续的传承行为，而当我们思考吴镇农民的社区记忆时，同时也是在反思其忘却机制。

在汉学人类学的经典研究中，宗族范式被作为传统中国社会的基本模型。① 在南方单姓聚居的村落，基础的社会组织系统是宗族房份，是由始迁祖繁衍而来的祭祀群体。祭祀、上坟、修谱等仪式性活动是宗族组织的例行大事，它是以祖宗的名义唤醒集体感情，通过血缘认同以达到组织认同，把对祖宗的虔敬导向对宗族组织的忠诚。

但是，这样的行动结构要穿越历史长河而存留下来至少要有两个核心要件，一是提供意义与行动路径的文化经验保持稳定，二是仪式活动得以持续。意义/符号系统的稳定性与一致性能够激发仪式活动的继续举行，而仪式活动的保持反过来强化意义/符号系统在特定场域内的一致与稳定，延续人们对仪式性活动的组织单位的认同。②

地方文化在村落中的延续并不依赖成文的法令，不依靠人们对于各种明定规则的有意识遵守，而是靠身体自幼形成的惯习。③ 尽管行动理论的传统观点认为，文化通过提供行动指向的终极目的和价值来塑造行动，然而在具体的历史与生活情境里，文化更是一个已经存在的工具箱，人们依据它来决定采取行动的策略。④ 各种仪式性的活动与村落文化互为促进：

---

① 莫里斯·弗里德曼（Maurice Freedman）发展出的宗族范式把汉人宗族看成一个共产单位，即经济共同体。而庄孔韶从"理念"出发，认为祭祖的文化机制是宗族凝构的重要手段，祭祖的根本原因是理念而非功利，与财产继承无关。相反，设祭产、修族谱等都是这种观念的外化。参见庄孔韶《银翅——中国的地方社会与文化变迁》，生活·读书·新知三联书店2000年版，第265—282页。

② "文化具有激发行动并受行动所形塑的双重性。一方面，文化起到行动的资源库的作用，所有的行为都可以在其中找到自己的意义……另一方面，集体的行动又会反过来塑造文化的内涵。因此，就如物质的生产过程一样，文化也有着一种不断在社会中进行再生产的过程。在这一过程中，仪式起着关键的作用，通过仪式，社会的有序和无序的观念得到了象征性的表达。"参见赵旭东《文化的表达》，第225页。

③ 在布迪厄看来，惯习是一种生成性结构，它塑造、组织实践，生产着历史，但惯习本身又是历史的产物，正因如此，布迪厄称惯习是一种"体现在人身上的历史"（embodied history）。参见杨善华《当代西方社会学理论》，北京大学出版社1999年版，第280页。

④ 奥克肖特曾经区分过两种道德类型，一种是"对道德标准的反思应用"，另一种是"感情和行为的习惯"。在前一种循规生活方式中，不仅规范和理想是反思的结果，而且这些规范和理想在具体情境中的应用，也同样属于反思行为；而对于后一种来说，此处的行为几乎等于没有反思，在一种生活情境中，不存在对选择的权衡，有的只不过是遵循自幼熏陶的行为方式。参见M. Oakeshott, *Rationalism in Politics* (London, 1962), pp. 61 – 69, 转引自［美］保罗·康纳顿《社会如何记忆》，上海人民出版社2000年版，第28页。

作为价值系统和行动路径的村落文化潜藏在仪式性活动的各种习惯之中，仪式就是受规则支配的象征性表演，它能使参与者在特定的符号系统面前体会到强烈的意义与感情，从而把共同的价值赋予操演者的生活，并使他的"精神气质"与"世界观"① 受到这些符号的潜在影响。仪式（特别是涉及死亡的祭祀和丧礼）最大的特点就是高度的程式化，它刻意讲求形式、严格遵守成规，几乎会到呆板的程度，任何对仪式的变通都要经过非常正式的商议才能通过。正是严格的程式化使其正式、庄重、严肃，同时也使它最大限度地保持了对过去的重复。仪式的目的往往是为了纪念，无论是纪念某事还是某人，其操演过程中的符号叙事都是为了表达和重申对过往者载附之精神的弘扬。人们通过参加若干场仪式，模仿他人的语言、神态、举止、姿势、观察前辈的组织方式、事务流程，体会具体情境中的感受和联想，便可以在不经意间完成社区记忆的传递，而不需要下意识地强迫自己进行理解、背诵和练习。

但是，如果仪式的意义指向已不明确，或者说人们只能够守住仪式的古老形式却对其符号的理解难以达成一致的时候，记忆的功能就要大打折扣。经过革命年代的洗礼之后，有关这些仪式的内容在话语层面上都被指斥为封建迷信，与现代文明格格不入。特别是经过九年义务教育的年轻一代，他们从学校老师和语文、思想品德及历史课本那里接受的观念都把宗族视为腐朽势力，把那些与神秘主义相关的，涉及死后世界的仪式看作不科学、不先进、不文明的行为。所以，"竞争在文化的记忆中是一个易被忽略但却至关重要的因素，不同的认同和叙事之间是互相竞争的"②。革命话语、无神论以及对现代国家的认同与祖先崇拜、宗族房头之间有着天然的排斥力，比如，吴镇政府近年来用物质奖励所倡导的移风易俗、实行生态葬法以节约土地的做法便加速了仪式的意义指向的遗忘，许多形式化

---

① 借用吉尔兹的术语。"精神气质"（ethos）涉及道德、美学与价值性的因素，如道德风格、审美格调及情绪特质等，"世界观"（world view）涉及认知方面，是对纯粹现实中的事物存在方式的描画，是自然、社会和自身的概念。参见吉尔兹《文化的解释》，韩莉译，译林出版社1999年版，第155页。

② 正是在这个意义上，国家认同才会通过多样的纪念场所、实践和外形来确立和维持，比如服装、庆典、文学、影视作品等。在国家政权建设不断深入的过程中，民族国家会致力于占有和压制其他认同话语，而农民的认同单位也会发生由具体的血缘、地缘单位向族群单位的扩展。参见 Schwartz, B., Memory as a Cultural System: Abraham Lincoln in World War II, *American Sociological Review*, Vol. 61, No. 5, 1996, pp. 908–927。

的细节因而慢慢被简化和忽略。①

同时，如果村庄文化经验中仪式活动的行动路径因为替代物的出现而发生更改，则仪式参与者对行动单位的习得与传承也会渐渐失落。进入20世纪90年代以来，市场经济不断深入发展，随着村庄边界的开放，现代传媒的浸染，原有的村庄传统在外部文化的竞争之下逐渐退却，其所表达的意义系统与行动路径正在被替代。市场经济崇尚自我享受的大众文化、消费主义也与传统民间信仰所表达的生活信念大相径庭，但却更易为人接受；市场契约具有传统伦理、村规民约无法比拟的优点，如交换的即时性、易分割性等，在非农化的程度越来越深入，人们的分工越来越细的情况下，农民举行红白喜事等生命仪式的支撑力量逐渐从宗族房份转向了社区外的市场。酒店、婚庆公司、殡仪公司等专业组织的出现既是社会分工的结果，也是人们支出能力上升之后的理性选择。但是，这种改变也使得此前实行周期性互助的大家族逐渐地去亲密化，规模慢慢缩小。

表达地方文化的仪式性活动若要持续，值得强调的一个必要条件是有足够的行动者作为依托。根据笔者此前在中西部农村的观察，在人财物大量流出，人们的生活面向朝向村庄之外的时候，超出直系家庭之外的自发的仪式性活动几乎无法组织。吴镇所在的浙中盆地与中部原子化地区至少有两个特征明显不同：一是资源密集；二是作为人口流入地而存在，人们的生活面向大多朝向村庄内部。资源密集的好处是，彰显传统价值的仪式容易举行，老人的地位尽管相对边缘化，但他们用手中可操控的资源仍可以整合起相当的人力物力，因而具有一定的行动能力；而生活面向朝内的效应是家庭成员不会反对或阻止老年人组织传统活动。

然而，吴镇的仪式性行动却无法因充足的资源而保证更大的规模，这其中最主要的原因是中壮年的精英虽然在村，但却不会积极参与。当人们的生计来源从农业中转移出来之后，生活的节奏不再与土地和气候相同步；而随着经济的飞速发展，人们的"生活半径"的急剧扩大（李培林，2004：41），赚钱的门路变得密集化和多元化，村民们的劳动力也价值化了，时间变得可以用货币来衡量，所以，人们再也难以让各自的时间表统

---

① 《越州市实施生态葬管理试行办法》明确了生态葬的奖励标准：实施树葬、花葬、草坪葬每例奖励3000元，骨灰撒散的每例奖励6000元。申请人实施生态葬并经市殡葬执法大队验收合格后，奖励资金即汇入申请人指定的账户。

一起来：要么是生意太忙，要么是休息的时间不同步。即使作为一项文化上需要履行的义务，他们也会考虑是否可以花钱找人代替。反过来，活动的组织者们也会考虑参与者的机会成本，毕竟，为了一些意义不再是那么十分重大的事情而耽误别人赚钱，是会折损自己的面子和声誉的。正是基于这样的逻辑，在需要大规模时间同步的宗族活动中，族内成员很难齐聚，而丧葬仪式、红白喜事等也变得尽量简单、快速、高效，剩下的是借助市场力量完成的生命礼仪中最实用的、最核心的部分。

在这里，我们可以看到市场经济与文化传统的十分有趣的关系。从某种意义上讲，市场经济与传统记忆并不全然相悖，一方面，经济的发展、社会的分化使得农民的时间观念、生活节奏发生了巨变，人们再也难以在日常状态下自发形成大规模的民俗活动；另一方面，因经济发展而来的资源的密集又保证了一定水平的仪式性活动的顺利举行。市场的天然特性是要扩大甚至制造人们的需求，而这种扩大总是建立在已有文化的基础之上。后面的章节中我们还可以看到，在社会分层显性化的状态下，人们反而容易出于面子竞争、建构象征性权力的需要投入大量资源，强化既有文化传统中的某些要素。

所以，在吴镇这样一个城镇化水平颇高，经济充分发展的地区，尽管更大规模的宗教仪式般的宗族活动已经消失，但基于私人情感的大家庭的祭祖活动依然作为一种文化传统而保留；虽然传统活动的符号化的象征意义大打折扣，但是基本形式仍然保留，面向彼岸世界寻求本体意义的仪式气氛依然肃穆。持续举行的小规模仪式性活动不断地将各种象征符号与文化规则进行身体的刻写，从而在实践中延续了血缘和地缘意义上的社区记忆。① 正是因为社区记忆实现了一定程度上的留存，村落文化得以在新的社会形态中完成再生产。因此，我们可以在吴镇看到，尽管各姓氏的房支难以因祖先崇拜的理念再次凝构，但兄弟分家后的联合家庭却联系紧密，三服之内的血亲（包括宗亲和姻亲）所构成的家族成为核心家庭社会关系网络的主核。虽然随着交往范围的逐步扩大与外来人口的增多，人们自

---

① 保罗·康纳顿（2000：19）极具启发性地对人们日常生活中的记忆做了一个基本类型的划分，他把记忆（动词）分为个人记忆、认知记忆与身体记忆。个人记忆是指生活史中的事件、经历，认知记忆是指一种过去获取的知识，如数学公式、逻辑真值等，身体记忆是人们具有的再现某种操演的能力，就像骑自行车、游泳一样。康纳顿非常看重身体记忆的作用，正是纪念仪式和身体实践使得有关过去的意象和有关过去记忆的知识通过不断的仪式性操演来传承和维持。

我建构的朋友关系的密度与深度远甚于同村村友，村庄共同体日渐松散，但是文化意义的村庄边界依然存在，这与土地、集体资产等共同利益因素一起形成了村庄的黏合力。

三　社会分层：权力的日常化

如果说社区记忆关注的是村庄"合"的一面，那么本节的社会分层则关注的是村庄"分"的一面。

（一）分层标准

"分层"这一原本来自地质学的概念，本质上关注的是各种资源在社会中是如何分布的，人们根据资源的不平等的占有状况而被划分为不同的阶层。问题是，可以用作分层依据的资源种类很多，格伦斯基（2005：3）曾总结过七种资源的区分，分别是经济类、政治（权力）类、文化（消费）类、社会（关系）类、荣誉（声望、身份）类、公民（权利）类、个人（职业、技能、知识）类，其中经济类又可细分为生产资料、财产收入、市场地位等。不同的社会学家采用不同的分层标准来分析社会，显然与其研究目的和价值取向有关。本书考察社会分层的落脚点在于局部空间的权力结构：作为地方政治的一项重要变量，城镇化进程中村庄场域内资源分布格局的变动会对其权力结构造成怎样的影响？基于此，此处的社会分层研究将会具备以下两个特点：一是在村庄范围内审视社会分层；二是力图对城镇化、工业化过程中微观场域内的资源分布进行动态的展示，而非对某个具体时点的静态描摹。

将分层的考察范围定为村庄的好处在于，作为一个"本土小世界"（阎云翔，2006：46），村庄仍是农民社会交往的主要发生地，是农民进行横向对比，建构生活目标、定位生活方式的基本单位。在村庄场域内部，我们可以看到多层次、多侧面的村庄生活，可以用生活世界的整体目光来考量农村的阶层分化，发现资源配置的变化与村庄里的人情、面子、人际关系、交往模式、话语呈现等各个方面的密切关联。与分层单位更为宏观的、依靠统计分析的定量研究相比，虽然缺乏方法的标准化与精确性，但却会因为充满"在场感"而变得生动和丰满。

而要做到对社会分化过程的动态呈现，就需要仔细考虑是采用一元分层还是多元分层的路径。① 一元分层模式的缺点是失之于粗糙，但却由于其集中关注某种特定资源（如土地、生产资料）的非均衡分布，从而容易看清它与其他资源的分层形式间的逻辑关联。多元分层模式在形式上更为精致，更能反映现代社会在高度分工下的复杂性，但是，在用多种指标和参数描述了形态各异的分层格局之后，我们很难再从中离析出分化过程中各种变量间的联系。而且由于其强烈的功能主义倾向，又容易忽略掉结构性因素对社会不平等的重大影响，以至于各种不同的分层形式叠加之后几乎看不出明显的分层。事实上，社会变迁和发展的过程正是不断分化、层化的过程，而且，"在一个不分层的整体中将无法区分原因和效应，就是说，根本不能观察因果性"②。基于以上分析，本书将以一元分层路径为主导，兼顾其他分层标准。

那么，在诸种资源形式之中，应该选择哪一个作为主要的分层标准呢？在村庄场域内部，公民权利的区分显然没有意义。而用职业作为分层标准（陆学艺，2002），同样也不大适合，因为乡村中的职业分化并不明显，农民高度兼业化，而且职业角色也很不固定。在农民自己的眼中，他们只有两种职业，那就是"当老板"和"打工的"，一个人今年还是私营企业主，明年就可能因为小作坊经营不善而转让资产偿还债务，成为一个务工人员。抽象地讲，只有在社会结构相对稳定的前提下作为个人能力和社会互动产物的职业才能成为社会地位的指示器。③

此外，权力对于实行村民自治制度的中国农村并不适合作为一个具有普遍意义的分层标准。随着"苏南模式"在 20 世纪 90 年代末期乡镇企业的改制浪潮中终结，原来实行集体经济的村庄中"干部核心的社会结构"已然解体（毛丹、任强，2005：103），而在取消农业税之后，国家行政权力又逐渐退出村庄，这使得正式的权力因素在非科层化的农村社区

---

① 社会分层研究自社会学创立以来就包含这两种不同的研究路径，一元论者倾向于冲突主义的视角，而多元论者倾向于功能主义的视角；前者强调社会分化过程中结构的固化，而后者强调结构的开放性；尽管有着高低不同的位置，但人们却在不同的位置间流动循环。参见李路路《论社会分层研究》，《社会学研究》1999 年第 1 期。

② 参见[美]卢曼《社会分层理论》，《国外社会科学》1986 年第 10 期，第 58 页。

③ 毛丹（2003）在分析职业分层等多元分层方法时指出，"对社会结构稳定性的承认与社会流动的开放性之间的紧张，各种资源的相对独立性与资源相互转换的现实之间的紧张是多元论者始终无法摆脱的梦魇"。

不再像再分配经济中那样成为主导社会分层的重要因素。换句话说,村庄中的权力是内生的而不是外生的,权力的分层应被视为一种结果而不是原因,权力本身是因变量而非自变量。

而在其他的诸种资源形式中,经济资源无疑是最重要也是最基础的因素,在农村工业化、城镇化的进程中,正是经济资源分布状况的变动引发了一系列的资源分层形式的变动,从而改变了此前均平化的分层结构。布迪厄在他的分层研究中将资源的形式划分为四大类:经济资本、文化资本、社会资本和符号资本①,其中,"经济资本是同生存条件相联系的资本,客观的经济条件是区分阶层的基本原则……它不仅本身可以直接带来一定的社区声望,还是文化资本、社会资本与象征资本取得的前提"②。

但是落实到研究实践中,如何将经济资本操作化也是一个问题。如果秉承传统的马克思主义根据生产资料的占有或剥削与被剥削来划分阶层,就会马上面临一个学理上的矛盾,那就是在中国农村的制度设置上并不承认最主要的生产资料——土地的私有,而在有着雇佣劳动形式的土地上,其用益物权并不等同于使用人的财产权。如果按照是否拥有企业或房屋的所有权来划分阶层,那就势必要把乡村工业中作为主要劳动者的外来务工人员也包括进来,否则一个只有大量雇佣者和个体劳动者而没有被雇佣者的分层体系似乎意义不大。但是,正如前文所述,"社会"在很大程度上是群体成员共同的主观建构的产物,并不能呆板机械地用地理空间来定义。外来农民工并不以打工地点的文化模式来定位自身的生活,他们不会参与到当地人的社交网络,不会与当地人进行面子上的比拼,也不会因为竞争上的落后而产生挫败感。对他们来说,这个地点只是他人生中许多个打工地点中的一个,眼前的一切只是暂态,重要的是攒钱在老家盖一栋房子,在年老回到家乡时能有体面的生活。所以,研究村庄社会分层时,"村庄"的边界一定不是某个时点的地域意义上的界限,它更多的是一种文化上的、归属感意义上的边界,而这也正是我们研究村庄社会分层的价值之所在。

---

① 从布迪厄学术思想的发展历程来看,符号资本是他后来增加的一种资本概念,符号资本是对上述三种基本形式的资本的认同,布迪厄的学说从某种程度上可以被读解为不断地探索和追求符号资本的各种形式与效应的努力。详见《实践与反思——反思社会学导引》注73,中央编译出版社2004年版,第304页。

② 高宣扬:《布迪厄的社会理论》,同济大学出版社2004年版,第151页。

如果按照常规（往往是定量研究）的做法测量村民的财产，又将面临一个测不准的难题，因为村民自己不会说出连自己也估算不出准确的数字：许多财产形式是难以货币化的，而实物化的资产的价格又见仁见智。况且，在交往日渐减少的村庄生活中，人们往往会因为各种目的刻意夸大或隐瞒自己真实的财产水平。塘村一位从事典当行业的老板说：

> 资产是不好算的，（因为）看不出来，有很多是抵押贷款，负债的，自己的资金并不多。好多人看起来很富其实是装出来的，纯粹是给自己撑面子。成天说自己没钱的人说不定赚了一大笔，（但是）他不想声张。现在挂羊头卖狗肉的人太多了，你让我讲现在谁有钱谁没钱，负责任地告诉你，这条街上都没人讲得清楚。

即使不去测量作为存量的资产，而是测量作为流量的收入，在调查时间有严格限制的情况下同样也会面临上述的难题。正如李培林等（2000）所言，由于中国的税收和财产申报等制度尚不健全，个人与家庭收入是各种调查中最难以厘清的领域。隐性收入、非正规经济（黄宗智，2009）及避税目的的支出大量存在，使得常规的收入统计与调查很难准确真实地反映实际状况。"一般估计，隐性收入平均可占到个人收入的30%左右。"①

李普塞特（1995：85）曾将分层的操作方法归纳为三种：客观的阶级概念、一致的阶级概念与主观的地位范畴。"客观的阶级概念，依据分析家的判断；一致的阶级概念，依据社区的判断；主观地位范畴则包含了一些旨在发现个体本身如何看待分层等级体制的尝试。"仅凭研究者的定性分析与主观判断对于实证研究而言难免失之于单薄。而访谈对象对所处层级的"自白"则极容易由于情绪（如愤慨、自卑、诉苦或自谦）因素而导致较大的偏差。毕竟，今日的农民正处于分化过程中，其分层意识或"阶级觉悟"还未固化，即使感觉到了，但内心里并不愿意接受。

杨懋春（1983：309）在他的作品中描述过一种社区评定法："一个社会学家可以在一个人口不多，众人相识的社区中，把很多家庭的姓名一

---

① 参见刘成斌、卢福营《非农化视角下的浙江省农村社会分层》，《中国人口科学》2005年第5期。

一写在卡片上……然后请求社会关系较广的人来，依照自己的判断，评断他们所知各人或各家的层级。"不过，杨懋春将这种方法概括为"名誉评定法"，因为他觉得评断者是根据他人的名誉和声望来区分层级并做出判断的。渠桂萍（2010）在研究近代华北农村的社会分层时借鉴了这种方法，她称之为"民众的视角"，但鉴于历史研究的局限性，她不可能到现场调查，只是在借助史料时采用了"由内而外、由下而上"的分析方法。

实际上，对村内情况较为熟悉的"明白人"评断本村社会分层的视角是非常综合的，他们说不清楚自己到底是根据什么来划分的层级，但是不同的人对于熟悉的对象做出的划分却大体一致。比如笔者从塘村住处相邻的两个村民组的户口名单中抽出了15个农户，让4个年龄在50—70岁的"明白人"对上述农户进行层级排列，结果竟然惊人地吻合。在与这些村内社会关系广泛的"明白人"聊天时，笔者逐渐体会到，他们根据的其实是自己在生活中对他人的长期观察，而观察的内容包括近年（一般为3—5年）来的"生意"状况，占有的财产（如房产、铺位），拥有的人脉（如朋友圈子、客户群、销售渠道等），从事的行当（开厂、经商还是务工），消费的水准（如车的品牌、办喜事的档次）等。① 相对而言，文化水平和个人的声誉并不是主要考虑因素，用他们的话来说：

> 住在村里的这一代人读的书都不多，差的初小，好的初中，有文凭也是买来装点门面的……要说名声，有钱就有人说你好，"聪明有种、富贵有根"，没钱（你）还想当好人？还要去说人家的不是？

（二）分层格局

分层状况的描述在逻辑上包括三个方面：一是进行层级区分的基本单元，二是这些单元被划出的层级，三是不同层级间的比较。社会学中称上述基本单元为分层单位，在现有的分层研究中，分层单位还没有做过明确的界定，因为它被认为内在于分层标准之中。② 但是，在有着个体主义传

---

① 如果一定要从上述"社区评定法"的操作中抽象出一个分层标准的话，笔者认为应该是韦伯所说的"市场机会"。所谓市场机会，是指"人的生存机会或控制商品与劳务等的能力，即人们在市场中可以得到的或交换到的经济资源"（李强，2008：13）。

② 也即从分层标准出发，可以推导出某一阶层或利益群体的基本构成单元。参见秦琴《转型期农村社会分层研究综述》，《上海大学学报》（社会科学版）2005年第7期。

统的西方社会，无论是通过教育、职业、劳动技能、居住类型、收入来源还是其他的综合指数来测量社会分层，其分析单位都是个人。当我们直接借用这些工具来审视中国农村社会时，就会发现在分层单位上存在某些细节处的悖论：如果一个家庭的数个成员分属不同的行业，若以个人为分层单位，那么他们会被划入不同的层级，但事实上农村的家庭是一个同居共财的基本单位，家庭成员在经济收入、人际关系、社会声望、消费偏好等方面都联为一体，把他们分入不同的层级显然是不合适的。

笔者认为，既然社会分层的要义在于体现社会区分，那么分层单位的选择就不能依照研究者的理论框架来决定，而是要根据大多数研究对象的生活体验，正是由于他们在生活世界中形成的对于社会秩序的感知和理解构成了社会结构。而在乡村场域，农民主体感受中的基本结构单元应该是"家庭"，而不是个人，也不是族姓、房头、村民组，更不是公司、协会、合作社、行业组织等其他利益群体。

然而，"家庭"这个概念本身又是多义的，分层单位究竟应是核心家庭、直系家庭还是复合家庭？在不同的历史时期、不同的区域，作为共同生活单位的家庭的含义显然是不同的。具体到当下的吴镇，在人口普查或户籍统计中几乎所有的"户"都是核心家庭，即使只有一个儿子，父子两代人在户口上都是分开的。① 后文将会提及，在经济发展带来土地升值以后，为了按规则多分到宅基地，父母都会主动与子女分家，单独立户。这样一来，户籍中的"户"与现实中的"家"并不一致：尽管户口上实行分立，但大多数老人在经济上丧失独立性之后仍会依赖子女赡养，还有一部分仍有稳定收入的父母出于帮助子女的目的也没有与他们分家。换句话说，吴镇最小的共同生活单位实际上处于核心家庭与直系家庭之间。

本书选择以"基本家户"作为分层单位。"基本家户"是笔者自己拟定的概念，特指在村庄生活中作为一个整体的最小会计单位，这个单位是村民眼中的社会竞争主体。少数户口在村，但已在其他地方拥有房产，且常年不在村里居住的家庭，不被列入统计范围。② 同时，在具体操作中，

---

① 父亲与独子分家的现象被董磊明（2008：48）称为"直系家庭的核心化"，他将其视为农村传统伦理价值式微的重要表征。

② 这些家庭，包括极少数户口已经转走但村中仍有住房的家庭，都有权利在旧村改造中分到购买面积，但是他们并不参与村内交往，也不关心村庄政治，他们取得房产上的利益之后会将其立即兑现，而不会因此返回村庄生活。

需要把事实上没有分家的父子两"户"合并为一户处理,把由多子共同赡养的"老人户"剔除。①

表 2—3　　　　　　　　　吴镇家户状况统计

行政村	总户数	实际在村户数	在村比例(%)	基本家户
塘村	755	573	75.9	474
垅村	117	91	77.8	75
岭村	307	229	74.6	188
坞村	414	325	78.5	271
田村	208	164	78.8	139
宅村	195	152	77.9	127
塔村	338	280	82.8	236
合计	2334	1814	78	1510

表 2—3 的统计耗费了大量的精力。由于数字太大,笔者不得不依靠各村村会计发动众多的村民组长才得以完成。毕竟,要区分出基本家户需要大量的村庄生活经验,只有熟悉各个家庭的具体情况,才能知道户籍表格中的两个家庭是否共同居住,才能判断某个由老人组成的空巢家庭经济上是否独立,这是特定的地方性知识,完全超出了笔者的认知能力。

从表 2—3 反映的数字来看,镇郊村户籍人口的在村比例总体偏低②,而远郊村明显要高。而从年龄上看,这些被排除的非在村家户绝大多数是 20 世纪 70 年代中期以后出生的年轻人,他们没有大集体时期的农业生产经历,对村庄没有强烈的感情。这些年轻一代成长在改革开放之后,向往都市化的生活,只要条件允许,他们宁愿离开村庄,而保留村民"身份"只是出于利益上的考虑。他们当中包括大学毕业以后在城市有稳定收入但户口不迁的,也有已经出嫁或是入赘但保留户籍的。他们不会参与到村庄内部的各种社会竞争之中,同时,村民们也不会以他们作为参照对象。相

---

① 有两种例外情况,一是少数"老人户"并没有得到子女的经济支持,二是有些"老人户"的子女都不在村内居住,这两种情况下"老人户"仍被视为基本家户。总体上看,吴镇绝大部分的家庭进入生命周期的分离阶段之后都会在经济上分开,而父代年龄超过 65 岁以后会重新与子代在经济上归并为一个整体。

② 垅村是个例外,这可能是因其村庄规模很小,规律体现得不明显。

比之下，他们的父辈即使具备了在城镇购房的经济实力也不愿离开故土，尽管常年在外经商，村里发生的大小事件仍是其关注和讨论的对象。

接下来，在村内层级划分的问题上，笔者在不同的场合前后以聊天的方式征求过32个"明白人"（包括各村村干部和部分村的村民小组长）的意见，结果如下（见表2—4）：

表2—4　　　　　　　　　　层级划分的意见

层级划分	回答人数	所占比例（%）	典型表述
三层	4	13	上层、中层、下层
四层	7	22	好的、可以的、一般的、差的
五层	18	56	上等、中上、中等、中下、下等
其他	3	9	"说不清楚"
合计	32	100	—

如表2—4，这些对周围人群非常了解的访谈对象多数倾向于将自己所处的村庄分为五层，其次是分为四层，但这两种意见并不矛盾，因为分四层的人只是将各村上层的少数富人与中上层的精英进行了合并，因为他们觉得富豪人数很少，单独列出来并不合适。而分作三层的人则是在四层的基础上又将中上层与中层合在了一起，认为这两层之间的界限不明显。有意思的是，没有人认为应该分为两层，也没有人做出超过五层的精细划分。回答"说不清楚"的人坚持认为只有按照富裕程度才能做出明确的分层，如果要加入其他因素综合考虑，那就不好下结论。

让访谈对象发表本村层级划分的意见并不困难，但是当笔者拿着名单，请访谈对象按照五个层级的标准对其熟悉的本村民组的基本家户进行区分时，他们却面露难色，因为这要花费他们大量的时间：有人在农户的名字后面填上序号之前拿着笔迟疑了许久，填好以后又将序号涂掉重新再填，以至于笔者不得不将表格发给他们，约定时间再来回收。这也充分表明，一个抽象化的问题一旦到了具体实践中，就面临着高度的模糊性。所以，如果按照初始的计划对整个吴镇的所有家户进行这样的划分，那对笔者个人而言将是一项过于浩大的工程。最终，笔者决定在镇郊村中选择塘村、在近郊村中选择坞村，再加上作为远郊村的塔村来完成这项"层级评估"（见表2—5）工作。

表 2—5　　　　　　　基本家户的社会分层状况

户数 \ 阶层	上层	中上层	中层	中下层	下层	村庄总计
塘村	28	101	136	174	35	474
占比（%）	5.9	21.3	28.7	36.7	7.4	
坞村	9	37	68	134	23	271
占比（%）	3.3	13.7	25.1	49.4	8.5	
塔村	5	23	22	145	41	236
占比（%）	2.1	9.7	9.3	61.4	17.4	
合计	42	161	226	453	99	981
占比（%）	4.3	16.4	23.0	46.2	10.1	
平均比例	3.8	14.9	21.0	49.2	11.1	—

注：1. 每村所在"行"的下面对应的是该村各阶层所占比例。

2. 平均比例是该阶层在3个村所占比例的平均值，可以修正因村庄基本家户总数不同所导致的误差。

如表 2—5 所示，笔者按照多数"明白人"的意见，将村庄分为五个阶层，其中，上层家庭年纯收入超过 30 万元，但处于顶层的少数"巨富"的年收入远不止这个水平。[①] 这个层级的户主都是中小企业老板，企业的雇工一般在 20—30 个，同时他们还有投资房产、地皮和店面的租金或股息收入。

中上层既包括以经商为主业的，也包括在村里开小作坊的。经商者在市区有店面和摊位，或是在本地较好的地段有门面，生意规模大，还要请人打理。开小作坊、雇佣少量工人的小老板也属于这个层级，他们的平均年收入在 10 万—30 万元，生活非常体面。这个阶层虽然也算忙碌，但是相比其他层级而言是颇为"有闲"的，他们和上层的富人是村庄政治活动的主体。

---

① 之所以这么说，是因为笔者在调查中无法确认这些富豪家庭年收入的准确数字。正如一位访谈对象所言，"这些人一年搞多少钱，谁都不知道，他们自己不会讲，你问他也不会给你说实话，我们也犯不着去问。去问是神经（病）啊，还说你想借钱，说你想巴结。我们主要是看他们的消费，看他们怎么花钱的"。

中间阶层的家庭兼业化程度很高，他们的收入包括两个部分，一是在本地有小店面房或多余的房间可以出租，二是做来料加工或是其他小生意。这种小店面房位置不是太好，多是自家的房子刚好有一面墙临街，可以开辟出来经营。一般来说，小店面房会租给别人开店，平均每年得到2万—3万元的租金[①]，原因是他们自己去经营也只能获得与租金大致相当的收入，但是时间却作为成本投了进去，还不如一边出租再一边寻找其他就业机会。这个阶层的特点是地位并不稳固，小本经营，全家辛苦，如果市场机会把握得好，可以扩大经营规模开设小作坊或是租下较好的门面扩大销路；如果经营不利存货积压，或是遭遇欠账资金不能收回，就只好停掉生意进厂打工。在吴镇，中间阶层一年5万—10万元的纯收入可以生活得较为宽裕，略有盈余。

中下层，也即普通阶层的户数最多。他们没有店面、没有摊位，也没有可以用来经商的本金，单靠在厂里打工。在土地较多的村庄，村民有从事农业种植或农地出租的收入，农闲时间在周围打零工。如果仅从生存方式上来看，这个阶层的村民与外来打工者相似。普通阶层的家庭如果处于成长期，各项开支较大，生活将会比较拮据；如果子女已经工作并且能够自立，家庭的经济状况才会好转。这个阶层的直系家庭较少分家，通常情况下，子代在工厂上班，父代在家干手工活、打零工或是务农（远郊村的情况），两代人互相合作以降低生活的成本，保证每年的收支基本平衡。

下层（贫困阶层）则面临着生活的危机，他们中有小部分是普通阶层的家庭因病致贫的，也有的是老人户无人赡养的，他们的贫困可能具有偶然性，但大部分的贫困家庭却是比较固定的，在村民的描述里，这些家庭的主要成员包括"脑子不好使的、残疾的、生性懒惰的、游手好闲的、好赌的、吸毒的……"，当然，也有部分家庭属于残缺家庭或单人家庭（老光棍、单身汉）。这些家庭自身没有稳定的收入来源，很多人要依赖失地农民养老保险和政府的低保救助才能勉强维持生活。不过，贫困阶层的户数虽然有一定的数量，但是人数并不多，因为这个阶层的基本家户平均人口最少。

---

① 这与面积和地段有关，此处2万—3万元的平均值是指一间位置中等、面积在36平方米的房子可以获得的租金。

如果以上述3个村的调查结果来考察吴镇的整体分层格局，则可以发现以下特点：第一，各村分化的程度不一。镇郊的塘村分化比较明显，中上层、中层与中下层比例相当。远郊的塔村分化的程度似乎还不明显，虽然中上层与中间层户数接近，但相对于占主体的普通阶层比例不高。而近郊村坞村的情况则处于两者之间。第二，各村之间的经济也有分化，镇郊村富人的比例更高。这种分化与土地的级差地租有很大关系，以租金的形式积累资本是人们摆脱生存风险顺利转入工商业的有利条件，同时，这也与经济发展的梯度，工商业起步的早晚以及农民生计来源非农化的先后有关。第三，中层与中下层的生计模式及收支状况差异较大，且生活质量有一个急剧的转变，这也可以解释为什么在受访者的意识里这两个层级的界限始终较为明显。如果说在任何制度形式的社会中，"富裕"和"贫穷"都是相对于"常规"情况的一种概率式的偏离，那么"富裕"与"一般"之间的突变会比"富"与"很富"之间的差别更能刺激人们的神经。

（三）分层效应

1. 面子竞争：符号资本的表达

在吴镇调查时，村民们对"面子"的看重给了笔者极深的印象。有一次笔者的房东带着笔者去见塘村一位资产上千万的"富豪"，出门之前他将口袋里25元一包的蓝色"利群"放在桌上，转身去房间里拿了一包"软中华"（65元/包）。类似的生活细节在村里不同阶层的交往中几乎无所不在。当笔者故作单纯地直接询问村民们如此"爱面子"的原因时，最常见的回答是："人活着不就是为张脸吗？"还有人带点自嘲地说，"我们都是乡下人哇！乡下农民不都是心眼儿小，看不开么？"

这些话仔细品味起来其实是很有意思的。为什么"乡下人"就"心眼儿小"，就特别"爱面子"？这大概是因为他们生活在一个相对固定的关系网络中，每天接触的对象高度重复，所以他们会特别在意周围的人对自己的看法，以至于满足感与失败感皆系于此。"'面子'是个人借由成功和夸耀而获得的名声，也是借着个人努力或刻意经营而累积的声誉"（黄光国、胡先缙，2004），从运行机制上看，面子的背后是一种综合性的资源，它像货币一样具有可交换性①：掌握资源越多的人面子越大，而且他的面子具有更大的交换价值，这叫"作面子"，他也因此享有较高的声望，人们都愿意附和他。面子越小的人，掌握的资源越有限，具有的交换价值也越小，人微言轻，说话毫无分量。可以说，"面子"是资源的符号，对这个符号的争夺在村庄形成了面子的层级结构，正是通过"面子"这个直观的词汇，人们在话语和意识层面对社区的分层建立起一套微妙的心理确认机制。

前文在讨论分层标准时曾提到，一个家庭是否让自己在心态上卷入社区内彼此竞争的系统，是鉴别这个家庭是否为村庄基本家户的重要标准。尽管经典作家似乎都倾向于在一种温情脉脉的团结氛围中来描述共同体的组成方式，但面子竞争一直都是凝结村庄、进行社会控制的常规方式。②随着社会分化的加剧，关乎面子的竞争在充满张力而又带有弱关联的社会空间中已越来越显性化。

对于吴镇的先富群体而言，更多的货币绝不止于购买更多的物质与服务，获得自身生活的舒适感，在收入与其他村民拉开距离之后，先富者最想获得的是心理上的满足，而这种满足感则以自己的脸面为载体。翟学伟（2001：74）曾对"脸"和"面子"做过区分："脸是个体为了迎合某一社会圈的认同，经过印象整饰后表现出来的心理和行为"，而面子是由脸出现后获得的他人的评价，它承担着一个人的脸是否被某一群体或社会圈承认的检验和考验的作用。由此，"面子是一个为脸活着为脸奋斗的人最想得到的东西，它比金钱和财富更为重要，因为是它赋予了金钱和财富以社会和文化的价值和意义，也使奋斗者感受到了为之奋斗的幸福感"（翟学伟，2004）。

在村庄场域中，建立于面子之上的幸福感是通过他人的羡慕、认同、

---

① 汪永涛（2009）认为，面子是其他资源的总括，包括辈分、年纪、家庭、财富、权力、人际关系和品德等方面。

② 社区内部的面子竞争可以使人们看到自身主体性的某个维度，竞争本身就是使这个社会小世界得以建构，个体成员得以汇聚的平台。吉尔兹（1999：523）在描述巴厘岛斗鸡的时候说，斗鸡游戏是巴厘岛人的一种地位赌博，赌博者自身构成了社会道德的等级。斗鸡是一个表达的工具，人们将这个竞争客体与自身的自尊和人格联结起来，将想象的文化现实变成每个人能够经验的维度。陈柏峰等（2007）在对村庄案例进行区域比较的基础上提出，面子竞争是维护村庄社会团结和集体感情的一种常规和有效的方式。因为存在面子上的竞争，村庄的地方性价值才得以扩散和维系，而村庄作为一个伦理共同体的存在才有所可能。

赞扬甚至是嫉妒来实现的。从某种意义上说，幸福感首先建立在与他人对比而获得的优越感上。社会中的个体是通过身边他人的评价来认识自我的①，对于在发展与分化过程中步调迟缓的农民来说，相对从前的自己生活是更加舒适了，但相对生活圈中的他人却落在了后面，这种落后所产生的羞愧感、焦虑感与挫败感是难以忍受的。可以说，在急剧分化的氛围里，幸福感与挫败感都来自一个"比"字，"比"是村民在生活世界中认识自我的方式，比的过程是"争面子""保面子"和"丢面子"，比的结果是"有面子"与"没面子"，而比的标的物则涉及日常生活的方方面面，尤其是消费方式。

常年在村庄中和周围的熟人进行高频度互动的农民，他们的消费需求并不像城市居民那样被大众文化中形形色色的广告所创造，不会以媒体中的时尚名人为参照，农民的新兴消费主要是通过模仿村庄分层结构中领先的同伴而兴起的。当然，在分层结构中领先的精英分子的生活圈早已超出村庄社区之外，他们是村庄消费潮流的引领者。

吴镇农民在消费方面展开的追逐与竞争早已超出吃、穿及日常用品等方面，因为这些小额消费并不能体现出先富者与普通人的差别，真正能够拉开差距的是体现在住房、汽车及婚丧嫁娶等红白喜事上的大宗消费。不过，由于当地土地升值，宅基地与房屋纳入了严格的规划，因而村民的建房冲动受到极大抑制，住房状况并不能展现出收入差距，而到附近城市购买的房屋因为不能在村庄中以实物方式呈现，也不好做撑持面子的基础。

汽车是一个比较明显的展示财富的道具，因为如果只是为了实现交通运输的方便，1 辆面包车足矣，但是，吴镇的有钱人却热衷于在轿车的品牌上展开追逐。岭村的首富，一家五金加工厂的老板是村民们羡慕的对象，他的年龄还不足 50 岁，但夫妻两人拥有 4 辆轿车："1 辆进口奔驰出去谈生意开；1 辆别克君威平时开；1 辆现代越野车出去玩的时候开；还有 1 辆敞篷的甲壳虫给老婆开到市区买东西。"而岭村一名村干部的模仿行为则受到村民暗地里的嘲笑："买了辆美人豹②，还以为是跑车，开出去兜风，其实别人都在笑，管那个叫'穷人跑'。"

---

① 库利（1989）的"镜中我"理论认为，一个人的自我观念是在与其他人的交往中形成的，而初级群体（primary group）是使"镜中我"得以形成的关键。

② 这是浙江吉利公司生产的小轿车，价值 10 万元以下，设计样式模仿了名车"法拉利"。

人们经济地位的上升通常伴随着汽车消费的升级，塘村的老包跟笔者讲述一位与他要好的小伙子的创业经历时尤其强调他买的汽车：

> 我是看着他发起来的，开始是租我楼下的一间房子做玩具，开着摩托车；第二年租我家对面的一层，开个二手的皮卡；第三年租的是一栋，买了个五菱的面包车；第四年租了三栋，哈哈，丰田的卡罗拉；第五年到工业区去了，现在开宝马……

笔者没有对吴镇的汽车消费情况做过全面统计，不过在调查时间较长的塘村，上层家庭每户平均拥有两辆中高级轿车；中上层的家庭则是一到两辆，以紧凑型的小轿车为主；中间阶层户均购车不足一辆，且多为实用的低端车型。可以说，轿车成了一种显示社会地位的最佳名片，它外在、明显、且难以被冒充和模仿，人们以这张名片书写脸面，在村庄场域的社会网络中通过消费层次构建着自己的符号资本。

2. 人情圈伸缩：社会资本的分化

不过，购买轿车只有在分层结构中处于中上层的部分村民可以实现，普通村民只能仰望。村庄中涉及面更广的也是更为冷酷的面子竞争落在了红白喜事的酒席与仪式上。

农村红白喜事的重要特点是互动性与公开性，有着复杂亲属关联的各个家庭通过这种不定期举行的生命仪式而聚合，村民之间无论贫富，只要是亲戚就需前往送礼、吃饭，谁都不可能因为日子拮据而退出人情的循环，上次人家送了自己，这次一定要还回去，而且还要多加一点。"来而不往非礼也"，再穷的村民也有富亲戚，谁也不能避开和推脱。在红白喜事的聚会中，平日里被包裹和掩饰的收入状况的面纱必须被揭开作一次公开的展演，第一次与新人见面的礼钱要当众给出，而热闹的仪式也会成为人们日后的谈资。这些特点都使得红白喜事成为村民们进行面子竞争的重要载体。

吴镇红白喜事的花费最近10年一路飙升，一桌酒席的平均花费从20世纪90年代末的400多元上升到现在的2000多元，而高端的花费则每桌高达3000元（烟酒不计），海蟹、龙虾、鱼翅、甲鱼等是桌上的常见菜肴。在喜事中主家所收的礼金一般只占到总花费的一半，也就是说，办喜事都是亏本的。相对于平均水平而言，上层的富人办事时单桌的花费更高，

规模更大。2006年塘村的首富吴大海嫁女儿时的排场让全村人记忆犹新:

> 给女婿的见面礼是一张100万(元)的支票,现场送出去的,1辆奥迪的车子,还有市区的2套落地房。(迎亲的)车队是10辆进口宝马,同一颜色,同一车系。光烟花礼炮就放了半个小时,少说也要20几万(元)。整个酒店都包了下来,100(元)多桌,镇里的书记镇长都要卖他面子到现场祝贺……

红白喜事上的礼仪性消费具有一定的公共性。当由消费档次决定的"品位"被上层的富人升级之后,其他人办事的时候就不能表现得明显比开头的人差。对于后面的富人来说,不这样办是吝啬、小气、刻薄,而对于后面的穷人来说,则是寒酸、示弱、没志气。不仅如此,办喜事、"赶人情"这种民俗活动还有一个重要的特点,那就是活动的交互性与时间上的延展性:既然相互"走动"的双方前后互赠的礼金相仿,那么办喜事时的花费也要大致相当,如果一方大操大办,而另一方刻意降低标准,那么后者不仅会被认为有违于情理,甚至还有借机敛财之嫌。换句话说,只要礼物互换中的平衡被打破,人情的往来也就难以维系。

在吴镇的社区舆论中,办人生大事的时候亏待客人那是十分丢人的事情,会被村里人议论和嘲讽:"办不起可以不办,丢了面子连儿女都不好做人。"然而,在日渐奢华的酒席面前,中低阶层的村民一方面一定要顾全面子,另一方面又确实囊中羞涩,他们选择的折衷办法是尽量减少办喜事的次数[1],即使举办也要设法控制酒席的规模,但前提是品位一定要跟上,至少不能差得太远。而控制酒席规模的方式是缩小人情的圈子,首先压缩的是平时有些交往的普通朋友;其次是同一个村民小组的村友,除了住得靠近关系十分要好的邻居,其他人不予考虑;再次是将关系稍远的亲属排除在外,不再发出邀请,直至最后仅仅剩下人情圈核心部分的直系亲属。

调查期间笔者从吴镇不同阶层的村民那里收集到11份礼单,其中有4份礼单记录的时间集中在2005—2010年,反映了不同阶层的4个家庭

---

[1] 比如,普通阶层的农户在孩子满月、上大学这样的场合就不会上酒店庆祝,而少数贫困阶层的农户甚至连孩子结婚也不操办,只在家里摆酒请至亲吃顿饭。

为子女婚嫁置办酒席时的人情规模。可惜笔者没有收集到贫困阶层的礼单，否则对比可能会更加明显。

表2—6　　　　　　　　4个不同家庭的人情圈规模

客人类型\所属阶层	包姓家庭 上层（2005）	李姓家庭 中上层（2009）	吴姓家庭 中层（2007）	王姓家庭 中下层（2010）
亲戚	73	76	64	41
村友	49	52	15	13
同事、朋友	276	205	118	17
桌数总计	90	75	42	16

注："客人类型"所在"行"的数字表示礼单记录的客人户数，而桌数总计所在"行"的数字是该家庭在饭店所订的桌数。

表2—6中分属上层富豪和中上层精英的包姓和李姓家庭都请了同村民小组的村友参加，并在事后退还了他们的礼金。而中间阶层和普通阶层的吴姓及王姓家庭只邀请了一些邻居，不过他们向同组村民分发了糖果。这四户家庭对比最明显的是人情圈中朋友和同事关系的比重。中上层农户在人情交往中不需顾忌钱财，可以广泛结交各种朋友，相形之下，中下阶层的农户则需十分谨慎，小心翼翼地计算人情圈的最佳范围，以便在高涨的开支与有限的收入间维持均衡。

这种主动限制请客规模的做法十分耐人寻味。由于要控制人情圈的规模，关系较远的亲戚就不能再请，同村的异姓村友不予考虑，而同姓的本家也只请三服之内。在传统意义上，红白喜事等仪式场合是平日里许久不见的亲戚朋友之间保持关系与情谊的重要手段，但通过上述机制，有着间接储蓄与互惠功能的礼物交换在弱关系的主体间逐渐消解。从整个村庄的层面上看，富人的人情圈越来越大，而穷人的人情圈则越来越小。人情对于富人来说成了增加社会资本的润滑油，却成了保全面子的穷人们削减社会资本的催化剂。[①]

[①] 人情圈伸缩的一个重要结果是"朋友"关系在交往中的地位越来越突出。在一个村庄全年的客人流量中，属于业缘、趣缘关系的朋友越来越多，而属于亲戚关系的客人则相对萎缩，因为富人的朋友关系更广，且越请越多，而穷人则尽量缩小自己的亲戚关系网。这种趋势的意涵是先赋性的宗族、亲属关系弱化，而自致性的有着共同经历的朋友关系强化。

人们在礼仪性的往来中对酒席标准及消费品位的追逐在客观上弱化了下层村民的亲属关系网络，同时也对其婚姻圈产生了质的影响。对于中下阶层而言，除了不得不主动控制人情规模，还要被动接受外地婚姻：

> 我们这里女的只嫁本地的，主要是经济上的考虑，还有语言啊、生活习惯上的。外地人说话不好懂，在家里容易闹矛盾，（所以）只有比较差的男人才娶外地女人。反正女孩子肯定都是嫁本地男人的，外地来的，除非是工作很好，公务员啊，工程师啊什么的。很现实的。

综合来看，先富者可以把经济资本、符号资本与社会资本相交换，获取更广、更好的人脉关系，进而谋求更多的财富机遇。当富人的各种资源相互转化，并互相强化时，落后者则被抛在了后面，且一步落后，步步落后。而当这种分化的马太效应不断循环时，村庄的社会结构也逐渐定型。

笔者在村里跟中间阶层的农户聊天时常会听到发财越来越难的抱怨：

> 现在这个年代，不比一二十年前，（现在）都是"钱往钱堆里滚"。没有强大的资金，再想发财，办出大企业，很难很难的。小作坊吧，竞争太激烈了，只有一点微利。你看我们这些人，一天到晚都在忙，做面具、做假发、做头圈、做帽子，其实就是赚点工资钱，真正的钱是老板赚去了。主要是有摊位的老板，他们来订货的。我们是代工，台把机器。大厂，要有钱人来投资的。其他的（赚钱）渠道，要有摊位、有房子才行，现在（房子）都被买断了，想造也搞不到指标。唉！要怪只怪自己（当初）起步太晚，只知道随大流。怪自己那时候家里没钱，上面没人。

3. 交往圈区隔[①]：微观权力的确认

吴镇上层的富人以购买轿车、大办喜事等形式展开的"面子"表演

---

① 此处用"区隔"一词有两重含义，一是交往圈之间有明显的分离趋势，二是在分离的同时又有若干关系相连接，形成层级间的权力支配。需要注明的是，这与布迪厄《论区隔》一书中的含义并不全然相同。

类似于原始部落的"夸富宴"①,在一场场熟人社会内部确认分层的仪式中,引领潮流的富人试图通过种种机制把自己与他人区分开来,但是后面的人只要有条件都会跟着模仿,即使不能模仿实质,也要通过身体和言语的包装把自己的面子顾上。在短短的不足一代人的时间内,人们无法通过知识、修养、教育、礼态等文化上的设置把阶层截然分开②,只好诉诸消费。不过,尽管财富的表征主要体现在房产、汽车上,但阶层的差别还是在日常生活中通过富人的有闲、洁净与优雅,无意识的神态、举止和表情在身体上加以呈现。诸多细节的对比与富人们收入状况的人际传播渐渐使村民们的互动情境③发生了变化,以下几个方面颇具代表性。

比如闲聊的退化。以前村民们在一起互相挖苦以资取乐是再也平常不过的事,这在闲聊开玩笑的时候几乎是无意识的,大家不仅不会怪罪,反而感情更进一层,即使偶尔恼羞成怒别人也一笑了之,认为是性格如此,不必在意。但是,在收入急剧分化之后,闲聊时一句不经意的玩笑便可能是深深的伤害:在穷者眼里,这种玩笑是鄙视,是不尊重,是富人的显摆,高傲;而在富者眼里,这是穷人心理不平衡,找准机会冷嘲热讽故意出气。穷人与富人在一起说话时的分寸变得难以把握,气氛因此而变得凝重。

再比如串门。以前大伙没事互相串门,端着饭碗去邻居家夹菜都十分常见,但现在则几乎绝迹,因为人家家里装修得十分豪华、考究,"进门要脱鞋,出门要拖地"。人们变得"识趣",不再轻易去别人家里,有了好吃的东西也是拿到村口的小卖部或是牌铺等人群集中的公共场所分享,一来免得进屋麻烦,二来分得平均,别人没有话讲。有趣的是,在串门稀

---

① 在北美洲西北海岸印第安人中的扣特尔人(the Kwakiutl)部落,人们在"夸富宴"(the potlatch)中倾其所有,以非常浪费的方式炫耀财富,换取个人、家族和部落的名望与地位。人们大办筵席、相互攀比的原因可以是婚丧嫁娶、成丁仪式,也可以是惩罚过失,甚至是畸形儿的出生。参见[法]马塞尔·莫斯《礼物》,汲喆译,上海人民出版社2002年版,第106—110页。

② 埃利亚斯对这种机制做过极为细致的研究。参见埃利亚斯《文明的进程》,生活·读书·新知三联书店1998年版。

③ 情境是指人们在行动之前所面对的情况或场景,包括作为行动主体的人、角色关系、人的行为、场合等。托马斯认为,人们在自觉的行动之前总有一个审视和考虑阶段,这种对情境的主观定义会直接影响他的行为。参见王思斌《社会学教程》,北京大学出版社2003年版,第91页。

少之后，被人看见打开院墙门和防盗门接纳同村村民反倒成了鬼鬼祟祟的秘密活动。

最敏感的例子要数借钱。以前是近亲之间互相拆借，即使被拒绝也会觉得别人的说辞大致可信。但在经济急剧分化之后，借钱就成了单向的借贷而非互相帮忙。人们向富人借钱时的心态变得脆弱，即使对方同意但语气上若有异样，心里也会觉得难受，如果真的被拒，那几乎近于自损人格。而在出资者那里，心态同样值得玩味。收入未严重分化之时，可以大致断定对方是诚心来借，而在急剧分化之后，对方是"借"还是"拿"，着实难以判断。有时答应借钱几乎就意味着赠予，毕竟，身家千万的富人要求入不敷出的同村村友欠债还钱，那在道义上是不太说得过去的。笔者曾问过一位处于村庄上层的富人，如果村里人向你借钱你会怎么处理，他回答说：

> 要看是什么事。如果是盖房子、孩子读书缺点钱，可以。要是借去做生意，我不会答应，收你利息，我也做不出来。一般的情况，我会给你吃饭的钱，免费，无偿的，不要你还，让你饿不死，但是借钱给你翻本，不行。现在做生意，竞争很激烈，赔本的可能性太大，随便借钱就当不了老板。

不过，对于村里的中下阶层而言，要借贷宁可去找典当行拿高利贷①，也不愿意去找亲戚朋友。虽然类似于办喜事、建房这种支出可以向别人寻求帮助，但是他们会觉得"犯不着找亲戚借钱"，"没钱可以不办"，"现在的房子住住也行"。

基于类似的微妙的情境变化，熟人社会在出现了剧烈的经济分化以后，不同层级间的交往就变得困难起来。在经历了人民公社时期的平等生活与社会主义的平等话语洗礼之后，分化出现的差距在同村的穷者那里确实难以接受。在短短十几年间，身边的常人忽然变成了富翁，以往和自己一起扛着锄头下地的同伴现在停下轿车，摇开车窗，"友善"地与自己打

---

① 在吴镇，高利贷的渠道分为两种，一种是以寄售行、典当行、担保公司、投资公司的形式变相挂牌开办的高利贷机构，另一种是个人通过小圈子私下借贷。无论是哪一种，贷款月息都在4分以上。

招呼。而对富人而言，在明显的分化已成事实之后，自己与穷人们的平等交往成了一种"礼贤下士"的亲民作风，是一种谦虚的礼让。换句话说，如果不是自己道德高尚，顾念同乡之情，完全可以用陌生人的规则来对待之。

动态地看，村庄分化的现实效应是层级间交往圈的疏离：上层与上层的村民结成圈子，中层与中层交往频繁，变得相对次要的亲属关系把不同层级的圈子拴结在一起。同一层级内的村民互相交往时心态容易摆正，觉得自在，少一些顾忌。处于中上层的精英在生意上多有来往，他们有彼此引荐，扩展生意网络的需求；而普通村民则会经常聚在一起打牌。但是，除非有亲属关系，村里不同层级的人几乎从来不会一起打牌。[①] 富人的妻子开车到附近市区的购物广场买菜，她们结交的朋友都是邻近镇街的富户，彼此的家产不相上下。

不过，交往圈之间的疏离并不意味着层级之间没有关联，只是这种关联中的互动充满了诸多应对尴尬的变通。最典型的例子是一些由先赋性的亲属关系决定的人情往来，比如一些富有的农户在许多礼仪性的场合必须邀请自己的直系亲属参加，但是这些亲属当中有很多人经济状况不佳，于是就出现了富裕的主家事先将钱给出，再由对方将钱当作礼金的做法。[②] 也有人在参与穷亲戚举办的人情时只送很轻的礼金，事后再留下一些具有实用性的高价的礼物。在这些情形中，公开给出的、需要回赠的礼金都成了形式，而变通的目的是为了保全不能断却的关系。只是，类似的关系却再也难以用"平等"二字来形容，中下层的农民在这样的交往中越来越成为说不起话、做不起人的观众，他们只能欣赏富户们的公开展演，自己即使偶尔参与也是谨慎小心，难以放开。由于自感"脸面最小"，他们往往十分拘谨，在公开的交际场合，他们的神情变得不自在，不敢去直视别

[①] 当地的一句民谚说："你有我有手拉手，你有我没不交口。"而笔者以滚雪球的方式寻找新的访谈对象时对这一点感触极深。当笔者让一位村民引荐另一位访谈对象时，他们找的往往都是与自己处于相同层级的人。如果笔者执意要求他们帮笔者找一位层级相差较大，尤其要找贫困阶层的村民时，他们会表示非常为难。而当笔者终于找到两位家境较差的村民时，发现他们在访谈中防备心理很强，不愿意发表自己的观点。

[②] 富裕阶层的农民在村庄中占据着文化的主导权，他们可以主动改变礼金标准，甚至退还礼金，可以自由决定人情的仪式，并常常为了制造轰动效应而推陈出新；而贫穷阶层只能自由地选择跟从还是退出。陈柏峰在一篇研究农村人情交往的文章中有更为独到的分析，有兴趣的读者可参见陈柏峰《仪式性人情与村庄经济分层的社会确认》，《广东社会科学》2011年第2期。

人的眼神，甚至连动作也显得笨拙。

除了亲属关系之外，不同层级的交往圈之间还有一种勾连方式，那就是雇佣关系（更准确地说是"类雇佣关系"）。上层富豪或中上层精英会把做某种生意的特定门路与自己的至亲分享，却不会允许其扩散。"同行是冤家"，这是每个商人所熟稔的谚语，对于他们来说，"技术"和"人脉"非常关键，将其透露给同行，或者是亲手培养出一个同行来与自己竞争，那是相当不理智的行为。但是，这并不妨碍他们在熟人网络中物色人选来给自己的事业充当帮手。由于知根知底，用熟人来做事可以免去事前搜寻信息的费用，而且，给对方一个不错的工作机会，还会让他的全家感激不已。

但是反过来，在中下层的农民那里，除非是迫不得已，他们并不情愿替同村的老板做事：

> 一个村的，去人家那里打工，不好。事情没做好，说话就很难听，还要给你脸色看，（自己）面子上挂不住的。去了要忍气吞声，天天赔笑脸，没意思。

这样的说法并不让人诧异，但能够这样说的人是因为自己仍然有生活的门路。对于吴镇的中下阶层尤其是贫困阶层而言，能够在附近的老板那里干活也是不错的选择。毕竟，在巨大的生活压力面前，尊严并不是最重要的。而笔者在与吴镇的小企业里给老板从事低层管理①的村民接触时，发现他们已经习惯了同村老板的指挥，虽然看不出明显的依附性人格，但在老板面前表现得非常顺从，倒茶、点烟的动作、说话的语气、吃饭时的位置，这些微小的细节折射出富有层级的"微观权力"（福柯，1998）已然得到确认。②

值得强调的是，吴镇中下阶层的这种"人穷气短"还与农村传统文化中"报"的观念有很大的关系。"报"可以理解为一种广义的社会交

---

① 如保卫、伙食、后勤等工作。
② 彼德·布劳（1988）认为，在社会交换中，处于弱势地位的人为了获得利益，会选择尊敬、服从、甘居臣属地位，以作为对强势的利益提供者的回报。这种选择在社会行动中的累积和扩散会形成强势者的支配权力。

换，交换的客体远远超出礼物的互赠，它延伸到日常生活中各种行动上的互惠。"知恩图报""有恩必报"等俗语是对这种富有文化和道义意涵的社会交换的最好诠释。"报"有两个明显的特点，一是"报"的目标对人而不对事，二是"报"的方式与当初"欠"下人情的特定事由相分离。具体地说，就是农民对给自己面子或者说自己欠下人情债的特定主体具有义务感，不管当初是因为对方在送礼时吃了亏，还是在生活中帮了忙，自己都一定要想尽办法回报对方，而回报的方式并不一定是要对他做同样的事，用其他任何自己可以能够办到的方式都是应该的。

在资源占有不对等的情况下，资本缺乏的一方不断地欠下各种人情债，而他的心中也积下了对于资本富余方的沉重的亏欠感。这种亏欠感在村庄政治中意义十分重大，因为这意味着亏欠者在道义和情理上不能反对资源占有者，而是要对其表现出服从、附和，或者至少是对其言行表示默许。反过来，资源的占有者为了获得对于他人的支配感，会不停地在生活中"造亏欠"，在各种公开半公开的场合，他们为了"爱面子"而故意让自己吃亏，换来的却是自己在政治场域的权力。① 从这个意义上讲，"面子"的本质是权力，而"面子竞争"则是人们在生活世界中凭借所掌握的资源抢夺权力的争胜行为。

"如果交换结构要确保自身的延续性和稳定性，则需要让这一结构再生产出一种依赖性（依附性）关系来。"（翟学伟，2007）在乡村场域的封闭式交换结构中，交换的参与者别无选择地被卷入到报的运作过程中去，没有退出的权利。交换的双方在交换过程中不停地"欠账"和"还债"。富有者在一次交换完成后会有意制造有价值的剩余，形成另一方的债务感，以强化彼此的关系，于是报的运作与权力的建构就在时间的绵延中无限延展下去，而微观的权力网络也在生活世界中逐渐成形。②

---

① 田村的妇女主任告诉笔者，村主任（一位富有的企业主）为了让她不透露自己在申请生育证明时做的手脚，故意在她的孩子周岁时送了2000元的大礼，再加两条中华香烟。而这位妇女主任家中也很富裕，为了不欠村主任的人情，她在第二年村主任的孩子满月时回赠了3000元。正是因为这个，村主任一直都对她非常客气。否则，村主任就会认为她是应该做的。可见，在"报"的运作过程中，充满了各种"造亏欠"和"反造亏欠"的权力技术。

② 在福柯（1998）看来，权力在实践中是以一种关系来表达的，而非以实体的方式而存在。权力是弥散的、无主体的、非中心化的，它是一种力量关系，是一个微观而无形的网络，就像毛细血管一样渗透于人们的日常生活，抵达他们的身体。

总体来看，村庄中最有面子的富豪阶层在其规模有限的家族内部因领衔公共活动而成为各自家族的核心，而他们所形成的相对固定又相互叠合的交往圈以派系的形式成为村庄政治舞台上的主导力量。相比之下，中下层村民的圈子则要小得多，他们以相对个体化的方式参与村庄场域内的利益博弈。

第 三 章
富人主政：选举产生的村庄权力格局

本章着重探寻实践状态下吴镇村域政治中权力格局的形成机制。在制度文本所表达的村庄公共领域中，正式职位的人选是通过选举产生的，换句话说，官方的权威性资源是通过村民民主选举赋予的。那么，在实践状态中，处于村庄社会层级结构顶端的"富人"[①]如何通过选举的形式登上权力舞台？在具体场域中又会形成怎样的权力格局？要解答上述问题，需要将富人的参政动机暂时悬置起来[②]，仅从村委会选举、基层党建及人大代表选举三个方面对权威性资源的授予过程展开深描。

一 村委会选举：选票的升值

(一) 主要特征

在发生学的意义上，村庄权力的正式结构是由选举产生的，这使得选举成为观察权力运行的一个重要窗口。其中，表现形式比较极端、在日常生活中富有戏剧化特征的村委会选举自然会成为研究者关注的焦点。从笔者掌握的情况来看，吴镇的村委会选举具有以下特征：

首先，从结果来看，村委会的职位中富人当选的比例极高。入场之前，越州市民政局的一位科长就告诉笔者，当年换届以后，大约有80%

[①] 在后文中，"富人"这一称呼将用来统称村庄分层格局的上层和中上层村民。
[②] 韦伯（2005）指出，当观察者要把握一个行动的意义时，可以通过两种方式：一是借助直接观察进行理解，二是通过考察动机进行说明性解释。舒茨将其视作意义的不同层次，二者不可通约（George Ritzer, 2011）。笔者在此处将动机问题悬置（suspended）起来，主要是因为要对这两个不同层次的理解同时展开叙述是不可能完成的任务，否则，"我"在临时嵌入田野的生活世界中获得的知识将与和他者互动形成的意识之流混杂在一起，分不清什么是"我"，什么是"他"。从哲学上讲，人类的认知本身就具有主体间性（intersubjectivity），在此处，笔者只能先将"态度"放入括号里（bracketed），以尽量展示认识对象的客观面貌，到第五章，再对富人参政的动机问题进行讨论。

的村委会主任是经商办厂的老板（私营企业主），剩下的20%则多是承包大户或开店的店主。① 此后，笔者发现吴镇的比例比全市的平均水平更高，7个村里面只有田村的村主任不处于经商办厂的"富豪阶层"。② 7个村的村委成员共有27名，只有5人处于中层，且这5人中有3名是村妇女主任。③ 中下阶层与下层中没有产生村委委员。在村庄重大事务决策中，村民代表的意见也很重要，塘村是吴镇最大的村，所以笔者把该村近两届的村民代表按照阶层分布列于一张表格（见表3—1）。

表3—1　　　　　　　　塘村村民代表的阶层分布

届数	2008						2011					
阶层	上	中上	中	中下	下	合计	上	中上	中	中下	下	合计
数量	1	13	5	2	0	21	1	19	11	5	0	36
比例(%)	4.8	61.9	23.8	9.5	0	100	2.8	52.8	30.6	13.9	0	100

如表3—1所示，在2008届的28名村民代表中，除去7名村两委成员④，有21名代表是由各小组的户主直接投票产生的。其中，中上层和中层占绝大多数，中下阶层仅有2名成员，他们和中间阶层的5名成员一样，都是在小组当中兄弟、堂兄弟人数众多，且自己性格直爽，"喜欢出头"的人。在2011年的选举中，市人大出台文件，要求扩大村民代表名额，每个村民小组无论人数多少都要有3名代表，且其中一名为妇女，这一规定稍稍改变了新选出的村民代表的阶层分布，但总体情况并未改变。

其次，从形成过程来看，权力格局中富人比例的上升与村庄公共领域的性质之变相同步。这个变化过程有三条交缠在一起的线索：一是"海选"的开始；二是农业税取消，新农村建设的启动；三是工业化进程的

---

① 在村支书当中，"老板"的比例略低，在65%左右。
② 田村村主任朱天达是一名葡萄种植大户，收入在村里并不冒尖，但他的弟弟在云南昆明投资房地产，据说有上千万资产。
③ 村委会选举时妇女主任的名额实行专职专选。与男性对村干部职位的争夺程度相比，村庄各阶层妇女的参政愿望皆不强烈，妇女主任候选人的确定更大程度上与村庄历史因素及乡镇计生部门的意图有关。
④ 村两委成员当然是村民代表。16个村民小组当中，100人以上的小组选举产生2个村民代表，其中1人任小组长；100人以下的1个，兼任小组长。

开启，土地的用途日益非农化。有趣的是，这三个在中国农村具有划时代意义的事件在吴镇甚至在整个浙中地区是交织进行的，没有清晰的时间界限。"海选"在全国范围内的推广意味着（理论上）任何村民只要自己愿意，都可以参与村委会的竞选；农业税的取消和土地的非农化意味着村庄政治的主题由从下至上的"资源汲取"转为从上至下的"资源给予"，而村干部的主要角色，用农民的话说就是由"要钱要命"的"催粮派款、刮宫引产"转变为"做工程、征土地、分钞票"。税改时隐退的塘村老支书吴子林回忆这段历程时说：

> 选举放开以前（指1996年之前），当干部是非常辛苦的，有的村没有集体经济，光靠收点农业税，报纸、办公经费、教育统筹都交不齐，交稻谷的时候，干部还要自己去挑谷。镇政府，靠财政拨款的，自己都撑不过来。那个时候村干部都是老百姓硬推上来的，没多少人愿意干，被推上来之后，觉得是个荣誉，不干不好意思。其他村还有推上来了走掉的，（因为）他要去做生意。
>
> 后来，经济好起来，农业税也不用交了，工业区那里征地又很多。我们浙江好像是在全国（取消农业税）之前就不收了，当干部，种田的事情不用管，计划生育也好做了①，跟老百姓结怨的事没有了。村里如果困难，市里还要拨钱。道路硬化、自来水、污水处理，路灯啊，都是全额拨款，不需要老百姓再凑钱。一些工程，像小五化②，上面陆续拨钱下来，有很多油水的。还有一个很重要的事情就是建房，以前没有规划的，但是指标掐得很紧，到后来（2000年年初）规划做起来，造房子就相当难③，村干部的位置也值钱起来，老板竞选（村干部）成了风气。再后来到处都搞旧村改造，拆掉老房子建新社区的时候，选举就得花大价钱了。现在呢，穷村子，以农业为主、附近没开发区的，选举就很平淡。大村子，有资源的，那完全两样。

---

① 随着生活成本的提高，子女教育费用的剧增，村民们的生育观念有了巨大转变。
② 指农村社区"道路硬化、路灯亮化、卫生洁化、家庭美化、环境优化"。
③ 主要是没有宅基地指标，只允许"原拆原建"，而且还要通过层层审批，并获得周围邻居的书面同意。相关的具体内容将在第四章中提及。

最后，伴随着富人的参选，村内权力争夺越发激烈，"贿选"[①] 的情况非常普遍，且选票的价格越来越高。然而，从逻辑上讲，富人的参政与贿选的出现并没有必然的关联，因为要赢得选票不一定非得通过货币。如果暂时悬置富人的竞选动机问题，那么在具体的村庄场域中富人的参选为什么就会导致贿选的产生呢？换句话说，为什么富人更倾向于向选民行贿而不是通过其他方式来获得选票呢？

答案在于场域的网络构型。当地经济以私营的个体企业为绝对主体，几乎没有集体企业，与某些发达地区村企合一的"超级村庄"（折晓叶，1997）不同，在土地（建设用地）、房产等集体资源的控制权争夺开始时，权力资本的主体（农业税时代的村干部）与经济资本的主体（经商办厂的老板）并不重叠。前者试图凭借已有的关系积累延续自己的权力，而后者试图打破既有的格局，获得此项权力。但是，相比于之前的村干部，常年在市场中打拼的老板在村内的关系资源要有限得多，要想在短期内建构起庞大的权力网络，也只有迅速发挥自己的经济优势来"造亏欠"[②]。然而，各村经济资本的富有者又呈多元分布，而非一股独大。当时间宝贵的老板们同时动用经济势能建构不平等的关系网时，要想胜出只能比谁更"快"。贿选，是最快的手段。[③]

（二）影响因素

选举时各村的竞争都很激烈，这种激烈的程度可以用选票的价格来近似地反映。影响当地选票价格的因素非常之多，每年的"行情"[④] 不同，从选举筹备到完成的时段内变数很大，有时甚至选举过程中的一个细节

---

① 2009 年中共中央办公厅、国务院办公厅印发的《关于加强和改进村民委员会选举工作的通知》对贿选做了如下界定："在村民委员会选举过程中，候选人及其亲友直接或指使他人用财物或者其他利益收买本村选民、选举工作人员或者其他候选人，影响或左右选民意愿的，都是贿选。"

② 见第二章第三节的内容。

③ 坞村 2005 年落选的老村长对此深有感触，回忆起 6 年前落选的情况，他说："要是不用钱，他凭什么把我选下去？我在村里干了十几年，哪家没请我吃过调解饭啊？他比我小了差不多 20 岁，又一直在外面做生意，村里就没几个人认识他。他想一夜之间上去，哪有那么容易？"

④ 选票的"行情"是一个很有趣的现象。每个候选人的"智囊团"在定位该选举年的选票价格时都要事先打听邻近地区的"行情"，然后根据本村所在位置决定自己的出价。但是，邻近的村庄其实也有人到该村来打听。"行情"就是在人们"四处打听"的过程中形成的。当然，各村选举的时间也非严格同步，已经选举完毕的村庄的选票价格可以作为其他村的参考。

（如一方有人告密）都会引起价格的波动。不过，尽管如此，我们还是可以通过对7个村庄进行横向对比，离析出一些主要的变量。总体而言，最重要的因素是村庄经济/区位、家族和派系。以下，笔者将围绕村委会选举中的焦点职位——村主任的竞争展开论述。①

1. 村庄经济区位

第二章中曾述及，吴镇的村庄经济呈现出较为明显的"梯度非农化"的局面，它体现在村庄产业结构、就业格局、社会分层等诸多方面，但最主要的，还是体现在土地的价值上：离镇中心越近，土地被征的概率越大，级差地租越高，村民收入也越高；反之则反。为了直观地看出镇郊村、近郊村与远郊村的不同选举形势，笔者将吴镇7个村从1996—2011年六次选举中村主任选票价格的变化在一张折线图中画了出来（见图3—1）。

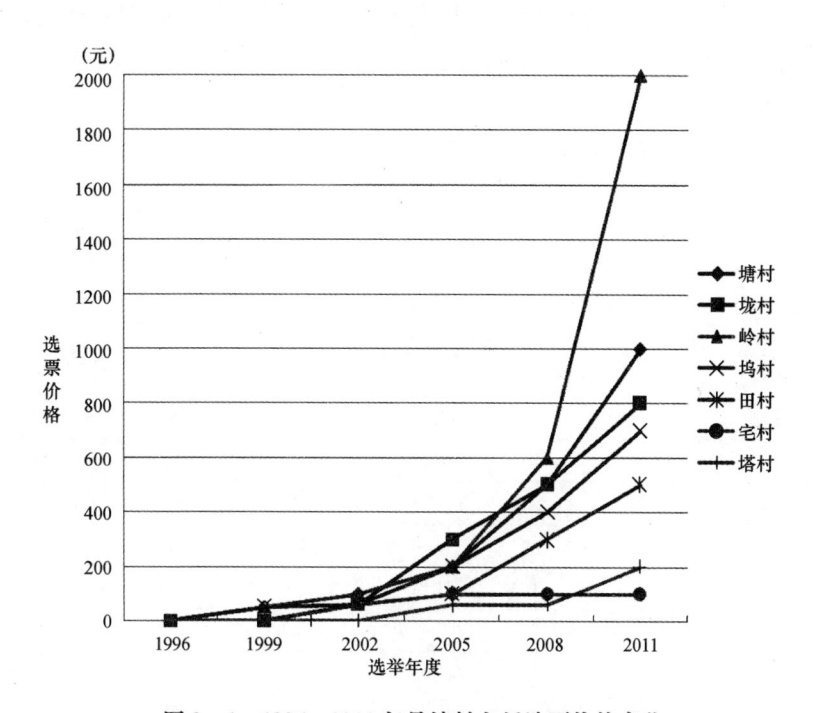

图3—1　1996—2011年吴镇村主任选票价格变化

---

① 村委委员的竞选特点与村主任类似，但激烈程度稍弱。在竞争白热化的城郊村和部分镇郊村，一些富人会联合起来以"组阁"的方式开展竞选活动。本书为了论述的清晰简洁将村委委员的竞选弱化处理。

对于图3—1，需要做两点说明。第一，图中的选票价格是竞选获胜一方所出的均价，也即多数选民获得的票价。"中间票"的价格会偏高，而"铁票"价格会偏低。所谓"中间票"，是指某些选民跟竞选双方的关系相当，如既是甲候选人的亲戚，也是乙候选人的亲戚，且关系都不错；也有可能跟双方都不熟悉，如夹在两个大姓中间的小姓。所谓"铁票"，是指本方嫡系势力如家族成员、有人情往来的好友所掌握的选票。第二，选票价格的数值并非完全精确。50元代表当年的一包中华香烟的价格，100元代表一包香烟之外加一壶食用油或其他实物，200元及以上多以票据的形式进行，个别村也有直接用货币进行贿选。

从图3—1中，可以发现一个总体上的规律，那就是镇郊村选票的价格变化曲线一直位于近郊村和远郊村的上方。由于笔者考察的范围中远郊村只有一个，因而近郊村和远郊村之间的对比显得不是十分清晰，但这并不影响我们对于村庄区位也就是土地价值与选票价格的相关关系的判断。

表3—2是与图3—1对应的具体数据。

表3—2 　　　1996—2011年吴镇7村村委会主任的选票价格　　　（单位：元）

村名＼年度	1996	1999	2002	2005	2008	2011
塘村	0	50	100	200	500	1000
垅村	0	0	50	300	500	800
岭村	0	50	100	200	600	2000
坞村	0	50	50	200	400	700
田村	0	0	50	100	300	500
宅村	0	0	50	100	100	100
塔村	0	0	0	50	50	200

如图3—1及表3—2所示，1996年村委改选时吴镇还没有出现贿选，选举前请一些关系广的村民如小组长、村民代表吃饭，让其代为拉票，这样的现象非常普遍。1999年，在个别经济较好的村，候选人开始以"包"为单位向选民派送高级香烟。同时，在竞选过程中，候选人还会通过代为拉票的亲信传达出一些对选民的承诺，比如选上之后不要工资，捐赠老年

人协会，资助村中贫困家庭，给村庄提供某项公共品等。到 2002 年，实物的形式变得丰富，除了香烟，还有食用油、瘦肉、牛奶、太空被等。为了不显得张扬，"票据"的形式被发明出来。吴子林说：

> （我们）这里不来现金的，不好看，都是用香烟票，一张纸片，上面印着，"中华一包、店名"，章一盖就可以了。可以退钱，也可以领东西。也有用油（食用油）的，上面写着"金龙鱼，5 升一瓶"。也有地方发肉票，上面印着，"瘦肉 5 斤"，肉摊印好的，直接去拿。

票据的好处是，候选人的竞选班子不用拖着实物全村去送，他们只需要事先付钱给商店，然后把票印好，再择机送出，选民拿到票以后在截止日期前到指定的商店兑换物品。不过，真正兑换货物的人是极少数，大家都倾向于到商店去兑钱。商店的店主也乐意兑钱，因为这样一来他可以直接按票据的数额扣除中介费（比如 50

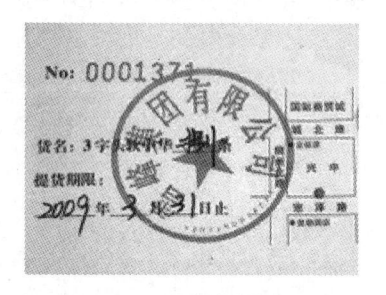

图 3—2　"烟票"样张

元的烟票退 45 元），而不用购进现货，空进空出，徒留利润。从某种意义上讲，此时的烟票（见图 3—2）等票据相当于可以流通的代币券，而被指定的商店类似于小钱庄，有着替选举双方进行金融中介的功能。[①]

到了 2005 年，"烟票"在各村流行起来，而镇郊村的烟票面额更大。垅村 2005 年的选票价格有一个突增，与之相应的事件是该村的征地与旧村改造开始启动。而塘村和岭村在 2008 年前后启动的新社区建设同样也伴随着选票价格的上扬。

由以上描述不难发现，富人村干部登上村庄权力舞台的最常用、也是

---

① 笔者注意到，新华社曾报道过浙江一些地方的官员利用烟票受贿的案件。记者方列写道："在查处烟票的过程中，因为没有相关的法律制度支持，出现了工商、烟草、纪委、金融管理部门几家共管谁都无可奈何的尴尬局面。"参见《浙江：反腐遇到新障碍。烟票行贿收受"坦然"》，新华网（http://news.xinhuanet.com/legal/2009-03/25/content_11068955.htm）。

最有效的手段是在选举中向选民支付实物或者货币。从空间上来看，在离城镇中心更近，区位更优，经济更好，级差地租更高的村庄，富人要当选村干部需要在经济上有更大的付出；而从时间上来看，随着非农化、城镇化的程度不断加深，选举的竞争越来越激烈了。

2. 家族

中国式家族自有其特点，所以家族也是影响选举形势的重要因素。中国人的确是讲究差序格局的，尽管时代剧烈变迁，但农民头脑中对于关系的亲疏远近依然十分在意，除非是非常要好的朋友，否则在投票时多数人还是会投给自己的本家，投给血缘更近的亲人。虽然平时发表议论时说自己一定会把票投给公正廉洁的、有能力的人，但是真正到了动真格选举的时候，怎么做又是另外一回事。

不过，相比于江西、福建的一些宗族性村庄中严格的族姓、房头意识，吴镇人的家族观念显然要弱化得多，这一点在第二章已有详细论述。由于家族的绝对影响力只限于三服之内，这就使得在选举中候选人若想仅凭家族力量胜出就必须具备一定的前提条件，这些条件包括：自己的姓是村中大姓；同时，选举的范围不能太大，选民的规模要接近家族人情圈的边界。由于吴镇所在文化区域的家族规模并不大，其范围大致是三服之内的宗亲和姻亲，而姻亲一般又不在同一个村住，所以，在村委会选举中，只有在人数很少的小村，家族的作用才会非常明显。[①] 但是，在村支委的选举中，情况就完全不一样了。在下一节"基层党建"中，我们将会看到家族的力量是多么重要。

> 亲属关系，我们这里叫房亲。小村子，尤其厉害。主要是一个姓的（村），各个房是一派。两个姓差不多大的（村），同一个姓的就是一派，要分主姓跟客姓。姓氏很多的，每个姓是一派。有些村，村子小，又以大姓为主的，永远不给外姓人当，在大姓里面矮子选长子，好像不这样做就对不起祖宗一样。小姓的人，用钱都没用。说起来，大家都知道这样是不好的，可真正到了那个时候，形势就不一样了。但是呢，村子大了，比如有个七八百、上千人，这个派性就复杂

[①] 吴镇符合这个条件的只有垅村。这也可以在一定程度上解释为什么同为镇郊村，垅村选票的价格在旧村改造之前和之后都偏低。

了。大家讲亲戚关系就不好讲了,因为亲戚太多,离得远了,平时都很少走的。

上面一段话是塘村老支书对选举过程中家族作用的精彩分析,从他的叙述中可以看出,在小村里,富人要想当选,必须是村中大姓,否则用贿选的手段也难以冲破既有的权力格局。但是,在大村里面,富人经济上的优势则有可能通过选举转化为权力上的优势。也正是因为这个原因,大村当中富人之间的争夺就显得更为激烈。

2011年岭村选举时,上来"挑战"的"新富"朱贵兵在很大程度上就是受了本家族成员的怂恿,他所在的朱姓并非村中第一大姓,但也有近1/3的选民,为了给在村庄改造过程中"吃了亏"的本姓"争口气、长点面子",他决定挺身而出。岭村一名朱姓的小组长说:

> 老村长包同发开厂的,还是(市)人大代表,这个人口碑不大好的,私心重,向着自己人。已经连续当了好几届了,选不下来。这一届阿兵要出来,把他干掉。阿兵人年轻,40刚出头,家里条件不错的,有家小企业开在那里。我们把名单从电脑里面拉出来,搞选民分析,80%的票都考虑到了,每张票花1000元,剩下的(票)是他们家的(指包同发家族),买不到。老的那个呢,一直按兵不动,不动声色,好像他要放弃了,不在乎这个位置了一样。谁知道他是老奸巨猾,第二天早上要开选了,头天晚上,搞了一次突然袭击,好,200万拿出来,跟自己家有关系的,2000块一票,中间票、(我们的)铁票3000,所有的票都算到。结果第二天选举结果出来,继续连任。阿兵傻眼了。村里面好多人都说,他还太嫩,玩不过老的。

3. 派系

所谓派系,是指"人们通过特定关系联结起来的,具有共同利益和现实功能的非正式组织",具有低烈度性、间歇性和地域性的特点(孙琼欢、卢福营,2003)。从某种意义上讲,家族也是派系的一种表现形式,但此处所指的派系更强调人们之间的联系纽带是基于血缘以外的非传统因素,如业缘关系、趣缘关系甚或是人格性的认同。贺雪峰(2001b)曾经将中国大陆农村的村委会选举与我国台湾地区的基层选举作过对比,认为后者的选举范围更大，层级更高（乡镇一级），而且派系相对稳定，有一定的原则性纲领，且形成了结构性的组织，而前者往往以个人为中心展开，当主要当事人发生改变，斗争便不再存在。所以，大陆的村委会选举中派系应该称之为"派性"更为恰当。

笔者个人虽然不愿意在概念上做过多的纠缠，但在此处更倾向于用"派系"一词，原因是吴镇各村的分派并未因选举结束而消失，相反，正是因为历次选举中积累的恩怨，基于某种利益的随机组合而形成的派性慢慢稳定下来，在选举之外的村庄生活中继续发挥着效用。这些派系多以某位曾经竞选过村干部的富人为核心，派系主要成员之间非常要好，他们的关系网可以互相借用，从而能够在下次选举时让网络内的成员更"愿意"投票给本方的领军人物。之所以是"愿意"，而不是"确保"，是因为这种"派系"实质上是一种人情投资，而不是某种勉强或胁迫，对方同样可以用钱收买。更重要的是，选举规则和政府对选举过程的监管确保了选民投票时意志上是自由的。

需要强调的是，吴镇各村的派系主要出现在上层富豪和中上层精英中，选票本身的价格在他们那里算不上什么。中间阶层某种程度上也有派系因素存在，但中下层的普通村民和贫困阶层是无所谓派系的，他们不会因为坚持拥戴某位候选人而去得罪其他候选人，对于他们来说，除开直系亲属这层关系，利益是第一位的，谁给出的价格更高他们的选票便投给谁，"馒头挑大的吃"。不过，在选民的绝对数量上，普通阶层和贫困阶层却是最多的，这就使得中上层的派系因素难以替代选票的出价而成为主导权力格局的关键。

卢福营（2007）曾将农村"上层精英因派系因素而分裂成若干集团，下层群众因分层和分派聚散不定"的结构称为"群山格局"。他的比喻非常形象，笔者在此再作些许补充：上层的少数精英结成派系相互合作与支持，形成了多个不同的"山峰"，处于峰顶的掌握和支配公共资源的人采取多种形式倾向性地将资源分配给本派系或友好派系、合作派系的成员。相比之下，中下层占多数的普通群众形成"山腰"和"山底"，他们是各派系合纵连横的看客，在"选举"这种三年一度的决定权力分配的仪式中只可以分得微利。

具体到日常生活中，不同派系的富人偶尔碰到也会寒暄几句，但同一个派系的富人则会因某位老板的邀约而聚到一起吃饭、打牌。他们之间的沟通更多，而且往往会以人物品评为话题对村庄政治进行评论，话题的要点是将本方领军人物（不管是在任的还是落选的）与对方的核心人物展开对比，这种对比掺杂着很多道德评判的因素，让人很难将事实与推断分开。一次偶然的机会，笔者有幸旁听了塘村几名"在野派"富人"喝茶"① 时的谈话。现将谈话的一部分以正文的形式列出，以便读者对村庄中的派系有一个质性的认识。鉴于谈话内容具有强大的索引性（H. Garfinkel, 1984），笔者将对话涉及的诸多背景性内容置于脚注之中。②

  A："那块地批下来没有？"③

  B："批是批了，规划还在改。现在不是换人了么，工作又停掉去了。"④

  C："唉！要是把大海顶上来以后一直都是他干，就不会是现在这个乱摊子，住的，吃的，都不会比越城街道的人差。人家现在每家每户都有一栋别墅，我们没机会了。"⑤

  A："地价、房价这么涨，东明睡得着觉？"⑥

---

① "喝茶"的内容并不一定是去茶楼品茶，而是可以涵盖洗脚、按摩、桑拿、唱歌等多项活动。这是当地一种类似于行话的说法，其目的可能是听起来雅致一些，不至于招人耳目。

② A、B、C、D 4人与村中首富吴大海关系密切，2002年选举时吴大海能够上台离不开他们的努力。这4个人清明节时刚好都回到了村里，其中A与C在路上碰到，便打电话约B、D一起到茶楼打牌。当时笔者刚好在D家做访谈，征得D的同意，得以入场观摩。

③ 塘村旧村改造的首要条件是获得农用地转为集体建设用地的指标，由于总面积较大（305亩），且主要经手人多次变换，建设方案不定，审批的时间从2003年一直拖延到2010年年末。

④ 2010年年末，面积指标已由省里批准，但规划方案由于坞村的阻挠而仍需修改，此时前任村主任吴大海却在2011年年初的村委改选中落败。

⑤ 由于土地资源越发稀缺，越州市政府决定压缩旧村改造中"落地房"（即单门独户的三层半楼房）的指标，提倡高层建筑。这使得富人们在旧改过程中建造别墅不再像以前那样简单，他们必须设法获得剩余的落地房的宅基地指标。即便如此，在村里建造别墅的成本仍然与在城区购买别墅的费用不在一个数量级上。

⑥ 吴东明是在2011年选举中获胜的村主任，主要产业是一家饰品厂，每年纳税200多万元，位列全镇第三。不过，他的企业之所以成功要归因于父亲吴历州。吴历州与吴大海是同一个家族的堂兄弟，两人在20世纪80年代初便开始创业，曾有合作经历。后来吴历州主要在本地发展，而吴大海将业务扩展到了外地。

D:"切！他只要厂子玩得转就好，村里跟他又不搭嘎！"①

B:"要是大海早一届上来也不一样。春国这家伙花钱上来又不干事，领导不批，他就拖在那里。"②

C:"提他干什么?！成天牛皮哄哄，又不管做！自己的钱抠得紧，公家的钱倒花得大方！"③

D:"我们这帮人就是太正派了，他们有狐朋狗友、三教九流，吃定你了。"④

……

整体来看，派系势力越大，群山格局中某个"山顶"旁簇拥的"小山峰"越多，则选举时可以动员的力量就越大，选票的出价稍稍偏低也可以取胜。反之，如果某位候选人在村内的关系网有限，与他联合的富人不多，派系势力弱小，那么若想胜出就要付出足够的经济成本。

4. 灰色势力

灰色势力⑤的介入也会影响选票价格。年轻的"灰色"人群并没有严密的组织性，只是靠私人间的义气凑在一起的松散网络，他们没有稳定的正当职业，有时会充当一些娱乐场所的保安（"看场子"），有时也替高利贷老板讨债。他们的角色处于合法与非法的边缘地带，有点类似于有钱人供养的打手，但又不是专门替某一个或某几个有钱人服务。

如果按照程度来分，灰色势力介入选举一般有三种情况：第一种是

---

① 这句话影射的事实是，从来没当过村干部的吴东明上任以后不熟悉村务，将村里的公章从会计那里收走放在自己的住所里，而他的住所又在离村很远的工业园区，老百姓去办事如果步行的话要走20多分钟，这一点让村民们非常不满，而"在野派"的精英们则借此说事。

② 吴春国担任村主任的时间是1996—1998年和2005—2007年。吴大海在1999年的选举中击败了吴春国，此后吴春国便外出做生意。但以后的每一次选举，他都要回村与吴大海竞争村主任的职位。2005年，吴春国获胜，然而任满一届，再次落选。

③ 这句话是暗指塘村在吴春国任职期间与上级领导关系不好，没有争取到足够的工程项目，同时因为扩建和装修村委办公楼花光了此前吴大海当村主任时积累下的集体资金。

④ 这句话主要是指吴春国与吴东明两人常年有一批无业青年相跟随，当中部分人可能有黑社会背景。

⑤ 之所以用这个词是受了陈柏峰的启发，因为那些混迹于城乡之间，以暴力为底蕴获取生存来源的势力既不按正常的社会方式谋生，也不像黑社会组织那样公然以有严密组织的方式破坏社会秩序。参见陈柏峰《乡村江湖：两湖平原混混研究》，中国政法大学出版社2011年版，第272页。

"维持秩序"，打击举报者。贿选是富有的候选人共同认可的游戏规则，虽然对于正式制度而言是一种越轨，但是在实践中却是一种"正当"的获取权力的手段，"谁花得多谁上，公平得很"。在这种情境下，如果有村民站出来"生事"，比如"他们在那里分钱（指行贿）的时候你去阻止，那你就要挨揍了"。一般情况下，普通村民绝不会去举报，因为那等于自找苦吃：不仅好处没了，还要惹来人身安全上的威胁。只有在两种特定情况下举报才会发生：第一是某方用钱贿选而另一方没有直接用钱，没用钱贿选的一方试图通过举报来削弱对方的优势。第二种情况就是"失败的一方被杀得太惨"，比如预选时双方只相隔十几票，但一方为了获胜临时用高价去挖对方的"墙角"，结果对方的"铁票"流失，两人票数在正式选举时拉开距离，形势完全逆转。这个时候，举报者是竞选中失败的一方，其目的是出于泄气式的报复："我得不到，你也别想好过！"竞选者自身都有经济实力，也有"喽啰"保驾护航，所以不惧怕对方的暴力。

第二种是"进村助威"。这种方式发生的情况并不常见，有时会出现在因修建市场、车站、会展中心等引发土地急剧升值的城乡接合部，它比前一种方式的介入要深，因为前者并没有灰色势力在场，只是发现情况以后电话通知，然后立刻赶到，也就是说，是作为一种潜在的暴力而存在，通过威慑而起到维护"非正式制度"的作用。但是这种方式下，年轻的灰色人群在选举的前几天便会入驻村庄，有时还会携带凶器，其目的非常明确，那就是要给某位候选人"助威"，并以此恫吓竞争者，让其放弃竞选。越州市曾有过这样的先例，但吴镇并没有出现过。

第三种是"亲自参选"。这种情况可能有一定的偶然性，由于笔者缺乏切实的资料，所以不好妄自揣测其比例或概率。不过，吴镇的宅村村长李雪彪就是被村民们调侃为"流氓村长"的人物，他以前因聚众赌博而入刑，还曾欠下300多万的债务，但后来"不知怎么就慢慢还上了，还开了个建筑公司"①。李雪彪自从2002年竞选成功之后就再也没有下来，而宅村的选票价格也一直处于低度的平稳状态，"到了每次选举的时候，弄点烟发发，叮嘱大家把票投好就可以了"。

李雪彪身上有一种江湖式的人格魅力，他对本村人十分客气，而且注

---

① 宅村的会计在访谈中遇到有关村长的问题时微笑不语，他说，"有些事情只能猜猜，不好乱讲"。

意保护他们的利益，当然，前提是无视政策规定，同时自己拿点好处。宅村违章建筑非常多，也即违反镇里土地管理的相关规定私自占地建房的情况很普遍。该村一位村民小组长说：

> 有钱人把选位费①交了，再给他送点礼就好，这些人自己老房子都没有拆掉的，都是些有面子的人。有人举报违章，他（村长）先去这人家里，好话说，让他不要去告了，再就是威胁了。老百姓说村里搞得好，不去举报的。反正又不是贪污，钱还用在我们身上，你自己有钱也可以造啊，谁叫你没钱？
>
> 镇政府睁一只眼闭一只眼的，处理狠了（指拆违），引起社会矛盾，上访。不处理，群众要向上反映。他们也很难做的。只要群众闹的不多，违章就违章，等搞旧村改造的时候下届政府再来集中处理。我们村长，镇里行政执法大队，土管，都是通的。好多执法队员（聘用，无编制的）都是他手下干过的，有事情会通风报信："啊，谁谁谁去告的，你去摆摆平啊，你不摆平的话我们就过来（拆违）了啊。"

这样看来，李的连任有村民自愿支持的因素，但代价却是农地资源的流失与村庄规划的紊乱，这是一种局部合理而整体受损的状态，经济学中称之为外部性。镇政府之所以不来干涉，一是因为村民的选举他们不好干涉，二是觉得没有必要干涉，因为李雪彪这样的人物能够保证村内的"和谐"，同时，他也能够积极配合，完成镇里部署的工作任务。

5. 其他

地价、家族和派系是影响选举的主要因素，村庄区位的优劣与选票价格呈正相关关系，而家族、派系和灰色势力则是负相关。除此之外，某些特殊的利好因素也会影响选票价格。塔村在2011年年初的选举中就发生了这么一件事，新当选的村长何固刚满21岁，还在杭州读大学，本科没

---

① 这是吴镇各村在村内分配宅基地的机制，即村委会以拍卖的形式将村内空地"出售"给村民建房，拍得的价款作为村集体的收入。通常马路边的地基可以拍得高价，120平方米价值20—25万元，而普通地段在6万—10万元。宅村的特殊之处在于，拿出来拍卖的空地并没有获得土管部门的宅基地指标。

毕业。他的父亲何闯是塔村的首富，经营长途运输，又在工业区里买了20多亩地，建厂房出租，每年租金160万元。何闯对出任村干部并没有兴趣，不过，他的一个侄子在他支持下连任了两届。到了2011年，何闯之所以运作这件事情，是想给自己儿子考公务员加分。他听人说，报考公务员时如果有基层工作经验可以优先录取，虽然儿子还在上学，但以儿子的名义去竞选一下村委会主任完全不在话下，毕竟，为了儿子的前途给村民们发点礼品在他那里也不算大的开销。①

总的来说，吴镇各村的选票价格有一个基本的增长梯度，而梯度的拐点与地租的政策性增长有关。选票价格低于正常梯度水平的，可能是因为村庄人口规模小，家族和派系势力稳固，也有可能是因为混混等灰黑势力的登场。还有一种情况选票的价格也会偏低，虽然吴镇没有出现，但在附近的村庄存在，这样的村经济结构比较特殊，它以某一个产业为绝对主体，而业内的诸多小企业又以某位老板（通常是产业链中最接近客户端的）为核心运转。相对而言，选票金额偏高的，多是因为竞争过于激烈，当事人的行动除了利益考量还夹带了愤恨、恼怒、"气"等情绪性的因素。而另一种情况，则是超级富豪出马，因为"特殊"的考虑而拿出别人根本不愿出的高价。给塘村新当选的村长当"幕僚"的王伦浦说："大老板出马，那是要收编队伍，做长线投资。这叫占领市场，倾销，哈哈！"

（三）选举过程：塘村个案

上节阐述了吴镇村委会选举的一些结构性因素，本节以塘村2011年的个案为基础，详述选举过程，展现具体环节中的行动策略。案例的叙述以最终的获胜者吴东明为主线。这次村委会选举的主题是吴大海、吴春国、吴东明三人竞选村主任。57岁的吴大海算得上是塘村首富，据说资产过亿，他是上一任村长，试图寻求连任。吴春国51岁，财力在村庄中只能算是中上层精英，他以前担任过村主任，与吴大海在历次选举的缠斗中积下不少恩怨。吴东明刚满38岁，从资历上说，是个"富二代"，

---

① 笔者调查时没见到何闯本人，但听人转述，何闯希望儿子"能过点安稳日子，不要太累"。为了确保选举结果万无一失，他事先宴请村里几个有意竞选的小老板，告诉他们"这次装装样子就行了，不要较真，有什么损失我来补偿"。

2008年他在父亲的支持下初次登场,但未获成功。

正式选举日期定在2011年1月27日,选举之前一个多月,村民们就觉得这次的选举会异常激烈,因为除了上次参与争夺的3位老板之外,放话出来要参加竞选的富人比以前多了起来。房东告诉笔者:

> 一个在杭州做生意的在村委会办公楼里说,"我出100万(元),先在这里放50万(元),事成之后再拿50万(元)"。还有一个在市区做生意的放出口风来说,"我也出100万(元),不管选不选我,每人发700块"。我们老百姓很开心的,反正坐着有钱用,争的人越多我们过年越有得钱花,多好。

刚过元旦,吴东明就和父亲一起物色好了"智囊团"的主要成员,其中之一便是在1996年以前当过村主任,后来被镇里的企业管理办公室吸收的王伦浦。王在镇企办工作一段时间后因乡镇精简机构的过程中没有编制而被清退,赋闲在家的他随后成为吴东明家的座上宾。吴东明成立的专班由王伦浦主导,一共20多人,主要成员是同一派系的精英,另外包括一位中学语文老师,他们吃住都在吴家,共同策划备选方案。期间还有10余名年轻人替他们跑腿,充当后勤支持。

策划的内容涵盖分析选民、确定步骤、招揽骨干以及人员分工。分析选民,也就是要根据村民平时的人情圈子、关系往来、日常交际,近年来发生的事件、变化,甚至在公众场合公开发表过的言论来判断他们的投票意向。这个过程类似于一种滚雪球式的调查,不断通过亲密的熟人再询问熟人,这也是一个由派系的网络逐步向外拓展,延伸直至全村的索取信息的过程:哪些人是本方和对手的铁票,哪些人是中间票,对手阵营中是否有成员可以收买过来……分析的过程相当重要,因为这涉及钱花出去有没有效果的问题,因而要耗费的时间相对较长。确定步骤,就是要筹划每一步怎么行动,请哪些关键人物吃饭,送什么东西,什么时候送,都非常有讲究:

> 1400多人(指选民人数),拉到的超800(元)就够了。跟他们铁的不去碰,自己的铁票都是亲戚朋友,主要是争取中间这部分人,投其所好,平时不喜欢乱花钱的人,给钱,给他老婆购物卡、抵金

券。不要钱的，递烟过去，利群、中华都可以，按条算。年轻的，请吃饭、卡拉 OK、洗脚，肯定可以搞定。①

这一阶段的拉票工作只是铺垫，是为了赢得中上阶层的支持，借用他们庞大的关系网，起到动员和说服选民的作用。与此同时，竞选团队还要注意搜集对方的行动信息，在此基础上建立的决策会更有针对性。这次选举中吴东明事先准备按照"行情"每张票出价 700 元，但是互相刺探情报的过程中，吴大海团队的一名成员"叛变"了，透露了吴大海的策略："先发 300（元），事成之后再发 700（元），选不上，后面的 700（元）就不给了。"吴大海作为老一代生意人，做事谨慎，注意规避风险，"把钱看得重"。获知这个信息，吴东明马上做出改变，决定选举前一次性出价 1000 元。为了稳妥起见，还把"分钱"的选民对象确定为 1200 人。

招揽骨干和人员分工是实施"关键行动"的前奏。所谓关键行动，是指正式选举前的"分钱"，主要面向的是村庄中下层的人数占优的普通村民。被招揽的骨干是派系的精英非常信得过的人，但他们还要与候选人签一份类似于保证书的承包合同，然后各人把要分下去的钱拿走。

钱是早就取好了放在家里的，先分组，有几十个组，分片包干，每个组负责哪一片地方，要由对那一片地方的人家非常熟悉的人来负责。这个事情肯定都是找信得过的人，外地人不能来搞的，要跑的，信不过的人拿着那么多钱不塞给人家，自己用掉去，你把他怎么办？

1 月 26 日晚，也就是选举的前一天，是最紧张的时刻。村民们说，每次到了这一天晚上，"车响到天亮，人忙到天亮，灯点到天亮，狗叫到天亮"。竞选的各方几乎都选择在此时行动，目的是要避免物质激励随着时间的推移而出现边际效应递减。

我们印了一张名片，很简单，上面写了这么几个字：塘村村委会主任吴东明。一个信封，每个信封里面装 1000 块钱，再放一张

---

① 本小节以下楷体文字皆为笔者对王伦浦的访谈记录。

名片。每家几个选民，就放几个信封。1月26号（日）晚上分钱，从夜里9点钟一直分到凌晨2点多，分好了之后就拿着那些信封出发。后半夜去发钱，把信封塞到别人家里早上起床肯定可以看见的地方。有的有卷闸门的，就从门底下塞进去。这个不会搞错的，不会搞到别人发现不了钱，钱送了白送的，这个不是开玩笑的。他们早就算好了。第二天早上7点投票，我们头天晚上一直忙到凌晨4点，才算全部弄完。

1月27日早上6:30以后，选民陆续赶到会场，7点钟投票准时开始。但是，一上午过去，验票的结果却只选出了一个妇女主任，村主任、委员全部不过半数。吃过中饭，工作人员赶紧又去印选票。按照《吴镇村民委员会选举工作细则》①第二十五条、第二十六条的规定，"竞选人获得参加投票的选民过半数的选票，始得当选"。"当选人数不足3人或者主任未选出的，应当就不足名额组织另行选举"，但另行选举的差额名额只有1名，正式候选人按未当选人得票多少为序确定。而且，另行选举以得票多的当选，票数超过投票选民的三分之一即可。鉴于初选时吴春国得票较少，镇里分管的副书记让他退出。重新选举的结果出来，吴大海489票，吴东明910票，吴东明当选。

选举结束并不意味着整个竞选过程的完结，还有一项工作是"验收总结"。不论成败，各团队还有一次聚会，总结这一次的经验教训。这其中，还有一个重要环节，即对团队内部各个小组的行动绩效进行评估。虽然没有严格的打分和奖惩制度，但是这个评估环节却不可或缺，它的存在可以防止实施行动的派系成员的侥幸心理，防止他们马虎行事。而具体的"检验"手段，则是各有各的办法，比如有人在分片时负责15位选民，那么他会告诉这15个人如何在选票上做记号，这个记号看起来只是个无关紧要的人名：

> 选票有五格，第一格里面写村主任的名字，接下来三格写村委员的名字，这四格都是要写候选人的，还有一格，你写谁都可以。我就让这15个人一起填一个名字，先就定好，写一个根本不可能选上

---

① 参见附录1。

的人：年纪太大的啊，带小孩的妇女啊，写得好玩的，这样也可以分散选票。①

上述办法其实无法左右选民的意愿，因为是无记名投票，所以不愿"就范"的选民可以不听指挥。但是，由于与其配合的受贿选民会写上记号，所以这个办法就可以通过特定的记号检验出拉票者的成功率。

确实也有钱打了水漂的，不是因为没有收到钱，而是收了钱也不选你。打出去的有1200票，也就是花了120万（元），实际开票的时候只有900多票。（因为是）无记名的，人家收了钱不选你你也没办法……怎么说呢，做哪行没有风险？

（四）行政监管

理论上，"中国农村村民自治属于基层社会生活的人民群众自治，是一种具有中国特色的基层直接民主制度"（徐勇，1997），但是，无论从其产生过程还是从其实际运行来看，村民自治都伴随着国家行政权力的引导和监管。本节无意于在众多研究之后继续评断此种实践状态的得与失，而是试图理解在富人大量参选的激烈格局中行政权力是如何应对的，或者更进一步地说，行政权力如何处置已经普遍化了的贿选。

应该说，基层政府对村委会换届选举一事的确是非常重视的，这不是党委机关报上应景式的"领导高度重视"，而是在实际工作中基层官员对其复杂性和艰巨性有充分的认识。"村里选举这个事情不好管，管不住"，这是一位当地民政部门的工作人员在与笔者闲聊时的感慨。他所说的"不好管"，是指"从道理上讲群众的事情政府不好干涉"，而"管不住"，意思是"很多事情自己超出了政策范围，政策不会变，管又管不过来"。

2011年选举之前，越州市召开市委书记办公会议、市委常委会议、市政府常务会议，对选举工作进行了详细部署，抽调各部门精兵强将成立

---

① "做记号"会影响选票的分布，第一轮之所以选不出来，就是因为村主任的候选人、村委委员的候选人各自的"铁票"都要选上自己人，同时还要做记号，因而分散了票源。只有到第二轮候选人变少的时候票数才开始集中，而贿选的效果才得以展现。

工作指导小组，分赴各镇、街道蹲点、包片，明确任务，责任落实到人，并且在相关的调研、宣传、培训方案之外还制定了专门的应急预案。按照政府文件的措辞，整个工作的关键词是"平稳有序"，而其重心又落在"有序"二字上。越州市的有关领导在巡视时不断强调，一定要让换届选举工作有序进行，保证农村的"和谐稳定"。以下，笔者将以吴镇为个案，分析政府的具体应对措施。

1. 严格程序

要保证"换届选举"这个权力争夺的游戏有序展开，首要条件是游戏按照明确公开的规则进行。由于选票"越来越值钱"，村民们对自己的选举权利非常看重，在一些城郊村，甚至有人放下生意坐飞机回来投票。从确定选民、讨论细则，一直到决定检票、计票、唱票人员，每一个环节都有各派系的精英的组织和参与。当游戏的争夺变得激烈的时候，无数双眼睛都盯着舞台上的演员，如果有一方试图通过细节上的投机取巧占得先机，必然会激起其他各方的强烈反弹，此时行政权力如果没有在场裁断，则纷争乃至冲突就有可能爆发。

为了将冲突发生的可能性降到最低，镇政府要求各村的选举办法、投票办法、候选人提名办法、村民代表推选办法等必须经过村民代表会议讨论通过，并设计了9个公告，确保选举程序公开。在选民登记方面，按属地、年龄、政治条件等标准，实行"一人一地一次一票"的原则。对人户分离等特殊选民，采取自愿申请、凭证登记，同时实行选民资格争议的两级复核制度，确保不漏登、重登、错登。

投票代写和委托投票是最容易产生争议的细节。一些眼睛不好或不识字的老人需要有人代写，为保证公平公正，镇政府要求代写人员必须是政府的工作人员，也即利益独立的第三方。而委托投票只能是夫妻、子女等近亲属，且一人最多只能受3张委托票。委托书须本人签名，注明手机号码。选举前工作人员用免提的固定电话公开对委托者进行确认。选举前一天，委托投票要进行公告，没有经过公告的，委托无效。

对于候选人（自荐人），选举委员会也增加和细化了需要限定的资格条件，如被判处刑罚或刑满释放未满5年，解除劳教未满3年，违反计划生育未处理或受处理后未满5年，涉黑涉恶受处理未满3年等有严重违法违纪行为的人员，不能成为候选人。

为了保证选民投票时行使意志的自由，各村设立了秘密写票处，不设流动票箱，这样连选举委员会的工作人员也无法对投票行动实施盯梢或监控。一般而言，秘密写票处设在会场一角，用木板和门帘隔开，选民被点到名字后凭证领取选票，轮流进入秘密投票点写票。当众公开计票、唱票，结果当场公布。此外，对于现场意外发生的撕选票、砸票箱、冲击会场等破坏选举的"闹事"行为采取零容忍的态度，要求派出所干警对产生的问题果断处理，无法处理时迅速向上级指导机构请示报告，把矛盾消灭在萌芽阶段。

2. 规则创新

对选举规则做一些地方性的微调也是必要之举。微调之一是采取自荐直选，这种规则可以减少选举的次数，此前的选举中因为采取海推直选的方式产生的候选人较多，直接提名的初步候选人还要通过预选环节产生正式候选人，这无形之中增加了选举的次数，也增加了选举的复杂性和不确定性，让控制局面的难度增加。而自荐直选是直接进行正式选举，一次性解决问题。选民可以写选举公告上张贴出的"自荐人"，也可以写"自荐人"以外其他有被选举权的人，排名第一且票数过半便可当选村主任。如果没有过半，当日进行重选，但另行选举时只有一名差额，票多者胜，所获票数要求超过1/3。上文中塘村的案例便是如此。另行选举时竞争者人数大为减少，票源开始集中，容易分出胜负。可以说，这是对现行《村民委员会组织法》一直坚守的"双过半"原则[①]的一个适应性调整。

微调之二是对选举方案进行简化，改变此前用"下加法"计票的方式，改为"定位选举模式"。所谓"下加法"是指参加较高职位选举的候选人，如果在较高职位的竞争中落选，其在较高职位选举中获得的选票可以向下加到较低职位的选票中，两者相加的总票数为其在较低职位上获得的总票数，这种方法的好处是某位富人即使选不上村主任，也可以被选为村委委员，但缺点是计票过程复杂化，容易出错，引起现场秩序纷乱。

---

① 即有选举权的村民过半数投票，选举有效；候选人获得参加投票的村民的过半数选票，始得当选。实际上，这是一个带有悖论性的规定。前一个"过半"要求候选人或相关组织对选民进行充分动员，但是，如果放手让候选人进行动员和竞争，就不太可能在第一轮投票中就满足后一个"过半"的原则。于是，选举的组织机构不但要充分动员选举参与投票，同时又要防止候选人之间出现激烈的竞争，以尽量避免一次选举不成功。这样一种选举机制在村民的利益分化越发严重的情形下导致选举的动员成本越来越高。参见何俊志、朱忠壹《村民委员会选举中的选票设计与民主质量》，《复旦学报》（社会科学版）2011年第2期。

"定位选举"是在选举之前就先确定了竞选者的具体岗位，然后再进行投票选举（马福云，2006）。这种方法简洁明了，易于操作，但要求参与竞选者要有明确的目标定位，否则，没有选上村主任（或其他职位）就意味着当不了村干部。吴镇的简化之举是有意义的，毕竟这里竞争激烈，精英众多，不会出现简化之后村委班子没有能人的情况，更重要的是，选举规则简洁之后，操作过程中出现意外情况的概率也会大为降低。

3. 贿选应对

严格程序与创新规则，其目的是要保证选举在形式上公开，程序上合法，规则一视同仁，易于操作，时间短而效率高，从而保证选举过程的重心——投票当天村庄平稳而有序，这是基层行政权力在选举实践中的目标之所在。然而，对于已然普遍化的贿选，他们应对起来却力不从心。

在田野调查过程中与基层官员聊到贿选时，绝大多数人的语气是无可奈何，而他们谈话的内容则可以归结为两个方面，一是"很难查"，二是"不讨好"。"很难查"有诸多方面的表现，首先是制度的模糊性。现行的相关法律条文过于笼统，对贿选的处罚刚性不足。就《村民委员会组织法》中的贿选惩罚条文而言，"以威胁、贿赂、伪造选票等不正当手段当选的，其当选无效"，这个规定对于贿赂行为几乎没有威慑力。更何况，"贿选"这一概念本身的定义就很模糊，全国人大常委会、国务院、民政部印发的《〈村民委员会组织法〉条文释义》将"贿选"解释为"用金钱或其他物质利益收买选民、候选人、选举工作人员，使之违反自己的意愿参加选举或者在选举工作中进行舞弊活动"，这个界定属于抽象层次的定性描述，没有对贿选钱物加以列举和量化。而从文本定义上的构成要件上来讲，"贿选"要成立须是贿赂行为的主体、客体皆存在，而贿选行为的侵犯对象——村民的选举权与被选举权确实受到了侵害。这使得实践操作中贿选有了以下几项界定标准：第一，贿赂的行、受双方都承认该行为的存在；第二，钱物发放"面广量大"；第三，选民的主观意志受到影响，给选举工作带来了不良后果。但是，如前文所述，竞选者不会亲自向选民实施贿赂，而是通过派系内的精英分散实施，只要这些"中间人"不承认，证据便被视作无效。退一步，即使"中间人"承认所送财物为竞选者所出，也要竞选者本人承认这些财物收受与选举相关，而不是正常的经济往来。最后，选民的意志是否受到左右，这在现实中是很难讲的，从某种意义上说，只要采取了秘密投票间的形式，而且采取无记名投票，所有人在投票动作发生的一瞬间意志都是自由的。

　　学界的很多研究都是从制度层面着手探讨这一问题的（吴思红，2009），但是操作层面的困难在实践中可能更为直接。虽然各级人大常委会、组织部门、民政部门都设立了接受举报的机构，但是直接查处者只有乡镇的选举工作指导小组。即使乡镇官员都有很强的积极性和主动性去查处贿选，他们在选举期间也缺乏足够的人手，更缺乏国家司法机关审查案件时的专业力量、侦察权力和技术手段。① 实践中绝大多数的举报都不会受理，因为"口头举报无效"，必须是书面举报，而且要有人出具证词。但是，贿选行为不会像正常拉票那样明目张胆，而是具有相当程度的隐蔽性（可见前文之个案描述），贿赂的行使和接受方都有日常生活中的关系和面子作为基础，有着相当程度的信任，尤其是得了好处的选民，他们不会"拿了钱又去咬人"。有着一线工作经验的钱铮、马卫军等人在一篇署名文章中写道：

> 　　上访举报的村民大多带来的是口头证据，会说："你们去问某某、某某好了，他们可以作证。"举报的村民原本也是想借助公权力对竞选对手的违法行为加以查实，至少是加以威吓，以阻止不利于己方的事态的发展。而且更多的是后者。一位村委会竞选者当时告诉笔者："只要乡镇领导或者民政局的干部能到我们村里来走一趟就好。走一趟，露露脸，就是对他们用钱买票行为的警告和制止，就是对我们的支持。"但是令他们头疼的是，即使是"走一趟"，乡镇等有关部门也不肯。这些部门就是一句话："拿证据来！"他们跑了乡镇，又跑了民政部门，找了不少领导，最后他们十分失望并开始有些忿忿然地返回村里去了，也相应得出了一句话："政府对贿选行为是不管的。"由此造成的后果是什么呢？就是选举指导和监督机构失去了在贿选行为的初起阶段就对贿选事态加以遏制或制止的大好时机，就是客观上纵容了贿选之风的滋长和蔓延。其实质，就是有关部门丧失或放弃了应有的监管职能。按村民的说法，就是监管部门"睁一只眼，闭一只眼"，视而不见，见而不管。于是，有贿选行为的一方见初步

---

① 比如，调查组（2—5人）缺乏监听、监控录像等必要的取证设备，查处时只是喊来被调查对象询问一些问题。

试探没有什么后果，就壮了胆，往往大张旗鼓、无所顾忌地干了起来。举报的一方也只能"效其道而行之"。那位村委会竞选者就对笔者说："他们可以用钱买票，我们也可以用钱买票，不然我们就白白吃亏了。大不了花它几万块钱，这点钱，我们也出得起。"言中大有"逼良为娼"之慨。于是，一场拼金钱、拼资本、拼财力的金钱之战就在村中心照不宣地上演了。①

也就是说，基层行政权力对贿选事件的查处"心有余而力不足"，只能"大事化小小事化了"，采取"只要不引发大的事端就尽量息事宁人"的处理原则。对于极少数握有证据的举报，乡镇也会进行例行公事的调查，但最后往往以"证据不足""选举合法有效"等批语作结。②

除了"很难查"之外，还有"不讨好"。因为贿选毕竟是一件不太"正面"的事，即使费尽心力查实、处罚，也难以作为一项成绩来向上汇报，除非有关领导特别重视。一旦查处的证据不实，或者取证过程有漏洞，被查处的富豪极有可能通过自己的关系网（往往是人大、政协）向上举报，或者聘请律师打官司，让乡镇的工作人员"很难堪"。而这样的例子在越州市不是没有发生过。更重要的是，因贿选而来的上访是"临时性"的，它会在短期内集中爆发，但很快又平息下去。它不像涉及征地、房产纠纷的上访那样会一直持续下去。即使没有处理，"过几天自然就消停了"，一旦选举结果正式公布，主动举报的村内派系"愿赌服输"，事态也就稳住了。也就是说，这种类型的上访只是部分竞选者的一种工具，本身并没有捍卫民主权利、维护法律尊严等抽象目的，而面对这种上访，行政权力"不处理"比"处理"更为恰当，因为那更能够对外呈现出"和谐稳定"的局面。

总而言之，站在基层权力主体的角度来看，既然查处贿选"很难做，做了也不讨好，没做问题也不大，那当然不做"。

值得强调的是，针对"贿选"为何会普遍化这个问题，如果仅仅纠

---

① 参见 http：//www.chinaelections.org/NewsInfo.asp？NewsID=1358（作者简介：钱铮，浙江省L市委组织部常务副部长；马卫军，浙江省L市民政局基层政权科科长）。

② 在第五章中我们将会看到，其实竞选者在日常生活中与镇政府的干部是非常熟悉的朋友，彼此之间有着复杂的利益关联。在查处贿选的过程中，这些基层官员大多都会心照不宣地"给个面子"。

缠于行政权力的无为，则显得比较浅层，村庄的社会基础也很重要。让笔者这位外来的调查者非常诧异的是，吴镇的中下阶层对贿选普遍持赞成的态度，一位贫困户甚至说：

> 经济刺激一搞，我们的权利就体现出来了。只有（选举）那一天，我们老百姓才真正做人。痴呆、傻瓜，也是每人一票，也是个人。平时，老板跟我们见面都不打招呼的，那天还要跟你说话，弄点钱，给我们过个年。

而笔者调查时的房东，一位处于村庄中层的小作坊主则说：

> 现在这世道，随便哪个当都一样。他们那些老板，斗来斗去，无非是想搞两块地，我们管他是谁当，反正是没机会的。他们斗得凶也好，我们落点钞票花花。

所以，正如帕特南（2001）所说，"制度的实际绩效受到了它们运行于其中的社会背景的制约"。基层行政权力对选举程序的监管和改进之所以收到较好的效果，是因为它受到村庄各个阶层尤其是上层各派系的支持，正是有了这种精英民主式的相互监督，制度的改进才获得了实效。同时，也正是由于村庄上层的积极行动与中下层的欢迎与默认，才会使得对于贿选的规制成为纸面上的空文。没有社会行动者的认可与承接，官方公布的制度是无效的。而在特定的村庄场域内，"非法"的贿选却成了人们共同接受并施行的角逐权力的规则。

但是，关注到了村庄的社会基础，对贿选的认识仍然不够深入。其实，更重要的，是当前提倡富人治村的"意识形态"。贿选之所以在当地有市场，首先是缘于村庄的社会结构和选举的游戏规则。选举的实质是上层的精英以派系为单位角逐权力，但这项角逐的规则却是要获得占人口多数的中下层的选票。如果国家真的动用司法机关进行强力监管，打击贿选，那么富豪竞选者们就没有把握赢下这场竞赛。果真要赢下来，则需要在日常生活中去建立选民对自己的信任。然而，在一个半熟人化甚至是逐渐陌生化的社会中，这需要耗费大量的时间和精力，需要通过很多具体的工作来完成。而这对于忙于生意、时间宝贵，且生活圈已在村庄之外的老板们来说，是不现实的。换句话说，如果真的严厉打击，他们就不会来参加竞选。对于他们来说，选举也是一门生意，贿选只是前期投资。倘若获胜的概率很小而风险太大，这门生意是不会去做的。然而，在当地，村庄要发展，村民要致富，离开了富人村干部这个"领头雁"似乎不大可能，这几乎已经成为上至高层官员，下至普通老百姓的共识。在特定的场域中，这个共识在逻辑上与打击贿选是矛盾的。

越州市工商联的一位退休干部说：

> 钱是事先给的，是良心票，不是贿选，人家拿了好处也可以不选你啊。选举发钱，跟领导平时去慰问是一个道理。钱花多了也犯法？没这回事吧！大面积发跟小范围发是不一样的，帮助困难群众诶！30年干部当完了还住个小房子，怎么当干部？现在人家钱多了来当干部，你还要来打压，哪里有这样的道理？解放都60年了，哪个人平白无故送这么多钱到你家来过？现在有5000块（一家五口人）白白给你，你有什么吃亏？赚了钱的人匀出点来给老百姓用用，这也有错吗？再说了，他买也不是买定的啊，也就是3年嘛。

我不知道这位退休回村的干部的观点有多大的"市场"，但是它至少可以说明，某些官员骨子里对贿选并不反感。他们之所以在公开场合要表示反对，只是因为贿选不合法。吴镇的一位副镇长也有类似的看法，但说的不是那么直白。他的意思是，现在要想办法引导富豪来当村干部，村庄才有希望。至于大家担心的当选以后的贪污受贿问题，可以通过加强制度建设和财务管理来予以克制。

不过，容忍"贿选"只能是基层私底下保持默契的一种"潜规则"（吴思，2009）。在公开层面，行政权力的主体还必须要拿出一些举措来应对外界的质疑。以下几项改进便是如此。

首先，将选举日提前至春节期间。因为如此一来，本来难以界定的贿选与送礼就更难分辨了。这段时间内，农村的风俗人情便是要互相送礼，哪些是中间人的贿选活动，哪些是日常礼仪，让人很难看清。客观上，这可以减少各部门的信访量。而且，一个比较微妙的细节是，这段时间媒体的报道焦点也不会是基层换届。

其次，在涉及对外宣传时，政府各部门发挥协同效应，采取"外松内紧"的方针。一方面，注重新闻报道（准确地说是宣传报道），不能封锁消息。另一方面，是把握舆论的导向性，以正面事迹为主，而少数反面事例作为没有代表性的个案来处理。① 同时，组织部门、民政部门每次也会"选点"，就是选择一些"情况非常稳定"的村，邀请"上级"媒体及外地媒体记者前来参观。被选择的村能够体现富人村干部的带头致富作用，同时村庄政治的运行又稳定有序，没有贿选。② 当然，"选点"与平时的"建点"是联系在一起的，也即各部门集中一些优势的公共产品资源投入到所选村庄中，以便在需要对外报道的时刻产生"真实客观"的效果。

最后，是每年在选举形式上推陈出新，制造一些话题让本地媒体进行宣传，这在传播学中被称为"议程设置"（agenda - setting）（斯蒂芬·李特约翰，2004：340）。例如，《竞职承诺书》《创业承诺书》和《辞职承诺书》在近几届选举中的陆续出台，便是当地宣传部门关注的焦点。这三项承诺书（样本见附录2）相当于一个半强制性的合同，内容由政府拟定，参与竞选的富人在书面文本上签字盖章③，选举期间悬榜公布。这三项承诺书中，《竞职承诺书》的设计初衷是为了规范选举，其内容主要是向公众保证自觉遵守选举中的各项纪律，如果违反，则主动退出竞选或自动宣布当选无效。"创业承诺书"和"辞职承诺书"与前者类似，但目的是为了防止富豪们选上之后"不干事"，选举时的承诺不兑现。④

笔者在塘村抄录的一份《竞职承诺书》中包括以下"自愿遵守"的纪律：

---

① 越州市2011年也查处了两例贿选。其中一例就发生在吴镇附近一个准备进行空心村改造的小村，参与竞选的两个老板当中，一位老板拿出20万元给另外一位，让其退出竞选，结果被对方举报。不过这种例子的确比较极端，因为人赃俱在，证据确凿，相关部门不得不受理。而且很大程度上，送钱的这位老板过于莽撞，他的举动不仅伤了对方的自尊，而且反被对方利用，成为"反客为主"的竞选手段。

② 前文已经做过分析，这种村庄与其特殊的产业结构、经济组织、家族结构、居住模式等因素有关，其内部场域呈现出权力资本与经济资本同构的局面。

③ 其中，《创业承诺书》还要填上任期内将要完成的村务。

④ 之所以出台这样的措施，原因是"不干事"和"不兑现"的现象较为普遍，而这些"承诺书"就是基层政权和参政的富豪在权力的控制与反制的互动过程中被发明出来的。相关内容详见第五章。

竞选期间做到不侮辱、诽谤和攻击他人，不威胁、恫吓其他选民，不作违规和不切实际的承诺。不搞分发钱物、请客送礼等任何形式的拉票贿选行为。不以其他非法或不正当手段妨碍选民行使选举权、被选举权，若发现配偶及其他亲属朋友等有干扰选民意愿的行为，本人及时予以制止。

吴镇的民政指导员告诉笔者，这是"上级部门不得已想出来的办法"，因为政府对一些违规行为的处置缺乏依据，有时还会引起被处罚者的上访。有了这项程序之后，参选者签下"合同"也就意味着自愿履行承诺书中的相关条款。然而，从法理上讲，这样的"合同"属于无效合同，因为即使这些富人在实际竞选过程中没有履行上述条款，他们也无权授权他人剥夺自己的被选举权，只有权力机关经过事实认定后做出的公开判定才具有法律效力。参与村委会竞选并不是与基层政府签订的为期三年的人事合同，而是基层群众在以民主形式进行自我管理。如果一定要讲这样的《竞职承诺书》的现实效果，那就是富豪竞选者们的贿选活动不好意思再"明目张胆"，而只能是悄悄地在夜间进行。毕竟，他们签名的"不再贿选"的承诺已经挂在墙上，再去公开实施，那是"自己扇自己的嘴巴"。

总的来看，行政权力对村委会选举的监管，是让其稳定、有序，但无力控制选举中的越轨行为——贿选，更无法通过"定调子""划框框"，在选举结果中体现组织意图。当"保稳定"成为首要目标时，行政权力只能退而求其次，把选举的性质向自己想要的方向引导。然而，只能是引导、规范，而不是主导、控制。从这个意义上讲，村委会选举，是真正地放开了。选民在选举期间是自由的，每个人都享受了一回权利，"做了一回人"，但是，"选主"并不等于民主，甚至可以说，以"选主"来代替民主乃是民主的蜕变与堕落（王绍光，2008）。遗憾的是，基层权力却将着力点放置于前者，并无意中用标语、口号的形式表现出来，一如吴镇街道上悬挂的横幅："保障选民权利，推进选举民主。"

二　农村基层党建：新党员的富人化

（一）农村基层党建模式——一个演变脉络的梳理

也许是因为与"自由/民主"的普世价值有所殊异，有关基层党建的纯学术作品尤其是实证研究数量极少。但是，按照官方的制度设置，党支部是农村各项工作和各种组织的领导核心，无论在政策文本中还是在实践状态中，党员都比普通村民对于村庄公共事务有着更大的发言权。所以，要研究新时期农村的权力实践，基层党建是一个无法回避的议题。①

"基层党建"是"中国共产党基层组织建设"的简称，尽管在话语表述中千头万绪，但具体操作起来可以归结为四个部分。①发展新党员："加强党员队伍建设"；②挑选基层党组织书记："加强基层党组织领导班子建设"；③延伸党在基层社会的组织网络："建立健全党的基层组织，扩大党的工作覆盖面"；④过组织生活，实现基层党组织的政治整合："学习和贯彻上级党组织的决议、决定和指示"。

中国共产党自1921年成立以来就非常重视自身的基层组织建设。通过"政党下乡"，共产党推动了乡村权力向国家集中和国家权力向乡村的延伸，在较短的时间内对传统农业社会中分散与分割的乡村进行了强有力的整合，从而实现了对乡村社会的控制监管。但是，按照正统的马列主义理论，共产党是工人阶级的先锋队，农民并不具备高度的革命觉悟。促使共产党将组织架构向乡村延伸的原因是其在具体历史环境中的武装革命路径，也就是说，"政党"之所以要下乡动员农民，一开始并不是革命理论的意识形态使然，而是暴力革命中获取人力资源与军事补给的现实需要。毛泽东对马列主义的改造也是基于长期的武装斗争中对革命发展战略的反思与总结，不过，恰恰是这一点造就了中国共产党与世界上绝大多数执政党（包括苏共）的区别。

在1945年党的七大上，刘少奇曾经指出："党的基层组织，按照生产单位、工作单位来建立，这是我们党的一个组织原则。这个原则，使我们党的组织基础放在社会组织的细胞中。"② 新中国成立后，随着农村土改与社会主义改造的全面铺开，中国共产党以阶级动员的方式在全国范围内

---

① 目前农村社会学领域涉及基层党建的研究散见于村两委关系的抽象讨论中，而一些政策研究者则醉心于设计出应然状态下的两委分工的合理方案。笔者也曾做过这样的尝试，但后来发现，中国农村区域差别之大，影响变量之多，变化之迅速，远远超乎想象，脱离具体的村庄语境去研究这个问题很难得出深入的结论。更为重要的是，当我们对实然状态下的基层党建工作缺乏足够的认知，而只能用组织部门的工作汇报来加以代替时，我们生产出的学术作品将陷入意识形态的话语中无法脱离出来。

② 《中国共产党党章汇编》，人民出版社1979年版。

建立起党小组,以执政党的整合代替了传统的家族和宗族的整合。"同苏联一样,社会被改造成一个个单位,执政党控制了单位就控制了社会。在长期基层党建的实践中,以单位为载体,以政党为本位,以传达党的文件为主要活动内容的基层党建模式得以形成"(严宏,2011)。

在此处,基层党建的重要特点便是依托于"单位",而在农村,基本的单位是村庄/生产大队,这是刘少奇所讲的"社会组织的细胞",它既是农民进行共同生产的场域,也是共同生活的基本结构单元。费孝通先生(1998)曾以欧洲为参照对象论述中国农业社会的基本特点,他写道:"每家所耕的面积小,所谓小农经营,所以聚在一起,住宅和农场不会距离得过分远……"这反映出中国农村的一个基本属性:生产地点与生活地点的同一。因此,依托于村庄这个"细胞"来展开基层党建,一个极其重要的特征便是党员的组织关系实行"属地管理",也即将党员的组织关系根据行政区划来进行编排,以居住地的行政边界为单位过组织生活。[①]

与属地管理相对应的是"垂直管理",即以生产/工作单位为边界开展党建工作,党员的组织关系由上级单位统一管理。这种模式集中于城市的机关、事业单位、公有制企业,之所以会出现在城市实行垂直管理的党建模式,是因为其生产地点与生活地点是分离的,而在人口密度很大的"生活地点"中,人们彼此之间是"隔墙不见"的陌生人,这使得城市地区的党建工作势必要以"生产地点"为基础而推开,否则党员的组织生活难以开展。更重要的是,这种以公有制、集体所有制的社会主义产权性质为依托的做法,更有助于扩展党员的组织网络。

可以说,强调属地管理的农村党建最初与把基层组织建设成一个武装夺取政权的战斗堡垒的目标分不开。新中国成立后,这一举措延续了下来,并被作为对农村加强直接控制,顺利提取资源以实现国家工业化的战略手段。在党政合一的人民公社时期,村庄作为实行工分制的集体经济单位(类集体企业)而存在,共产党通过实行单位控制的党建工作成就了农村地区高度的政治凝聚力。分田到户以后,由于对主要生产资料——土

[①] 属地管理与户籍管理是两个不同的概念。户籍在村的,党组织关系也可以转到村外,比如入学、参军等情况;而户籍不在村的,党组织关系也可以在村内,比如退休回村居住。所以,属地管理更多的是根据党员某段时间内相对固定的活动空间来进行管理的。

地的控制放松，基层党组织的权力遭到削弱，而随后实行的村民自治，正如柯丹青所言，更大程度是一种"工具主义的策略"（Kelliher，1997：85）：一些政策设计者将村民选举构思成解决粮食征购、提留统筹、计划生育等难题的灵丹妙药，甚至还将它定位为一种备选的外交策略。作为对政党控制的弥补，村支委"发挥领导核心作用，支持和保障村民开展自治活动"的条款被写入《村民委员会组织法》。

20世纪90年代中后期，农村基层党建工作面临两个大的变化：一是农村集体企业的股份制改造，也即所谓"苏南模式的解体"，它所引起的一个重大变化是村庄的"去单位化"（毛丹，2000）；二是发达地区农村私营企业的大规模兴起，在笔者所调查的浙中农村，私营经济占到地方GDP的近90%。这些变化意味着人们在进入自由市场的同时，也摆脱了对于村庄这一行政单位的组织性依附。经济的发展伴随着农民流动性的增强，农民中精英分子的"生活地点"与"生产地点"发生了明显的分离。当大批的农民精英进入非公有制企业的时候，实行属地管理的农村党建模式产生了不适应性：一方面，村党支部能够进行常规政治整合的群体只有长期生活在村内的普通群众，另一方面，农村基层党委又难以照搬城市基层党建中的垂直管理模式，依托行政权力将网络延伸进企业之中。毕竟，这些企业是私营企业，基层党委难以直接进入以施加政治影响力。私营企业的当然领导和决策人是私营企业主，老板们主观上并不愿意上级党委在企业内建立支部，更不用说在资金上、时间上、活动场所上予以支持。如果要让这些私营企业主主动接受"支部进企"（高洪波、邱观建，2011），除了要在土地、税收、贷款等方面给予适当优惠之外，还有一个重要的前提，那就是允许企业的党支部书记是老板自己。不过，这在当时的政治语境中是比较敏感的[①]，尽管事实上一些个体老板和私营企业主已经通过各种途径加入了党组织。

从宏观政治的层面着眼，随着经济的迅速发展，新的社会阶层特别是私营企业主阶层的出现，中共要巩固执政基础必须改变此前在改革初期对待私营业主的政治态度，而改变的现实路径有两条："一是政治统一战

[①] 中共中央于1989年8月28日发出了《关于加强党的建设的通知》，指出："私营企业主同工人之间实际上存在剥削与被剥削的关系，不能吸收私营企业主入党。"参见中共中央文献研究室《新时期党的建设文献选编》，第442页。

线，把私营业主等新社会阶层整合到统战中来。二是党本身的拓展，把新阶层的优秀分子吸纳到党内。"（李勇华，2003）事实证明，仅仅从统战角度进行政治整合是远远不够的，还必须通过政党本身的整合来强化政治整合。因此，加强非公企业党建是保障既有政治秩序的必然举措。

2000年，"三个代表"重要思想提出以后，中共中央组织部颁发了《关于在个体和私营经济等非公有制经济组织中加强党的建设工作的意见（试行）》，其第三条指出："凡是有正式党员3名以上的非公有制经济组织，都应当建立党的基层组织。党员人数在3名以上、50名以下的，应建立党支部；党员人数不足3名的，可就近与其他组织中的党员建立联合党支部……要以有利于党组织开展活动、有利于促进企业发展为原则，明确非公有制经济组织中党组织的隶属关系。非公有制经济组织中的党组织一般由所在地的村、乡镇、城市街道（社区）党组织领导，企业规模较大、党员人数较多的，也可直接由所在地（市）、县（市、区）党委领导。"[①] 由此，非公企业党建作为执政党的一项专项政治运动在全国展开了，它将松散的农民精英尤其是私营企业主纳入党的基层组织网络中，成为新时期执政党在农村扩大阶级基础和群众基础的重大课题。

以下，笔者将从村级党建和非公企业党建两个方面描述吴镇近年来农村基层党建工作的实践状态。

（二）吴镇的农村基层党建

1. 村级党建

（1）党员构成分析——塘村案例

发展新党员是基层党建工作中最主体的部分。为了厘清村党支部发展党员的规律和特点，有必要对当前党员的年龄结构做细致的分析，不同年龄/党龄的党员构成是村级党建历史积累的结果，也是村庄权力格局的另一个侧面的反映。不过，在展示这一结构之前，有必要对"入党类型"做出区分，因为我们分析的对象是在村庄场域内部"发展新党员"这一带有动作意涵的事务，只有将在其他地点加入党组织然后又把组织关系转入村内的情况离析出来，才能看清村级党建的基本属性。在表3—3中，

[①] 全文可参见中国共产党新闻网（http://cpc.people.com.cn/GB/64162/71380/71382/71383/4844924.html）。

笔者以塘村为例列出了党员的入党类型与年龄结构。之所以选择塘村，除了调查方便的考虑之外，更多的是因为这个村的党员人数最多，能够容纳足够多的类型。①

表3—3　　　　　　　　　　塘村的党员构成

人数	入党类型 年龄梯度（岁）	A 本村入党	B 部队入党	C 退休回村	D 村外转回	合计	比例（%）
年龄梯度（岁）	21—30	0	4	0	8	12	15
	31—40	0	2	0	2	4	5
	41—50	5	4	0	4	13	16.2
	51—60	10	5	0	4	19	23.8
	61—70	7	2	2	0	11	13.8
	71—80	7	0	9	0	16	20
	81—90	2	0	3	0	5	6.2
合计		31	17	14	18	80	100
比例（%）		38.8	21.2	17.5	22.5	100	—

注：1. 本表列入的是党组织关系在村，因而在村党支部享有选举权的党员人数。户口在村但党组织关系不在村的未计入。

2. 类型A是指在村内入党的党员。类型B指参军时入党的党员，在村内成为预备党员入伍后转正不计入B，而是当作类型A处理。类型C为在村外工作时入党，退休回村居住时党组织关系转回，但这些党员的户口并不在村内。类型D指工作、日常居住地不在村内，但党组织关系和户口在村的党员，以大学毕业生为主。

3. 表格中没有反映出来的信息是，有3名村内入党且户籍在村的党员将组织关系转到了村外的私营企业中，这3人的年龄都在50—70岁。

在表3—3中我们可以看到，塘村只有约40%的党员是在村内入党。20%的党员是参军时在部队入党，退伍后组织关系自动转回。② 除此之

---

① 笔者只在塘村、坞村和塔村做了这样的统计。为了不使行文过于繁复，未将另两村的情况列出。综合来看，由于利益因素的诱导，镇郊村中类型C与类型D合起来所占的比例略高，而其他方面的特征则基本相同。

② 如果不存在后面的两种类型，塘村党员中参军入党的比例为35.4%，这一比例（在整个村级党员队伍中占30%左右）与笔者此前在中西部一些农业型村庄中调查的经验基本吻合。另外，在部队入党的类型中各年龄段的分布最为平均，这在一定程度上反映出士兵在部队入党的概率较为稳定。

外，还有40%的党员（类型C与类型D）是在村外入党后又特意将党组织关系转回的。其中，一些以前在公有制企业上班的工人退休后户口并不在本村，他们中的大部分人是吴镇的集体户，因年龄偏大需要子女照顾而住在村里。由于行动不便，他们平时并不参与党组织生活，但选举投票时同样享有平等的权利。村外转回的18名党员中，年龄在30岁以下的8人全部是在学校入的党，工作后户口与党组织关系转回村内，其他10人当中有5人是在政府机关或事业单位当聘用制职工时入的党，另5人是在外地开厂的富人及其家属，他们的企业停办以后将组织关系转回村里。类型C与类型D的这种特意将组织关系转回村内的情况可能只在发达地区的农村才会出现，其产生原因将在后文中涉及。

从年龄梯度上看，40岁以下的年轻党员全部是在村外入的党，这一方面固然与年轻人不在村内生活有关，另一方面也和村党支部的倾向有关，或者更往深里说，村支书不倾向于发展年轻党员，尤其是年龄在40岁左右的，因为按照干部队伍年轻化的原则，他们对支书职位的挑战性最大。全村党员队伍的老龄化是非常明显的，党员的主体分布在50—70岁的年龄段（占37.5%），倘若剔除从村外转回组织关系的情况，这一特征将更为显性化（占50%）。

在前述入党类型区分的基础上，如果抛开后面三种类型，只研究类型A中村内入党的情况，那么村党支部发展党员的规律就可以得到充分体现。在表3—4中，笔者将塘村党建工作的历史分为3个时段：1950—1979年的30年、1980—1995年的16年以及1996—2011年的16年。之所以区分这三个时段，有以下几点考虑：首先，塘村目前在世的党员中没有新中国成立前入党的；其次，"前三十年"中发展新党员的特征非常一致；第三，"后三十年"当中以1996年为界限倒不是因为村委会实行海选，这对农村党建工作的影响并不大。笔者这样选择只是因为自己在吴镇的质性调查中可以明显感受到从90年代中后期开始各村党支部发展的新党员逐渐向村庄的上层集中，选择以1996年这个中间点为界可以将此特征反映出来。

表 3—4　　　　　　塘村本地入党的不同时段与阶层分布

入党时段 数量	1950— 1979 年	入党时段 数量	1980— 1995 年	入党时段 数量	1996— 2011 年
"富农"	0	上层	2	上层	1（9）
				中上层	6
"中农"	3	中层	5	中层	0
"贫农"	14	下层	3	中下/下层	0
合计	17	合计	10	合计	7（16）

注：1. 1950—1979 年在村内入党的实际党员人数有 28 人，表中统计是目前仍然在世的数量。

2. 村内入党的党员总数为 34 人，这是因为加入了在村内入党后又在近年将组织关系转走的 3 人。

3. 第六列上层一栏的数字 1 表示该层村内入党人数为 1 人，括号内的 9 表示有 9 人在村外的企业支部入党。

如表 3—4 所示，"前三十年"当中发展的新党员以"贫农"为绝对主体。笔者之所以将这一列的阶层属性打上引号，是因为在访谈时发现，老年村民们所讲的"富农""中农"等称谓并不是村庄经济意义上的分层，而是当年土改时划出的"阶级成分"。换句话说，当时人们对"分层"的感受更多的是一种政治上的标签，而不是经济上的差距。"大集体的时候各家都差不多，孩子多，又没长大，日子就过得差点"，这是村民们对那个年代的经济差距的认知。"贫农"的政治标签之所以重要，与那个年代发展党员的机制有莫大的关系。这 30 年中发展的党员人数实际上有 28 人，但有 11 人已经去世。平均起来看，大约每年发展一名新党员，但实际情况是，当时发展党员是"成批次"的：每次从上至下发起一场"运动"时，都要发展若干名积极分子作为预备党员，在运动进入尾声或结束后转正。这既可以理解为一种预先动员，也可以理解为组织上对他们积极参与的奖励。笔者在统计这部分数字时发现，"土改"和"四清"运动中发展的新党员最多，其他的运动还有"炼钢（大跃进）""反右""社教""批林批孔"等。至于为什么每次"搞运动"时倾向于发展"贫农"为党员，这与当时发展党员要"根正苗红"的指导思想有很大的关系。一名老党员回忆说：

集体的时候入党很容易的，不像现在这么难。（那时）只要写个申请，政治清白就可以，没有硬性指标。但是呢，平时正常时候不吸收党员，都是每次搞运动的时候，工作组来了，突击发展一批。（可是）你知道吗，我（那时）入团都费了好大的劲儿，（因为）我外公是地主，其实也就十几亩地，结果被打倒了，每次批斗我们也跟着受拖累。怎么办呢？（我）只好每次搞运动的时候表现积极一些咯，要不然在别人面前永远抬不起头来。

这种强调阶级属性的党建原则到了改革开放以后有了彻底改观。反映在表3—4的数字中，就是村内各阶层所发展的新党员较为平均，人数最多的中间层对应的数字也最大。另外，在时间上，以往因政治运动而突击发展的模式有所改变，每届党支部（3年一届）发展2个新党员成为惯例。这个时间段内发展新党员的指导思想主要突出两个因素：一是知识，二是年龄。一些"脑袋瓜子好用""读了书又没考走"的年轻人成为基层党组织物色的"好苗子"。塘村现任的村支书包根福就是那时被老支书培养起来的，他当时家境贫困，高中没有念完便回家务农，村里把他吸收进来当会计，然后发展为预备党员。这个时段内一些经商致富的年轻人也"积极向党组织靠拢"。塘村现在的一位支委委员汪青林是初中文化水平，他的祖父家庭成分不好，但他自学成才，"买几本书翻翻就学会了修理电器"，在镇上开设一家门市部，率先致富。在递交入党申请之后，镇党委专门把他作为一个正面典型树立起来。总的来看，这个时期的新党员主要是被基层党政权力作为储备干部而着意培养的，有知识、有潜质是首要的考虑因素，决定将某村民发展为党员几乎等于是给该村民提供了一条向上流动的路径，"让党员成为精英"是当时的农村基层党建在实践中的主导思想。

然而，时代的变化非常迅速。到了20世纪90年代中后期，随着建立社会主义市场经济体制的改革方向得以确立，浙中地区的经济获得了长足发展，农村的阶层分化也随之加剧。这个时候，农村基层党建中发展新党员的工作开始面临一个尴尬的局面：成了党员不一定是精英，而精英却有很多都不是党员。出现这个局面的原因，从字面上看，是"精英"一词的内涵在人们的头脑中发生了变化——"致富"在精英的诸种属性中被提高到了前所未有的高度。塘村支委委员吴志华十分露骨地说：

什么人更先进？你说怎么说？没解放的时候是看谁对革命更忠心，大集体的时候看谁政治觉悟高，看谁没私心，愿意给大家做事。现在这个时候，你凭什么说你先进？你说你有雷锋精神，你要为人民服务，人家还不笑死？没笑死也要恶心好几天啊。现在就是看谁有钱！有钱就有能力，会赚钱就是脑袋瓜子灵光！其他东西不好衡量的。你说你思想先进，我怎么知道你每天在想些什么？自己家的屋檐伸手都摸得到，还要带领群众致富，这不是见鬼吗？

不仅是普通群众对"什么是精英"这个问题的看法发生了质的改变，连上级党委的各种文件精神以及"原则上"的做法也都在党建工作中强调共产党员的致富能力，"既能自己带头致富，又能带领群众致富"的双带方针成为农村基层党组织发展新党员时的主要考虑因素。不仅如此，农村各级党组织在以学习实践"三个代表"重要思想为主题的先进性教育、"创先争优"等活动中也都将培养"双带"型党员、选拔"双强"（政治素质强、发展能力强）型干部作为重要抓手，相关的正面典型、评比活动与宣传报道共同形成了压倒性的氛围。

然而，现实状况不可能因党建思路的变化而变化，农村党员不可能因为党组织强调致富能力而自动富起来。不过，有一个办法能够有效地舒缓这个矛盾：与其把党员培养成致富精英，不如让已富的精英成为党员。在笔者所调查的浙中吴镇，这种操作手段已经成为基层党组织的共识。

具体到塘村的情况，我们可以从表3—4中看出，1996年以后该村发展的7名新党员全部属于村庄的中上层以上。有趣的是，这7人当中只有1人处于上层。经过深入了解，该村上层家庭的户主大约有1/3的人是党员，而且大部分人入党的时间也集中在1996年之后，但是这些私营企业主并不是在村内入的党，且入党后组织关系放在了企业中，并未转回村里。① 至于他们为什么不在村内入党，原因很简单，因为他们更情愿在自己的企业中加入，而不是在村里"看别人的脸色"。更何况，村支书也绝不会在村内主动提名这些富豪作预备党员，因为那无异于"自掘坟墓"。塘村仅有的一名在村内发展为党员的富人是权力斗争的产物。

---

① 详见后文的"非公企业党建"部分。

表 3—5　　　　塘村 1996 年以来发展新党员人数的年度分布

村支书	吴中群		吴盛广		包根福
任期	1996—1998 年	1999—2001 年	2002—2004 年	2005—2007 年	2008—2010 年
新党员人数	2	3	1	0	1

从表 3—5 提供的信息可以看出，2002 年以后新发展党员的人数很少，远低于此前的正常水平。但值得补充的细节是，在 2000 年前任支书吴中群因年龄偏大被管理片的镇干部劝退之前，发展了 3 名与其关系很好的村民，其中包括自己的侄儿——一位开箱包厂的富人为党员，并打算通过自己的运作让其选为支书。但是他没有料到 2001 年年末越州市在村党组织换届选举中采取了"两推一选"的新方案①，结果他的侄儿因长期在外办厂，村民对其熟悉程度不够，在"两推"过程中因得票率较低而未能列为正式候选人。而前任支委委员——为人圆滑但能力不强的吴盛广——因人缘颇好而意外当选为村支书。到了 2007 年年末换届前夕，时年 46 岁的包根福联合其他党员就吴盛广签字将一处集体荒坡地卖给坞村的砖瓦厂取土的事情在党支部大会上对其公开发难，从而为自己的当选奠定了基础。

（2）村支书职位的争夺

尽管《村民委员会组织法》和《中国共产党农村基层组织工作条例》规定了村党支部在村级组织中的领导核心作用，但这只是政治层面的原则，相关制度并未明晰规定村支书与村主任之间的关系，这使得在全国农村范围内不同类型的村庄展现出不同的村两委关系。不过，具体到吴镇各村，村支书与村主任的关系却被村民形象地称为"小老板与大老板"的关系，也就是说，村主任是一把手，村支书相对而言处于从属地位。这其中的原因有几个方面：一是老百姓认为村支书是少数几个党员选出来的，

---

① 吴镇在村党支部换届时采取"两推一选"的具体做法是，在村民（或村民代表）推荐和党员推荐的基础上确定候选人，然后进行党内选举，产生支部委员和书记。2004 年进一步深化"两推一选"，推行"两票制"方式，先由户代表按 1∶2 的比例投票推荐委员初步人选，再由镇（街）党委根据推荐情况和任职条件进行考察，确定正式候选人，然后召开支部党员大会选举产生新一届支部委员会，最后由镇（街）党委提名书记人选，在支部委员中选举产生支部书记。与此同时，发展新党员时也开始采用"两推一选"的方案。

群众基础没有村主任广;二是主要的权力尤其是涉及征地事务时,相关法律规定只有全体村民选出的村主任才有权签署合同;① 三是获得支书职位"见效太慢",先要入党,而且还要有任职经验,否则即使被推选为候选人也难以通过镇党委的审核,选上之后还要受上级限制,"让你退就得退"。一些有足够资金实力的富豪觉得太过麻烦,不如参加村主任竞选那么直接、高效;四是基层党组织在普通村民眼中的权威也在逐渐下降。塘村一位老党员抱怨说:

> 现在的支部书记都不争气啊,村里党员一年到头不开会,不学习,没有组织生活。三个代表、先进性教育、创优争先,这些个活动,材料啊笔记本啊直接发给你,人都不用去。评审活动效果的时候,统一发资料,还不要党员自己抄呢,支书直接找人替你抄。自己都看不起党组织,还指望群众看重你?带头为人民服务,一风吹了!现在的共产党员,纯粹是个名誉,他们关系好,名额给他们(指村里的富人)的,弄钱就搞进来了。大家心里都有数,也不见得(党员)有多么了不得。

但是,当笔者把类似的意思转达给塘村村支书包根福时,他却觉得自己很委屈:

> 现在工作不好做的。开会,你以为很简单?不来还可以扣他工分?不是为了征地和选举的事,谁有时间过来开会?给务工补贴他们都不来的。老同志当然喜欢开会,他们没事干,又喜欢发牢骚。再说了,现在会也不好开,一开就要闹架的,我又不能拍板,(只会)弄得大家不和谐,何必呢?

笔者在塘村调查时,觉得这位支书平时说话少,看起来性格很温和。

---

① 对于当地的村两委关系,塘村老支书吴子林说:"整个社会的气候是这样,行政,是直接干事的,他要承担责任的。书记,只管党员,无形之中是村长当家。村长是法人代表,村跟村,村跟企业打起官司,尤其是土地纠纷,起诉的时候,村长要出庭的,民事诉讼书上面原告、被告写的都是村长的名字。"

但是两个月后笔者再到吴镇其他村调查时,居然发现大多数的村支书都有这种特点,这与笔者此前在其他地区的农村调查时支书作为"一把手"出现时的高大威猛形象迥然相异。对此,吴镇的组织委员陈妍评论道:

> 书记这个位置啊,就是个缓冲的地方,几个派性在那里斗,要是没个中庸的人当转桶,很多事情没法干,性格太直、脾气太烈当不了书记的。①

不过,这并不意味着支书的位置竞争就不激烈。尽管不掌握最重要的权力,但同样可以参与村庄重大公共事务的决策。而且,基于权力掌控的需要②,上级党委政府也在考虑做局部的调整。包根福说:

> 我管的是计划生育、征兵这些不痛不痒的事,其他事情都归村长管。征地的时候,村长是法人代表,我签字没用。批房基也是村长。不过听说以后上面会要求批房基的权力转到书记这里来,再一个,经联社的社长也要书记来当,越城街道上一届就开始实行了。③

类似的"利好消息"还包括一个重大的变化,那就是 20 世纪 90 年代末期以后,村里递交申请书、积极要求入党的富人越来越多,而在决定是否将其列为考察对象,是否成为入党积极分子,甚至是否转正等若干环

---

① 陈妍是就整体情况而言的,在吴镇的 7 个村里面也有例外。比如坞村的支书罗德广就比较强硬,这也直接导致了新选上的村主任何俊峰与之不和,2011 年春节刚过,村两委第一次开会时两批人就吵了起来,差点动手打架。争吵的原因是关于村里征地后的留用地(性质为国有土地)如何处置的问题,双方争执不下,一方认为应该建房出售,所得资金用于将来的村庄改造,一方认为应该长期出租,不能一次卖断。

② 这主要是因为富人当选村主任之后对基层的政务(不是村务)不感兴趣,尤其在面对一些检查评比活动时态度消极。同时,也是出于对村主任"一权独大"的局面的担忧,基层党政部门有意加强支书的权力从而加以制衡。

③ 包根福所说的这种村庄权力往书记转移的现象,是基层政府试图对村级组织加强控制的举措之一(其他举措见第五章第二节的乡村关系部分)。分管吴镇片区的镇干部说:"权力给书记的,无非就是政府办事方便。征地的时候,书记不同意,可以换掉,村长你换不掉的,要三分之二的人投票罢免,不可能的。"

节，支书都是最为关键的人物。这使得所有年龄适中的党员都希望自己能够坐上支书的位置。而此时，为了"保障群众选择权和知情权，解决党在农村执政合法性问题，增加党内选举的透明度，保证党员的民主权利，激活党员政治参与热情"①，越州市开始在农村村级党组织换届中实行"两推一选"的新举措，这项管理创新在使支书人选的决定权由镇党委完全控制转变为部分控制的同时，也使得此前相对平稳的村支书选举变得激烈起来，贿选的情况也随之出现。

村支委换届时的贿选不像村委会换届那样在时间和区位上具有明显的规律，由于直选的环节局限于党支部这个相对小得多的范围内，竞选活动不需要像村主任候选人那样发动整个派系力量大张旗鼓地拉票，而只需要凭借私人关系在全村党员的小圈子内悄悄进行。这个时候，家族的因素凸显出来，而其他变量则退居次位。

在总人口最少、党员只有7名的埌村，支书的争夺非常平淡，因为依靠其家族内部的党员数量优势上台的前任支书依然可以掌握优势。同时，为了这种优势能继续保持下去，他绝不会轻易发展新党员，除非递交申请书的是其家族内部成员，这种潜在的"被夺权"的担心被大家称之为"教会了徒弟，饿死了师傅"②。

在总人口数更多，党员人数也随之增加的村庄（如岭村和田村，党员人数都是20多人），家族的绝对控制力减弱，但同一个家族的党员可以在党支部以内通过扩展亲近关系而形成牢固的同盟，比如一个大家族有6个党员，只要这6个人每人在党员当中结交一个"关系很铁""称兄道弟"的朋友，就可以在支部选举中获得强大的优势。当然，要在党员内部形成这样一个牢固的圈子，日常生活中各种"造亏欠"式的感情投资是必不可少的。

最早开始出现贿选的是坞村，这个村的特点在于姓氏相当分散，罗姓与何姓人数最多，合起来要占到全村总人口的60%以上，在这两个姓氏之外还有众多的小姓。2004年年末的支委换届选举中，这两个大姓各有

---

① 引自越州市委组织部调查报告《改革和完善"两推一选"制度，提高农村基层党组织执政能力》，全文参见附录3。

② 这个村的支书长期选不下去，因为7个党员中除了自己之外还有他的岳父、表哥和姨父。

一个党员站出来竞选村支书。① 前面的户主代表和党员推荐环节两人顺利过关，到了党员直选环节，双方为了争夺小姓的中间票各花了20多万。同时，"外姓人都拿了钱，本家也要意思一下"，只是得钱没有中间票多。坞村村民开玩笑说，"大姓跟大姓干起来，小姓赚大钱"。

而在党员人数最多的塘村，家族的重要性不再明显。包根福作为村中小姓能够当选，就与吴姓这个大姓内部的分裂不无关系。用该村一位吴姓党员的话来说，"姓族大了就容易散，大家都一个姓，谁也不看重"。这个时候，党内派系的日常经营与选举时的"公关"就变得重要起来。在2011年年初的支委换届选举中出局的前支委成员吴晓江向笔者讲述了这次选举的过程，他从1994年开始一直担任支委委员，在村里人缘很广，但这次却"意外"落败：

> 一开始是700多个户主推，一户一票。这个我在村里发点香烟随便讲一下，就是360多票，"啊，明天要投票了，大家帮我民主一下啊"。到了党员推的时候，80个党员，77个当场，其他几个年纪太大了没来。每人填4个名字，名字排前4的是正式候选人，第二轮再选出3个支委成员，1个差额淘汰出局。镇里再从3个里面定一个当支书，前任优先，不过年龄有限制。第一轮推候选人的时候我56票，汪青林51票，吴志华47票，包根福46票，其他票数太少没有推上来。我心想，都排第一了肯定没什么问题，再怎么投第三总有吧。
>
> 元月2号那天正式选举。从29号开始他们就开始活动了，一个党员2000，发！人情很少了，看钱的。31号半夜里，一个跟我平时关系很好的老党员打来电话说，"你赶紧动啊，再不动这次就选不上了"。第二天一早我要去取钱，我老婆说，都到这个节骨眼上了，你动也迟啦。我想想也有道理，头脑一发热好几万花出去，三年的工资都白领了。
>
> 啊哈，果然，复选结果出来，包书记，52票，吴志华48票，汪

---

① 罗姓的候选人是前任支书罗德广，他经营着一家砖瓦厂（改制时买断），希望连任以继续维持此前的交际圈子，方便厂里取土、销售、运输等；而何姓的候选人是位年轻党员，刚退伍不久，他的父亲在家开厂。

青林41票，我只有38票，刚好倒过来！我真是没想到啊，现在的党员都这样，你没给钱的，你名字下面他什么也不划，反正这样也是有效票。后来我私下里一打听，书记花了15万（元），另外两个，一个10万（元），一个8万（元）。嘿，这年头，选书记用点钱也就算了，现在连选支委也要钞票！

（3）党员身份的货币化

如果将村支委与村委会选举进行对比，我们可以看出以下几个特点。首先，它总体上没有村委会换届那样激烈，尽管多了群众/户主代表推选这个程序，但决定性的环节仍然是最后的党员直选。其次，支书竞选的总开销不如村主任那样庞大，但单个党员的收益却高于村民。具体村庄的竞选激烈程度与村庄规模、家族力量的对比有莫大的关系，但是，在村庄规模较大，党员人数众多的村庄，竞选者的经济实力、是否愿意投入是成功的关键，其他的影响因素还有其年龄、经营关系的能力、家族大小等。不过，在这些因素背后还潜藏着一个重要变量，那就是村支书可以支配的资源总量的多少。再次，竞选支书成功的或然性更大，因为按照规则设置，票数领先并不一定当选（但要位于前三），成功与否还要取决于竞选者与上级党委的关系，而且当选以后也要受其约束。这也使得各村冒尖的富人不愿竞选支书一职，他们宁愿在自己的企业里当书记，在村里竞选村主任。如果他们已经是党员，而且企业就在自己村里（比如坞村的情况），那么他们会去竞选支书的位置，并且选上之后不会再去竞选村主任，因为后者的花费更大。

伴随着支委换届的激烈化，党员身份也越来越有价值。我在吴镇调查时听说附近的越城街道某城郊村的村支书竞选时的花费居然达200多万，可见该村的党员尤其是"中间票"在选举中的收益会达到何种程度。从这里我们也可以理解，为什么近年来吴镇包括越州市有那么多退休的老党员以及在村外的企事业单位工作的年轻人将组织关系转回村里。同时，我们也可以从另一个侧面去理解，为什么这些支书大都处事圆滑，貌似"和事佬"，因为党员的数量非常有限，其手中的选票十分重要，而上级在基层推行的民主程序又越来越是"来真的"，因此，他们不敢轻易得罪任何一个党员，因为那样做要么等于换届时丢掉选票，要么意味着选举前付出更大的支出。于是，"和谐"这一特定的政治词汇成了他们日常的口头禅。反过来，由于党员手中的选票越来越值钱，民主"程序"的操作者也必须"来真的"，否则，每一个细节的违规都会损害全村党员的利益，那将激起众人强烈的反弹。

已经当选的支书为了减少日后的开销，同时也是为了稳固自己的势力，会有意地不发展新党员，尤其是年轻党员。塘村前任管组织的支委委员吴晓江说：

> 现在村里面都不发展年轻人的，上面强制性的指标下来了，（支书）就发展50多岁的，你想当，年纪也过了，而且你入了党肯定也会投我一票，因为我是你的介绍人啊。（这样）竞争对手没有了，自己还多了个支持的人。年轻人发展不得，他们长反骨的，刚发展进来的时候还听你话，投你票，过不了几天就要自立门户，拉自己队伍的⋯⋯总是老面孔，没关系，不会乱啊。有的小村子，房亲观念强的，年轻人更难，竞争激烈起来，双推都过不了。过去是支书提名，下面举手就行，不举手不好意思，当场不给面子，就结怨了。现在好了，改成无记名投票，很民主，我就写不同意，你也不知道。

各村党支部刻意不发展新党员造成党员这一政治身份更加稀缺，另一方面，村民入党的需求又客观存在，这使得入党成了一件不得不用货币来完成的事情。塘村2009年入党的包文第估计，他在入党流程中前前后后的花费超过5万元：

> 我做红糖生意的，摊位上有个党员的牌子挂在那里，生意好做一些。（我）在市场那里也交了申请书，还送了好几条中华（烟）出去，没指标。我们这么大个村，一年发展一个都正常啊，（但是）好多人写了申请也没用，有20多张（申请书）压在那里，这几年都没人写了。我反复跟书记讲，我就是为了有个党员当，人家看得起。我都快50岁了，不会来当干部的⋯⋯书记总是说，还要观察，还要观察。磨了好几次，书记才同意把我列进考察对象。（可是）现在要搞"双推"，每一次都要送礼，至少送三次，一次成入党积极分子，一次转预备（党员），一次转正。没办法，这个叫群众基础。党员加村民代表，80%最低出席，得票50%以上通过，你算算，

至少要送50个人才有把握。唉！这年头，想入党，没钱上不了，有钱也很难。

对于农村支部长期不发展党员的情况，组织部门有所察觉。在越组〔2006〕14号文件《关于切实解决农村多年不发展党员问题的意见》（全文见附录4）中，越州市委组织部提出了以下整改意见（节选）：

    1. 要明确工作重点。……要注重在符合条件的致富能手中培养党员，重点做好在有文化、有一技之长、能带头勤劳致富并带领群众致富的优秀分子中发展党员工作。在比例结构上，要把侧重点放在35岁以下的优秀青年和妇女中，适当控制50岁以上特别是60岁以上的人员入党；35岁以下比例要达到70%以上，妇女党员要达到20%以上，50岁以上不能超过5%。

    2. 要落实工作责任。各镇（街道）党委要把解决多年不发展党员村工作列入党建工作目标，摆上重要议事日程。要健全和落实发展党员工作责任制，党委主要领导是发展党员工作的第一责任人，党委组织委员是具体责任人……要进一步关注3—4年不发展党员和60岁以上占一半以上村的情况。今年工作目标是，通过努力，解决农村10年以上不发展党员问题，力争2年内解决农村5年以上未发展党员问题。

    3. 要拓宽解决渠道。……农村因宗族派性等原因确实无法正常发展党员的，可以通过以下途径解决：参加市委党校村干部大专班学习的，可以通过党校支部培养发展；经商人员可以通过市场或行业协会支部培养发展；办厂和企业务工人员可以通过企业联合支部培养发展。

    4. 要加强督查考核。……要加强巡查监督力度，督查情况实行定期通报制度。各镇（街道）党委要把解决多年不发展党员问题与村两委干部、镇（街道）干部工作目标责任制考核相结合，要充分运用考核机制抓好落实。村支部书记本届任期内不发展党员或未解决5年以上不发展党员问题的，一般不得作为下届支部书记人选。未解决5年以上不发展党员村问题的村党组织和主要负责人，取消年度党内评先资格。

5. 要加大追究力度。近几年来，针对发展党员工作中出现的新情况、新问题，相继出台了一些发展党员工作制度：入党积极分子"群众推优制"，发展对象"预审制"，发展党员"公示制"、"票决制"和"责任追究制"。各基层党组织要认真贯彻执行，对农村基层党组织在发展党员工作中，有意拖延不召开支部党员大会讨论接收预备党员和进行预备党员转正，不执行有关工作制度，采取违纪、违规的方法发展党员的，要严肃查处，追究支部书记及相关责任人的责任……对那些长期不肯做发展党员工作的农村党支部，要采取必要的组织措施加以整顿，对支部书记进行诫勉谈话、限期整改，直至免职。

《关于切实解决农村多年不发展党员问题的意见》出台之后，吴镇按照"网格化管理"的机制，制定了主要领导包片负责，建立固定联系点的落实措施〔详见附录5：（镇委〔2006〕35号）《关于印发〈吴镇解决农村多年不发展党员问题工作责任制〉的通知》〕。① 此外，该通知还规定，通过"拓宽"途径发展的党员，"当工作需要时，其组织关系可以直接转入所在村（居）"。

而从吴镇各村的反应来看，7个村中有6个村"应急"式地发展了一批党员。比如我们可以在表3—5中看到，塘村在2009年"终于"发展了一名新党员——包文第。按照吴镇出台的举措，如果支书包根福在这一年再不发展新党员，那么他在2011年初的换届时将无法连任。也就是说，既然上级规定5年之内必须要发展一名，那么村党支部就在5年中的最后一年发展一人，而不是更多。对于各村村支书而言，如果要保住位置，就既不能违抗上级规定，又不能"引狼入室"而自毁长城，于是，他们的策略便是满足最低要求。从这个意义上讲，新党员包文第之所以能够如愿，"送礼""请喝茶"只是必要条件，如果没有市委组织部的一纸文件，

---

① 这是农村基层政权在应对上级任务时的一种部署，它并非按照科层制中的专业分工原则。王汉生等（2009）将这种工作目标层层分解落实到人的治理方式称之为"目标责任制"，而田先红（2010）在其上访研究中将这种定点定人完成工作目标的方式归纳为"包保责任制"。笔者在此处要补充的是，这种治理方式并不区分从上至下的政治任务与社区自身的公共事务，对于基层政权而言，他们在一定的时间段内只有"中心工作""重点工作"与"常规工作"之分，在"常规工作"之外，临时动员式的"策略主义"（欧阳静，2010）是面对庞杂多变的事务以及数量巨大而又渐趋原子化的农民的现实选择。

他可能还要继续等待下去。最小的村——圹村在这种政治态势下仍然没有发展新党员,最终前任支书被强制撤换。不过,圹村前任支书的行为仍然可以理解,因为对于这个党员人数极少且党内积攒了多年怨气的村来说,发展一名新党员,他的位置在换届时肯定不保。"发展"与"不发展",结局对他而言几乎相同,如果他不发展,也许还有继续连任的可能,毕竟文件上规定是"一般不作为下届支部书记人选考虑"。

吴镇的实施效果如此,其他镇(街)效果如何?笔者没有实地调查,不好评断,但从越州市委组织部〔2009〕14号文件中公布的数据来看,情况仍然不容乐观。该统计表显示,3年及以上未发展任何党员的村有259个,约占全市的33.5%。如果越州市的组织部门把3年以内只发展一个党员的村统计出来,笔者相信这将在全市的行政村中占很高的比例(详见表3—6)。

表3—6　　　　　　越州市多年未发展党员情况统计
（截至2009年12月31日）

镇（街道）	村（居）党组织总数	多年未发展党员村					
		总数	比例	其中		
				10年以上	5—9年	3—4年
A镇	106	48	45.28%	2	22	24
B镇	69	20	28.99%	1	6	13
C镇	76	33	43.42%	1	10	22
D镇	48	12	25.00%	0	0	12
E镇	67	24	35.82%	0	12	12
F镇	66	30	45.45%	0	13	17
G街道	62	23	37.10%	0	8	15
H街道	55	6	10.91%	0	2	4
I街道	43	10	23.26%	0	1	9
J街道	32	3	9.38%	0	3	0
K街道	60	16	26.67%	0	4	12
L街道	43	16	37.21%	0	6	10
M街道	47	18	38.30%	0	4	14
合计	774	259	33.46%	4	91	164

数据来源：越组〔2009〕14号文件附2［全文见附录6《关于建立2009年度解决农村多年未发展党员问题镇（街道）领导联系点制度的通知》］。

2. 吴镇的非公企业党建

按照市委组织部下发的计划指标，2007年全镇可以发展56名党员，2008年则是58名，平均到全镇67个村至少两年可以发展1名，这对于人口较多的大村尤其如此。奇怪的是，各村发展新党员的积极性并不高，平均3—5年才发展1名，但全镇在总量上却每年都完成了任务。同样的情况也适用于整个越州市。从每年年初公布的上一年度"发展党员工作总结"及下一年度"发展党员指令性计划"来看，2008年计划发展1300名党员，实际完成1122名，2009年计划发展1738名，实际完成1594名。在具体的名额分配中，全市774个行政村（居）平均每年拥有1个指标。但实际情况却是，经过各级党委的包片落实，到了2009年仍有近35%的村3年以上没有发展党员，那么，这些指标流向了哪里？

答案是，非公企业党建获得了实质性进展。对于镇党委而言，每年的新党员指标在其下辖的村（居）党组织、非公企业党组织和镇属机关党组织中分配，三者之间的指标额度是一个此消彼长的关系。鉴于镇属各机关党组织每年的计划发展数是一个相对固定的常量（一般是4—6个），所以，逻辑上讲，村级党组织多年不发展党员"节省"下来的指标被非公企业承接了下来。

前文已述，农村党组织关系主要实行属地管理。20世纪90年代中后期以来，吴镇的私营企业呈现迅猛发展之势，2002年，镇党委建立了机关企业联合支部，开始正式吸纳私营企业主入党。随后，又成立了专门的企业联合支部。这意味着本地的私营企业主既可以在户籍所在村入党，也可以在企业联合支部入党。① 在生产地点与生活地点发生分离之后，按照"生活地点"建立党支部的原有党建模式改为按"生活地点"与按"生产地点"并行，脱离了土地束缚的农村精英入党的渠道多了起来。2006年以后，吴镇采取了小企业分片组建联合支部，规模以上企业单独成立支部的模式：

---

① 村中富人还有一种入党途径，叫"过海发展"，即花钱到外地（如江西）找一家企业"挂名"，在企业内转为正式党员之后，再将组织关系转回。

抓好职工80名以上和有正式党员3名以上非公有制企业党组织的组建工作。对职工数在30—79名的非公有制企业，凡是有3名正式党员的，要及时建立党组织；对党员人数不足3名的，采取区域联建、多企联合、行业连锁、挂靠村（居）等方式建立党组织；对于没有党员的企业，要选派党建工作指导员或指定党建工作联络员，落实思想政治工作责任制……实现党的工作尤其是思想政治工作的全覆盖。[①]

以上引用的《吴镇非公有制企业党建工作三年规划》是该镇对越州市市委办相关文件精神的积极响应，其他的镇（街道）也出台了类似的"三年计划"。此文件中值得注意的地方是，职工人数超过30名的非公有制企业，如果党员人数超过3名便可以成立支部，也就是说，具备了发展新党员的资质。上级党委这样处置的目的一方面固然是要扩大党组织的群众基础，吸收企业中的优秀职工，加强党在企业中的政治影响力；另一方面也是由于非公企业数量及职工人数越来越多，而组织部门的工作人员又相对有限，如果要做好这项工作，开始阶段时将少数的小企业主/党员集中在一起直接管理的联合支部显然已无法适应，实行放权和定期培训的间接管理势在必行。

然而，这一模式却在实践中产生了意想不到却又在情理之中的效果。塘村的老支书吴子林说：

> 我们这个地方现在最好入党的是办厂的老板。在本地招3个老党员进去，不用做事，只挂个名字，每个月几百块钞票发你。3个党员就可以成立支部，到镇里去申请名额。要发展党员，首先是发展老板自己，再就是老板家里人、亲戚。等满了3个以后，再把他们辞退，自己家就是一个支部了。

据了解，越州市的非公企业中这种"家族党支部"非常普遍，吴镇近年来产生的这种现象是"引进"了城区传过来的经验。在笔者重点调查的塘村，村里组织关系转出去的3名老党员便是在越城街道的几家私营

---

① 引自《吴镇非公有制企业党建工作三年规划》（镇委〔2006〕41号文件）。

企业中"挂名",他们平时不用去上班,到了上级党委要求开展活动时企业主便会派车来接。而在塘村现任村主任吴东明的企业中,支部书记是其父亲吴历州,另外两名党员则是从附近其他村招人的。目前厂里已经发展的两名新党员是吴东明派系中的富人,且并未在该厂任职,而现在正在培养的对象是吴东明本人。

笔者有幸在塘村找到了一个在越城街道某企业"挂名"的老党员,他有点不好意思地说:

> 这个事情呢,不大好对外面讲的。哪个厂你就不用管了,反正500块一个月,前几年只有两三百块的,后来村里选举赚钱了,大家都不想把关系转走,工资就高起来了。我呢,也是碍不过女儿的面子才去的,(但是)进去4年了也没发展一个,程序都走了,就是没指标下来。老总太实在,跟政府的干部关系不硬。我们村长就不一样,他厂里已经下了两个指标了。但是呢,话说回来,这样也不错,我能多拿点工资。像我们这个岁数,组织关系不去企业,能够干什么,看看门都没人要。

这位老党员觉得自己的处境比较尴尬,既然"拿了人家的钱",当然要"替别人办事",事情没有办成,他有几分愧疚。但是另一方面,他也知道自己如果完成了发展三名新党员的任务,他的这段"职业生涯"也就结束了。从这个意义上讲,不论是私营企业主还是被"招聘"的老党员,在他们那里,入党只是一件没有政治色彩的"事情",而"党员"是需要通过经济上的支出和运作来获得的身份,"价高者得"。整个过程,商人的精明与市场经济的理性况味尽现其中:

> 入党这个事啊,企业里面老板都要进去,要的人就多起来,价钱就高,这跟卖东西是一样的道理。老板肯定是不愿意发展外地人的,好不容易弄一个指标来给他,说不定过几天他就辞职不干了,钱都打了水漂。要发展都是发展自己人,开玩笑,党内是民主集

中（制）诶，开会的时候，要是别人把你老板给民主掉了怎么办？①

为了弄清全镇每年的党员指标有多少分配给了非公企业，笔者曾经到镇政府找到了具体分管党建工作的组织委员陈妍，但是，尽管她性格直爽，却对此事讳莫如深，并明确拒绝了笔者的要求。好在塘村前任支委委员吴晓江主抓组织工作多年，知晓其中奥妙，他说：

> 组织委员现在不大好搞了，要会玩平衡。全镇现在1000多家企业，有七八十个建了支部，平均两年可以发展一个，名额指标上，很积极的。企业那边老板天天来找，村里面上级又要求必须发展，指标怎么给？这里面名堂很多的，人情啊、面子啊（两个手指抢了一下）……名额到底是怎么分的，只有一把手和分管组织的副书记、镇长少数几个人知道，上交的工作报告上是显示不出来的。这个很敏感，你去问，他们肯定说是政府机密，要保护隐私。②

对于吴的判断，笔者非常佩服，因为该组织委员当时的原话即为"这是党内机密，不方便对外人透露"。不过，针对笔者所反映的企业党支部家族化的现象，她解释道：

> 你说的这个问题，客观上是有的。但是企业里面，职工的流动性很大，招工和辞职都很正常，我们不可能去干涉人家的内部管理。只能是在政审的时候，材料送过来，我们严格把关。上面现在已经有规定了，（企业主）直系亲属三代以内、旁系两代以内原则上是不能批准的，除非是特别优秀、群众公认的。

事后笔者查阅相关材料，发现当地组织部门将此类现象概括为"亲

---

① 不过，这位老党员似乎又对此事不以为然，毕竟，他是在"四清"运动时以贫农身份加入的党组织。临别时他发了这样一句感慨："过去是吸引优秀人才入党，提高他们的觉悟，培养奉献精神。现在是吸引老板入党，给他们政策优惠，让他们给村里做事，就是这么个情况。"

② 吴所说的"工作报告上显示不出来"是指各镇可以在上报的数据（如表3—7）中变换统计口径，把在企业发展的本地党员列为村内发展。

属党"问题,且提出了相关的整治措施(详见附录7),但是,其针对重点实际上是村级党建中的家族派系问题,而对非公企业中党组织的家族化缺乏足够的重视。而且,即使如吴镇组织委员所说,镇党委在依据企业党支部呈交的材料进行审核时,对申请者与企业主的血缘关系展开详细的追溯,那也很难杜绝村内同一派系的富人家属互相在对方的企业入党。更何况,相关规定只是原则上的,执行起来还留有余地,在某种意义上,企业主的家族成员都是优秀的,因为鉴定一个陌生人优秀与否首先是看他在人生中取得的成绩——已经拥有的资本(广义),而这正是上层的富人及其家属的优势。

(三)简短的评述

鉴于本节逻辑关系较为复杂,此处结合图3—3作综合解读。

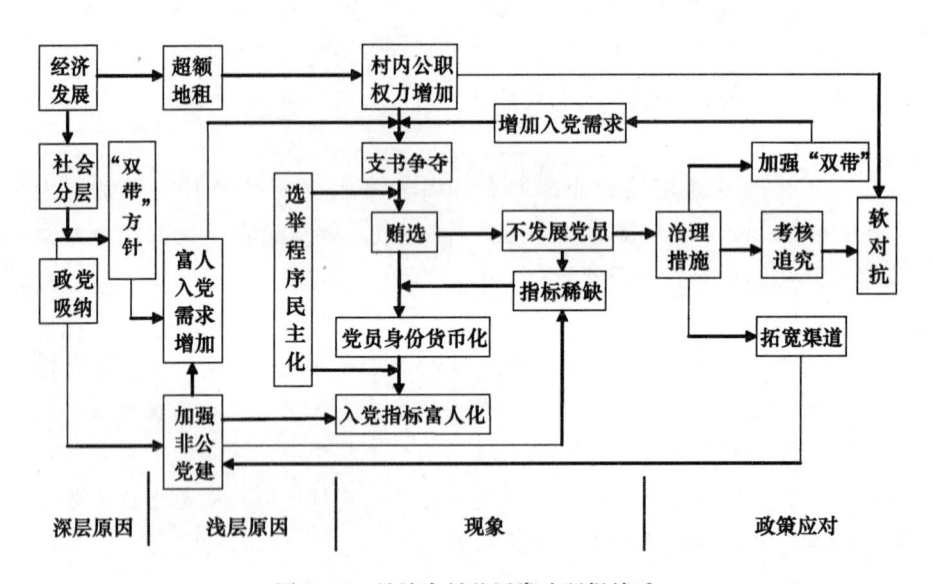

图3—3 吴镇农村基层党建逻辑关系

1990年年末以来,吴镇的农村基层党建工作发生了一些显著变化。变化的初始动因是当地民营经济的飞速发展,在随之而起的社会分层中,积累了一定资本的私营企业主相较于工人、农民成为社会中占有强势地位的群体。国家权力意识到必须对其进行整合,不能放任这个阶层在政治体系之外发展壮大。但是在宏观政治层面,由于意识形态的原因,这一阶层不便为正式权力体系所吸纳，同时，政治协商与统一战线架构内的民主党派在农村也没有基层组织。

而在中国现行国家权力的形成过程中，一个极为重要的特征是先有政党而后有政府，政党在体制外产生，通过暴力取得政权；而不是先有政府，后有政党，再由政党通过竞选获得掌控政府的权力。[①] 这一特征意味着，政党整合较之于其他政治整合方式有着更久远的历史传统，更深厚的社会基础，更强的行动惯性。在一党执政的制度框架下，要完成对新兴阶层而且是强势阶层的政治整合，通过对既有意识形态进行新的阐释进而扩展执政党的阶级基础成为时势所趋。

"三个代表"重要思想提出以后，党的十六大又将"两个先锋队"（中国共产党是中国工人阶级的先锋队，同时也是中国人民和中华民族的先锋队）的表述郑重写入党章。强调党员要"带头致富、带领致富"的"双带方针"成为各地党组织政治思想学习的重要内容，同时，积极吸引先富能人入党、参政，让其主导农村各项工作的"领头雁"工程也在各地展开。"先富带动后富"不再是一种文本式的话语，它已落实为乡村政治与基层党建中的具体政策在各个层面发挥作用。

执政党对私营业主开放参政渠道，并在政治参与机会尤其是新党员的发展指标中对致富精英的优先与侧重还有另一层考虑，那就是通过政党的组织路径加强对非公有制经济的政治影响力，它具体表现为各级党委对非公有制企业党建工作的高度重视与资源让渡，并在具体场域的实践中激发了私营业主阶层的入党需求。这些需求从发生学上可以分为主动与被动两个方面（尽管这两种动机在具体的个人那里是高度混杂的）。所谓主动方面，是指想通过入党和参政发展与基层政府各部门的亲近关系，获得中小企业发展所需的各种政策优惠，这些优惠包括融资（贷款）、税收、土地等各个方面；而在被动方面，其实质是一种反控制策略：既然支部一定要建，那就让自己和家族成员成为企业党支部的主导。不过，无论是主动还是被动，对于基层党委/政府而言，企业主主动要求入党不仅吻合了上级的党建思路，同时也符合本地经济发展的需要，因为这会让其与纳税大户们互动时更为有利。

[①] 可以说，政府在战争时期及新中国成立后相当长一段时间都只是政党组织的一个行政部门。

如图3—3所示，富人入党需求的增加在村内会强化本来就因超额地租的出现而激起的村庄公共职位——村支书的争夺。此时，基层民主话语的影响力越来越大，并且在实践中被当作选举程序的民主而操作。在配置性资源显著分层的情况下，"选主"在村庄中异化为候选人的货币较量，这与村委会选举中的贿选是同一逻辑，只是由于选举范围更小而在影响因素及投资额度上稍有差别。

村支书换届中的贿选使得党员的身份越来越值钱，因为这意味着可以定期得到候选人的贿赂，且不用付出其他代价。另外，选举争夺的激烈化导致各村村支书有意长期不发展党员，村内入党的机会越来越小，这加剧了原本就因入党名额向非公企业转移而愈发稀缺的指标。村内入党指标的稀缺与入党需求的高企同时并存，致使"党员"成为需要在经济上有足够付出才能获得的政治身份，而这对于村庄的中下阶层而言显然是没有必要的支出，但对于生活半径早已出村且需要"身份"名片的致富精英来说，这种小规模支出完全在其可承受范围之内。与此同时，发展新党员的程序也开始采用"民主推选"，这使得入党的过程变成愿意支出的富人向老党员和村民代表们多次"送礼"以构筑私人关系的仪式。

基层权力对于村委会换届中的贿选缺乏实质性的应对能力，而在小范围内进行的支委换届与发展党员时的贿选则更是建立在充分的人际信任与私密关系的基础上，因而治理起来难度更大：不仅受贿者不会举报，连竞选失败的行贿者也不会因气急败坏而举报对方，因为这等于同时也揭穿了自己的贿选行为。在村委会选举中举报者的自我伤害并不大，但在党内贿选中的举报者自己犯的也是严重的政治错误。而在基层权力主体那里，党内贿选的查处更是"吃力不讨好"的事。

组织部门着力加以治理的是"多年不发展党员问题"，同时，这也是"党员老龄化问题"。其治理措施归结起来实际上可以归纳为三条：第一条是通过加强"双带"增加入党需求。这个思路也很正常，既然年轻党员不多，当然应该多发展年轻人入党，同时也要符合"双带"方针，所以"在35岁以下的致富能手中培养党员"成为工作重点。但是，如图3—3所示，这个措施却会继续强化村支书的争夺，从而反过来强化当选者不发展党员的行为。第二条是硬性的考核追究，规定5年内不发展1个党员就"直接下岗"。这是一个发挥了正面效果的措施，但是，其效果却局限于短期之内，长期来看作用依然有限。如前文所述，在村庄中落实的情况便是5年只发展1个，达到最低要求。所以，在没有从源头上找到原因的时候，即使这条措施换成"3年内不发展1个"或者"5年内不发展2个"就地免职，其效果也将大同小异，因为村党支部本身丧失了在优秀青年中物色党员的主动性。第三条是拓宽入党渠道，也即通过其他渠道吸收村民入党，比如村干部大专班、市场或行业协会、企业（联合）支部。但是，前者要求首先须是村干部，而经济实力普通的村民是很难选上村干部的；后两者如果村民自己不是老板（或其家族成员），也将没有机会。因此，这些措施的效果实际上是强化了非公党建，增加了富人入党的概率。

总体来看，在发展党员的指标总额（根据本地人口规模按特定比例计算得出）有限的情况下，主要的入党途径开始从村庄向企业转移，私营企业主及其家族成员也即农村的上层富人大批入党，中上层精英在村内有一定机会，而其他阶层在本地入党的可能性很小。

从图3—3不难看出，整个过程的自变量有三：一是市场经济的发展与社会阶层的分化；二是政党整合的内在需要所生发的"双带"方针；三是自由主义话语影响下农村各项选举程序的民主化。这三个自变量当中，第一个属于客观的历史进程，而第二个与第三个则是在特定执政思路下制定出的宏观政策。如果从微观场域内发生的变化着眼，我们可以发现，在资源分布不均的前提下，刻意强调"先富带动后富"，优先给予富裕阶层以政治机遇，并同时推行乡村基层民主，最后产生的效果将是权力资源向农村的强势阶层集中。

"思想上入党，组织上才能入党"，这是长期以来在普通群众中遴选共产党员的重要判断标准。但是，在其基础上又加入是否富裕的标准之后，却产生了意想不到的效应：富裕的判定与思想境界的鉴别比起来有着太过明确的指标。"双带"方针在农村基层的实施效果是使私营企业主大批入了党，而中下阶层则丧失全部机会，其他社区权力资源的分配也呈现出类似的结局，政治权力的分配成为物质资源分布的缩影。

三 人大代表选举："巨富"的游戏

本章研究的是村庄场域范围内权力格局的形成机制，似乎人大代表选举与此关系不大,因为它只是发生在村域范围内,但并不影响乡村权力构成。不过,鉴于对县乡人大代表选举进行考察有利于我们从更广的层面审视富人的参政活动,从而理解富人治村的动机,所以此处依然做出交代,但不作为研究重点。①

(一) 规定程序

按照《选举法》的规定,我国县乡两级人大代表由直接选举产生。整个选举过程主要由提名、酝酿协商和选民无记名投票三个核心环节组成,尽管2010年出台的新选举法对代表名额分配（城乡同票同权）、选区划分、选民登记、选举委员会成员构成等方面做出了若干调整,但上述三个主要环节的具体实施办法仍然延续了下来。

《选举法》规定了两种代表人提名方式,一种是政党和人民团体的组织提名,另一种是选民或选民代表10人以上联名推荐候选人。后一种办法显得十分民主,而且门槛很低,但由此产生的问题是这一环节产生的提名候选人大大超过规定数量的正式候选人②,因此,在选举之前必须对每个选区内提名产生的名额进行压缩。而与压缩过程相关的规定是,由各选区的选民小组反复酝酿、讨论、协商,根据较多数选民的意见,确定正式代表候选人名单。③ 最后的投票环节集中在选举日当天进行,各选区设置中心投票会场和分投票站,但在人口密度相对不高的农村地区以及人员流动性较大的城镇,为了方便选民投票,流动票箱仍是需要加以采用的办法。选区选民过半数参加投票,选举有效,候选人获得参加投票选民过半数的选票,始得当选。

(二) 实际运行——吴镇的市人大代表选举

前文已述,吴镇七村在2011年新《选举法》实施之前一直是一个市

---

① 农村的少数富豪作为私营企业主还有一种参政渠道,那就是担任政协委员。但目前我国政协委员的产生机制是邀请制,由各党派、人民团体协商提名,经与中共党委组织协商后形成建议名单,并由政协常务委员会半数同意通过后向其本人发出邀请。在实践中,少数与党政领导关系密切的知名企业家、农业承包大户能够成为政协委员。不过,因其产生过程不需选举,此处不做交代。

② 《选举法》第三十条规定,正式候选人和应选名额之比不低于4:3,不高于2倍。

③ 《选举法》第三十一条。

(县级)人大代表选区,在五年一度的选举中,这个选区按照人口数量的比例能够分到两个市人大代表的应选名额。在某些年度,会有市机关选区的党政领导"下挂"到该选区参选,但并不占用本选区的指标,因为他们会"带着名额下来"①。

吴镇在选区性质上,属于混合选区,即"某一区域内以单位和居民(在农村和城乡接合部还包括农民)为基础划分的选区,其特点是选区内既有单位职工,又有居民"(袁达毅,2008:89)。混合选区是相对于单一选区而言的,单一选区中既有按生产地点(生产单位/事业单位/工作单位)划分出的选区,也有按照生活地点(居住状况)划分出的选区。吴镇之所以是混合选区,是因为它位处镇郊,还包括了医院、供销社、中小学、银行和信用社等单位。这些单位虽然人数很少,但在组织结构上处于独立的地位。

在提名环节中,每个村民小组都要推出自己的候选人,尽管被推出的人选自己也非常清楚,如果不是正在担任村主任或村支书的职务,除非投入巨大成本否则几乎没有成为正式候选人的可能,但是每个村民小组的小组长还是会按照程序在表格上填写一到两个名字(一般是组长和村民代表),并在候选人名字后面找十余位村民签名。

随后,各村村两委及各单位会在推出的人选中遴选出两人上报片区的选举委员会。这两个人一般是村主任和书记,不过也有例外的情况,当村中有其他富人愿意参选而村主任或书记中有一人愿意退出时,那么这个富人的名字也可以作为提名候选人上报。在 2006 年之前的人大代表选举中,上报的 20 多个初步候选人会由镇委会决定哪 3 个人将成为正式候选人。

---

① 为了优化代表结构,保证党派团体推荐的候选人尤其是党政机关的主要领导成员当选,需要让部分领导到其他选区参选,因为全部机关单位人数太少。这种操作称作"下挂",又被基层选区称为"不占指标的选举"。举例而言,吴镇选区按人口比例只有 2 个指标,但在 2001 年年底的市人大代表选举中因为一位副市长在本选区参选,便会有 3 个指标(3 选 2 变成 4 选 3)。投票前一周的动员会上,工作人员会向选民宣传组织图,哪个名字是"下挂"的领导,不占用当地指标的,要记得打勾。塘村支委委员吴志华说:"如果有下挂,老百姓就是多画一个勾。要是他们不带名额下来,那选不起的,肯定有人去闹。(但是)名额指标多少是由别人定的,这个没法去争。选镇人大代表的时候也差不多,党政班子成员肯定是上的。本选区指标不够,就放到下面去选。(这样一来)种田的名额,被当干部的占了。一个办公室有好几个人大代表。镇政府的领导选举的时候都有分工,要保证预留指标必须选起来,下挂名额必须选好。其他的选上来是谁就是谁。要是下挂的这个名额没选好,那就是出了事故,他们不好交差的。"

但从 2011 年起，为了发扬基层民主，开始由 7 个村的村主任、书记及上述各单位的主要负责人共 22 人组成选民代表小组，由他们进行投票，取票数靠前的 3 人为选区的正式候选人。

从村民小组内"联名推荐"到村级筛选、选区内筛选，这个"三上三下"的过程被称为"酝酿"，其中的关键是决定正式候选人的环节，这个环节已经由以前相对而言不是那么民主的镇领导"拍板"过渡为现在的"民主协商"。虽然越州市的《选举实施细则》指出，在多次酝酿、协商都不能确定正式候选人时，也可进行预选。① 但至少在吴镇，这一备用程序迄今为止还未被启用过。

塘村的现任村主任吴东明 2006 年时成功当选为市人大代表，当时他并未在村内任职，但作为镇上排名第三的纳税大户，他设法说服了当时的村主任和书记让其参选。对于整个过程，他的"幕僚"王伦浦回忆说：

> 以前我在镇企办上班的时候，搞人大代表选举（正式候选人）都是镇里直接决定，想上的话这边让村干部推上去，再请（镇里）主要领导喝喝茶就可以，这一届想上的话就要送礼了。开会（决定正式候选人）之前，早就要活动了，请吃饭②。送钱，太明显，不好看，酒，太便宜。东明是每个人送 20 条中华，（价值）9000 块的烟票。最后，得了 19 票。投票是差额的，要花钱，先开始不是去拉选民，是拉村两委，大村子是重票区，那是大买卖，这样的村，村两委的头一定要送重礼。
>
> （选人大代表）投票这个事情跟村民切身利益关系不大，他们听村干部的，随大流，得好处就好了。几个大村子，村民也要意思一下，每人一包，中华牌。光我们自己的村就是 1400 包。再加上村两委，小组长，这些都是工作人员。大部分的人不是在村委会选的，流动票箱送到家门口，他们要在现场去拉的，这个很重要，老百姓都听他们的。有的人没起来，帮忙填掉算了，有的人香烟给

---

① 指在各选区通过直接选举的办法将得票排名靠前的一定数量的候选人列为正式候选人。

② 意指请选民代表小组的 22 个成员吃饭。

他，(他说)你自己填好了。组长每人两条，32条，两委成员每人4—5条。安排（选举）工作那天，带了5箱大中华，200多条，候选人还要去现场，请吃饭是少不了的。其他的小村子，也都去，不去就没票（模仿村民的语气）："你不来，我就不选，弃权。我也不填别人的票，别人没给好处，我干嘛填他？"另外呢，助选的人，出账单，买什么东西，哪些人去送，要安排好。还要聘请知名的、有能耐的人，也要花钱的。他选人大代表的时候，我就是主要的策划人。

所以说呢，选（市）人大代表，在我们这里，花个七八十万到一百万，正常的。东明和包同发（岭村村长）都花了100多万吧。何荣国（塔村支书）没选上，办个小纸巾厂，经济实力差了，不是一个级别的。本来也没想到他也要去选，大家都劝他别去了，他还是说要试一下。他还以为村里人多就可以上，别的村不投你的票还不是白搭？

2011年年底吴镇再次举行人大代表选举时，笔者的田野调查已经结束。房东在电话里告诉了一些基本情况。总体而言，虽然选区范围稍有调整，但选举过程变化不大。吴东明再次当选，但包同发因为被银行追债而未通过镇里的审查，没有被列为正式候选人，而他之所以被追债是因为替朋友做担保，但这位贷款达1000多万元的朋友却因企业破产而"跑路"了。包同发的位置被坞村村长——一位回到本镇工业区开厂的企业主何俊峰所取代。

相对于竞争激烈的市人大代表选举而言，吴镇的镇人大代表和党代表的选举都显得较为冷清。[①] 各行政村都是一个单独的选区，区别只在于分到的名额不同，而最终被推出的正式候选人则分别是村委委员和支委委员，投票前有事先凭私人关系"打招呼"的情况，但没有出现贿选。[②] 普通村民对于镇人大代表并不关心，不过他们对于选举程序的变化有很明显

[①] 吴镇的市党代表由镇党代表间接选举产生，并非由全镇党员直接选举。虽然也采取差额选举的方式，但由于超过半数的名额须分配给党政领导干部，各条战线上的基层一线党员代表又在年龄结构、学历程度、性别比例及所属行业上有严格限制，因而选举中的竞争并不激烈。

[②] 在附近的越城街道，选举镇人大代表时送烟票的情况也有发生。

的感触，笔者的房东说：

> 以前，是（镇）人大主席一个人定的，镇党委、政府通过，放下来，大家做做形式。到了2001年的时候，是村两委还有工作片的干部酝酿的，2006年呢，也要经过无记名投票。现在是越来越民主了。（虽然）最后上的一般都是村委委员，他们人缘广，但是每个小组都有推上去的，这有个荣誉感在里面。

（三）简要分析

县（市）级人大代表选举首要特点，在于其展开的范围已经超出了村庄的半熟人社会，扩展至陌生人群之中。除了本村选民之外，其他村的绝大多数村民甚至都不知道候选人的名字对应着一个怎样的人。在超出村庄社区之后，某候选人的当选与其所属村庄内的公共事务运行并无明显的利害关系。对于大多数的选民而言，某人是否当选更多的只是他个人的事，而与自己的切身利益无关。如果这位正式候选人恰好是自己村的，多半会投他一票（自己村的得票率有90%），也许他当选之后能给自己村带来好处；如果不是自己村的，那么填写这张选票就是按照村干部的安排走一下过场，要他们认真填写，除非某位候选人让这项填写选票的权利价值化。①

所以，在选举范围扩展至数个行政村以后，选民的认同单位便是村庄，而不是村庄内部的家族、派系。这个时候，任何候选人要想确保自己当选，那么他不仅要让自己通过"酝酿"阶段这一排除绝大多数初步候选人的关卡，而且还要设法获得陌生的外村村民的选票，这就要求候选人通过一定的组织形式去陌生人社区中宣传自己的竞选目的及未来计划。在学理上，如果服务于竞选的组织形式常态化，并且在长期的竞选活动中形成了相对固定的纲领，那么这种组织就可以被称作政党。但是，我们的县乡人大代表选举中并没有关于竞选的制度设置，也缺乏能够相互竞争的类似于党派的基层组织形态，只有代表候选人以个人身份"与群众见面"

---

① 岭村的一位村民小组长说："人大代表跟我们又没什么关系，5年也找不了他一回。一般人不是老板，又不是干部，哪里跟这些大老板说得上话呢？选举完了他就跟我们没有关系，给包烟我投他一票好了。"

这一非必要的程序。① 在大力发展基层民主的呼声下，人大代表这一权力场域中的重要位置轻易地被资本俘获。

在吴镇的案例中，我们可以看到，处于村庄分层体系顶端的"巨富"首先通过村两委选举这一"筛选"机制进入各村权力结构的核心，从而具备了在各村/单位的头面人物组成的小圈子中发言的权利，而这正是通过第二重筛选即"酝酿"程序的关键。最后的投票其实是第三重筛选，剩下的胜出者则是愿意投入巨资，聘请竞选团队并实施贿选计划的寡头。整个过程中，影响其胜出的首要因素是资本实力，其次是其所在村庄的人数，大村的"巨富"当选的概率更高。

不过，这并不是说在吴镇的市人大代表选举中最后当选的就是各个选区的首富，他们只是在富人中处于比较靠前的行列，且一定办有企业，是否决定参选与其企业的处境以及跟其他巨富的协商有关。比如在塘村，吴东明的资产经人估算只是排在前五位，但其他几名"巨富"除了吴大海之外参政意愿不高。2006年年底吴东明决定参选人大代表时还不是村主任，为了确保自己胜出，他事先找到已经当过两届人大代表的吴大海沟通，问他是否能以企业界代表而不是本地代表的身份参选②，吴大海同意了他的要求。而在2011年年初的村委会选举之后，王伦浦曾对笔者说，东明的人大代表连任看来是没问题了。③

综合来看，吴镇的市人大代表选举可以被称作"巨富"间的权力游戏，村庄中的其他阶层包括中上层精英都只是观望而已，至于他们以本地农民的身份当选之后能否在市人大的参政议政活动中很好地代表其他阶层的利益，这个问题已经超出了本书的讨论范围。然而，让人诧异的是，像吴东明这样的"先富能人"，6年之内参加了4次竞选（2次竞选村主任，

---

① 这一程序存在活动组织者不明、见面条件和见面内容含糊不清、见面范围过窄、见面时间太短、候选人角色不清、不够公开以及不够规范等问题。参见袁达毅《县级人大代表选举研究》，中国社会出版社2008年版，第219页。

② 这里有一个需要交代的背景是，村内富豪作为企业界代表当选的可能性较小，因为此时其身份是占人口很小比例的私营企业家，能够分到的名额很少。但是，如果作为本地代表参选，其身份则是"工农及其他劳动者"，名额较多。

③ 王的原话是这样的："市人大改革的方向，企业里选人大代表的名额要给来办厂的能人，以后本地的（老板）要在本地选，家在哪个片就在哪个片。东明现在当上了村长，未来5年的人大代表跑不了，选村长（就是）给连任人大代表铺路的。"

2次竞选人大代表），3次成功，总共花费接近400万元，如果进行均摊，平均每天要收入1800元才能收回成本。倘若真如王伦浦所说，"选举是门大生意"，那吴东明赚得回来吗？

第 四 章
地利之争：城镇化进程中的村庄政治

继第二、三章分别揭示了富人治村的社会基础与制度基础之后，本章将从经济基础的层面展示富人主导的权力实践：村庄公共生活中的配置性资源如何流动，场域之内有着怎样的利益构成，各类主体的行动策略是什么，呈现出怎样的博弈格局？对这些问题的解读将是我们理解资源密集型地区村庄政治的关键。

一　利益构成：嵌入城镇空间的宅基地开发

（一）房基分配：村内事务的焦点

对于当选的富人而言，担任村干部这一兼职的角色意味着要承担起诸多的公共事务，而这些事务在性质上可以分为政务和村务[①]。前者是指承接或协助基层政权完成自上而下安排的各种任务，推行面对农民的相关政策，如统计上报信息、办理审批手续、征收土地、计划生育、征兵、推广新农合、新农保等[②]；后者包括两个部分，一是分配村庄集体资源，二是为村民提供必要的公共品。在自治的基层社区内，公共品的供给包括有形和无形两个部分，有形的公共品是可见的、物质性的公共品，如村内的绿化、道路的修缮、水塘的清淤、污水管道的铺设、电路的改造等，无形的公共品是难以实物化的、精神性的公共品，如纠纷调解、组织社区文化活动等。

不过，上述事务说起来数量繁多，但除了集体资源分配之外，其他事

[①] "在'乡政村治'的体制下，政务下沉到村，村却没有相应的管理机构。村民委员会实际承担着贯彻落实政务的行政功能……村民委员会既要处理政务，又要处理村务，扮演着双重角色。"参见徐勇《中国农村村民自治》，华中师范大学出版社1997年版，第213—215页。

[②] 值得一提的是，税改以后，向农民征税/收粮成为历史，但协助政府征地越来越成为村干部在农村发展进程中的首要政务。

务操作起来甚为简单。塘村支书包根福说：

> 要是不搞旧村改造，当村干部也不怎么花时间。工程项目这些事情好办，花钱就行了，施工队来做，我们验收一下。村里管账啊，做台账应付检查啊，有会计和出纳（村委会聘用人员）。检查、评比什么的，通知来了，花钱雇人，一天50块，村里那些老人闲着也是闲着。平时的检查多的，也就是卫生和消防了。另外就是计划生育考核，（不过）这一块上有专职的队伍在弄，镇政府有一套人马，每个村有专职的妇女主任。治安么，挺好的，镇上有巡逻队。纠纷现在也很少，有纠纷他们会来找村干部的，能解决就解决，解决不了去司法所、派出所，都可以，方便得很。

笔者在塘村调查期间，遇到该村给2011年度达到年龄要求的老人发放养老补贴的事情，村会计老吴临时聘用了三位闲在家里的老人划片分发这每人70元的补贴，事后打电话向村主任和支书简短地通告了一声。老吴对我说：

> 老板们挺忙的，一般的事做完告诉一声就可以，尽量不占用他们的时间。需要他们拍板决定的事情，等他们过来（村委会）的时候再去请示。

笔者在吴镇其他村走访时，获取的信息与此类似。各村的常规性事务由村委会以1300—1500元的月工资聘用专职的会计和出纳来完成，这些被聘用的人员是本村村民，且与当选的村主任为同一派系，他们从周一到周五在村委会办公室坐班，是前来办理各种手续的村民最为熟悉的"干部"。除了必须要村干部出场的各种会议和工程签字、验收等正式事务之外，所有日常杂务由专职的聘用制人员来分担，这极大地节省了当选村干部们的时间。前述的政务活动中，只有征地需要村干部亲自去做工作，而公共品供给对于当选的富人而言就像是平日里的商务活动中增加了一些需要签字的合同，差别只在于他所代表的不是自己的企业而是其所在的村集体。这种物质性公共品供给的工程/项目化的转换是符合富人村干部的生活逻辑的，相对而言，纠纷调解与组织文化活动等精神性的公共品供给并不在他们的考虑之列，因为这要耗费他们额外的时间和精力，但成果又难以量化。也正是因为此，吴镇各村的村干部在竞选时签下的承诺书中纷纷声明自己将在任内完成若干项工程，却无人要通过文化活动提高村民的福祉。纠纷调解实际上移交给了专业的基层司法人员，不过这主要是因为村民的法律意识越来越强，他们更倾向于"走正规程序"解决问题，以免自己的利益受损，但村干部的懈怠也是不可忽略的因素，笔者在个别村甚至听说了治保主任调解时要收费的例子。一些村在年末举办的"迎龙灯"等活动其实是商业化运作的，并不需要村干部去组织村民排练、表演并管理好后勤工作，他们只需花钱请舞龙队前来，并在现场协助镇里的联防队员维持秩序即可。

真正需要村干部操心的，是村内集体资源的分配。而对于集体经济薄弱而私营经济发达的浙中农村来说，最重要的集体资源乃是土地。在我国农村，土地属于村集体所有，它的用途有两种，一是作为农业生产资料的农用地，二是作为农民居住用的宅基地。长期以来，农民的宅基地实行无偿划拨，在城乡二元结构中，这成为农民有别于市民的一项基本的生存保障。20世纪90年代末农村土地实行"二轮延包"之后，农户对于耕地的承包经营权30年不变，换句话说，农用地已基本确权，不再成为村内矛盾的焦点。但是，农村的宅基地却存在变数。如果是在中西部的农业型村庄，争夺宅基地对于农民而言并没有太大的必要，但在渐已城市化的浙江农村，情况则完全两样。

其一，发达地区的建设用地指标十分紧缺，因为建设用地是经济发展过程中最为稀缺的生产资料，但国家对于土地资源尤其是耕地的保护措施又越来越严格，这使得有限的"农转用"（农用地转建设用地）指标优先安排于重大经济项目的建设，而不会分配给农民建房。其二，随着农村的城市化，农村人口也不断向城镇转移，村庄正处于一个渐渐萎缩的历史进程之中，如果各自然村仍然像以往那样分散居住，将会大大增加城镇化进程中的基础设施建设投入，实行村庄撤并、旧村改造，人口向城镇集中的新型社区建设成为大势所趋。当然，这样也有利于节约土地，让日益稀缺的土地资源发挥出更大的效益。以上两点表现在吴镇微观现实中，便是各村用于建房的宅基地指标异常紧张，自20世纪90年代中期以后，宅基地的审批越来越难，而到2000年年初越州市对全市的未来发展格局进行整体性规划之后，普通农户的宅基地申请已不予批准，除去极少数的"住房特困户"①，其他人几乎无法在规划区之外获得新的土地以扩展自身的居住空间。② 据2007年年初塘村村委在申报用地指标之前所做的统计数字显示，该村的人均宅基地面积不足15平方米。

然而，农村宅基地的紧缺却伴随着另一个重要的现象，即外来人口的大量涌入。随着当地经济的迅速发展，城镇租金市场越发紧俏，人们对于小型厂房、仓库、住房的需求更加强烈。而当这种需求在城镇无法得到充分的满足，而交通和通讯等基础设施又日渐完善之时，周边农村的宅基地和房屋之价值便体现了出来：尽管不能在村庄范围以外转让以充分释放其交换价值，但它却同样意味着稳定的租金收入，这是当地一部分农民主要的甚至是唯一的收入来源。于是，我们可以看到很多像吴镇各村一样的聚落：握手楼密集于逼仄的空间之内，错落的楼层杂乱无章地向高空延伸，而地上则遍布着狭窄的里弄。这不禁让人想起蓝宇蕴（2005）所描写的广州的城中村景象。

从某种意义上讲，国家对于农村土地用途的管制与发达地区农村的工业化一齐推升了农村宅基地（与房产）的价值：虽然土地的用途受到限制，但房屋的用途却不会受到限制，除了农民自己居住以外，还可以出租为客房、仓库、店面，也可以用来办小作坊，甚至是吃住劳"三合一"的小型工厂。相对而言，只能种植农作物的农地对于城镇化进程中的发达地区农村而言没有太大的经济价值，但能够用于非农用途的宅基地却越发重要，同时又异常稀缺。

那么，当地农民对于宅基地的强烈需求是否有机会得到满足呢？答案是肯定的，但机会只有一个，那就是旧村改造。

所谓旧村改造，是指"按照村庄建设规划，通过村庄整体拆（搬）建、村庄整理、村庄撤并等方式进行拆旧建新，整治环境，改善村容村貌的行为"③。按照具体建设模式，旧村改造可以细分为三种类型：第一种是对旧村进行"整体拆除"，村民搬进规划小区，建设总用地的50%以上

---

① 按照当地的有关规定，农村住房特困户指"人均建筑面积不足15平方米的实有在册的农村集体经济组织成员"。

② 村民如果房屋破旧无法居住，但宅基地面积又达不到住房特困户的标准，可以申请"原拆原建"，即拆除旧房之后建造与原有住房相同高度相同面积的新房（不能扩建，否则属违章建筑），且造房之前要与周围邻居签订协议，只有邻居签字同意方可动工。

③ 引自《越州市旧村改造暂行办法》。

用于建设高层公寓。这种方式耗资颇大，需要村庄有良好的经济条件，一般在城郊村或镇郊村推行。原则上可以分步实施，先拆先建，梯次推进。如果该村剩余土地有限，可以先使用原村庄 80% 的用地面积指标用于启动前期改造，通过几年时间，将原村庄的旧房拆除完毕，退宅还田后，再补足余下的 20% 建房用地面积。第二种被称为"空心村改造"，拆除危房、修缮旧房，在腾出的宅基地上按村庄规划修建新房，畅通道路，铺设市政设施，改善居住环境。这种方式耗费稍小，避免了大拆大建，且不需增加建设用地，但改造后的村庄看上去没有城市小区一样的视觉效果。第三种为"异地改造"模式，这种模式比较适用于偏远山区中居住格局分散的行政村，村民放弃原有宅基地且复垦为耕地的，可以在集镇或附近行政村的安置小区中以成本价购买水平套房。为了促进村民们自愿集中、异地安置，市财政按每人 1.6 万元的标准给农户发放补助，而对整体搬迁的村则人均补助 2 万元。

不难看出，"旧村改造"的实质是改变农村传统意义上"谁需要、谁建房"的惯例，把时间上分散的建房行为集中到旧村改造过程中一起完成，使其在建筑布局、整体景观和公共设施上融入城市。更重要的是，通过居民点的撤并与高层住宅的建造可以腾出宝贵的建设用地资源用于市场价值更高的城镇工商业。

对于身处城镇化进程中的农民来说，宅基地的重要性是不言而喻的，因为它虽然是集体性质的土地，不能像国有土地那样进入二级市场自由转让以将其产权的价值最大化，但它却作为可以建房的土地嵌入了城市空间。换句话说，在土地的非农化用途上，农民的宅基地与城市国有土地几乎是没有区别的：法律限制其买卖，却没有限制其出租。买卖的实质含义是使用权长期转让，而出租不过是让这个可以一次性变现的过程长期化了而已。

在旧村改造过程中，农民对于宅基地的争夺不仅是因为它意味着稳定的收入来源，且可以带来生存空间的扩大和自身生活的舒适，更因为宅基地及房产是他们可以遗留给子女的最好的财产，他们争夺这项"坐地生财"的权利不仅是为了自己，更是为了家庭，为了后代，争夺本身被赋予了情感和意义的因素。旧村改造是村民分配宅基地的最后一次机会，在实现村改居后，村集体不可能再有新的集体建设用地拿来分配。他们的后代除了继承自己的房产之外，要想获得住房，只能花钱从市场上购买。正是由于这样的原因，当地农民将旧村改造看作"最后一次土改"，法律文本中的宅基地集体所有此时在实践中已等同于分配给村民所有。

因此，如果我们在城镇化的进程中审视村庄公共领域的运行，就可以发现嵌入城市地理空间中的农村宅基地之分配已越发成为村庄政治的主题。从历史上看，农村融入城市的过程伴随着农地的征收、宅基地的分配、社区居住空间的规划改造以及原村庄土地的非农化使用，这一潜藏着巨大利益空间的演化过程将持续到村庄消失为止。

（二）以地生财：不同主体的利益空间

1. 基层政府

众所周知，我国目前的土地制度实行的是一级市场由国家垄断，二级市场适当放开的政策，这一制度设置缘于土地资源的绝对紧张，在巨大的人口压力下国家基于粮食安全的考虑必须要严格限制土地用途，控制非农化的土地供应。但是，当政府垄断非农土地供给时，较低的集体土地征用价格与较高的国有土地出让金一方面会激发政府的土地征用需求，另一方面又会抑制农民土地征用供给，产生非均衡的供求缺口（钱忠好，2004）。学界普遍地将基层政权看作是以发展经济和谋取利益为主的"公司化"集团。周飞舟（2007）指出，"在土地征用和开发过程中，地方政府主要通过财政和金融手段积聚资金，'圈地'只是'圈钱'的手段而已"。"土地财政"是各级地方政府收入结构的真实写照。

诚然，现实中的基层政府作为理性的行动主体有着自身的利益诉求，但是另一方面，地方政府既有经济职能，又有管理职能，既是土地供应者，又是公共物品的提供者，同时还是耕地的保护者，既要完成当地的工业化，还要实现城镇化，并在提升 GDP 的同时保证社会稳定。各种角色在其身上胶着、对立而又浑然一体。这意味着基层组织在开发土地、招商引资、发展经济的过程中还要处理好与千千万万个分散农户的利益分割关系。毕竟，身处信息媒介高度发达的时代，在保护私人产权的话语压力与维护社会和谐的意识形态准则下，面对东部发达地区闯荡市场多年的高度理性化的农民，地方政府与基层干部不可能公开、明显地在法规之外行事，侵占农民利益，他们只能在既定规则下运用一定的策略使自身利益最大化。

从理想类型上讲，农村在空间中实现城镇化的方式有如下三种：一是原有城镇范围不断扩大，逐渐征用完周边农村土地，并将所有村民集中安置在城镇的居民小区内；二是原城镇范围扩大时只征收农用地，绕开宅基地，避免房屋拆迁，村民不予安置；三是原城镇范围扩大时基本保留并适当扩大原有宅基地范围，集中规划，拆旧房建新房，且对少数分散村庄进行合并，征用部分原有宅基地按城市实证标准修建基础设施。这三种方式中，第一种难度最大，因为它涉及原村庄宅基地的征收与地上附着房屋的拆迁赔偿，而后者在经济上的付出是单纯征收土地的数十倍。经济上的高成本倒在其次，关键是房屋拆迁的难度要远远高于土地的征收，除非使用强拆的非正常手段，否则其谈判过程在时间长度上几乎是无法预判的。①第二种难度最低，但是由于只征收耕地而不愿意征收宅基地，村民未予安置，等开发到一定程度时，"脏乱差"的城中村就会形成，难题将留给下届政府。而下届政府要想改造城中村将付出更高的代价，所以许多城市的

---

① 农村集体土地的征收依照博弈关系的性质不同应分为两个不同的部分，一为土地（农用地）征收，一为房屋（宅基地）征收。二者的区别十分重要，但却为学界所忽略。农地属集体所有，因此政府是直接与村集体发生利益关系，村集体再在村庄范围内分配利益，换句话说，征地过程中实质性的利益博弈发生在村委会与村民之间，这与房屋征收的拆迁博弈中政府与分散的个体农民短兵相接有质的不同。在农民看来，土地当初就是国家分给自己的，现在要收回去那是没有办法的事，尽管他们对征收价格偏低颇有抱怨，但除非个别村庄的集体行动能力很强，否则不会起大的社会冲突，毕竟征地价格不是针对个人的，没有人会为了大家的利益而出面闹事。但是房子却不一样，房屋是自己的，每个人的房子都不一样，具体值多少钱要由自己说了算。

由于政府与村委会在实际运作中是上下级的关系，村干部们还极想在开发过程中分得一杯羹，所以他们不仅不会为了提高征收价格而故意拖延时间，更会帮助和代替政府做反对派村民的工作。而且，村级自治中的民主协商机制在日常实践中并不健全，倘若村委班子愿意签字，他们一定有办法让多数的党员和村民代表也签字，征地协议便发生法律效力。正是因为征地博弈发生在村委会与村民之间，村干部就可以动用他们的社会资本通过关系网络将利益平缓地分配下去，而村民们意识到这是在村集体内部分配利益时，也不会把争利的行为"做绝"，毕竟他们以后还要在村庄中长久地生活下去。可以说，在土地征收中村委会的衔接客观上起到了降低交易费用的作用。

但是在拆迁中，政府直接与为数众多的分散小农打交道，这种情况下政府就无法用行政意志来让农民就范，只能逐个地与各户的户主谈判。在这些户主们看来，他们与政府的博弈是"一锤子买卖"，涉及如此重大利益的机会一生只有一回，况且前来谈判的基层干部与他们是陌生人关系，双方没有长远预期，也不会因为此次拆迁谈判而成为朋友，成为今后还可以用得上的人脉。并且，拆迁博弈中所涉及的利益标的比征地博弈中更大；由于房屋等地面附着物的高度复杂性，其谈判空间也比单纯的征地大得多；房屋征收的补偿原则主要是恢复因拆迁所致的损失，而土地征收主要是提供土地未来若干年内的产值，前者是非常个人化的信息，难以甄别，而后者是征地区域内的公共知识，容易衡量；拆迁过程对老百姓的日常生活有着重大的直接影响，而农地的征收由于产业结构的更新、耕地产出在家庭收入比例中的比重日趋下降而显得对多数农户的影响不大。上述这些差异使得两种征收呈现出激烈程度迥然相异的博弈格局，房屋拆迁成为随时可能触发冲突的导火索。

市政当局宁愿到郊区征地也不愿意去啃城中村的"硬骨头"。这使得很多城市难以规划，市容面貌呈现出城乡并存的参差格局，影响城市的整体形象与投资环境。

目前看来，上述第三种方式是比较可行的折中方案，在这种方案下，城镇化过程基本上绕开了原有村庄的居住范围，只征收少量的宅基地用于修建道路、医院、市场、车站等公共设施。政府只需要进行整体规划，并依据财政能力对基础设施建设给予适当补助，至于拆旧房建新房，包括村内公共设施的建设，那属于村庄内部事务，政府无须介入。如果村干部有足够的威信与能力说服众多的钉子户以完成旧村改造，那么村民的居住空间将会得到改善，租金收入将有极大提高；倘若不能完成，那么在村庄周围环境日渐城市化的对比之下，村内钉子户所遭受的舆论压力将越来越大，而现任村干部在换届选举时的选票也将难以留住。毕竟，时间越拖后，建筑材料的价格也越高，而农转用的土地指标也会越来越少。这些因素将倒逼村内精英出头，将村庄改造尽早完成。这样一来，基层政府就不用付出征收房屋的巨额成本，也可以减轻拆迁谈判的艰难，仅用少量的集体建设用地指标就可以解决城镇化过程中的农民安置问题。当然，这个方案之所以可行，关键是通过宅基地分配的方式向农民让渡了一部分土地开发的增值收益，农民享受了市政设施升级而产生的级差地租。不过，只有经济区位所决定的土地价值达到较高程度，土地开发拥有巨额的增值空间时，地方政府才有可能让渡出一部分收益而不影响其整体的战略部署与发展规划，这也是为什么2000年以来，在浙江、江苏、山东等经济比较发达的沿海地区陆续兴起大规模旧村改造运动的原因。

绕开拆迁的陷阱，成功地转移并集中安置农民是地方政府土地增值运作中最关键的环节。尽快征收集体土地，通过合理安排获得尽可能多的土地出让金，再让土地增值收益重新投入新一轮的土地征收与开发。通过不断进行这样的循环，完成道路、通讯、绿化、光缆、燃气、供电系统、给排水系统等一系列基础设施的建设，实现本地区的城镇化。

塘村老支书吴子林在回顾吴镇的发展历程时说：

1999年的时候，我们这里还是一个农业型乡镇，镇政府其实一点钱都没有，有钱人都在外面办厂。为了发展，镇长书记委员每人出5万（私人的钱），一般工作人员每人2万。再由一些企业主（其中一个是吴大海）担保，向银行贷了 1000 万元款，这就是当初我们镇发展的启动资金。用这个钱来征地，拍卖，沿街商铺提前预售，钱用来修路，建第一期的工业区，搞三通一平。那个时候，店面 1200 块一个平（方）米，工业区 5 万多一亩（78 元/平方米），放着地皮等着企业老板来拿地。

经过三轮滚动式发展，吴镇的财政能力实现了质的飞跃，而其国有土地的出让金价格也水涨船高。到 2007 年建成第三期工业区时，全镇财政收入 11223 万元，其中地方财政收入 5297 万元。而当年的预算外收入达 26540 万元，其中土地出让金收入 23500 万元。可见，预算外的土地出让收入比常规性的地方财税收入几乎高出四倍。在当年的镇人代会提交的报告中，分管财政的常务副镇长写道："预算外资金收入的快速发展为我镇经济社会实现又好又快发展注入了强劲的动力。"①

以下是笔者 2011 年调查时统计的吴镇镇郊区域不同类型土地的成交价格（见表4—1）。

表4—1　　　　　　吴镇镇郊不同类型土地的成交价格

土地性质	集体土地		国有土地		
类别	农用地	建设用地	工业用地	住宅用地	商业用地
价格（元/平方米）	64.5	0.6万—1.2万	360—450	0.8万—1.4万	1.6万—2.8万
交易模式	被国家征用	行政村内部	市国土局招拍挂/二级市场		

注：1. 吴镇所在地域 2011 年土地征收的区片综合价是 4.3 万元/亩，折合 64.5 元/平方米。

2. 国有用地（开发程度按熟地设定）的价格与出让地块的土地级别②及规划容积率③直接相关。此处统计的吴镇城郊土地在越州市属于 4 级土地，而工业用地、住宅用地和商业用地的规划容积率分别按照最普通的 1.6、1.8 和 2.5 计算。

3. 相同类型的土地处于不同的地段时成交价格有较大差异，表中列出的价格区间是吴镇镇郊普通地段的交易价格。

---

①　以上内容及相关数据引自《吴镇 2007 年财政预算执行情况和 2008 年财政预算草案的报告》。

②　土地级别反映地块的区位与经济水平，离中心城区越近，土地级别越高。越州市的土地级别共分为 7 级。

③　某地块的容积率为总建筑面积与用地面积的比率。对于建造者而言，容积率决定地价在建房成本中占的比例，而对于住户来说，容积率直接涉及居住的舒适度。容积率越低，建筑密度越小，空间越宽广。

从吴镇的案例来看，在地方发展过程中，最稀缺的生产要素是上级国土部门分配的土地指标，指标的背后其实是农地的开发权，没有这些指标，地方的征地行为便属于违法范畴。为了能够顺利完成土地增值运作，市（县）镇（乡）两级政府用过的"创新"办法有土地预征、以租代征、土地置换、易地代保①等。中央每一轮宏观调控首当其冲的便是收紧用地指标，而对于地方政府来说，如果能抢在调控之前将土地征收，那么下一轮的发展便有了保证。可以说，在政府层级间的纵向博弈缺乏稳定均衡的情况下，下级政府依靠土地开发实现滚动发展的模式不会改变。上级政府利用其谈判优势"攫取"下级政府的利益，不断改变财权事权的划分规则，而下级政府则利用其信息优势扩大自身支配的资源。这使得分税制以后，"以地生财"成为地方政府进行积累财富的现实选择：只有将土地用途管制与城建投资促成的土地增值收益留在本地，并通过招商引资寻找税源，才能偿还高速城市化过程中形成的大量债务，改善基础设施与居住条件。

地方政府对土地增值收益及税基的争夺以及地方官员为了晋升展开的"锦标赛"（周飞舟，2009）式的竞争，在缺乏内部制衡与监督的情况下②导致了短时间内迅速铺开的城镇化建设。尽管这个过程积累了大量的财政风险和金融风险，是一个局部合理而整体不合理的"合成谬误"（fallacy of composition），但由于竞争激烈，对于地方政府来说，他们必须抢在"有形之手"进行行政调控之前占取先机，以让自己处于相对发达的行列，从而获得市场优势和集聚效应。因此，对基层政府而言，土地开发在

---

① 易地代保是"耕地易地代为保护"的简称，又叫"易地占补平衡"，按照《土地管理法》的规定，非农业建设批准占用耕地的，按照"占多少，补多少"的原则，由占用耕地的单位负责开垦与所占用耕地的数量和质量相当的耕地。一些省份的发达地区本地补充的耕地数量难以达到占用耕地的数量，就花钱跨市、县甚至跨省购买土地指标，并由收费一方开垦耕地以补充余额。收费的一方往往是相对不发达区域（山区为多），其土地指标的稀缺程度偏低，上级分配的指标有时略有盈余。由于这一地区间指标调剂的做法不可避免地造成耕地质量下降，后被国务院紧急叫停。参见范利祥《基本农田"易地代保"紧急叫停》，《21世纪经济报道》2004年6月16日。但是，笔者在吴镇调查时，发现当地的大量土地指标是在"黑市"上买到的，也就是说，实践中的需求客观存在，中央政府的紧急叫停只是抬高了这些指标的交易价格。

② 目前的监督与制衡只能是上级通过有限的信息监控和派驻工作组的方式来完成，但这种方式很难打破基层牢固的利益共同体。

相当长的历史时段内都是具有极端重要性和紧迫性的中心工作，各部门的"次要事务"都要为其让路。在这个权威主义的系统内部，"平衡"的逻辑必须服从于"发展"这个更大的逻辑。

2. 村民

如前所述，吴镇农民的核心利益在于旧村改造中的宅基地分配，相对而言，农地的征收并不占据重要地位，这从表4—1中农用地与建设用地的价格就可见一斑。尽管农用地面积更多，但价格的数量级太小，况且，在吴镇，征地款的分配主要以村民小组为单位展开。这延续了人民公社时期"三级所有、队为基础"的做法，1980年分田到户的时候就是以小队为基本单位划分的，每个生产队还留有少量机动地做日后人口增减的微调之用。而在20世纪90年代中期以后的历次征地中，赔偿款由村民小组收回，小组长按人头（而不是土地承包面积）分发给村民，剩余的土地重新分配。即使二轮延包时规定土地承包经营权30年不变，但每次征地后的调地却从来没有中止过。只不过，到了近几年，在一些剩余土地已经很少的镇郊村，调地已经没有必要了，剩余的农地荒在那里，任由组内的老人开垦出几个角落种点日常的蔬菜，不到征地，谁也不会对那些荒地在意。[①] 由于土地款的分配方式在当地的历次征地博弈中已逐渐明确下来，且组与组之间的土地界限明显，村内并没有出现因"规则的不确定性"（张静，2003）而产生的纠纷，村干部在协助政府征收农地的过程中不需用力于村内土地纠纷的调解，只需竭力让镇干部与村民小组长和村民代表在征地价格[②]上达成一致即可。

村民的注意力集中于村庄改造上。吴镇的旧村改造是前述的"整体拆除"与"空心村改造"模式的结合：大部分村民选择住进小区，一部分没有经济能力的村民选择在原址上将旧房按照整体规划翻新。从已经改造完毕的坨村和完成了一部分改造工程的岭村来看，村民可以用于出租

[①] 在一些仍然种有经济作物或存在大面积土地流转和连片承包的近郊村和远郊村，村集体往往会实行股份合作制，将土地统一收回并重新发包，村民按土地使用权的股份获取分红。这些土地"重新收回"的村在遇到农地征收时工作的难度相对而言更小一些。

[②] 在浙江省实行区片综合价以后，各区块的征地价格不再因土地用途的差异而存在较大的变ం。具体实践中双方产生争执的原因主要是土地上的附着物，因为抢栽、抢种、迁坟等现象而存在灵活处置的空间。当然，有时基层政府想在征地价格调整之前预征，或者以租代征，这些不合法的方式会遭到村民极大的抵制，并以"手续不全""缺少文件"等理由不断上访。

房屋面积大为增加，而且由于居住条件得到了相当程度的改善，租金价格也大幅提升。笔者在吴镇随机调查了29户承租人，其中的11户租用了已建好的小区中的房间，18户仍然租用着岭村和塘村未改造过的旧房，这些房间中既有一楼的仓库或店面，也有二层及以上的住房。鉴于其面积各不相同，租期长短也有差异，笔者将租金额均摊到每日与每平方米，得到以下数据（详见表4—2）：

表4—2　　　　　　　村庄改造前后的住房出租收益（单位：元/平方米·日）

平均收益 \ 出租类型	住房	仓库	店面
未改造旧房	0.14	0.38	0.57
已改造新房	0.29	0.54	0.76
价格浮动额度	0.15	0.16	0.19
价格浮动比例（%）	107.1	42.1	33.3

表4—2的样本量很小，但可以在一定程度上体现出房屋改造前后租金收益提高的幅度。不少承租的外地人表示，他们更愿意租住在新建小区内，安全、卫生和环境都有保障，而且价格在可承受范围之内。仓库和店面的价格对比不明显，这很可能是由于笔者所调查的旧房中的仓库和店面都处于较好的地段，业主才将其拿来出租的缘故。从表中可以看出，经过规划改造以后，一个108平方米的房间每年的租金收入可以增加近6000元，而位于楼房底层的房间则增加得更多。

单位面积的租金增加只是一个方面，更重要的是住房面积的扩大。在越州市的官方文件中，旧村改造被称为"新社区建设"[①]，最新出台的《越州市城乡新社区建设实施办法》（以下简称《办法》。全文见附录8）第十九条规定了村民人均可以拥有36平方米的宅基地面积，这比吴镇各村目前的人均宅基地面积的两倍还要多，而这还没有考虑小区内的建筑密

[①] 越州市的旧村改造始于1999年《越州市旧村改造暂行办法》的实施，2001年进行修订，2006年结合党的十六届五中全会又出台了《越州市新农村住房建设实施办法》，到2009年再次修改，提出了《越州市城乡新社区建设实施办法》。笔者仔细研读了这些文件，发现历年修订的主线是不断强化土地的集约利用，农民的人均用地面积逐渐减少，住房由清一色的有天有地的三层半"垂直房"转变为以高层公寓安置为主。

度的大幅度减小给人的生活舒适度带来的极大的提高。

不过，需要注意的是，以上宅基地面积并不是无偿划拨的，而是需要村民以竞购的方式从村集体购买。换句话说，《办法》规定的只是村民拥有购买权的最高限额。不同村庄的起始价位各不相同，由本村自行协定。通过拍卖，位置最好的地段价位最高，这也即前文（见第三章）所讲的"选位费"。村委会获得选位费以后，将用于修建新社区内的公共基础设施。《办法》第三十六条规定：

> 新社区建设中收取的各项费用应专款专用，纳入镇街联管账户管理，优先保证道路、给排水、绿化、公建等基础设施建设；各项账务应单独列支、定期张榜公布，接受群众监督。

以村庄成员权为基准分配宅基地的内部购买指标并不能做到公平公正，因为在拆房之前，各户旧房的占地面积不一，倘若房屋拆除之后，得到的建房面积按人头分配，那么先前拥有大面积房产的富人便会吃亏。然而，如果按照旧房占地面积来决定新房宅基地指标，穷人的权利就得不到保证。两相折中的结果，是超出分配指标的旧房面积按照一定比例折算新社区中的宅基地面积，但为了节约用地，又规定了最高限额：

> 旧房合法占地面积超过户型安置基数标准的，超过部分按1∶0.7的比例按实增加安置基数，但每户安置基数最高不超过140平方米。（第十九条）

前文已述，在村庄改造过程中，地方政府的首要原则是节省建设用地。要达到这个目的，最直接的办法就是建高层公寓，楼层越高则容积率越高，占用土地越少。然而，农民想要的却是"独门独户、有天有地"的落地房，这是农村千百年来形成的传统，农民已习惯了这样的生活方式，不愿意住进高楼中用电梯上下。况且，"有天有地"的垂直房有更高的使用价值，底层可以出租为店铺或仓库，甚至可以当作小作坊来使用，而楼上的住宅当作公寓出租也更为方便。

为了吸引村民自动选择高层公寓，政府采取的办法是，一方面在"一户一宅"的规划方案中规定农民自建房的高度和层数，另一方面提升高层公寓的安置系数：

·高层公寓的安置系数为1∶6。多层及中高层公寓的安置系数为1∶4.5。联立式住宅的安置系数为1∶3。（第二十四条）
·新社区的规划控制标准为（第十七条）：
（一）高层公寓（12层以上）建筑密度18%—25%，容积率不低于2.5，住宅标准层层高不超过3.2米；
（二）多层及中高层公寓（6—11层）建筑密度20%—30%，容积率1.4—3.0，住宅标准层层高不超过3.2米；
（三）联立式住宅建筑密度32%—40%，容积率1.0—1.5，房屋檐口高度不超过10.2米。

按照上述规定，一户三口之家如果决定自建垂直房（即联立式住宅），在建筑外观、样式、占地面积合乎规定的情况下，便可以修建高度为10.2米也就是三层半的住房，可利用面积为108×4＝432平方米；如果该户选择住进高层公寓，那么可以以成本价购买的水平套房面积为108×6＝648平方米。如此一来，在六套水平套房与一栋三层半垂直房的对比之下，很多村民会自动选择高层公寓，获得更大面积的房产。而对于那些宅基地指标偏少或安置面积与户型要求不重合的家户①，高层公寓也是最好的选择。

在吴镇，一户普通的没有进行住房改造的三口之家平均住房面积约为200平方米，如果选择修建垂直房，面积可增加200平方米以上；如果是高层公寓，则净增448平方米，倘若该户自住面积为100平方米，按照上述的住房日平均租金来计算，村庄改造之后所产生的年租金增幅将为448×365×0.29＋100×365×0.15＝52895元。②

再来计算这户家庭需要投入的成本。正在进行改造的岭村和塘村，宅基地拍卖的选位费成交价格一般在2000—2800元/平方米，每层的建筑加

---

① 按照规划要求，垂直房只有72平方米、90平方米、108平方米三种户型，如果一户按规定获得的宅基地面积为120平方米，那么多出的18平方米指标恰好可以获得高层公寓中的一套水平套房。
② 垂直房由于底层的租金偏高，其租金增幅与选择高层公寓水平套房的租金增值幅度基本相当。

简装成本约为 10 万，所以，建造一栋垂直房的花费大约是 $2400 \times 108 + 100000 \times 4 = 659200$ 元，约 66 万元。也就是说，这些投入只需要 12 年时间便可以收回，今后每一年所得租金都是纯收入。而实际上，在外来工不断增加，租金价格一路看涨的情况下，收回成本根本不需要这么长的时间。

如果选择高层公寓，按照岭村目前高层水平套房成本价 1700 元/㎡ 来计算，总投入为 $648 \times 1700 = 1101600$ 元，这些投入在租金价格不变的前提下大约要 20 年才能收回。但是，选择高层公寓的村民往往会将水平套房直接售出，而不是拿来出租。吴镇现在的套房交易（村内）价格在 4500—4800 元/平方米①，如果这户三口之家将 6 套水平房卖出 4 套，收益至少将在 $4500 \times 4 \times 108 = 1944000$ 元，这与 6 套房子的成本价相比还要高出 842400 元。换句话说，这户家庭只需拆掉旧房，再选择高层公寓安置，就可以得到 216 ㎡ 的水平套房，外加 84 万元的净收益，他所需要的投入仅仅是凑足预付给村委会的定金，而这批定金在房产转让之后即可收回。不过，与自建垂直房的主要差别在于，由于多数不动产已经转让，剩下的房产又不易出租，这户家庭以后将无法获得每年上万元的租金收入。

为了推进新农村建设的步伐，在越州市委市政府的协调下，越州市农村合作银行出台了《旧村改造住房建设配套贷款管理办法》，配合市政府的统一规划，把经市政府批准实施旧村改造的农民列为贷款对象。这些农民只要向村委会申请，再由村委会和银行签订贷款协议，就可以最高获得房屋建造款 60% 的贷款。前述的三口之家选择建造垂直房的当期投入并不需要 66 万元，只需其中的 40%，即 26.4 万元，而选择高层公寓的农户在买房之前需要交的定金（首付款）为总款项的 30%，即 33 万元。

所以，如果将该户此前的自住面积约 200 平方米的旧房折价 20 万（事实上不可能有这么高），并将改造后的自住面积与底层面积分别以

---

① 越州市政府正积极筹划在本市范围内允许新社区内高层公寓水平套房的自由转让和交易，这个在有限范围内将集体宅基地市场化的政策创新作为一项重大的利好消息促成了当地农民在村庄改造中纷纷选择高层的水平套房，从而达到了节约建设用地的目的，同时，也促成了当地农村房屋价格的上涨。

4500元/㎡、4800元/㎡的近似价格计算，那么选择垂直房的资产增值为324×4500+108×4800－660000－200000＝1116400元，而选择高层公寓的资产增值为1944000＋216×4500－1101600－200000＝1614400元。无论做何选择，该户三口之家短期内的资产净增值都在百万以上，而其投入仅有30万元左右。

下面用表格（见表4—3）的形式将主要数据列出，以便使上述计算更为简洁：

表4—3　　　　吴镇一户三口之家在村庄改造中的收益　　　（单位：元）

		三层半垂直房	高层水平套房
总成本		66万+被拆除旧房（20万）＝86万	110万+被拆除旧房（20万）＝130万
短期现金投入		26.4万	33万
最低产出	房产	324平方米自住面积+108平方米仓库/店面	432平方米转让面积+216平方米自住面积
	折价	198万	291万
即期资产增值		112万	161万

注：之所以是最低产出，不仅因为相关数据系按最低价格计算，还因为没有计入原宅基地面积中超出分户指标后按比例折算的部分。

以上计算都是以吴镇镇郊地带的房地产价格为基准，而吴镇在越州市只是偏于一隅、处于近城区与远郊区结合部的小镇，如果是在主城区或副城区的城郊，只要有足够的前期投入，几乎每户家庭都可以在村庄改造过程中成为百万乃至千万富翁。可以说，在汹涌的城镇化大潮和蓬勃发展的经济形势下，对于这些在城市空间中拥有宅基地的人们而言，"农民"不再是一个让他们感到自卑的称谓，恰恰相反，这个身份将成为他们依据特定意识形态话语与政府展开博弈的砝码。

3. 村两委/村干部

村两委在村庄改造过程中的职责是代表全体村民到各级有关部门办理手续，尤其是用地指标的申请；安排旧房的房基认定，督促村民按时拆除；设法分配好新社区中的宅基地面积；收取村民交纳的各项费用，承接上级财政的相关补助，委托有施工资质的建筑公司按照既定规划完成中高层公寓的建设与小区内水、电、气、路等各种基础设施的施工。

不过，村两委在实践中是由4—7名村干部组成的，在如此重大的利益分配过程中，他们的权力的重要性就彰显了出来，有了这些权力，他们在灰色空间中谋取利益时便会非常顺利，而且风险很小，因为对政策细则的解释与操作时的主观裁量权就在自己手中。①

总的来看，村干部的权力体现在如下几个方面：

(1) 既有房基面积的确认权

前文已述，新社区中宅基地的分配依据之一是旧房的占地面积。在政策文本中，这一面积以当初建房时的《土地使用权证》上登记的"合法建筑面积"为准，但问题在于，村里大量的房屋占地面积与建房证上的数字并不吻合，人们纷纷将房基外扩，否则狭窄的弄堂便不会出现，水沟也不会闭塞。更何况，很多房屋尤其是老房子根本就没有建房证。如果严格按照政策执行，大多数人都将不愿意将旧房拆除。而大部分旧房未拆，新社区的建设将无从展开。尽管有关文件规定，旧房不拆，村民就没有新宅基地的竞购资格，水平套房的集体土地证和房产证明没有指望②，但这些村民宁愿村庄改造的时间无限期拖延，也不愿意自己的利益受损。用一些拒不拆房的村民的话来说："面积认了我就拆，要不然拆就白拆了，拆完了谁还知道我以前有多大面积？"

所以，政策执行中的变通就出现了。村干部不会把违章建筑的房基面积全部统计，但也不能毫不留情地一点也不计入，这成了一个讨价还价的过程。为了多计入旧房的房基面积，私底下给村干部送礼的村民不在少数。反过来，村干部会给同一派系和自己家族的成员多算面积，以得到他们的今后支持，当然，后者得了好处也不会亏欠对方的人情。

(2) 村庄成员资格的认定权

宅基地分配的最主要的依据是村级组织的成员权。在一些土地价值极

---

① 从笔者在吴镇调查时搜集到的几封上访信（参见附录12）来看，村干部以手中权力谋取土地、房产等重大利益的行为应该非常常见。之所以说"应该"，是因为我并没有去一一核实村民举报的内容是否属实。毕竟，本文是研究特定村治类型的社会学调查，而不是描述村干部腐败的社会调查，更不是福尔摩斯式的案件侦破。

② 这是吴镇旧村改造实施细则中的规定之一。此前垅村的村民在新房造好之前不愿将旧房拆除，因为建房期间他们无处居住，并承诺新房建好就立即拆掉旧房。但是在村民搬进新居以后，很多人都没有将旧房拆掉，而是继续留用和出租。镇执法大队强制拆除时与村民差点发生严重的肢体冲突。笔者在吴镇调查时，垅村的许多老房子依然矗立在马路边。所以，在垅村之后，镇政府吸取了教训，规定每个村不拆除旧房便不允许在新宅基地上建房。

高或者空闲集体土地较多的城郊村，村级组织的成员权本身就是一项财富。① 这也解释了为什么当地的农民包括他们的子女已经长期不在村内居住，但却要把户口留在村内；空无一人的老房子也要在留在原处，把房基"占住"。

本来，严格按户籍来认定村庄成员资格将不会出现争议，但问题在于户籍可以转移。一些外嫁女、大学生、退休工人甚至在职公务员都想将户口转回，且每个人都有转回的正当理由。如果没有出现村庄改造，这些"转户口"的做法属于正常行为，但是现在，村集体又不能因为村庄要改造而一律限制户籍的流动。如果要限制，从什么时间点开始限制，如何限制，哪些应该限制哪些可以不限制，都成了村内各派系争论不休的问题。对于这个问题，吴镇各村并没有明确的细则（村规民约）出台，实际情况是，村庄成员资格的认定权掌握在主要村干部的手里。要转户口，给村主任送礼成为一道必经程序。塘村的村会计老吴告诉笔者：

> 我们村去年正式启动的旧改，前几年村长（指吴大海）就把面子卖出去了，户口转进来100多人。公务员，停薪留职迁回来，主要目的是为了旧村改造分地基的。以前是这个村读书出去的，（户口）放在镇里派出所，现在又迁回来。还有退休回的，退休金一个月三四千，现在迁进来，重阳节、端午节、中秋节，村里面还要给他们发红包。凭什么他们迁进来的都有得发？社员意见很大的。这个五年里面，迁进来的人绝对不止100个的。反正是让他签个字，又不要他出钱，他大笔一挥，大中华四条。
>
> ……我们也知道，他这样弄，吃亏的是大家，但是大家又觉得吃亏的不是我一个，就算了。跟他不是一派的人会说两句，（不过）也就是说说而已，又不会影响到他的选票，到时候还是要靠钱的！

（3）宅基选位实践中的优先权

宅基地的选位对于村民尤其是有一定资金实力的富人来说非常重要。

---

① 正是由于这个原因，越州市当年进行各行政村的"撤划并"时，村庄之间很难实现合并，因为合并即意味着土地利益的重大调整，利益相对受损的小村或是位置更好的行政村会极力拒绝这种合并。

靠近路边及小区两侧的房子进出更方便、采光更好，更容易出租，同时也意味着更高的租金收入。按照地租理论，土地和房产的价格是未来若干年内租金收入折算而成的现值，租金越高，则房地产的价格也越高。村民们争夺宅基地位置的背后，是不同地块的投资价值的差异，位置更好的地块，当前投资越高，但将来的收益也更大。在岭村已经改造过的一部分新社区内，前后相邻的两排房子，同样是108平方米的地基，仅仅因为距离马路的远近不同，总价格居然相差10万元以上。

在越州市，除了被国家征用的少量用于公共建设的宅基地之外①，其余村内安置的宅基地全部以拍卖的方式决定价格：谁更有钱，谁就将得到更具投资价值的宅基地位置。这样的规则据岭村村主任包同发讲有两方面的好处：一是与抽签的方式相比村集体可以拿到多得多的选位费用于村庄公共设施的建设，"取之于民用之于民"，大大加快村庄改造的进度；二是拍卖最符合公平公正公开的原则，凭运气拿到好位置难以让众人服气，"（抓阄）偶然性太大，抓得不好的人要求重新抓（阄），只有用钱拿到的位置别人才没话讲"。不过，包村长这样说的时候可能没注意到，要求重新抓阄直至要求拍卖的应该是村里的富人或村干部，因为这样的游戏规则更符合他们的利益，同时也可以让无钱竞拍的中下阶层村民噤声不语。

村干部在选位过程中的优先权并不是规则所规定的，而是实践产生的。因为整个过程的策划者、组织者、实施者都是村干部自己，他们要弄一点小手段以便不用高价获得自己想要的宅基地并不是难事。岭村一位用高价拍得街边店面房的村民回忆起该村的宅基地选位招标拍卖大会时说：

> 去年拍卖房基的时候，村长从外面请到的拍卖师从1号店面房（指高层公寓下面的裙房）开始拍，前几个拍完后，到位置最好的12到19号店面房时，村长把竞价牌举了起来，站在两边通道上维护秩序的护村队员就把刚要举牌的人拦住了，拍卖师用远远超出正常水平的极快语速问，"一次有没有，两次，三次？"然后立即敲槌子宣布成交，最好的几间店面房就被村长弄去了。后面的几间好店面也用类

---

① 这部分被征的宅基地及地上的房产属于集体土地上的房屋征收范围，安置时宅基地选位按照抽签的办法决定，价格为村内宅基地拍卖的起始价。与旧村改造中的房屋拆除不同的是，这部分被拆的房产可以得到政府的赔偿。

似的办法被其他村干部拿到了。拍卖师和护村队的队员配合很默契的,"一二三",敲!别人都没反应过来。到了我们去竞标(的时候),拍卖师喊话的速度又很正常了。

这种拍卖方式有作弊之嫌,但是在村里说不上话的普通村民是没能力去闹事,要求重拍的。反对派的精英此时似乎也没有了动静,据说此前村主任已经找他们谈过,私下里达成了协议,至于协议的内容是什么,笔者不得而知,但从结果来看,村干部与反对派的核心人物都以低于正常水平的价格拿到了宅基地。笔者的房东说:

> 要说当村干部有什么花头,我看主要就是想在旧村改造的时候拿点地基。自己有权力,在选位和拍卖的时候想点办法,一个平方少个八百一千的,他就赚了。他们有权力,别人不好来跟他竞标,有时是事先跟别人定好,什么时候拍到哪一间房的时候怎么配合。这些事情,我们大家也心知肚明的,人家花那么多钱选上村干部,就是为了这一下。反正钱拍得少去了那是公家的钱少了,每个人自己头上倒没损失什么。城区一个平方三四万的选位费,我们这里只有两三千块,便宜。

看来,村里中下阶层的村民作为"面子小"的人,心理上也比较弱势,只要利益的侵犯没有直接涉及自己头上,能忍也就忍了。那些有能力的精英到了分配利益的关键时候能够达成一致,而中下层的普通村民则形成了"集体行动的困境"(奥尔森,2011)。

(4)工程项目的招标权、验收权与工程款的签字权

旧村改造过程涉及的款项是巨大的,村集体通过拍卖宅基地的方式收取的经费只是一部分,另一部分来自公共财政的巨额补助,这些补助是政府"统筹城乡发展、提升新农村建设水平、建立健全以工促农、以城带乡长效机制"的体现。以下是越州市农办《关于全面推进新农村建设实施意见》(全文见附录9)中规定的部分补助标准:

(1)新社区建设。就近整合、分批次建设的村人均补助标准基数为1800元,整体搬迁的村及自然村撤并人均补助标准基数为2300

元。视经济、区位条件划分四个档次：一是主城区内城中村；二是主城区内其他村；三是副城区内镇中村、园中村；四是其余村。分别享受上述标准的100%、140%、180%、220%。实施功能分区规划建设、"零增地"旧村改造的村（含"空心村"改造），人均补助提升20%。旧村改造村联建多层公寓及高层公寓，所建住房经市农办审核确认后，可按建筑面积另加奖励：多层公寓150元/平方米，高层公寓300元/平方米，每村最高奖励额度不超过500万元，奖励归村集体所有，用于新农村公共基础设施建设。

（2）村庄整治。补助标准为人均总额1350元。即：自来水200元；道路硬化300元；"穿衣戴帽"400元；湖塘沟渠治理、亮化等300元；"三拆"150元。

（3）被授予市级新农村建设示范村的，予以每村10万元。

（4）修复古祠堂、古民居（用于村民室内活动或旅游观光）的，经所在镇（街道）审核立项后，报市农办备案，经验收合格，予以每村5万元至10万元专项补助。

（5）自然村较多（3个以上）的行政村实施村庄整治，视其资金投入情况，再给予适当补助，补助标准不超过原补助额度的10%。

……

承接了巨额的财政补助，村集体便有了足够的底气来进行村庄改造。而改造的过程涉及诸多工程项目的招标，这些项目包括道路、强弱电（供电、光缆、电话线、有线电视网络等）、路灯、燃气、绿化、环卫、自来水、污水管道、湖塘沟渠整治、公厕等公共设施，当然，最大的项目是中高层公寓的建设。工程项目的招标之外，还有各种原材料的采购。尽管这些工程的合同如果金额超过3万元以上需要在镇招投标中心公开招标，村干部的决定权似乎不大，但是，施工质量如何，能否验收通过，村干部尤其是主职村干部的意见却十分重要，因为此时他们是以全体村民代表的身份在说话。况且，在施工过程中都是施工方事先垫资，工程分期验收，工程款分批打入对方账户，村干部的重要性就更加突出。正因为此，村干部在招标、施工及验收等环节中拿回扣的现象十分常见，施工单位负责人会尽力与村干部尤其是村主任和村支书搞好关系。塘村会计老吴说：

> 这些事情，别人送点人情是免不了的……也不能叫索贿，施工单位的老板都是懂行的人，肯定会有所表示的，不需要你说。这个东西，互相都有好处的，有钱大家赚嘛。①

在场域的网络结构中，村干部的官方身份是全体村民的代理人，当他代表全体村民与外界打交道，能够有资格对施工质量发表有分量的意见时，他也就具备了强大的权力。如果村干部一定要为难施工单位的老板，找到一个合适的理由并不难，俗话说，"鸡蛋里面也可以挑出骨头"。而反过来，要保证工程在村内的顺利实施，中间不因本地村民的阻挠而延误工期，保证施工完毕之后工程款顺利到位，给村干部一定的利润是必须的，甚至这些让渡出的利润会列在真实的工程预算之中。

（5）其他

村干部在旧改过程中的利益空间还有额外面积的获取、小产权房的开发、集体物业以及留用地的经营等。塘村老支书吴子林说：

> 搞旧改，村干部很辛苦的，镇里也清楚，他们（指村干部）不搞，镇里也不好发展。所以呢，村干部要在工业区买牌价地②，镇领导会卖他们这个面子。分房基的时候，跟领导疏通疏通，打打擦边球，多拿个一两间房子，几十个平方，也很正常。这种情况真正被查处的很少很少，别人又不可能拿个尺子到他家去量（旧房的面积），土管所的数字我们也看不到，很难举报的。
>
> 另外，旧改的时候，有些穷人造不起，把（部分）土地指标拿来卖，自己造小的落地房。村干部以一个价格统一买过来，买进来的土地，零碎的，卖给外面。价格比市场价格少一点，比村里高一点。有的是把房子造好了卖给外面（高于村内价低于市场价），账面上是平的，写的是统一价（指村内价），老板（村干部）私底下得点钱。这个是他自己私人投资，别人不会说的。（不过）卖的时候他们是以村集体的名义卖出去，保证以后要是拆迁的话与村里的房子同等待

---

① 老吴最后这句话的意思是，一些施工单位的股东就是村干部（其他村的），而本村的村干部也在一些施工队占有股份，这些村的工程往往会互相承包。

② 指在挂牌出让时以底价成交的工业用地，其价格远低于土地市场上公开拍卖的形式。

遇。这样买的人放心些，而且也好找，不像个人交易，到时候卖家跑了找都找不到。

吴子林所讲的后一种情况实际上是富人村干部购买村内宅基地面积建造小产权房。按照《土地管理法》的规定，村内土地和房产是不允许卖给非村级组织成员的，但在利益的诱导下，这样的买卖在当地十分常见。有时，买家与卖家会签订两份合同，一份是房屋买卖合同（法律上属无效合同，但却是实际执行的），另一份是房屋租赁合同，且租期很长，比如65年。由于没有超过70年的合法房屋使用权期限，这份公开合同是有效合同，可以在一定程度上维护买家的利益，以防变故发生。通过上述运作，村委会可以说成了没有注册的房开公司，而村干部则成了公司的投资人。

最后，当地农地征收中都有一个"留用地"的安置政策以缓和与农民的利益冲突，也即将一定比例（约5%）的被征土地在性质已转为国有土地[①]后留给被征地村，作为村庄的集体资产。村委会经营这块土地的所得每年作为集体收入给失地农民分红。通常情况下，各村会在这块"黄金之地"上建造房屋出租给商家收取高额租金。有些集体经济十分薄弱的村庄会以土地所有权入股，吸引商家投资建房，每年与商家按股份分红。当然，也有将商业用房建好后直接转卖一次性把钱分光的。无论是出租还是转让给商家，抑或是本村富豪直接承包经营，村干部在交易过程中都有寻租空间：为了拥有这块市场价值极高的地段，或者说为了继续拥有其承包经营权，商家会尽力与村干部搞好关系，其中的逻辑与工程项目的投标十分相似，此不赘述。

二 行动策略：失地农民安置的场域化演绎

从社会保障的角度来看，村庄改造是以价值颇高的宅基地来安置城/镇郊的失地农民，从而避免城镇化过程中潜在的社会冲突。这种用部分高价值土地安置农民的政策思路在贯彻过程中涉及的利益如此重大（毫不夸张地说，某些中低阶层的村民一生也仅此一次机会），以至于所有村民

---

① 土地的规划用途一般是价值较高的商业、服务业用地。

们都想尽办法在既有规则之下争取更多的好处，或者说，极力在规则的边缘处、模糊处将自己的利益最大化。

（一）送礼："转户"与"分户"

能够获得大量新宅基地指标的旧村改造可以看作是建设用地分配的双轨制：在市场分配之外，还有以户籍为界限的内部配给，拥有本地户籍的农民能以远低于市场水平的内部价获得建房用的宅基地，尽管这些宅基地及地上的房产不能在常规的二级市场上自由的转让，但却由于地利优势，可以与国有建设用地一样收获超额的垄断地租。当然，为了节约土地，以户籍为界限的内部配给原则还需加上"一户一宅"的安置原则以尽量收缩总用地指标，毕竟，一个祖孙三代的五口之家并不需要与五个单独立户的光棍享受一样的总用地面积。

不过，村庄的户籍又不是一个固定的、静止的范畴，人们不再像农业社会中那样一辈子生于斯、长于斯，村庄对于几乎占半数的人来说只是一个出生地或停留地而已。那么，对于这些"曾经的"村庄成员，如何根据户籍原则来界定他们在土地分配中的权利，就成了一个十分重要的问题。先来看看吴镇依据越州市的相关文件制定出的实施细则（全文见附录10）。

> 第九条　建设用地审批对象：
> 1. 村级组织实有在册并且享受村民待遇的成员；
> 2. 服兵役前属本村组织成员的义务兵、士官；
> 3. 入学前属本村组织成员的全日制大中专院校在校学生；
> 4. 在服刑、劳教前属本村组织成员的正在改造人员。

细则按照以户籍为界限区分内部人与外部人的原则规定了享受宅基地指标的特定人群，但是，除了目前户口在册的村民以外，一部分户口不在册但"曾经"在册的人也能够以同等待遇参与宅基地分配，这包括正在服兵役的军人、正在上学的成年人以及正在劳改或劳教的"改造人员"。

同时，对于那些户口在册的村民而言，也不能完全按照户籍是否在村而简单划界，而是要按照实际状况来做出区分，这其中包括外嫁女、离婚户和"半边户"：

- 年满20周岁的男儿允许单独立户。（第十三条）
- 有女无子户允许一个满20周岁的属本村集体经济组织成员的女儿单独立户。（第十三条）
- 符合立户条件且未婚的子女安排90平方米以内，已婚未育的子女安排108平方米以内。（第十条）
- 外嫁女户口仍在册的，凭嫁入地所在镇街国土所开具的未享受住房政策（旧村改造、空心村改造、异地搬迁、住房特困户等）的证明或市住房管理委员会开具的未享受房改政策的证明，可享受36平方米，否则不予享受；嫁给居民户，户口仍在册的，享受36平方米，其子女不再享受。（第十四条）
- 离婚后外嫁但户口仍保留在册的按在册外嫁女计算。（第十四条）
- 夫妻一方属于本村集体经济组织成员，一方不属于本村集体经济组织成员但属于市内非农户口的，凭市住房管理委员会开具的未享受房改政策的证明，可算审批对象人口。（第十四条）

经镇干部的解读，这几条规定综合起来要表达的意思是，即将结婚的儿子或女儿若单独立户，可以分到90平方米，男儿如果已婚则可以分到108平方米，多出人均面积36平方米的部分是为将来预留。不过，对于女儿来说，除非招婿入村，户口未转走的出嫁之女即使像村内成年男性（满20周岁）那样单独立户，也不能享受"一户一宅"（108平方米）的待遇，只能分到36平方米的用地指标。嫁到本村（户籍转入）后又出现离婚的情况，但离婚后没有再嫁，可享受本村人口单独立户的待遇。这种情况下，不是本村出生的人也算一个独立户，只要户口在村，且人还在村庄里生活。这些规定考虑到了农村"续后"的生育观念，并且也体现了对在村生活人口的安置。

上述最后一条的意思较为含糊，它的意思是，"一农一城"的半边户，如果居民户的一方是本市户口，则可以像本村户口那样享受常规待遇。但对于一方是本村户口，另一方不是本村成员且不是本市居民户口的，细则没有明确规定。结合前面的规定可以发现，若男方属本村户口，女方不属于，则可以按一户计算（男儿单独立户）。但如果女方是本村户口，而男方不是，且男方也不是本市居民户口，那就只能按在册外嫁女计算（除非男方入赘）。

此外，还有一种特殊情况，那就是以前是本村成员，现在户口已经迁出，但在村内仍有房屋。此时，为了尊重既有的合法产权，必须拿出一定的内部指标来予以安置：

第十一条 非村级组织成员，按下列标准确定安置基数：
合法旧房建筑占地面积在108平方米以下的，按1∶1的比例确定安置基数；合法旧房建筑占地面积在108平方米以上的，超过108平方米部分按照1∶0.5的比例按实确定安置基数，但最高不超过126平方米。

可见，村庄改造时户口不在村的，只能在高层公寓中申购水平套房①，且面积指标仅与旧房面积相同，超过108平方米的部分只有1∶0.5而不是1∶0.7的折算比例，最高限额为126平方米而不是140平方米。

此时，在强调村籍身份的原则下，能否想办法实现"转户"就变得十分重要了。所谓"转户"，是指在情理范围之内通过关系运作使户口的性质发生变化。"转户"行为分为三种情况。第一种是在旧村改造开始之前设法将户口转回村里。与完全意义上的村外人不同，他们有可能通过找关系获得村干部的批准让户口转入，这些人包括已毕业的本村大学生，已外嫁的本村妇女，原籍本村的退休工人、在职的企事业单位工人甚至公务员。② 依据公安部门户籍管理上的"三投靠"原则（夫妻互相投靠、父母投靠子女、子女投靠父母），这些人可以把户口迁转到农村，因为他们有直系亲属是本村村民。③ 而一旦直系亲属可以迁入，其他在严格意义的规

---

① 因为其安置系数为1∶1，而垂直房的安置系数为1∶3，多层或中高层公寓的安置系数为1∶4.5，高层公寓的安置系数为1∶6。

② 参见《义乌公务员"争当农民"为哪般？——当上"伪农民"就可进村分钱 已有200余公务员"村籍"被开除》，《扬州时报》2010年7月14日A16版。亦可参阅人民网相关报道（http：//society.people.com.cn/GB/1062/12130188.html）。

③ 塘村的村支书包根福已经在该村进行旧村改造之前把自己读完大学后在家待业的女儿的户口转了回来，并在自留地上建了一栋房子，通过自己的关系把手续办齐，且以女儿的名义领取了房产证和土地证。村民们羡慕地说，"这一下就是上百万的资产啊"。

定之外但又在具体场域中可以通过人际互动中的情感关系运作而予以通融的灰色空间便会出现，比如身处单亲家庭的外甥、侄儿，重组家庭的前夫子女，在村外领养的子女，在村外退休又无子嗣的叔叔……

第二种是将"差等待遇"的村内户口转为享受常规待遇的户口。如前所述，年满 20 周岁的男儿允许单独立户，享受 90 平方米，有女无子户允许一个满 20 周岁的户籍在册的女儿单独立户（已外嫁者除外），并且已婚者安排 108 平方米。这意味着年龄是否满 20 周岁成为一个重要界限，已婚与未婚也是如此。此时，已满 19 岁的子女的父母就会在填表上报时修改年龄，并设法让村干部通过；未婚的男青年抢在村庄改造开始前赶紧完婚，而女青年则反过来，如果夫婿不是本村人就要推迟结婚，最多只订婚而不领证。因为对于这些适婚年龄的女青年来说，如果能在出嫁之前分到本村单独立户的土地指标，出嫁之后到丈夫的村庄同样可享受独立的住宅，因为她的丈夫可以作为成年男子单独立户。[①] 如果实在是年纪太大"熬"不住，那么要嫁也要嫁给本地城市户口的居民户。本来，村干部如果严格按规定操作，那么在村庄改造前男青年"闪婚"和女青年故意推迟结婚的情况是不应被承认的，但是，如何认定他们的婚姻是"故意"提前或推迟？这里面的主观裁定权要基于特定的内部信息，上级不可能加以核查，况且，这又是村内的利益分配问题，应由村委会自行决定，政府不好干涉，因而是村干部们可以凭手中权力灵活操作的空间。一般而言，对于这些情况，只要村民们"意思"一下，村干部不会故意为难。当然，更多的情况是熟悉规则的村干部（因其参与了规则的制定）去引导他们的亲属和朋友，然后引来众人的模仿。

第三种是已享受市民身份的利益但又长期未将户口迁出。这一点是值得强调的，当地人在十多年前越州市旧村改造启动时便预期本地农村户口的潜在价值，所以，除非逼不得已，或者是户口迁走后有更大的比较收益，人们通常都不会轻易将户口从原村庄转走，摆脱自己的"农民"身份。这其中包括已出嫁的女儿，再嫁的本村媳妇，毕业多年的大中专院校学生。最极端的情况要数在城市有稳定收入的公务员，一些 20 世纪 80 年代初乡镇招聘的干部在转为公务员后户口未迁出，一些毕业生考上公务员后也未将户口迁出。这种实质上户口已迁出（因为在城市享受了相关待

[①] 前提是丈夫也是本地农村户口，这也是当地最为常见的婚配方式。

遇）但却又未迁出的情况也可以看作是"转户"行为。

村民们为了使利益最大化而做出的常规行动除了"转户"之外还有"分户"。《实施细则》第十条规定：

> 建设用地审批对象，以户为单位按下列标准确定安置基数：
> （1）1—3人的小户安排安置基数108平方米以内，其中，子女单独立户的父母一人安排36平方米以内，二人安排54平方米以内；
> （2）4—5人的中户安排126平方米以内；
> （3）6人以上的大户不超过140平方米。

不难看出，宅基地面积以村级组织的成员权为基准，按户分配，但人数越多，平均面积越小。1人户36平方米，2人户54平方米，3人户108平方米，4—5人户126平方米，6人及以上户140平方米。例外的情况是即将结婚的儿子或女儿若单独立户，可以分到90平方米，如果已婚且夫妻二人户籍都在村，则可以分到108平方米，多出的部分为将来预留。

规则这样拟定的目的是为节约总占地面积，但是"4—5人"、"6人以上"的户型在现实操作中并不存在，因为村民们为了避免明显的"吃亏"现象，都会争取分户、立户而分到更多的宅基地，而这又是在规则许可范围之内的。即使是同居共财的三口之家，如果子女已经成年，那么单独立户之后全家至少可以得到54+90=144平方米。更有甚者，一些老夫妻为了多得面积而办理"离婚"手续，因为两个单人户可得72平方米而两人户只有54平方米。在巨大利益的驱使下，多口之家可以拆分到每人一户的程度，而这种拆分仅仅是在登记上报信息时转换了一种记录格式，并不会影响其当下的生活。

值得强调的是，"分户"的方案能否通过，权力握在村干部尤其是村主任手中，因为土地管理部门不可能辨识出记录在文本中的一串串名字在日常生活中的真实居住状态，他们没有在村庄中长期生活和观察而获得的地方性知识。所以，在吴镇的具体语境中，村干部拥有的是决定各家各户房基面积之具体计算方法的权力，这种权力十分微妙，它来自非常具体的村庄内部信息的认定，如既有房基面积、村庄成员资格、家户构成与规模等。这些信息在毫厘上的偏差，就能关系到村民数万元甚至数十万元的收益。倘若不是享有地利之便，如此规模的收益需要村民们在工厂、店铺和摊位上付出多少艰辛的劳动啊！

可以说，在登记上报的格式化的信息与鲜活的现实之间，村干部是权力网络中唯一具有辨识权的经纪人：他既身在村内熟人社会的网络之中，又嵌入国家政权体系的末端，换句话说，他们就是国家权力网络与村庄社会关系网络的节点。正是由于村干部在权力的网络结构中占据着关键性的枢纽位置，他们作为国家设在村内的合法代理人在分配公共资源的时刻也就拥有了特殊的微观权力。这种微观权力在规则划定的界限边缘造就了一个庞大的灰色地带。村干部发挥自己的能动性可以将界限之外的利益运作到规则之内，反过来，也可以将模糊的未经明确界定的利益排斥出规则的边缘。有了这样的权力，村民们要想顺利完成"转户"和"分户"以寻求非常规利益，向村干部"送礼"自然而然地就成了潜规则中必经的程序。

（二）争权

"争权"的策略在村庄中有两种表现方式，一是在村庄改造过程中争夺话语权，二是直接参与竞选而成为村干部。前者多为村庄的中下阶层所使用，而后者则是上层富豪和中上层精英的"专利"。

先来看看岭村一位普通村民提供给笔者的"请愿书"：①

尊敬的＊＊＊领导：

我叫包文忠，今年48岁，是吴镇岭村村民。写这封信是为了说说自己对旧村改造的看法，我强烈建议越州市全面停止旧村改造！这些年来，越州市的旧村改造产生了以下问题：

1. 村官腐败。村干部为了在改造中多得好处，贿赂选举普遍，滥用权利（力），很多村干部在此过程中发了财！

2. 社会不公平。那些旧村改造的人，根本不用做任何事情，每天吃喝玩乐，日子过的很舒服，那些农村出去的大学生辛苦工作，每年交越来越高的房租、水电费，却一无所有。

---

① 这个村民40多岁，初中文化水平，家庭经济条件一般，但喜欢上网浏览新闻，且性格有些偏激。他拿着这份"请愿书"准备在报纸上公布的"市长大接访"当天递交给相关领导，没料到却在市委大院门口被蹲守在一旁的镇干部截住，"请愿书"也被当作上访信没收。好在他自己还留了一份在家中，笔者在村里调查时他主动提供给笔者。下述节选的引文笔者基本保留了原样，但所涉及的人名地名做了技术处理。

3. 男女不平等。男的108平方，女的36，试问，计划生育的国策能够这样执行吗？很多村出现大龄女青年，她们为了等旧村改造，推迟结婚、推迟生育，或者偷偷摸摸结婚和生育，耽误掉越州一代女性。有人说是自找的，试问，为什么男的不必要承受这些？在相同条件下，哪个人不想得到多些呢？男的为了得到更多地基，赶紧随便找一个，有些认识一个月就结婚了，马上生小孩，就是为了赶旧村改造时间，双方不了解，最终导致离婚悲剧！！！

4. 离婚增加。有些人为了得到更多地基，夫妻选择假离婚，到最后变成真离婚！！

5. 社会观念扭曲。现在越州每个人都知道，参军参错了，读书读错了，而坐牢是正确的。80年代出生的这些（人），念高中时候，如果不努力读书考大学，而是去偷，去抢，可能到现在可以带来更好的命运。考上大学，毕业可能就是下岗。那些牢里出来的，（却）可以贷款，可以参加旧村改造，可以安逸收房租生活，而大学毕业的还要交房租。

……

尽管岭村的一些村民说包文忠这个人"成天神经兮兮""脑子有毛病"，但应该肯定的是，他所持有的一些看法绝不是空穴来风，而是其具体生活环境中的舆论反映，只是他的表述方式十分特殊，以至于略显滑稽。村干部对他的"全面停止旧改"的观点的评论是，"吃肉会塞着牙缝，难道就不吃肉了？"不过，对于笔者所转述的"男女不平等""社会观念被扭曲"等看法，村干部们也认为不是没有道理。

然而，有意思的地方恰恰在这里。越州市的新社区建设实施办法和吴镇的实施细则中对于男女所享受的不同宅基地指标的规定其实是基于我国农村妇女"从夫居"的客观事实：按照农村固有的传统，女方应在男方的村庄居住，户口迟早会迁入，所以为其预留居住面积。妇女在娘家不享受宅基地指标，并不意味着她们在婆家无法享受。如果严格按照居住状态来分配，户口在册的外嫁女本来就不应该享受娘家所在村的地基。只是考虑到一些妇女可能不是嫁到本市的农村，享受不到此项福利，才用36平方米的指标作为妥协。反过来再看村内关于男女不平等的舆论，却是很好地利用了"男女平等"的解放话语和计划生育的基本国策对于"生男生女都一样"的强调。按照村民们的逻辑,既然房基男多女少,那不是鼓励大家都生儿子吗?但是,村民们不会去否定女性在婆家生活的传统,也不会在祭拜祖先和丧葬仪式时让女性来承担男性的角色。所以,此时村内舆论对于男女平等的刻意追求只是部分生育了女儿的家庭在通过营造话语氛围时为自己追逐利益制造正当性。

同样,村民们对于犯罪分子劳改之后还能回村享受宅基地一事愤愤不平,这种"不平"是建立在大学毕业生不能回村享受的基础上:同样是曾经的村庄成员,为什么前者可以而后者不行?为什么大学毕业生交租而犯过罪的人收租?如此分配岂不是鼓励村里的孩子不读书而去犯罪?

但是,这种看法是站不住脚的。犯罪分子改造完成之后属于社会的弱势群体,在劳动力市场中备受歧视,在亲密群体聚集的社区中给他们一定的宅基地指标是国家基于社会控制和社会稳定的考虑做出的安排。倘若不是在土地价值颇高的发达地区农村,而是在人财物大量流出的中西部地区,恐怕谁也不会对现有制度给他们安排宅基地而耿耿于怀。相对而言,受过高等教育的大学毕业生有着完善的生存技能,他们是社会的栋梁之材,应该凭着自己的能力在城市安居乐业,而不是身在城市享受市民待遇的同时还要在原籍所在的村庄分享垄断地租。如果按照村民们的逻辑,不仅是大学生,所有的曾经的村庄成员包括在职的公务员都应该回村分享宅基地,因为他们与大学生一样在道德上比"劳改犯"更为优越。换句话说,之所以认为大学生比"犯罪分子"更应分到宅基地,看起来似乎是基于引导社会风气的需要,其实是家里有大中专毕业生的家庭为了争取利益而在村内造势。

说到底,规则其实是一种利益分配的界限,界限一经划定,那么就一定导致有人相对得利,也有人利益受损。即使修改规则重新画线,争论并不会就此停止,而是会以另一种形式呈现。此处的宅基地分配规则就是一种比较具体的界限,划界的依据是村庄成员权,而不是道德标签或某种意识形态。村民们下意识的反应不过是将"划界"的技术问题与道德问题混同起来,寻找既定规则与道德话语或某种既存意识形态话语的矛盾,从而使自己谋求利益的行动在情理上占据高位。有了这种优势,他们拿着礼物去找村干部的时候就可以名正言顺,"理直"而"气壮":"既然政策定得不好,大家也觉得那样做说不过去,不如您就给我个面子吧。"此时,在规则的部分细节之合法性被消解以后,村干部如果再拒绝顺应他们的要求那便是故意与之为难,是对其个人有意见而不是恪守原则了。

通过制造舆论掌握话语权只是一种间接的"争权",而"争权"的第二种方式,则是设法使自己或者自己家族、派系的成员直接通过竞选成为村主任,从而以"一把手"的身份主导村庄事务。倘若难以成为主要领导,能够进入村两委班子,参与到村庄改造的细则制定、决策及操作过程中去,也是相当不错的选择。因为只要进入了村委班子,即使不是做决定的"一把手",也能避免对规则操作细节不知情的状况,知道怎样的灰色空间是可以通融的,更能够因为身处村干部的小团队中而分享前述的特殊权力。如果两委班子内部不和,一部分人被利益共同体排斥出去,那么被排斥者将反戈一击,成为前者在场域内寻租的最大障碍。熟稔人际关系平衡术的村庄领导要想成功地通过新宅基地的分配实现村庄土地在非农化运作中的巨幅增值,就一定不会把村庄政治精英的利益共同体局限在很小的范围之内,相反,他会小心地估算每个人的行动能力,并在此基础上把分享非常规利益的圈子从村干部开始有层次地向外扩散开来。①

这里所说的非常规利益是相对于规则明确规定的利益而言的,在规则边缘的模糊处,存在大量的灰色空间。村干部作为村庄的合法代理人拥有实践中的优先分配权,他们决定着这块灰色的蛋糕分割。正因为如此,在涉及如此重大的利益分配的城镇化进程中,村庄的权力场域变得十分活跃,村民的政治参与更为积极,富豪与精英中的"无政治阶层"②明显减少。为了在土地增值的运作过程中获取更多的利益,或者说为了确保自己在利益分配中"不吃亏"③,一些富豪不惜投入重金参与竞选,结果大大

---

① 从这个意义上讲,没有在竞选中成功胜出而顺利掌权的对立派系的精英并不担心在任的富人村干部有意针对自己,即使他们会为难反对派中的普通群众,但对于其"领头羊"却不会直接冒犯。村干部们很清楚这些反对派的精英所具备的能力,他们有人脉可以依托,也有足够的资本去活动。况且,随着贿选的普遍化,在任的村干部也不敢确保自己下次一定能选上。因此,在分配利益时给头面人物"留足面子",这是村庄中最基本的治理术。

② 指按照政治参与程度划分的政治分层。参见吴毅《村治中的政治人》,《战略与管理》1998年第1期。

③ 这种情况下参选的富人针对的往往是普通村干部的职位,而不是村主任或村支书。他们无意于承担起整个村庄的土地运作的重任,也没有存心要在村干部的位置上"捞一把",而是家里有人属于实施细则中的边缘群体,他们的宅基地面积可能会有,也有可能没有,有可能是正常待遇,也有可能是差等待遇。此时富豪或精英自身如果能够成为村干部,那么其家人的利益就可以得到保证。

抬高了村内贿选的价格水平，而在非农化的土地凝结着极高垄断地租的城郊和镇郊地区，选举中的竞争达到了白热化状态。这可以很好地解释本书第三章中所陈述的现象，即城镇化水平越高，村级贿选越严重。那么，贿选金额被抬高的上限是什么呢？答案是村干部非常规收益中合法所得的最大值。之所以强调"合法"，是因为通过灵活操控规则获得的土地及房产是其正当所得，不用担心查处。① 换句话说，这些收入是"安全的"，即使面临正常的审计与核查也不会出现问题。倘若这些"合法"所得仍不能抵上他们在贿选中的投入，那么绝大多数富人就不会参与。用直接贪污或挪用公款的方式来平衡账目，风险系数太高，而对于这些每年做生意的收入稳定在数十万的富人而言，为了增加一点并不算显著的收益而冒入狱的风险，确实没有必要。

（三）"拒拆"

以上所述的"争权"手段呈现出了村内多数人的行动策略，不过，在村庄土地增值过程中谋求非常规收益的，除了投入资金以获取权力的富人和用情理加礼物"开后门"的普通村民，还有用"拒绝合作"②的手段迫使村两委妥协的"钉子户"（吕德文，2009b）。

前文已述，村庄改造是发达地区农村地方政府在建设用地指标刺激下展开的旧村拆除与新村集中建设的运动，通过将农民分散的建房行为集中完成，以使其在外部景观与内部设施上都能融入城市，避免村庄在被动城市化过程因拆迁安置的困难形成难以治理的城中村。尽管这个过程的功能等同于拆迁安置，但由于旧房的拆除与新房的建造或选购乃是农民在利益诱导下的自愿行为，因而基层政府可以在很大程度上绕开拆迁的难题，而把协调和实施村庄统一改造的任务交给农民自己的组织——村委会。

---

① 老板干部们在工程项目的运作中可以通过参股的方式获得投资收益，这是作为工程承包商网络中合伙人的正常利润；至于在各种场合下接受的回扣，以及普通村民或其他人赠送的礼物（包括大型超市的消费卡），则是私人间的人情往来，这属于隐私空间中的个人自由，与公共资源彼此分离，账面上也无法显示。

② 旧村改造中政府投入了大量补助参与建设的新宅基地并不是农村的公共品，而是一种行政村范围内的俱乐部品（柯武刚，2004：217—220），其使用权的界限十分清晰，且是长期持有，可以排他使用，但与私人品不同的是，它需要全体村民达成合作，在相对较短的时间内集中完成"拆"与"建"的行动，才能够顺利获得新宅基地及新房的使用权。

然而，尽管存在较大的利益空间，要想一个行政村内的全体村民统一行动，在较短的时间完成拆房与建房，那也绝非易事。即使建/买不起新房的中下阶层可以通过村内的交易转让出部分指标以筹得启动资金（见下文），但是其中的一些不肯参与合作的钉子户却会坚持"拒拆"以迫使村委会做出让步。换句话说，绝大多数钉子户并不是真的不想拆掉旧房，而是想通过故意拖延的方式让村干部满足他们的各种要求。这些要求除了超出规则的"转户""分户"以外，更多的是要求多余计算旧房的占地面积，尤其是计入"违章"建筑的占地面积。此处的"违章"之所以打上引号，是因为对于一些没有《土地使用权证》的旧房而言，哪些属于违章，哪些不违章，基层组织有着充分的主观裁量权。

那么，为什么这种拒绝拆房的行动能够奏效呢？这首先是因为一些村庄的旧村改造仍要利用此前的旧宅基地。旧房不拆，新社区的总用地面积便不足，"选位"与建房活动就无从谈起。而在一些"整村搬迁"的地方，倘若旧房不拆而允许村民建新房，则新房建好后再去让村民拆掉旧房将会难度倍增，村民自己不拆而让行政执法大队前去拆除，引起的社会矛盾将极难平息。所以，《越州市城乡新社区建设实施办法》明确规定："村级组织应在建设用地批准后，新房建设启动前完成旧房拆除。"①

既然政策规定，旧房不拆，则新房不能建，那么钉子户坚决拒拆，有着巨大增值空间的村庄改造计划将就此搁浅。钉子户不会顾及全村人的利益，哪怕旧改的延后将影响村民们的房租收益，同时也将提高今后建房的建筑成本。

从阶层分布上看，钉子户以普通阶层和贫困阶层的村民居多。这当然不是说穷人就天然倾向于扮演违背集体利益的角色，而是因为他们要设法使自己得到更多的利益，同时又不愿或者是没有能力通过拒拆以外的手段来获得村干部们的让步。换句话说，对于没有经济资本去争夺权力的中下阶层村民而言，要得到非常规利益无非有两种选择，一是给村干部送礼，二是拒绝合作，前者是软手段，后者是硬手段。不过，"送礼还得看人"。如果村民所提的额外要求尚在规则之内，只是处于边缘地带而已，村干部会收礼；或者在规则之外，但却是村干部的家族成员或派系的核心，村干

---

① 参见附录8《越州市城乡新社区建设实施办法》第二十五条第七款。

部也会收下礼物，但他需要动用自己的关系网以解除风险。但是，村干部不会为了一般人去冒这样的风险。

选择当钉子户的人，动机也比较复杂。有可能是预判村干部不会收礼；有可能是觉得求人办事"掉面子"；更有可能是坚信这份利益就是自己的，没有必要低声下气；还有人抱有这样的想法：反正自己不拆也不会损失什么，"别人拆了，出租房的房源就少了，我的房子的租金就上来了"。当然，这些想法往往是杂糅在一起的，无法断然区分。从笔者在岭村调查到的几位钉子户来看，这样的选择，与其人生经历、性格、气质、处事方式等多种个人因素有关。他们要争取利益，但拒绝被寻租，而且固执地认为那份模糊地带的利益就是自己的，别人没有理由剥夺。他们所认的"理"非常细节化，追溯到十分具体的过往事件，以证明边边角角的面积都是"合法"占地面积。即使大多数村民并不认同，他们仍认为别人应该按照他的思路来思考问题。

相对而言，村里的富人就表现得非常洒脱，不去计算一毫一厘的得失，他们要的是时间，是尽快完成新房的建造，尽早将利益兑现。在他们看来，与其去斤斤计较蝇头小利，不如提高办事效率，其中节约出的成本足以抵消微小的损失，"为了一点点的好处天天胡搅蛮缠，实在丢不起那个人"。当然，他们之所以能够表现得如此超然，是因为他们有足够的资本来投入，不用像中下阶层的农户那样耗费心思去赢得一点面积，然后在村内转让出去，以获得基本的启动资金。对于富人来说，早日启动最重要，而对于穷人来说，能够启动最重要。

村干部对钉子户非常头疼，岭村村主任包同发说：

> 最烦的就是这些蛮不讲理的人。要求不过分，我们可以考虑。一下子狮子大开口，那可不行！哦，你说是你的，我就要给你，那好，现在我给你了，别人心理就不平衡，他说他吃亏了，也不同意签字。那我是不是也要按他要求的办呢？每个人都这样，我们申请下来的那点面积哪里够分？有的人很好笑的，说，"反正你要给我想办法！"我又不吃你的喝你的，凭什么给你想办法？

包同发的话值得咀嚼：如果村民对非常规利益的要求控制在较小的限度内，村干部也许会在某些条件下做出让步。但是，如果要求明显在规则之外，那么村干部站在集体的"公"的角度显然不会妥协。轻易向钉子户妥协将会造成极为不利的示范效应，最终造成已经形成的合作局面崩盘。村干部若对少数人开了口子，使其不付出任何代价就满足了利益诉求，那么所有人都会基于各自的具体情况提出五花八门的要求："只要态度强硬就可以获利，我为什么不可以？难道我就是'软柿子'？"

村干部们应对钉子户的方式也有"软手段"与"硬手段"两种，常规的"软手段"是让他们"出丑"，即把钉子户执拗的争利行为设置在公开场合发生，引来众人的冷眼与鄙夷。其次，是私下里上门"做工作"。"做工作"的含义非常丰富，它包括"讲道理、讲大局、讲形势、讲感情、说好话、请吃饭、请喝茶、请唱歌……摸清楚他们的亲情关系，通过关系网不断去磨，在酒桌上解决问题"。除此之外，村干部还使用了一些让人啼笑皆非的手腕。比如，跟教委的领导打招呼，让学校的老师跟孩子说，"你爸爸是钉子户，他这样做你以后会被人瞧不起"；跟交通部门打招呼，告诉钉子户的（摩托车）车牌号，发现违章即扣押车辆，不拆房子不能取车。类似的还有开介绍信、办各种证件（身份证、准生证、结婚证等）时村委会不签字等。[①]

而硬手段，则是在工期临近时，针对剩余的少数"硬钉子"所使用的，包括停水、断电、挖路等，但是钉子户们可以重新点起油灯，甚至启用荒废了十几年的水井……不过，即便如此，这些钉子户也不会像个别上访户那样为了村庄公共利益去查账、去举报，他们只在涉及自己切身利益的时候才会表现得百折不挠。

包同发对笔者说，提出特殊要求又没有得到满足的村民都是潜在的钉子户，而对付钉子户的办法要成功，秘诀在于把握时机，时机成熟了，使用一些手段才会奏效。而判断时机是否成熟的标志是钉子户的数量，如果钉子户成群，又加入了对立派系，工作是根本无法开展的。只有钉子户数量少，不成气候，启动村庄改造的时机才算到来：

---

① 这种治理手段是陈锋（2012）所讲的连带式制衡，这是中国基层组织在非正式或半正式治理实践中的内在机制。基层干部将各种正式与非正式的治理资源统筹配置、捆绑连带，以此来规制村民，完成治理目标。陈锋认为，乡土社会的不规则性或者说规则的多元化是连带式制衡的社会基础，而中国农民与西方相异的"捆绑式的权利义务观"构成了这种权力运作的价值基础。

旧改这个事情，我们村改居的现在叫新社区建设。其实这个事我们好多年前就想做了，肯定是赚的，早改早好，但是村民的意见一直不能统一。哪些人不想搞呢？手里没钱的、违章建筑多的、房子刚刚装修没多久的、原拆原建的、孩子还没大的、大了还没结婚的、外嫁女要转户口回来没转成的……什么情况都有，反正就是怕自己的一点利益少掉去，要到最有利于他的时机才肯拆（老房子）。每个人都这么想，好了，等你的时机成熟了，别人的时机又不好了。大家都不齐心，没法弄。

那么，怎样才能形成这样的时机呢？镇干部们给了笔者一个非常形象的回答："捂盖熬粥"。它的意思是，除了一些要建造公共设施的关键地块之外，政府不用去主动催促村庄进行村庄改造，而是尽力搞好城镇建设，逐步形成工业区、商贸区、文化区、住宅区的格局。当高态势的经济发展、优越的交通条件推升了城镇周边的租金市场价格而村民又无余房可租时，村庄的舆论就会发生转变，钉子户们的各种理由会被力图改变现状的村民所驳斥。假以时日，钉子户将被视为自私的异类，几乎无人与他们来往。久而久之，钉子户的阵营将越来越小，因为他们可以声称自己不惧怕与富人村干部发生冲突，但却难以在长期的生活中忍受同村人异样的眼光。最后，当大多数钉子户找准台阶签下协议，同意拆掉旧房的时候，村庄改造的时机就成熟了。

（四）变卖指标："贫富调剂"

前面所讲的三种行动策略针对的都是非常规收益。但是，对于村里经济实力不足的人来说，想顺利地获取常规收益也是很困难的，因为这需要充足的前期资本投入。① 虽然银行及时推出了抵押贷款的政策，农户只需40%的资金就可以启动建设，然后用租金收益还贷，但问题是，这40%的资金也高达数十万元，对于村庄中低阶层的村民而言仍然是一个过于庞大的数字。怎么办？

塘村的会计老吴说：

---

① 可参见表4—3中对一户三口之家的短期现金投入的估算。

我们这里，50%的都不能算有钱人。一般的人家，儿女婚嫁费用，彩礼、婚礼、三金，人情，支出很大的，他们一定要咬紧牙关建房的话，那肯定是要借钱，还不能装修，先把毛坯建起来再说。这还要他的亲戚里面有当老板的。借钱去做生意不行，建房子是可以的。① （不过）借钱都要给利息，比银行的利息高才借，关系好的，（月息）1分，差的，2分、3分。高利贷，5分到1毛的都有。现在银行（存款）的年息是3.25%，摊到每月半分不到，你看看这个里面差别有多大！

借得多，时间长，风险就高，一般人不肯借，只有去找高利贷。（但是）一般人吃不消那个利息。借高利贷的，都是做生意的老板，资金链断掉，没有流动资金了去借来急用，周转一下，清货出去马上把钱收回来。② 所以呢，除非是把房子预先卖掉一部分，（否则）借不起这么多钱，还利息都能把人还死。

老吴所说的"把房子卖掉一部分"，是指经济实力差的农户选择短期内资产容易变现的高层水平套房，而不是选择具有重大投资价值的垂直房。水平套房的房产证是相对分离的，前文已述，一户三口之家拥有6套水平房的指标，他们可以在交纳定金前将一部分房子通过中介预售给富人，以筹得所需的首付款。这在吴镇的村庄里被称作"贫富调剂"，并因其可以推动村庄改造的尽快完成而受到上级领导的鼓励。

笔者曾经就村庄改造中的建房问题访谈过塘村一些中下阶层的农户，他们的常见回答有，"没打算，想不了那么多""到时候去借，借不到就和别人凑间（发音为'干'）"。让笔者诧异的是，几乎没有人回答"找亲戚朋友帮忙"，并且相当一部分人并不愿意选择高层套房并将部分房产预售，而是要想办法建"有天有地"的垂直房。笔者想，这既是由于他

---

① 这是因为建房的收益是稳定、可预期的，风险很小，而且房子是不动产，实在无法偿还，可以将房产作为抵押。但是做生意就不一样，一旦亏本，要还钱是相当困难的。
② 在需要钱急用的时候，中小企业主找银行贷款的成功率很低。且不论在没有担保和抵押而单凭信用的时候银行不会批准，就算是能够批准，所需的时间也太长，不能救急。正因为此，高利贷在当地十分普遍。只是，这种民间金融长期处于合法与非法之间的灰色地带，得不到国家的正式认可。

们长期以来形成的居住习惯,更是因为"三层半"的垂直房具有稳定的预期的租金收入,换句话说,他们不想为了短期内的现金收入而失去今后的长期生活来源。他们的办法是"凑间"。

> 凑间,就是跟别人合在一起建房子。有的是钱不够的人卖一些(土地)指标给有钱人,比如我有108平方米的指标,卖给他36平方米,他拿钱给我,我就建72平方米的。也有穷的跟穷的一起建,面积都小掉,多出的面积卖给他们(富人)。还有一些人,一点钱都没有的,把面积卖了,让别人给他建好,自己直接住进去。有钱人呢,这里买点,那里买点,凑足108(平方米),就可以起一栋落地房了……反正一个村的互相可以调,总的面积控制牢,这些都叫凑间。

老吴所说的第一种情况是农户转让一小部分宅基地(指标)之后,自己仍然独立建房;第二种情况是"穷人跟穷人共一个房基,房子里面相互隔开";第三种情况是"穷人跟富人共一个房基,富人把房子建好,隔出一部分给穷人住"。之所以要"凑间",是因为村庄规划规定了各具体地块的房屋外观和户型面积要整齐划一。在贫富间相互调剂的过程中,穷人转让出自己的部分宅基地(指标),也就减少了建房面积,如果减少以后不能满足某种户型的面积要求,就需要与他人"凑"在一起共用一个地基。管理部门验收时的硬性要求是总用地面积与各类户型的占地面积合乎规定,但对于户型内部的房间如何分隔则不做限制,村民们可以互相协商、灵活安排。而村里的富人是选择与他人"凑间",还是购买零散的面积集中起来成为独立的户型,抑或是以村集体名义参股购买再建房售出,将视其与转让者谈判的具体情况而定。

村里的富人之所以接受他人的预售或购买他人转让的宅基地指标,原因也很简单,那是因为贫富间谈判决定的预售或转让价格处在村庄内部的成本价格与市场价格之间,但其出租的盈利能力与市场价的房产却不相上下。正是因为其稳定的收益空间,村庄改造中溢出的房地产(指标)才会成为风险小、利润大的上佳投资品。从这个意义上讲,老吴所说的三种情况当中,最后一种其实是最"吃亏"的,因为这种情况下他们"卖出"的指标最多:那些没有丝毫启动资金的贫困户们只能将大部分具有良好投资价值的宅基地变卖出去,成为富人代其建房时赚取的利润。

除此之外，还有一种不得不提的"调剂"现象，那就是住房特困户。前文已述，住房特困户的宅基地指标是政府作为一种类似于扶贫安置的方式无偿划拨的，更明确地说，住房特困户不用向村集体交纳选位费而直接建房，这就大大节省了他们的建设成本。然而，这一具有良好意图的政策落实到村庄场域内却是另外一副模样。岭村的一位村民小组长说：

> 住房特困户的用地指标下来，有钱人拿几万块钱来买，特困户就会同意。他们自己反正又没钱建房子的，什么都没出，就是把指标给了别人就能拿钱，多好。双方把老房子的证件换一下（防备万一，以此来证明自己就是特困户）。这种事情，上面又不来查的，两边都好，干嘛要查？只要下面平安，没有纠纷，就是和谐社会，不要去惹麻烦的。

而塘村的前任支委委员吴晓江对其中的运作更为熟悉，他说：

> 很多时候是富人给钱，穷的拿去把老房子翻新一下。富的呢，就是买来这个新批的地基建房子。比如10个指标下来，这个时候村里也可以从每个指标里扣点面积下来，卖掉3间房的地基，卖掉的钱穷人得。这样一来，穷人有钱翻新老房子了，富人也有地基建房子。村里的好处是买地基建房子的富人交的选位费。这个钱，要不是这么弄一下，是没有的。选位费，公家的合法收入咯，工程一做，钱就花出去。还有一些村，卖掉的那个钱不给特困户，富人把房子建好，直接给他们住，（富人）得的好处就是特困户匀出的房基。

以上陈述的这些精细操作，符合特困户、"有钱人"以及村委会三方的利益要求，是基层干部们在政策执行过程中对规则的灵活变通。由于它没有激化村庄内部矛盾，反而在某种程度上缓和了村内阶层间的裂痕，因而上级有关部门也会对之采取"睁一只眼闭一只眼"的默认态度。

不过，令人想起来后怕的是，尽管宅基地（指标）在贫富之间的自由调剂短期内可以改善村内各阶层的居住状况，然而，被交易的却是一种具有极大增值空间的土地非农化使用的权利，这种在政策意图中按人头分配的福利因内部交易而变成了按既有财富分配,从长远来看,这将会使村内既有的贫富鸿沟趋大。

塘村老支书吴子林说:

> 旧改就是一场投资比赛,有钱的多赚,没钱的少赚。有的人在外面已经有了几套房子,还要到村里来搞房子,搞得越多越好。稳赚不赔的生意,谁不做啊?穷人呢,卖房子,卖地,卖指标,他们也得了好处,但是比别人少得多。有钱人现在投资了,以后越来越富,穷人就只能一直这个样子。差距嘛,肯定越来越大。

的确,风靡于利益密集型农村区域的村庄改造成了村民既有财力的动态博弈。

三 博弈结果:富人担纲的必然性

村庄改造看上去无非是拆房与建房,但是运作起来却极为复杂。这其中的难点首先是上述的各类村民在博弈时难以克服囚徒困境,尤其是一些看重个人利益的"钉子户"难于治理。除此之外,还在于难以从上级政府申请到用地指标,更直接地说,是村里难以通过三年一度的投票遴选出真正愿意出头运作此事,积极克服派系纷争,并主动承担责任的核心人物。

岭村村主任包同发说:

> 唉!年年都在跑这个事,环节太多,各个部门都跑遍了。先是申请不到(用地)指标,搞到指标了弄不到地,弄到地了规划不合要求,反复修改,耽搁时间,伤神!
> 农村现在最大的矛盾是土地指标,大家要搞村庄建设,要改善居住环境,但是指标不够。现在改善这个(状况)的机会就是旧村改造,要规划、立项、建设局、规划局、国土局多个部门批准,手续很烦琐的。这都要有钱人去跑的,这些地方是衙门啊,办公室跟城市的大企业一样,一般人进去都不知道该找谁。普通的,没见过世面的人,怎么去搞这些事?

要把这样的事做成，主要领导要去送礼，见面就要发烟，这是起码的规矩。大家都这么搞，你不这样，是不知道起码的礼数。镇里关系也要搞好，谁有能耐，谁舍得花钱，哪个就先搞好。先搞好你就成功了，做生意就是这样，开始的生意最好做，房子好租，仓库啊、店面啊，价格都高，后面的，装修得好也没价。

也就是说，为了在村际竞争中实现"一步领先、步步领先"的局面，村干部除了要"见过大世面"，还要通晓基层官僚体系内的潜规则，并通过积极的运作加快办事效率：

> 市里这些局，经常是约一个时间，你叫我什么时候来，结果到了确切日期，去了之后他又有具体的事情，结果再约一个时间，推啊推，他们确实也是有事。办事效率本身也是没那么快的，其他村也是一样。那么多人来办事，等他的也很多。跑多了，也就给你办了。一手一手的，程序很复杂，一个办完了，又交另一个，又要领导盖章，碰到领导刚好到外地去开会，半个月又拖过去了。整个流程办下来，顺利的都要两三年。①

---

① 以下是岭村村委委员包中远回答旧改程序问题的访谈记录："正常的程序是这样的，首先草拟报告，人口、报批的总用地等，给一个数字出来。村民代表大会讨论通过，报镇政府核实，镇里上门抽查，看草拟的人口和需要用地的数字是否属实。之后是镇里立项，'农转用'，上报国土局，核查、审批。用地科，规划科，办事员先看过，专管新农村建设的副局长看过，签字，局长核查，或者退一些面积，或者批准、盖印。这个只管数量，不讲位置的。我们把文件又拿到镇里，党政班子开会，确定位置。规划所，总体规划，居民区、商住房比例、绿化、医疗所、幼儿园等。再开村民代表大会，通过规划草案。通不过，修改。建设局规划科，画图。画好之后，拿回村里，张贴、公告，一个月之内可以提建议。公告完毕，正式批准方案，竖牌子公布。村里草拟拆迁细则，村民代表讨论。村里首先要拿出草案的，这个草案很重要的，相当于是定调子了。讨论出来的细则，代表签字，交由乡镇把关，党政批准，要看是否符合国家政策的。批准之后，拿回村里，公示七天。提建议，修改。然后是村民报名、分面积，村里调查核实，看有没有隐瞒。分好以后报镇里批准，市里盖章，这个叫'分户报批'，一批一批的，所有的盖完才开始签合同：写上旧房子什么时候拆完，新房子什么时候建好，多少平方米，怎样建，是进高层还是建落地房。如果是高层，交预付款，到市里招标。最后剩下来的事情才是拆房子、选位、建新房。登记，申领房产证、土地证。镇里、建设局、国土局的，组成联合检查组，看是不是按规划、按图纸建的，不符合，限期修改，整体符合才能发证。"

怎么弄？老老实实走程序是拖不起的，做人必须要知书达"礼"！比如说去规划局办事，镇里面要求准备七八条软中华，疏通关系，加快进度。这些个部门呢，办不办是一回事，办得快慢又是另外一回事，自己人就可以走特殊程序了。我去年上半年硬是跑了五六十趟，他们一个人一个格子在那里，各自忙各自，忙得很，你跟哪个说话都像不好一样。你不认识人还真是不好搞。

事情办完了，镇里面说，这个事情（他们）给你办掉，要不要意思一下呢。规划、国土这些部门自己是从来不说的。请客这样的事确实还是要弄，不办不行，事情办完请他们吃顿饭，他们还是来的，大家一起聚一下，硬壳的中华烟，每人一包，交个朋友，以后办事就好说话多了。[①]

这里，值得突出的一个背景性因素是，税费改革之后，为了加强对村级财务的监督，农村的村级财务都实行"村账乡（镇）管"，村里的任何一笔开支都要经过繁杂的手续才能在乡镇财管所报销，这种手续在使村里的报销变得耗费时间的同时，也使一些请领导吃饭、娱乐等"摆不上台面"的实际花费变得难以支出。

据岭村其他的村干部讲，村主任包同发出去办事随身带的整条的中华烟都是自己买的单，轿车的汽油、定期维护等费用也从来不要求村里报销，而这也是他能够让岭村的新社区建设获得进展的重要原因之一。不过，包同发的努力并没有得到所有村民的认同，如果不是在选举中运筹帷幄并投入大量资金，他能否连任都是问题。一些村民并不买他的账，认为那点小钱对于大老板根本不算什么，更重要的是，包同发本人在确认旧宅面积、转户、分户等环节上对家族及派系成员有明显的偏袒[②]，这使得他以私人资金为公家办事的行为被当作"放长线、钓大鱼"的投资。但是，不论村民们如何评判，有一点是可以肯定的，那就是村庄改造需要有足够

[①] 包同发在访谈时没有强调自己的市人大代表身份，其实这个政治身份对于岭村办理村庄改造一事非常重要。

[②] 然而，这种"庇护关系网"（patron-client network）（Oi, 1989；1999）在农村基层权力场域中又是十分常见的，村干部处于这种文化网络之中难以做到"一碗水端平"，否则他将失去主要的支持力量，甚至连他的竞争对手也会迷惑不解。反过来，当他的竞争者成功上台以后，同样会做出这种有所偏袒的事情。

资金实力的富人村干部去积极运作，普通村民要想将此事办成，几乎没有可能，他们只能充当整个行动中的"搭便车者"，获得分内的收益，同时"过过嘴瘾"。

富人村干部的优势不仅在于他们有充足资金、有优质人脉，更在于他们有日常生活中通过"施恩""造亏欠""给面子"的方式积累的日常权威，这种老百姓肯"认账"的日常权威是在实践中能够有效说服钉子户的最重要的治理资源。对于这一点，乡镇干部是非常清楚的，吴镇管理片的一名干部说：

> 能把事情做成的，只能是有钱的老板。他们面子大，上门一说，啊，你要讲道理，要服从大局，别人会听的。一般的人去说，谁会理你？大老板有关系，有钱，可以让你去厂里干活，可以借钱给你（盖房），可以买你的指标。这些人，老百姓知道得罪不起的。①

这样看来，出面运作此事的富人便有些类似于传统时代的绅士，农民也许会抵制官府的权力，却不会去对抗绅士的权威，因为前者难得"下来"一次，而后者却存在于日常生活中。无独有偶，当下的基层政府基于"维稳"的考虑，尤其是因为依据信访量考核工作成绩的制度，不会直接将执法行动对准数量颇多、聚合成群的钉子户。但是，当村内的富豪上门"做工作"时，钉子户们却难以做到无动于衷，因为他们的日常生活是关联在一起的，正面抵制会直接影响其生存质量。

然而，即便如此，包同发也没能让岭村一次性完成全村的改造工程。一些钉子户明确地说，他们并不是有意为难村干部，而是暂时还没有能力急拆猛建。换句话说，他们自己也知道不同意拆房的行为违背了其他村民的集体利益，但是，对于这些身处中下层的钉子户而言，因为涉及的现金投入颇大，不能轻举妄动。岭村的新社区建设最后得以进展，是因为经过包同发的运作，政府终于同意将整个工程分两期实施。

---

① 从这段访谈记录中，我们也可以看出，正因为此，乡镇领导更愿意看到富豪来担任村干部，无论是发展经济还是维护稳定，富豪成为村干部都更为符合他们的利益偏好。

这就意味着，原本的"同村同宅"的父爱主义主张只能就此放弃。有经济实力的中上层村民先将旧房拆掉，住进新社区；而中下层的村民今后将在释放了大量空间的旧村宅基地上择机进行"空心村改造"。村干部们努力产出的结果是凑够了同意拆房的户数，他们足以占用新宅基地中规划出来的面积。①

相比之下，同为镇郊村的塘村就没有那么幸运，他们的村庄改造从2002年吴大海第二次上台时便开始筹划，但一直到笔者调查的时候还没有开始动工。为什么将近10年的时间，这个对全村人都有利的事情却无法实施呢？一个非常关键的细节在于，塘村的旧村改造与镇政府修建吴陵路（见图2—1）的规划纠缠在一起，要想把路修通，在吴镇的镇中心形成"两纵两横"的街道格局，就得征收该村273户的旧宅基地。于是，政府想要绕过去的拆迁问题在塘村却需要直接面对。

吴大海派系的成员，2002—2005年曾经担任过村委委员的吴厚荣向笔者详细地讲述了这段曲折的历程：

> 旧村改造是老百姓的心愿，这是我们最大的事业，1997、1998年，就开始动这个心思了。镇里每次到我们村来，都是要征地，修吴陵路。我们的要求是，马路拆出来，可以，（但是）要批指标搞村庄改造。镇里想征，但是没钱，也没权批用地指标。他们（指镇政府）那时候正在搞工业区，上面批下来的指标都用掉了。
>
> 到了2000年年初吴大海上来的时候，遇到市里修吴越路要征我们村的耕地，大海代表村里跟他们谈判的时候，提出来的要求就是要搞旧改，市里同意了。当时还成立了一个吴陵中心街拆迁办公室，运行了7个月。当时遇到的主要困难是规划的安置地块征不下来，那块地是坞村留着以后建房用的，人家不给。好了，没过多长时间，中央一调控，地不让征了，指标也没掉去，这个事情只好停了下来。唉，那个时候要是一下子闯过去，我们村就不是现在这个破破烂烂的样

---

① 对此，岭村的村会计补充说："我们村大概有30%的人是有困难，不想拆的。有钱的，办厂的，有摊位的，只要位置好就可以，投标的选位费是愿意花出去的。那种经济条件差一级的，又想少出钱，又想位置好，到处活动，找人、送人情。这对其他人是不公平的，老百姓知道了不好。到最后，为了早点把事情弄成，能办的都给他们办了。"

子,吴镇也不会像你看到的这么小一点。旁边的福镇以前跟我们差不多,现在你看人家规模多少大啊。①

到了2005年大海没选上的那一届,调控过去了,我们又开始起步。但是春国这个人没威信的,碰到阻力就喜欢撂挑子,说,"反正又不是我个人的事"。他这个样子,你说事情怎么办得好呢?这个事是很难做的,老百姓没有大局观,为了争一点芝麻大的好处,要让你为难的。他倒好,高傲得很,你们同意就搞,不同意就拉倒。结果迟迟搞不起来,一直就这样拖着。②

2007年年底,大海又选上了,他有魄力,做事情不会像春国那样抠,还要到村里报误工补贴,这样的事只有他那种装富的人(指吴春国)才做得出来。好了,没过多久市里的用地指标批下来,旧村改造正式立项了,规划方案也修改过,征不下来的地不征了,换另外一块。但是呢,我们万万没想到,村里会有几个刺头越级上访,把镇政府给告了。

怎么回事呢?镇里本来是出于好心,从乡镇财政拿出钱来,安置吴陵路这些拆迁户,他们的目的是想拿钱出来减轻阻力,加快进度。

---

① 这是中央与地方关系中十分值得研究的一面,曹正汉(2011)将这种格局概括为治官权与治民权分离的"上下分治",并用"分散烧锅炉"的原理作形象的比喻。周飞舟(2009)用"锦标赛体制"来概括地方政府在中央集权—放权循环中的公司化竞争及其所引致的经济周期性波动。笔者觉得,它更像一场"摸着石头过河"的渡河比赛,赛事的裁判是中央政府,地方政府是运动员。比赛中,开始处于同一起跑线上的地方政府像独立的公司一样各自发挥主体性,依据自身在区位、资源上的特殊优势而奋力向前,或者出台特殊政策,或者对下级并不过于违背原则的做法采取默许的态度。一段时间过后,由于经济过热或者耕地保护等原因,中央开始拉起红线中止比赛。某些地方占据先机,跑在前列,中央会承认这种既定事实,将其"创新"行为奉为先进典型加以宣传;此时,有幸到达河对岸,其既有状态会被予以承认,而只要被承认,市场经济中"胜者全得"的好处便会显现。但如果"石头没有摸对",落到终止线以外,就要接受"被调控"的结果,退回到出发点,等待下一轮后进者之间的再次比赛。也就是说,对于具体的发展方式,中央的宏观政策先不做详细规定,地方政府各自摸索、实践,等到结果呈现出理性可以预见之负面效应时,便加以调控,必要时紧急叫停。如果负面结果十分巨大,则处理某些个案,并将责任整体归咎于基层官员,中央政府的合法性不会因此而受损。这种渡河比赛不断出现在每轮调控中,在上马重大项目、土地开发等诸多方面反复演绎。正是因为这个原因,地方政府对于实践中的时间因素非常敏感,闯黄灯、抢进度成为抓住机遇的关键环节。

② 吴厚荣没有提到的一点是,吴春国当时遇到的困难包括吴大海派系成员的阻挠,这些成员有很多都是村民小组长,吴大海在2001年年底的选举中落败之后,这些派系成员并没有下台,他们非常看不惯吴春国在任上的言谈与作为。

（吴陵路规划的）红线范围内的房子，用建设资金补贴，总共差不多1000万（元）。评估公司评的，新、旧，结构，木头、砖瓦还是混凝土，设施，装修，有一个标准定在那里的。建设资金呢，是路两边的商铺用地拍卖出来的，可以把路修好，剩下的给拆迁户做补偿。红线范围之外的，是自己村里要搞旧村改造，当然就没有赔的，但他们不是没得好处啊，要知道土地指标是黑市买来的[①]，1200多万（元），新社区那边的三通一平，绿化、排水、道路硬化，2000多万（元），老百姓得益不小！

但是上访的人不这样想啊，红线范围以外的人说，别人有赔的，我为什么没有？红线以内的，觉得赔少了，到处去查资料，还去问律师。几个刺头到处一跑，篓子捅出来了：这个拆迁是镇政府自己搞的，没有经过市政府立项，拆迁补偿也不是国家标准，少了搬家费、临时住房补助费什么的。立项过的，批的是国有划拨用地，通过拆迁，房子建好了可以卖的。现在批的是旧村改造，不是拆迁，只能算集体土地，不能卖，只能抵押。

这个事情，本来是不告不理，政府也怕告，告了自己惹一身臊，都是麻烦事，要处理，上级那里印象也不好。不处理的话，大家相安无事，也发展了，也都得利了，政绩也有了。镇政府确实有点钻政策空子的味道，但出发点是好的。话说回来，哪里又不是这样呢？[②]

[①] 他所说的其实是"易地代保"。
[②] 由这个事件去反思实践中的城镇化进程是很有意义的。分税制以后，"以地生财"成为地方政府实现快速城镇化的现实选择：只有尽一切办法将土地用途管制与城建投资促成的土地增值收益留在本地，并通过招商引资寻找税源，才能偿还高速城镇化过程中形成的高额债务。为了实现这个目标，时间是一个不得不考虑的重要因素，因为地方政府间对税基的争夺，地方官员为了晋升而展开的激烈竞争是一场"赢者得利、输者受罚"的渡河比赛，他们必须抢在调控来临之前抢先把任务达成。争取时间意味着要在短期内完成大量积累，对于工业化进程中财力并不雄厚的基层政府而言，就必须尽力通过选择性地适用规则来降低征地与拆迁中的支出。在塘村的案例中，镇政府如果自始至终都按旧村改造的规则来执行，时间上会大大减缓，而这会导致他们在与其他地方政府的横向博弈中落后，进而有可能导致"被调控"的结果；但是，如果严格按照拆迁规则来执行，支出又太大。两难之间，镇政府决定整体上按旧改的规则来操作，但对道路规划区覆盖的部分家户采取给予一定补偿以减少施工过程中村民的抵触行为。但是镇政府没料到，在信息技术发达，农民维权意识高涨的今天，灵活操作规则以加快发展速度的空间已经越来越窄。

这个事怎么说好，你说？他们去告，告得也有道理，但是讲他们狠心，也可以讲。（因为）按照旧改政策来搞，根本没有赔的，镇里只给500万块的新农村建设补助就行了；现在给你5000万，你还嫌少。结果一告，大家都搞不成了。

其实，那些子女要结婚的，自己做生意手上有钱的（村民），觉得木结构的老房子不安全，迫切需要拆，（他们）说，给我一块地就行，一分钱不赔都可以。话说回来，整个的改造计划也是这些有经济实力的人先提出来的，是他们主动要求的。上访的那些人呢，安置地块要好，赔偿价格要高，又怕先拆的人占了好地皮。

好了，这么一告，事情就停了下来。告到国务院法制办，省政府，市（地级）政府，这些全部都转下来，要求限期答复。越州市政府压力很大的。唉！参与信访的这些人只有十几个，但是旧村改造这个事却是大家都急切盼望的。他们以为自己是在"为民请命"，却不知道自己是被出钱的那几个家伙给利用了。①

好在我们村的旧改，是镇政府承诺过的十件实事，登过报的，镇人大报告里面都写清楚了。市里后来专门为这个事情召开市长办公会，处理的结果是：第一，补充立项；第二，承诺过的补助款，照付；第三，换牌子，名字不叫拆迁（办公室）了，改成社区建设办

---

① 访谈时笔者没有抢过话题，插问吴厚荣所说的"出钱的几个家伙"到底是谁，回学校整理笔记时才发现这个问题十分重要。后来打电话追问房东，他告诉笔者，这些人是与吴大海对立的派系的精英（核心成员是选举中被击败的对手）。他们的动机到底是出于个人利益，还是为了出气？从利益构成上分析，后者的可能性更大。

从这种意义上讲，要能顺利获取土地非农化过程中的巨大增值，村内必须要在上层精英间形成利益共享机制。否则，派系一旦不可弥合，村庄场域内的矛盾便会通过反对派的非制度政治参与（方江山，2000）如上访、诉诸媒体（自由派主导的）等方式让矛盾冲破场域的外壳而泄漏出来。这种矛盾可能是家族斗争，可能是派系不合，也可能是贫富之间在借贷、面子竞争等日常事务中积累的怨气（袁松、陈锋，2010），但是，最终泄露于场域之外并加以演绎的故事，则是村干部腐败，村内不民主，基层政权以权力剥夺农民的权利。

可以说，个别村庄之所以"出事"，起因于基层组织无法在治理过程中将村庄内部的权力斗争继续控制在一定的烈度范围之内。这种斗争发生在半熟人社会内部，夹杂着因个人利益纠葛、阶层、派系间复杂的恩怨而起的对抗性的情感，正是应星（2007）所讲的"气"。要想"不出事"，或者是基层政权十分强大而村庄社会原子化，或者是上层精英通过均沾机制形成了前述的利益共同体。在见诸报端的各种矛盾被激化和外泄的群体性事件中，公众看到的往往是"抗争性政治"（于建嵘，2010）的叙事，但实际上，更多的情况可能是派系及阶层间的利益争斗以权利—民主话语的形式呈现了出来。

公室,原指挥部撤销,以前是常务副镇长、人大副主席亲自抓的,现在你们村委会自己去弄。不拆迁了,你们没东西可以告了吧?政府不介入,现在是民间行为,你告了也没用。①

也就是说,基层政府在上访户"借来"的上级权力之下不得不"改正"错误,按照新征收条例的要求重走程序。同时,为了避免矛盾继续外泄造成的政治影响,牺牲原计划中的施工进度,将"政府主导、村委会协助"改为"政府指导、村委会实施"。这样一来,村里什么时候能够"摆平"钉子户,将吴陵路红线内的老房子拆完,道路的修建工程就什么时候重新启动。至于红线范围之外的村民,要想镇政府从土地出让金中额外地拿出钱来补贴"三通一平",是再也没有指望了。

笔者在塘村调查时,看到了修了半截的吴陵路就断在村口,施工队早已撤走。拆迁户们认为评估公司跟镇政府是串通的,评出的赔偿金额过低,集体去镇政府闹事。接待的镇干部解释说,评估公司依据的是2003年的标准,应该予以修正,结果是在总赔偿金额中又加了200万元进去。但是这个补充并没有让所有拆迁户就范,由于农民的私人房屋因"户"而异的高度复杂性,评估标准不可能涵盖每一个细节,所以房屋拆迁中的具体赔偿仍需要相当长的时间通过单对单的多轮谈判才能敲定。为了在旷日持久的谈判中获得优势,最终取得相对村邻较高的赔偿水准,拖延、试探、强硬地坚守都是屡试不爽的手段,他们知道,当他们数量尚多之时,对方不可能采取强拆。反过来,乡村两级的基层干部也很清楚,倘若动用这种现在只有法院才能使用的非常手段,留下的将是今后若干年都难以摆脱的缠讼、缠访。

而此时,首富吴大海又在旧改未成的失意中败选。新上任的年轻村长吴东明对村庄事务并不感兴趣,他的兴趣在于占据了村主任的位置后可以连任市人大代表,而后者可以为他维系人脉,保持地位,带来经商、贷款以及企业转型升级时的政策扶持。他带着村里的公章住在工业区里,其他

---

① 这是当前乡村治理中一种典型的"不出事"逻辑(贺雪峰、刘岳,2010)。税改以后,基层政权运转陷入治理能力弱化与承担无限维稳压力("一票否决")的夹缝之中,产生出种种权宜性的治理策略。

村干部一个星期都难得看见他一回。尽管如此，他在抽空与笔者聊天时还一个劲地抱怨，当村长占用时间太多，一下子难以适应。

看来，塘村要走出目前的困局，顺利拆完旧房，启动新社区的建设工程，剩下的办法只有一个：继续"捂盖熬粥"。

从以上呈现的岭村和塘村这两个镇郊村的案例来看，村庄要通过新社区建设实现土地的非农化运作，先富能人可以起到"加速推动"的作用，他们能够凭借其日常权威克服村庄因社会结构的断裂而形成的集体行动困境，将此事运作成功。但是，这并不等于富人执掌村政就能顺利完成土地的增值性开发，换句话说，富人上台只是完成村庄改造的必要条件，而不是充分条件。吴镇的其他5个行政村当中，只有人数最少的坞村在工业区建设之初在政府的主导下完成了村庄改造，时间越往后推移，基层干部们发现农民的学习能力越强，维权技术、博弈手段也越发丰富和完善，而一人一票的村级民主不仅无法提高村庄发展的效率，反而因"权利本位"而久议不决。坞村村两委因为严重的派系斗争在选举结束后的第一次会议中差点发生斗殴，两委意见不能统一，村民们要住进新房看来还需等待；田村和塔村仍不见动静，老板村官们将精力放在企业的经营当中，对旧村改造的难度心有所惧；宅村比较特殊，他们的"流氓村长"对官方规则视而不见，有人想建房就私自批准，只要交纳选位费便可，是否符合规划与他无关。村民们以为得了实惠，殊不知违章建筑无法办证，房产的价值被大大压缩，除非再找关系将手续补齐，否则将长期承受被拆除的风险。

总体上看，在整个村庄场域中，对于村民而言，只有富人上台才有可能尽快完成土地增值运作，因而是符合其利益需求的；对于基层政府而言，如果作为内生权威的富豪当上了村干部，城镇化过程中的征地与拆迁等棘手事务处理起来就能够减轻难度，所以也符合其利益需求。那么，反过来，对于富人自身而言，花费巨额资金选上村干部之后，却要付出相当多的时间应对土地开发过程中的诸多事务，还要付出极大精力处理村内复杂的矛盾，建立利益均沾机制以缓和派系斗争，才有可能在不发生意外的情况下将事情做成。但是，即使新社区的建设能够顺利铺开，下一届能否继续当选以"享受"自己努力的成果还存有疑问，并且，在设法"盈利"的过程中还有被对立派系检举的风险。所以，我们不禁要问，他们的选择是否真的值得？倘若再考虑这些富人在村干部的角色上投入的时间和精力对于企业的经营意味着巨大的机会成本，那么，他们花费巨资的贿选又是否理性？难道"理性人假设"在这些精明的商人身上并不适用？

第 五 章
场域的定型：乡村治理中的权力互构

土地的增值运作是利益密集型地区村庄政治的核心，但对其博弈过程的描述并不足以展现乡村权力场域的全貌。本章将要回答的问题是，在富人主政的格局下，村庄的常规治理有着怎样的特征？乡村两级的关系呈现出何种形态？基于已有的分析，我们能否从整体结构上理解浙中农村的富人参政现象？

一 村级治理：公共性的萎缩

对于先富能人担任村干部的普遍化趋势，不论是官方的政策引导还是学界的学术论证，其主要出发点均为一种功能主义的考虑，即认为富人村干部能够促成村庄经济社会的迅速发展。那么，这种良好的施政意图在实践中的效果究竟如何？以下，笔者将以吴镇为例对此做出回应。当然，由于无法回避个案的局限性，所以笔者的论述重点并不在于用吴镇各村的治理现状来推论总体，而是希望通过质性研究深度挖掘个案本身的逻辑，对已知的状况进行解读，进而揭示"双强""双带"的基层治理思路在实践中有可能产生的效应。

（一）运行状态：两种基本类型

1."无为"：准行政机构

第四章已提及，富人当选以后，如果没有旧村改造的压力，就并不需要在村干部的角色上花费太多时间。"村务"活动中的公共品供给说起来种类繁多，但运行时已充分市场化，所以村干部才会感觉不用操心，"花钱就行了"。而基层政权所交代的各种"政务"活动，村委会可以聘请专职人员来完成，若人数不够，还可临时加聘。这使得吴镇的7个村当中，除了正在运作旧改的岭村和塘村，其他5个村的村委会平日里看上去更像是政府的下派机构，专职的会计或文书周一到周五每天坐班，填写各类表格，统计上报村内信息，给村民办理各种手续，签字盖章。身陷于繁忙商务活动中的富人村干部们较少在村委会露面，如果遇到涉及公共收支的问题需要开会讨论，或者有政府的检查评比及学习活动需要村干部出席，他们在接到电话后会驱车前来。这些当选的村干部所投入的必要时间是如此之少，以至于塔村的村主任由一名尚未毕业的大学生来担任也一样可以正常运转。而对于普通村民而言，如果不是办理一些证件时需要经过村委会审批这道程序，一年里也难得去几趟村委会。

如此看来，在没有土地增值运作的情况下，村庄公共领域几乎简化成了选举活动本身，即由选举来决定谁代表这个村庄与其他的行动主体互动：承接政府的各类项目资金，签署村庄公共品供给中的工程合同①以及村集体物业或土地的承包租赁合同。②

那么，这种状况是如何形成的呢？从宏观形势上着眼，1980—2000年，农村的工作核心是村内治理，村干部的主要任务是在向上提取资源的同时确保村庄的稳定，从而为国家现代化建设的快速发展提供有力保障。具体而言，这一时期农村所要解决的问题主要是收取农业税费，做好计划生育，调解村民纠纷，并用所提取的部分资源提供村庄公共品。此时，村庄带头人需要具备的是强有力的维持秩序的能力，其思想可以适当保守，头脑可以不那么灵活，谋划村庄发展的能力也可以不那么突出，但一定要有策略和能力维护村庄的秩序，某些时候甚至身体暴力也是必要因素。

2000年以后特别是取消农业税以来，基层组织逐渐"悬浮"，治理问题不再是村庄公共事务的核心，倘若不涉及征地，那么国家与农民之间也只有补贴与存折勾连着的松散关系。而在发达地区农村，如果暂时还没有发生征地尤其是宅基地，则国家与农民之间并不存在紧张的关系。经过

---

① 在经济相对发达的浙中地区，政府的财政预算中每年都安排了大量用于"三农"的资金，这些资金的承接体包括村委会、农民合作组织、专业协会、农产品公司、个体户等，但资金使用主体以村委会为主。平均起来，吴镇每个村每年都可以申请到一些专项资金用于村庄建设，如村庄整治、环境绿化、池塘清淤、卫生排污、"穿衣戴帽"（房屋外墙的刷白，徽派风格的马头墙）等。

② 塔村和田村没有可供出租的集体房产，村集体的收入十分有限，只能依靠从农地成片流转的承包经营中提取少量的管理费。

20多年的计划生育工作以及新生代农民生活方式的变迁，人们的生育观念也发生了根本性的转变。此外，经过20世纪90年代违章扩建的纠纷高峰期以后，邻里之间包括宅基地在内的财产关系逐渐明晰化，在村庄经过规划建新房难度陡增的背景下，财产纠纷也大幅度减少。由于80年代开始的计划生育工作，当前村内一般都是独子家庭，关于分家分财产的纠纷也大幅减少。总之，维持村庄秩序的治理工作重要性相对降低，农村所面临的主要形势是在快速城镇化的背景下，如何实现自身的飞速发展。但是，由于集体企业因产权不明晰而难以经营，而集体合作式的农业不仅见效较慢而且面临市场容量的瓶颈，所以以宅基地为主的集体建设用地的开发是苏南模式解体、集体经济式微之后村庄实现跨越式发展的最理想的途径。此时，若村庄不具备相应的经济条件，村民难以达成集体行动，或者说村干部难以克服土地开发过程中的阻力实现集体资产的增值，那么，村委作为承接政务的准行政机构"悬浮"在那里，也就不让人意外了。

2."有为"：私企式经营

当然，"无为而治"只是富人治村的一种类型，从吴镇的调查来看，这种情况只发生在暂时还没有启动城镇化建设的村庄。而在富人上台之后积极有为的村庄中，村政的运作又会呈现出另一种面向。

在塘村和岭村，由于城镇扩展的需要，两村的耕地和部分宅基地都要被征收。但因为宅基地的征收涉及房屋拆迁和农民安置，难度很大。当地所实施的旧村改造可以被看作另一种方式的拆迁，即通过新社区建设完成规划区中的宅基地置换，以减少实施过程中的难度。当然，这其中的利益博弈过程十分复杂，塘村的旧改之所以迟迟不能正式启动，原因正在于村民在媒体铺天盖地的权利话语和法律普及的过程中"胃口"已越来越大，而信息技术的发达则可以让他们便捷地找到上访诉怨和发布信息的通道，即使他们的行为有时有违规之嫌，但他们作为"弱者"仍可以得到大量的道义支持。在这种情况下，富人村干部的上台对于村庄发展的重要性便显示出来。

正如塘村老支书吴子林所言，旧村改造就是一场投资比赛；而岭村的一些村民则说旧改的结果是"钱往钱堆里滚"。无论如何，整个工程的启动需要有少数敢作敢为的富豪站出来，通过积极运作申请到用地指标与项目资金，并配合镇政府的工作，尽一切可能摆平"钉子户"。也就是说，这些富豪必须具备一定的奉献精神，甘愿牺牲管理企业的时间，将自身的能力运用到村集体的事务之中。

塘村刚被换掉不久的出纳吴永军说：

> 以前吴大海在台上的时候，企业交给弟弟和妹夫打理，心思花在村里面。他这个人很懂经营的，从来不乱开支。他向镇里申请了很多资金，做实事，比如水管、排污、池塘、路面啊，以前是老百姓自己掏钱修的，有时号召村里有钱人捐款。后来发现其他村发补贴了，他去反向（找政府把补贴）要回来。申请项目工程呢，申报的时候多写一些，用的时候少用一些，开支账目上写都用光了，其实剩下很多，做账的时候写成其他项的收入就可以了。做账挺关键的。在他任上，村委会大楼盖起来，还存了200多万（元）。后来春国上的时候，钱光了，还倒过来欠债。再后来，大海又上来，钱还上，还有钱存。现在这个村长（指吴东明），读书完了之后就在外面做生意，平时又不跟我们打交道的，好多人都不认识他。现在在这里开厂，也是住在厂里，不会回村里来的。说话趾高气扬，把比他大20多岁的人没放在眼里，是（把我们）当下属员工在看待，不是当同事、长辈。

不过，吴大海虽然有出众的经营能力，却无法在村内复杂的派系斗争中保持胜出。他的妻子在接受访谈时说，吴大海不善于琢磨人际关系，让别人按他的意思去做。在自己的企业里面，他以老板的身份向员工发号施令，别人可以言听计从，但是在村里，这一点很难做到。村民并不从他这里领工资，一些事情他认为这样做可以盈利，但村民如果有自己的考虑，他也难以强迫对方。

换句话说，能够把企业经营好不等于能够治理好村庄。前者遵循市场的逻辑，需要的是投资眼光和执行能力；而后者遵循的是政治的逻辑，需要的是权力技术与人格魅力。所以，能当好老板不见得就能当好村官。塘村老支书吴子林评价吴大海时说："他这个人是个赚钱的好手，但是心不硬，脾气不烈，刚气不足，降（服）不住人。"可能是由于性格上的这种特点，也可能是由于在竞选中谨小慎微，他的两次败选直接导致了塘村旧改的时机被延误。

相比之下，岭村村主任包同发就有所不同。他的企业经营得并不出色，而他的财富算起来在村里也排不上前五，但他的性格中有一股狠劲，意志异常坚定,做起事情来不达目的不罢休。为了启动岭村的旧改,他采用了很多非常规的手段。比如让自己的堂弟和侄儿也参加村两委的竞选,再加上此前在村委班子中经营起来的关系,他得以让自己的主张变成村两委的决议。同时,他不惧怕别人非议自己没有"一碗水端平",而是利用手中的权力有意识地通过一定的偏袒来继续维系自己的支持网络,让那些"没有大局观"(包同发语)的反对者难以在村民代表会议上撼动他的地位。也就是说,能够让他以"民主"的形式将其个人意志贯彻下去,让对立派系难以达到与他对抗的实力。

包同发的工作作风是讲求效率,重视结果,而这与他经营私人企业的方式如出一辙。为了不让土地运作过程在"节骨眼"上因选举而中止,他投入百万巨资以每张选票 2000 元的惊人价格寻求连任。在旧宅拆迁的过程中,为了不延误施工进度,他对两户因认为面积少算而拒不签字的钉子户放下狠话:"数字已经上报,不可能改动,你们觉得少算的面积能够值多少钱,我个人来出。钱拿过来你们(要是)不收,就别怪我派人修理你!"①

村里经济实力不足的家户较多,村庄难以一次性完成整体改造,他力排众议将工程分两期实施,形成新村富人居住、旧村穷人居住的隔离局面。包的出发点是一种进取性的、讲求效益的商人思维,早日拥有房产物业,就可以早日占领市场,从而"一步领先、步步领先",所以,旧房应该立即拆掉,然后建面积更大的新房用于投资。但是,村里中下阶层村民所持的则是一种讲求道义的思维。一方面,他们由于经济能力差因而承受风险的能力也较低,"过日子"的逻辑要求他们"稳"字当先,如果拆掉旧房失去既有财产,还要借债来建新房,那对于他们而言就等于是拿全家的未来去赌博,所以他们确实不情愿立即参与旧村改造;另一方面,如果全村整体动工,那么村里的富人所交纳的高额选位费将用于全村的基础设

---

① 作风硬朗的富人村干部在摆平钉子户时用"出钱息争"的手法把自己抬上了道德的高位,在与钉子户的言语交锋中则表现出明显的优越感。他们谈到钉子户时下意识地以"无赖小人"的形象来描述,"无非是想趁机捞点钱"成为钉子户们的动机。然而,作为钉子户的穷人在与富人交涉时看重的恰恰是自己的面子与尊严,否则他们就不会咬牙维持着费用日益高涨的人情圈。他们对村干部作为富人而表现出的优越感十分反感,"气"从中来,却又找不到反击的手段。村庄治理过程中发生的贫与富之间的摩擦虽然以富人疏财的方式得以中止,但层级间的怨气却在不断积累和膨胀。

施建设，穷人也能受益；如果分期实施，他们担心若干年后建成的"穷人区"将因为资金不充裕而不能保证公共设施的质量。在中下阶层村民看来，既然是同一个村的村友，就应该在关键时刻提携一把，而不是在发展机遇来临时撇下同伴。事后来看，包同发的方案在实施过程中并不是无人反对，但这种反对的声音在村两委会及村民代表大会等形成决议的正式场合中没有充分表达的机会。

如果要对上述积极作为的方式做一个简要的概括，那么可以说，这种类型的富人村干部是在通过权术的运用将村庄变成企业来经营。正如卢福营（2006）所总结的，"投资增值成为村庄治理的主要目标，利益导控成为村庄治理的主导原则，务实理性成为村庄治理运作的重要策略"。不过，仅仅将管理私企的经验移植到村庄是不够的。因为私人企业是个人独资，决策由个人做出，风险也由其承担，企业其他人员只是老板雇请的员工；但村庄却是全体村民共有，相当于是一个众多成员形成的合作体，且成员的股份、权利及义务并不明晰，村民不仅是劳动者，更是受益人。因此，如何用产权所有人以外的身份来发号施令，成为他们必须要克服的问题。

（二）权威基础："势差"的建构

那么，在吴镇，登上村政舞台的富人又是如何构建其权威的呢？

从获得村干部身份的程序来看，"贿选"本身就是富人获得官方授权（legal authority）的重要手段。通过巨额财富的投入，参政的富人能够得到"基于组织的支配的行政权力"（马克斯·韦伯，2004：17），这是一种非人格化的"法理型权威"，获得了职位，也就具备了相应的权力。举例而言，塘村的吴东明新选上村主任之后，第一件事情就是把前任出纳换掉，重新聘请"自己人"来担任。[①] 这是村主任手中的人事权，他当然可以决定，即便村委班子成员并不同意。而吴东明的意图也很明显，因为出纳对村里的真实开支情况最为清楚，倘若不是心腹，一些"钻空子"的事情就不太安全。本来他想把会计/文书也换掉，但由于前后两届村主任

[①] 吴东明的"军师"王伦浦说："出纳这个位子看似工资低，其实很重要，每一届人上来，都聘自己的出纳，因为村里的开支、底细他们全部都清楚。钱怎么花的，用什么变通的方法将它报掉。东明竞选的时候已经向他们（自己的派系成员）承诺过，要聘谁谁当文书、会计。"

在竞选中积累了大量矛盾，互相之间没有工作交接，所以为了保证村政的延续性，必须将会计留任，否则很多事情包括前任的账目、签署的合同等，接任的村长都不知道。

但是，富人投入资金赢得选票并不等于他们在村庄社会中获得权力。程序的、文本意义上的合法性与治理实践中的合法性不能画上等号。在现代政治的视角下，村组干部的治权来自村民选举，但在现实的场域中，选举并没有提供村组干部充足与持久的行使治权的合法性来源，制度设计中的权力授予在村民那里只是一次性的，选举结束之后，富人不可能仅仅因为拥有村干部的职位而获得村民的认同与服从，而在吴镇的具体语境里，普遍化的"贿选"又大大稀释了村干部的合法性基础。①

从村治运作的角度看，一些富豪村干部之所以能够在村庄政治中赢得认同，关键在于他们在村庄发展过程中通过经济上的"自我牺牲"占据了村庄舆论的道德高位。这些先富能人在主政村庄之后会经常以私人支出支持日常性的公务，比如私车公用，交通费用从不报销，在外面跑项目，给相关领导送土特产，请人吃饭、按摩、洗脚、唱卡拉OK等费用，全部自掏腰包。塘村会计老吴说：

> 我们这里早就实行村账镇管了，什么钱都要拿发票去报。开支的话，合法的开支，再多也没关系，不合（规定）的，一分也不能花啊。偶尔地，像招待的这些，送烟的费用，开成文具，办公用品也可以，但是时间长了，要查的。那么多文具啊？你一个村委会不可能要那么多文具吧。这样的话，就是老板自己掏了，他自己一年到头从来不向村里报销一分钱的补贴。出去办事，电话费、油费啊，零零碎碎地请领导吃饭，这些都是自己掏的。请领导办事，批下来不容易，平

---

① 塘村老支书吴子林在分析选举时说："我们这里到处都有贿选。老百姓认为没什么不好的，但是它的坏处也不少。一是造成村委班子的延续性差。二是即使有能力、有魄力、文笔好，能说会道，但你没有钱，你就选不上。三是这些老板村官当初是花了钱上去的，老百姓去找他办事，他就可以爱理不理，（因为）他是花钱上的，不是你选的。你选的，那是你当初信任他，他不能辜负你，他买的，他可以不给你办。四是上来以后不干事，老板忙着自己企业的事情，没精力来搞村务。有的人去搞了，（但是）干不好。真正放下企业来替村里做事的老板有，那是极少数。老板都是做生意的料，很省的，钱都是细细攒起来的。政客就不一样，花钱必须大方，在那个时机，就得大把大把地花。"

时要跟他们交流感情的。成了自己人，村里面办事、自己办事，都方便。公私夹着的，村里的事情是他做的，名声也是他的。

也就是说，富人村干部因为自身的富裕，可以不在乎一些细枝末节上的蝇头小利。为了提高办事效率，"公"的支出与"私"的支出混在一起，难以区分。私车公用、"以私贴公"成了家常便饭。他们的做法在村民那里是有目共睹的，因而也为自己赢得了"无私奉献"的名声。但反过来，在因为公事而大量支出之时，他们所经营起来的人脉关系也给自己私人的生产经营带来了便利。

老百姓对这些富人的做法是心怀感激的。笔者在吴镇调查时经常在路边的小店里与村民闲聊，下面录入的是笔者让村民发表对富人当村官的看法时他们所说的话：

> 做事情当然要靠领头人有能耐。以前"小五化"没搞的时候，有钱人自己出钱，搞道路硬化、路灯、自来水管道。这些老板思想觉悟高，自己出钱办实事。（于是）整个社会形成一种观念、想法，没钱别去当（村干部）。没钱就没法办实事，群众不会去选他。

> 现在竞争越来越激烈，老板们都争着花钱去选村长，好多人觉得（这些老板）是发神经。但是在外国，不都是有钱人当总统么？

> 哎呀，老百姓现在的要求越来越高了。像好多村都搞得很好，国家级示范村，生态文明村，他们自己争气，搞得好，搞好了之后，国家的钱又往那里投。我们的愿望呢，反正是国家的钱，干嘛自己没能耐去拿，都让别人拿去了呢？所以说啊，自己都搞不好的人，是不要去选村官的。他上去了怎么去争取国家的项目，怎么把村子搞好呢？

这些闲聊的话所表达的意思可以概括如下：①村庄要搞好，必须办实事；②办实事需要钱，没有项目下来的时候是老板出钱；③跑项目要花钱，只有富人能够争取到项目。这些观点固然表明国家在取消农业税以后通过各部委以项目发包的形式向农村转移资源的方式存在问题①，但是这类问题其实存在已久，不论资源是从农村向上提取，还是从国家向农村下渗，只要有资源的流动，基层大量的寻租空间就会浮现。换句话说，这是国家宏观层面的政治体制问题。但是，在已经实行"民主自治"的村一级，要想获得发展机遇，客观上必须要求有富豪出马，以利用其丰富的社会资本和超强的运作能力从地方政府那里获得村庄发展所需的资金与政策支持。②

当这些经济实力雄厚的富豪放下企业的经营管理，把时间与精力投入到村务之中，用私人收入补贴公共开支，甚至直接出资为村庄提供公

---

① 党的十六大提出城乡统筹之后，国家向农村提供了大量的财政转移支付。这些资源由分立的部门将资金指标通过所属的"条条"逐级下拨，并由县级对口部门以项目投资的方式投入使用。当乡村基层组织向各部门申请项目经费时，一方面，所有的乡（镇）、村都有想出名目申请尽可能多项目的积极性；另一方面，由于部门林立，同一性质的支农资金又分散在各个部门之中，乡村组织对哪些部门、有什么项目、有多少资金可供申请的相关信息并不全然知悉。这样一来，上级政府的各部门在接收项目申请时就会发生信息壅塞，进而无法甄别各村最需要什么项目经费、需要多少。在现实运作中，从申请到审批的过程存在大量凭"关系"分配的"灰色"空间：项目靠"跑"，资金靠"争"。最后，那些公关能力较强的乡（镇）、村得到了大量资源，甚至还有用一项工程向不同部门申请项目的现象。而各部门在决策自身所掌控的特定资金输往何处时，是由该部门依照当年的工作思路来做出决断的，基本上不需要农民表达偏好。但是，各部门所掌握的关于数百个村庄的具体信息却是匮乏的，而各个村庄的公共品需求的差异又非常巨大。在这种"自上而下"进行决策的情况下，供给与需求的错位就很容易发生。所以，当由基层政府部门作为资金整合使用的基本单元时，局部性的、短期内可以显示政绩的"××示范基地""典型示范村"应运而生，这些示范村在应对上级检查时非常奏效，却与农民的切身需要关系不大。但是，申请到项目资金的乡（镇）、村却不会在乎供求是否错位的问题，他们宁愿资源的流入量越大越好。

② 塔村的一位村委员在接受笔者访谈时抱怨他们的带头人"老板太小，做不成事"，他说："以前工作第一，现在是关系第一的。两委班子找镇领导办事，要讲个人感情的，要不然就差多了。你要把房基指标申请到，平时找机会约他们（镇干部）吃饭，唱歌，这些都很重要的。哦，你说春节之后，想去跟领导开个会，去了就有人。去了就有人，那你平时干什么去了。你没有能力的话，个人就要有感情上的投资啊，村长不管事，书记又只去片找主任，天天泡在那里，这怎么行？交往层次要提高一个档次（才行）！要以汇报工作为名，直接去镇里找书记。现在（镇委）书记是很难找的，根本排不上号，办公室里成天都有老板等在那里，不是随便哪个人进得去的。（镇委）书记问有没有什么事，你没事也要说有事，还要说是很大的事。要不然，他马上就推了，说，这个事你要去找哪个主任，哪个科长，找哪个哪个负责的同志。片里的这七八上十个人是办事的，他没权，拍板还是得去找书记。你说有重要的事，拿着重要的事开头，聊着聊着就聊到私人的事情上去了嘛……"

共品之时，村庄舆论自然会塑造出他们超然的道德高位。① 此时，"亏钱"也就成为一种治理手段，具备了政治内涵。村庄场域中逐渐形成了"亏钱的干部才是好干部，亏不起钱的人理应退出村庄政治"的政治话语。

当吴镇的富人村干部们私人承担日常公务开支的做法已经形成惯例的时候，少数经济条件稍弱的村干部（如妇女主任）再去报销公务经费时都觉得自己不好意思，他们在村两委成员当中自然而然地成了"说不起话"的人。

坞村的一位村民小组长向笔者介绍他们的村主任何俊峰时说：

> 他在老百姓那里表现得高风亮节的，工资一分都不要，镇里发的补贴他全部拿给老年人协会用。他还跟村委的人说，在村里当干部就是给父老乡亲做事的，要钱算什么！他自己是大老板，女儿是公务员，什么都不缺，选上来以后干事情那是没得话好讲的，大家都很欣赏（这种做法），说他这个人正直、仗义。

反过来，当某些村干部因为实力不济而表现得很小气时，他们在群众眼里的负面形象很快就会形成。塘村前任支委委员吴晓江评论以前当过村主任的吴春国时说：

> 春国这个人最没威信了，没几个人服他的。钱抠得死紧，什么东西都要拿回来报（销）。碰到难报的，会计提出来，说手续不全，一定要召集村民代表开会、签字，他很烦的，动不动就发脾气。老吴（会计）说，哎呀，你千万别让我为难啊，天天往财务中心那边跑，天天去受气……那年过中秋节，我们几个提议给扫地的人发点月饼，讨论了几个小时，他不同意，说，要不到我家去拿吧。大家气死了！说，吃你的东西，我们肚子要痛的。

如果说上述的"以私贴公"的行为为富人在村庄中赢得了道德优势，

---

① 不过，正如任强（2005）所言，"先富村官捐资给村庄的行为，只是从'慈善'的角度促进了村公共事业的改善，并没有从制度上带来绩效"。

那么，他们在日常生活中通过"造亏欠"产出了地位优势——"面子"。本书第二章中曾提及，在村庄经济分层的基础上，富人会通过炫耀性消费完善其权威建构。通过大操大办的"夸富宴"，富人不但向村民公开展示自己的经济实力，还展示了他个人的社会关系。他们在以壮观的场面、豪华的仪式、广阔的人脉关系与恢宏的气势，建构自己在村庄中的社会地位。"实质上，这也是富人通过炫耀性消费、扩大人情圈子等方式，将经济分层转化成社会分层，进而转化成政治分层，从而树立自己权威的手段"（桂华、刘燕舞，2010）。在逐渐理性化的村庄社会中，因遵从传统所产生的家族型权威已然式微，但富豪村干部通过上述的道德优势与地位优势的营造，在村政舞台上获得了高于他人的巨大"势差"，这为他们在村庄社区中行使"卡理斯玛式的支配"（马克斯·韦伯，2004：262）奠定了基础。

然而，事物总有它的两面性。当处于村庄分层结构顶端的富人们以私人之利行公共之好时，他们实际上也以经济实力筑起了其他阶层主政的门槛。可以推测的是，即使某些精英阶层的村民不惜代价地赢得了选举，但只要他的经济条件一般，那么他在日常化的村庄公共领域中想要建立权威将面临严重的障碍。所以，当贿选设置了参与村庄政治的准入条件，而经济实力又能够再生产出村干部的道德高位时，普通阶层主政的可能性也就消失了。先富能人的参政具有不可逆性。①

---

① 林辉煌（2010）在研究中精彩地概括了富人治村的"新型政治伦理"："首先，它倡导的是一种个人主义的致富观，即每个人要对自己的生活水平负责。个人能力决定经济能力，能力越强，赚的钱就越多，能上的经济门槛就越高。穷人被甩到村庄政治之外，那就只能怪自己。其次，经济能力决定道德能力，这是新型政治伦理的核心观念。一个人的道德能力取决于他的经济水平，资产越丰厚，道德资本就越高，由他来当村干部就不会贪污腐败。而如果让穷人当官，就容易受人怀疑。穷人被认为容易接受不正当的钱财，侵占集体的资产。如果有一天他的经济条件好了，人家就会说他是贪污受贿。因此，穷人的道德能力被认为是非常低的，根本得不到村民的信任，而富人则因为自身条件被认为更具有抗拒腐败的免疫力。另一方面，在村庄政治内部，不同经济分层的人也选择高低不同的道德门槛。因此，经济门槛对道德门槛进行了两次筛选。第一次筛选是根据经济能力将人群分为有腐败免疫力的和无腐败免疫力的，从而决定谁有资格进入政治舞台。第二次是根据经济能力将进入政治舞台的人群进行再筛选，从而形成贡献能力不同的道德分层。经济能力成了村庄最重要的价值指标，每个人都要拿这杆秤去称一下，这甚至成了一种'政治正确'。"

(三) 政治分层：村庄场域的治理结构

所谓政治分层，是指"如果人们与政治的关系成为一种稳定的和重复的关系，且不同人之间存在着相当的差异，而这种差异由于社会的评价有着地位上的高下贵贱之分，那么人与人之间就形成了政治性的社会分层"（毛寿龙，2001：267）。尽管李强（2008）依据统计数据分析中国宏观社会结构后指出，改革开放以来我国社会中政治不平等大大下降，政治歧视现象消失。但是，当我们进入微观的村庄场域，并从行使权力的实态来理解其政治意涵，就会看到明显的政治分层。而且，在经济明显分化、富人主政村庄的情形下，我们还可以发现村庄的社会分层与政治分层基本重叠。以下，是笔者借用罗伯特·达尔的阶层分析研究[①]绘制的吴镇政治分层状况示意图（见图5—1）：

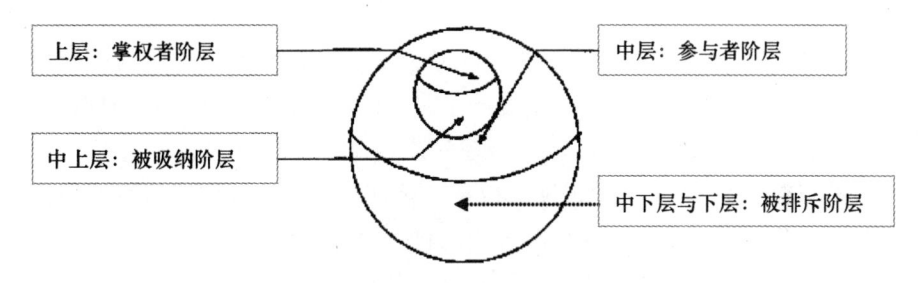

图 5—1 吴镇政治分层状况示意

图5—1显示，在村庄权力场域中，社会层级中的上层成为政治分层中的掌权者阶层，中上层则被权力核心所吸纳；中层通过派系、家族等关系网络分享有限的权力，能够在村庄公共领域中有一定的政治参与；而中下层和下层则被权力核心排斥出去，成为无权阶层，他们要表达利益诉求往往会通过非常规的政治参与途径，而不是在《村民委员会组织法》所设置的制度体系内以开会协商的方式进行。

诚然，先富能人的主政既吻合中央"双强""双带"的发展话语，也

[①] 根据罗伯特·达尔的研究，在政治社会中，政治分层一般可以分为四个阶层，有权者阶层、谋求权利者阶层、政治阶层和无政治阶层。参见《现代政治分析》，上海译文出版社1987年版，第130页。

符合地方党政系统的组织意图。富人在通过选举进入村两委班子之后,可以利用已经在村外建立的关系网络为村庄带来更多的经济和社会资源,推动村庄的整体发展。对于基层政府而言,引导富人参政比培养思想先进的年轻党员成为富人能够更快见效,通过组织和人事上充分吸纳富人群体参与村政不仅可以在短时间内孵化出一批具有亮点的典型示范村,还可以达到低成本的、简约治理的目的,因为这些先富能人在主政村庄时不但能盘活村内的土地资源,还会把自己的私人财富投入到公共事务中。

不过,从富人村干部自身的角度来看,他们并无意于帮助普通村民致富,成为村干部是他们竞选人大代表或者和更高级别的官员交往时的一张名片。"先富群体的参政并非是为了回到'过去',相反,他们极力避免这种状态的出现,当然,这并不是意味着先富群体不愿意带领村民走共同富裕的道路,而是指他们不能忍受同等程度的富裕,他们接受的是一种有差别的共同富裕状态。"(毛丹、任强,2006:108)

富人村干部获得认同与威望的途径除了日常事务中的"以私贴公"和在公共活动中通过形成"亏欠"而造就的面子之外,还有自我牺牲式的为村庄提供公共品,这些细节让得了好处的村民们佩服不已,但同时也使富人的当选成为不可逆。富人治理村庄的方式是一种工具理性的"企业式经营",他们敢于冒险、追求效率、重视结果,让投资增值成为村庄治理的主要目的。然而,在急剧分化的村庄中,富人与穷人的利益分歧及思考方式的差异使得许多普通村民并不一定同意村委做出的决定,但在富豪吸纳精英阶层、强调执行效率的治理方式面前,人数占优的中下阶层村民的声音显得过于微弱。在话语层面,村庄中穷人们的观点被"主流人群"称作短视,不具有发展眼光,因而应该被"带领致富";而钉子户们的行为则成为一种趁火打劫的讹诈。

从笔者在吴镇调查时与钉子户、上访户等政治"边缘人"的接触来看,他们最恼怒的恰恰是富人村干部的道德优越感,特别是这些富人村干部用私人的钱来平息争端时,那种自尊严重受损却又要为利益接受钱财的窘态使得他们的怨气不断膨胀。笔者在访谈时记下了一些他们针对富人村干部们所讲的话:

有钱了就要当老大,就想指挥别人,"你应该怎么样怎么样了"?不就是运气好,机会好点么,凭什么指手画脚?我哪里比他蠢些?

> 这个年代，没钱、没本事，夹着尾巴做人。有钱有势力，就要露露头，显摆一下能耐。他们忘记了，早个十几年不是一样在田里插秧？
>
> 你贪污都可以，欺负人就看不惯，不能你有钱就有道理，有了钱大家都为你说话……

塘村村支书包根福还跟笔者讲起过一件有趣的事：

> 前年年终考核，有一项是民主测评，党员、群众代表打分之后加权平均。有些人不在家，临时找人来替，结果上来之后全给你打0分。这哪里是实事求是的态度？没有60分、59分的说法，就只有0分？

在日常村庄政治中被排斥出去的阶层释放怨气的主要方式并不是与村干部正面对抗，而是依附于对立派系的富人故意与在任的村干部为难（详见第四章塘村旧改案例）。这使得村庄中的派系斗争与阶层间的利益矛盾会相互纠葛在一起。[①] 如果这种矛盾激化，相互对立的不同派系间互不信任，无法沟通，频频上访，借用上级的权力让对方出丑，那么村庄的公共生活将步入一种零和博弈的"亚瘫痪状态"（陈潭、刘祖华，2004）。吴镇的村庄中不乏这样的例子，最明显的如塘村、坞村等村庄占据着良好的地利优势，却因村庄政治的乱局而屡屡错失发展机遇。

（四）小结

总的来看，富人主政的村级治理具有其深刻的两面性。一方面，在集体经济退潮、苏南模式解体的时代背景下，它确实是实现村庄快速发展的有力推手；另一方面，经过市场经济洗礼的先富能人自身固有的一

---

① 在吴镇时笔者曾经搜集到数封上访信（参见附录12），这些信件由中下阶层的村民制作，但上访行为，包括大量的快递和邮资却由反对派精英资助。笔者与陈锋（2010）此前在浙东地区的调查也发现了大量的类似案例，我们可以将这种类型的上访称之为"出气型"上访，以有别于田先红（2010）与焦长权（2010）等人所概括的"求助型上访"及"谋利型上访"。

些特点又会使其把村庄当成企业来治理,造成村庄公共性的萎缩。对于主政村庄的富人来说,尽快完成土地的增值开发,提升村庄经济总量,实现公共品的及时供给正是他们的长项,但如何在村庄社会急剧分化的格局下健全和理顺村庄精英的制度化参与机制,并在有效的村庄公共参与中平息社会情绪、提升村民的公共理性,却成为摆在他们面前的一道重大难题。

使民主制度得以持久的一个核心问题是:"在竞争中失败的政治力量何以接受失败的结局,并继续沿着那损害其利益的民主制度前行呢?"亚当·普沃斯基(2005)研究的结论是:因为结果的不确定性。无论是直接民主的古典模式还是熊彼特式的竞争性精英主义,分化的、有着不同利益的群体之间能够在具有不确定性的制度框架内完成具有公共性的争辩,从而接近公意、解决冲突,才是民主得以持久的前提。然而在贫富分化的、富人主政的村庄里,不同层级间在自治体系内博弈的结果却具有相对的确定性,充满怨气的被排斥阶层纷纷逃出村民自治框架,求诸官治化的信访,他们更青睐于向更高级别官员举报村干部的违规行为,而非通过村内监督的方式相互制衡。[1] 村集体无法在民主化的制度中形成良性的秩序,村庄的公共性将遭受严重侵蚀。

所以,问题首先不在于我们倾向于大众民主还是精英民主,而是如何保证村民自治本身。事实上,在中国农村"半工半耕"的经济格局下,村庄社区内均平化的社会结构早已褪去。在村民自治的日常实践中,除了

---

[1] 可惜的是,依赖于高层官员的"青天"意识并不能有效捍卫他们的权利,因为纪检、监察、司法等部门面对这种无须举证的上访时还需要付出极高的信息核实成本,这种高度零散的事实与推断相混杂的"举报"不但无助于矛盾的解决与村官的约束,反而会加大整个基层场域的治理难度。用镇干部的话来说,"无论举报到哪里,最终还是要回到基层来解决问题"。然而,我们的信访制度却给被排斥的政治阶层提供了一个可以"出气"的口子。在交通和通信发达,政府开通网页公布政务信息的背景下,上访者很容易就可以找到更高级别的领导"诉怨"。而在乡村的具体语境中,只要接访的相关领导真的因此而下到村里调查,那在普通老百姓看来就"十有八九是真的"。如果调查结束之后任何惩罚都没有,村民们也不是相信被调查的村干部们真的无辜,而是佩服他们的关系网庞大、"公关"能力了得,遇到事情可以化险为夷。换句话说,只要上级有人进村调查,富人村干部们就会在普通村民那里大丢"面子",威信受损。站在村干部的角度上,即使他们廉洁奉公,但只要上级领导因举报而下村调查,他们一定会忐忑不安、诚惶诚恐,因为在这个急剧转型的时代,头脑灵活的精英们正是依靠在各种政策的灰色地带中突袭才得以一步领先、步步领先,就算他们的主要动机是为了整个村庄发展而非个人私利,他们的许多违规行为大量存在也是不可改变的事实。

"民主选举"尚能部分符合当初制度设计的"群众自治、普遍平等、直接民主"的指导原则之外,其他的"民主决策、民主管理、民主监督"等环节已经属于精英治理的范畴。即使精英主导是村民自治最终迈向群众自治的一个中间阶段,如何在这个过程中维护村庄社区的公共性,保持村民自治的制度本身也值得我们深思。

二 乡村关系:控制还是交换?

(一) 已有研究的简要梳理

在一些持有政治学和法学视野的学者看来,乡村两级组织的相互关系是由法律,尤其是村民自治方面的相关条文所规定的。他们倾向于认为,既然《村民委员会组织法》颁布了,国家就有责任将其付诸实施。无论是政府出于治理社会的需要,还是学者们出于"国家—社会"互动和"民主—自治"的期待与想象,这些似乎都不太重要,重要的是法律必须得到施行。每当看到村民自治的实践状态与理念相去甚远,基层政府便会受到指责,而诸多精细的制度补充也会被构想出来。然而,现实中的乡村关系并不是由法律文本决定的,局限于"守法主义"(施克莱,2005)的视野里只会让我们用文本的演绎替代真实的逻辑。

取消农业税之后,乡村两级组织的相互关系发生了巨大变化,乡镇不再需要村干部协助收取税费,村干部的报酬由自上而下的财政转移支付来承担。同时,计划生育政策的执行压力已大为降低,乡镇可以建立一套独立的监控系统,脱离村干部单独执行;农村治安工作的压力也被司法系统及各级"维稳办"所分担。这些特征使学者们纷纷断言,取消农业税从根本上改变了国家与农民关系,也从根本上改变了县乡行为的逻辑。贺雪峰(2007c)在中西部农村的深入调查中发现,"基层政府倾向于在农村事务中不作为";申端锋(2007b)指出,乡村组织在各种现实条件的约束下,既没有成为服务型组织,也不是无所事事,而是在实践中对自身职能重新定位,"将此前工作考核中的软指标硬指标化"。这些发现与周飞舟(2006)关于乡村基层成了只维持自身运转的"悬浮型"政权的论断异曲同工,从不同层次及侧面揭示了乡村治理逻辑的变化。

那么,这种变化对于乡村两级的关系意味着什么呢?陈柏峰(2007)根据他在赣南版石镇的调查经验做了如下判断:之前存在的乡村利益共同体在制度上被打破，村民自治有了真正实现的可能，"乡村关系再也无法通过利益运作来维持，政策的贯彻和治理目标的达成再也不能通过利益交换来实现"。他论证说："当乡镇不再需要村干部收取税费，也可以脱离他们的协助执行政策时，乡镇就可以利用村民自治的组织原则和法律规定，通过选举的办法，将那些从村庄中谋取灰色利益的村干部选掉，他们也敢于查处那些有经济问题或有其他劣迹的村干部。乡镇也因此可以超身于村庄具体事务之外，让村庄真正依法进行自治，并依法对自治进行监督。"

不过，他的结论对于发达地区农村以及中西部的城郊利益密集型地区并不成立。在这类地区，基层政务的落实与治理目标的达成不可能如他所说仅依靠"感情运作"来实现。而从浙中吴镇的经验来看，倘若单纯从选举着眼，那么村一级的自治的确在某种程度上"放开了"，但这种放开却没有同时伴随着政府依法对自治过程的监管。基层政府只是组织和落实选举程序，顺利完成选举，"达到规定票数、不出乱子即可"。如果扩展研究范围，将视线从选举本身转入到日常化的乡村治理实践中，我们就能发现，其实在工业化、城镇化的背景下，乡镇一级仍有许多棘手的治理任务要完成，特别是当城镇发展、工业区建设等中心工作必须围绕土地增值运作而展开时，对村级组织的掌控就显得尤其必要。没有了村干部这个中间层的支持，政府要想顺利完成土地开发几乎没有可能，不管这种开发是在农地征收、宅基地置换、"异地奔小康"，还是在新农村建设或新社区建设的名目下进行。换句话说，如果基层政府不能设法让村干部支持自己的中心工作，那么在"土地财政"的背景下，政府的基本运转都会存在困难。况且，作为压力型体制（荣敬本，1998）的末梢，乡镇基层政权仍然有大量的政务需要村级组织来贯彻落实，尤其是通过自上而下的资源转移完成的农村公共品供给，如果不能实现对村级组织的有效控制，人数有限的乡镇政府直接面对数量众多的分散农民，其交易成本之高将是难以想象的。

因此，在新农村建设的语境下，一方面，上级政策仍需执行，另一方面，乡镇政府的治权又在基层体制改革中不断弱化（申端锋，2009），党政系统的组织网络和意识形态凝聚力渐趋松懈，此时，基层政府又将以一种怎样的方式来实现其治理目标呢？

（二）监控："镇"的监管与"村"的反制

1. 三项承诺书：防止"无为"

本书第三章第二节曾提及，"竞职承诺书""创业承诺书"和"辞职承诺书"的签字程序在近几届的选举中陆续推出。为了引导选举以后的村政运作，让参选富豪的精力、时间用于村庄公共事业，"先定事、后选人"的承诺形式被创造出来。比如塘村的一份"创业承诺书"上写道：

> 如果我当选村委会主任，将在届期内完成<u>兴建老人活动室、房前屋后沟渠整治、搞好村内环境卫生、搞好计划生育</u>……

下划线上的文字内容为参选者所填。吴镇每个村的村主任参选者至少要填三项，填好以后还要在市委机关报登报公示。

以下是一份辞职承诺书的核心内容：

> ……身体状况不佳、不接受党的领导、一年内累计半年外出或一年中连续外出时间3个月以上；连续3次或半年内累计4次不参加镇、村两级召开的重要会议；不执行村民代表会议的合法决议；不支持上级党委、政府的决策；违反村规民约、造成村集体经济较大损失；在年终民主评议被确定为不称职；违反国家的法律法规、党的组织纪律和其他不正确履行岗位职责等12种情形之一者主动辞职。

可见，辞职承诺书是让参选者主动承诺，如果不服从上级党政部门的领导则主动辞职，其目的是想通过这样一份要约达到对富人村官们的权力掌控。毕竟，乡镇直接用行政命令是不符合法理的，因为村委会是群众的自治组织，即使他们没有兑现承诺，村民们要启动罢免程序也不大现实，因为占人口之多数的普通老百姓并不想得罪这些富人。而有了这份承诺书，"似乎"让不尽职的富人村官强制辞职就有了依据。

塘村支书包根福说：

> 竞职承诺书，每个人单独签，承诺不搞小动作。创业承诺书，村

两委一起签，选上之后，装订成册，报纸要登出来的。3 年内至少完成 70%，完成不了，支委成员不能当下一届候选人。村主任不能竞选下一届，（即使）当选也无效。辞职承诺书，更厉害，连续两年评比不合格，两委成员的资格自动失效，不辞职也要逼你辞职。

一般地，支委成员都会支持政府工作的，上任 6 个月以后，上级可以任免。但是村委，你很难免掉的，要启动罢免程序，要 1/5 的村民动议，镇政府批准，要由有选举权的应到人数的一半以上才可以，这个是很难做到的。（所以）以前你不做事，上面没法治的，村民自治，权利很大的哦。现在他们有办法了，就是辞职承诺书，参选之前，按手印，写名字，还要张贴出来，有点像霸王条款。

我上来的那一届，片主任到我们这里考察工作，开玩笑的时候就说，"别以为上面没办法来治你们呢，不干事、抬杠、无理取闹，就要下去的哦"。

不过，从笔者在塘村村两委成员那里了解到的信息来看，他们似乎对上述防止"不干事"的承诺书并不以为意，塘村村主任吴东明说：

这个东西嘛，做做形式，给上面看的，不写那么实就行了，要不然不好兑现。不是一年做的事不少于 3 项吗，那就分细一点，不说要完成多大面积，只说完成路面哪一段，水塘哪一块。再比如，写旧改的启动工作做好，不要写"完成旧改"，只说力争完成哪一步。开会培训（指市委党校的新任村主任培训）的时候，讲课的那些干部说，"有的村，承诺的内容要注意把握分寸，步子不要迈得太大，要做实事"。

2. 津贴考核数字化：防止"顶杠"

所谓"顶杠"，是指当选为村干部的富人在某些具体的事务中坚持自己的意见和做法，不服从基层政府的指令。以下两个案例颇能说明问题。

案例一：

吴镇通往工业园区的污水管道要经过田村地界，施工过程中需要把一片种有蔬菜的地块挖空，管道铺设完毕之后再重新填土，并不影响这块菜地今后的使用。镇政府在青苗费赔偿方面已经做出让步，但田村村主任朱天达坚决不肯，他的理由是污水管道对村庄环境不利，村民不同意。负责协调的镇干部认为朱天达的"顶杠"行为只是想拿到其他项目，但上级领导并不买账。此事的处理结果是管道原定设计路线临时变更，"绕道而行"，多付出了一些施工成本。

案例二：

坞村获得政府下达的 2 个住房特困户指标，但是两委班子在指标应该给谁的问题上发生了激烈的争吵。村主任何俊峰显得非常认真，认为其他村干部提出的人选都不符合条件。然而，如果真的严格执行标准，该村几乎无人有此资格：要么人均住房面积超过了官方规定的 15 ㎡ 的下限，要么家境并不贫困。镇干部出面调解，何俊峰就把政策文件打印出来"白纸黑字"公开宣读。"特困户"觉得自己很是冤枉，连续数天到镇政府吵架。主管此事的副镇长要求何俊峰必须卖他面子，"多少给一点，不吵就行了"，市里主管此事的部门也来打招呼，但皆宣告无效。没有村主任的签字，相关手续无法办理，两个指标宣告作废。

坞村村民事后分析，真正的原因是这两户家庭与支书罗德广走得很近，而且在此前的选举中"特困户"曾与他作对。镇政府对此事非常恼火，在年终考核时把何俊峰评为零分，以示羞辱。

对于类似的"顶杠"行为，分管吴镇片区的镇干部感慨地说："现在这些老板很有派头的，以前召集村干部开会，表扬几个，再批评几个，形成氛围就好了。现在他们不吃这一套，真正顶起来，什么都不怕。"老板村干部们的"派头"非常值得玩味，为什么他们就敢于"顶杠"？有过农村调查经验的人都知道，尽管《村民委员会组织法》规定乡村两级是"指导与被指导"的关系，但在长期的治理实践中，二者之间的上下级关系已经成为常态。既然如此，在当下的吴镇，这种让基层政府感到头疼的"顶杠"行为是如何滋生的呢？

从权力来源上分析，在选举"放开"以后，村委会干部的授权来源的确发生了转移，不过，这种转移并不是从上级政府转移到了全体村民，而是通过选举的货币化竞争转给了自己。可以说，此时村干部的权力源自其掌握的财富，当他们用财富完成了权力授予仪式之后，就能够以代表全体村民的"公"的身份来说话。既然当选村干部的关键是自己的经济实力，而不是基层政府的安排，那么富人的行为显现出独立的、自我的个性，也就在情理之中了。

另一方面，从利益构成上分析，富人参与村政的目的并不在于靠村干部职位的有限工资来增加收入，对于一部分富豪而言，他们只是想进入场域中层级更高的交往圈而已，所以这些人尽可以表现得超然物外。换句话说，既然对上级政府别无所求，自然也就无须唯命是从。

对于富人村干部的"顶杠"行为，镇政府除了对涉及中心工作的重点村庄予以工程项目及土地指标上的利益倾斜之外，常规的应对手段是"成绩考核"。越州市制定了一个极为精细的村级干部基本报酬考核办法（全文见附录13《越州市村级干部基本报酬考核办法》），将村干部的考核指标分为定性考评（30分）、定量考评（70分）和表彰加分三个部分，评分主体包括群众、工作片和镇政府，而每届村干部的工作报酬则由一个复杂的计算公式得出。该文件第五条规定：

- 村级干部基本报酬基数为我市农村劳动力平均收入。
- 村级干部个人报酬计算方法：

各村级干部基本报酬基数＝各村级班子的最终考核成绩/100×班子工作难易系数×村（居）规模系数×全市村级干部基本报酬基数；

个人报酬＝个人最终考核得分/100×职务系数×各村（居）干部基本报酬基数；

- 村级干部个人本年度考核被一票否决的，取消本年度基本报酬。

吴镇根据基本报酬考核办法，制定了下辖各村（居）工作目标责任制定量考核体系[①]，其中包括安全生产工作考核细则，计生工作考核细则，民政工作考核细则，农业基础及粮食生产考核细则，新农村建设考核细则，党建工作考核办法，农村公共卫生工作考核细则，创建清洁家园考

---

① 这些文本形态的细则用A4纸打印出来装订成册，竟有60页之多。

核细则，食品药品安全工作考核细则，消防工作考核细则，综治、信访、维稳工作考核细则，农村党风廉政责任制考核细则等。各项目的分值比例如下（见表5—1）：

表5—1　　　　　吴镇各村量化考核项目分值安排

	工作项目		分值	档次	分数段
硬指标	新农村建设工作		7	优秀	≥90
	综治维稳工作（含消防工作2分）		9		
软指标	基层组织工作		8	良好	[80, 90)
	党风廉政工作		8		
	科学发展观实践活动		4	称职	[70, 80)
	创建清洁家园工作		6		
	安全生产工作		6	基本称职	[60, 70)
	社会事业工作	计划生育	4	不称职	<60
		公共卫生	4		
		民政残联	2		
		食品药品安全	2	一票否决	0
	农业工作（含农村财务）		6	备注	涉及一票否决的情形共有五种，但可概括为两个类型，一是违纪，二是不配合上级完成工作
	其他工作（特色、创新工作加分）		4		
	总分		70		

注：1. 年度内有以下情形之一的，考核实行个人一票否决，个人最终考核成绩为0分。①违反计划生育和土地管理政策受到处罚的；②参与赌博、嫖娼等违法违规活动被立案查处的；③带头或参与越级上访的；④严重闹不团结、影响工作开展的；⑤未完成市、镇重点工程配合工作的。

2. 考核为优秀的不超过各镇（街）村级干部总数的15%，良好的不超过20%，不称职的不少于5%。

3. 获市级及省厅局级表彰加5分；获省级及国家部委办局表彰加10分；获国家级荣誉加20分。

不难看出，基层政府实际上是想通过建立一个村干部报酬与工作绩效挂钩的指标系统，将村级组织纳入到政府科层制管理的模式之中，让村干部在工作报酬的激励之下按基层政府的意志来行动。

在表5—1的各项指标中,"新农村建设"与"综治维稳"可以称得上是"硬指标",因为这两项工作打分或者扣分时有实实在在的数字作为依据,前者是经过招标,以正式合同为准的工程量,后者则是政府有关部门反馈回来的案件及信访次数。除这两项指标之外,其余各项工作考核的主要依据是村两委自己的工作记录,其中包括各种台账、档案、宣传材料、"制度上墙"以及平时各项检查评比活动中的得分情况。然而,这些形式化的材料绝大部分都是可以人为"加工制作"的,镇干部坐在办公室里,并没有长期驻村,不可能了解这些千头万绪的工作在村庄中的具体落实情况,同时,普通村民也不会为此类工作而向镇政府主动传递信息。所以,村干部完全可以利用自己的信息优势,抢在检查之前将这种高度格式化的信息临时制作出来。而在实践中,人数颇少的村干部面对着千百个分散的村民,其工作情境非常之片段化、细碎化,即使事情已做,也根本来不及立即留下文本记录,等事后回想时,很多工作细节都已经不记得了。在这种情况下,连夜加班填写表格、制作台账就成了家常便饭。而吴镇各村的村干部们平日里商务繁忙,为了考核通过,他们会让聘用的文书/会计专门负责此类台账的"生产加工"。正因为此,这些指标成了形式化的"软指标"。

吴毅(2007c)将基层治理中高密度检查与大批量信息伪装同时存在的现象称为"迎检的游戏"。在笔者看来,诸如召开会议、汇报工作、制作报表、迎接检查、接受考核等事务都可以被看作信息在官僚体系层级间的组织传播,这种自上而下的跨级监督与考核在传播路径上存在着先天性的信息不对称,尽管这些高度琐碎的信息上传工作耗去了基层组织大量的、宝贵的时间,但其所传信息之效度却非常低下。而在基层工作中,村干部所面对的还不是组织化的团体,而是一个转型中的、非均质的、难以实行数字管理(黄仁宇,2006)的农村社会,这使得上述的指标考核工作成了悬浮体内部自我消耗的"空转"。

而在吴镇的乡村场域中,即使是硬指标与"一票否决"的规定,对于村干部其实也没有真正的威慑力,原因很简单,因为他们非常富有,考核分数所能影响的报酬或津贴在他们那里只是一个微小的数目,完全不影响其生存境遇。可以说,通过数字化考核的科层化手段来管理村干部,在转型期农村是难以奏效的。

塘村支书包根福说：

> 以前村里也开工资的，2009年以后镇里不允许我们自己发工资了，说是怕我们贪污，以后只能按做的事情发误工补贴，就像厂里的计件制一样。政府每年年终按考核打分给我们发奖金，一次到账。我们村，主要干部，书记、村长是两万，其他人是八千。这是按人口来的，我们村人多，工资高一点。去年我们村有越级上访，文件转回来，扣分无限多，奖金打六折。其他村还有故意顶杠，征地不配合的，零分。后来上面看不过去，又发了两千块钞票。
>
> 像上访呢，以前不会扣村里的，现在市里扣镇里，镇里又来扣村里。去年我们村几个刺头信访到国务院法制办和省政府的，都受理了，所以扣了，说法是没做好群众工作。到国土局的，那个还可以不算，那是咨询业务，不算上访。像计划生育这种事，除非是出了意外事件闹大了，（否则）不至于弄到扣分的……就算是有也不会上报啊，统计报表做点手脚就是了。
>
> 说个实在话，年底奖金这个东西，我们倒真的不在乎。那点小钱，多少都无所谓的，有些村的老板根本就不要这个钱，直接打给老年人协会了，这种情况多的是。我们看重的，就是个名誉，分数太低，不好看，说出去也不好听。到时候真的两届评比不合格，被镇里赶下去，那太不好意思了。你知道，满了三届的话可以享受政府发的养老金，多好啊。

其他村村干部对"绩效考核"的看法与包根福大致相似，在他们眼里，考核成绩所能影响的奖金升降幅度只是账户上的尾数变动而已，如果不是害怕考评连续不合格镇政府会启动"辞职承诺书"中的相关条款，引起"面子上不好看"，他们也许连形式化的台账都不会雇人去应付。岭村村长包同发的一句话倒是颇为直接：

> 考核不及格自动辞职？不会的！辞职承诺书有是有，真正施行的，还没听说过。那个东西就是放在那里，吓你一吓，真正搞去，打起官司来，他们（指镇政府）不见得能打赢的。

3. 党风廉政建设：防止腐败

对于资源密集的浙中地区来说，为了加强农村基层政权建设，巩固执政党的合法性基础，保证农村社会稳定，反腐倡廉是题中应有之义。现实地看，基层官员要降低信访量，减轻自身的考核压力，也必须设法从各个方面着手，加大对村级组织的监督力度，因为各部门所接到的农民信访或举报当中，大部分都涉及村官腐败和村集体财务问题。

表5—2是笔者在吴镇调查期间根据所收集的制度文本以及乡村场域中的具体实践综合而成的当地农村基层党风廉政建设工作的总体框架。

表5—2　越州市农村基层的党风廉政建设工作体系

主要形式	实施办法	具体内容
文化建设	反腐教育	定期培训制、党风廉政建设责任制、党风廉政建设示范村制度
制度建设	财务监管	村级财会委托代理制、村级零招待制度
	工程监管	村级工程招投标制度、村级工程项目审计制度
	审计监督	农村财务综合审计制度、村干部任期和离任经济责任审计制度
	民主监督	村务监督委员会制度、村务监督委员会选举办法
纪检建设	纪律监察	公开举报电话、重视群众来信来访、加大查处力度

如表5—2所示，当地农村党风廉政建设工作的主要形式分为文化建设、制度建设和纪检建设三个部分。本节将描述前两种形式的实践情况（以制度建设部分为重点），纪检建设部分留在下节交代。

应该说，越州市对于整个农村基层的反腐败工作是极为重视的，不仅制定了详细、周密的各种纪律和规范，而且投入大量人力物力不定期开展学习宣传、检查评比以及群众接访活动。整个"防腐"体系中，被称为"廉政文化下乡"的文化建设是最常用的、被提及最多的手段。然而，村干部们对占用大量时间的学习活动却心生厌烦，用他们闲聊时的话来讲，"说的都是好东西、大道理，但是记不住。现在是市场经济，虚的，不顶用"。不过，在文化建设之外，一系列的制度建设确实能够发挥一些作用。

这些制度中，首当其冲的，是包括财务监管、工程监管和审计监督在内的一套颇为复杂的财务管理系统。① 以前,各村的集体财务设立多个户头,发票管理也不规范,村民意见很大。2005年前后,镇政府组织人员进行了村级财务清账行动,镇纪委出台规定,所有行政村只设一个基本账户,村级一切收入必须进入该账户,并规范财务支出审计和村级财务全公开,严格实施村账镇管。吴镇各村的财务管理制度陆续建立,镇政府设立农村财会代理中心,专门负责所辖村级财务的结算和报账,代理村级记账,代为管理存款,实现货币收支两条线和会计电算化管理,以便监督农村财务活动,并协助村集体实施财务公开。在硬件与人员配备的基础上,还制定了严密的村集体财务管理规定。

上述财务制度的规范化在相当程度上杜绝了村干部们直接侵占集体财产的可能性。笔者在塘村村委会跟会计老吴一起坐班时亲眼看见他制作一份付款凭证,单据的主要内容是村里要支出3万多元给自来水公司,结果这份单据居然需要村会计、出纳、村主任、村支书、村监委会主任、联村干部、工作片主任、财会代理中心审核员以及代理中心负责人的签字,如果支出超过5万元,还需要镇分管代理中心领导及镇主要领导签署审核意见。由此可见,任何村干部要想用虚假发票直接从村集体账户中套取存款,难度该有多大。②

值得一提的是村级"零招待"制度。该制度规定,"市机关各部门及下属事业单位工作人员下村帮助、联系、指导工作时,不得接受所在村的公款宴请、礼品馈赠及其他消费活动;村干部之间不得用公款进行相互宴请"。塘村会计老吴说:

> 零招待以后,村里面确实没搞过招待了,待客都是自己掏钱。有领导来检查,都是镇里招待吃饭。这个规定好肯定是好的,替村里省了不少钱。但是呢,说不招待,那是句空话。在村里面,给老百姓做工作,就是喝酒、吃饭。这个场合谈谈心,效果好,啊,你有你的难处,我也有我的。酒桌上好谈工作,这个道理谁都明白的,否则不好谈,谈不拢。有的人工作做得不细致,引起别人上访,说明他没上

---

① 具体可参见附录14《吴镇村(居)集体经济组织财务管理制度》。
② 不过,这套制度通过技术手段能够成功监管的,是在集体账户内部运转的资金。一旦资金在集体账户之外循环,此项制度就会失去约束作用,建立于其上的审计制度也会失灵。

心，没有一个一个地动感情。

> 七八年前，搞招待都是村里出的，像征地，需要找村民过来当代表，一个小组3个，叫他们签字，肯定要吃饭，再出去喝喝茶，才能把地征下来。现在，村里请老百姓吃饭，不可能的，这些钱只能是村长私人开支。上次和村长一起去镇里办事，他包里带了10包中华，见人就发。坐着说话的时候，一根接一根，一下午4包烟就这样出去了。村里跑旧改的事，个个局都要去，花费有多大？

老吴的意思很清楚，实行"零招待"以后，如果不是村长豪爽，不计较这些"小钱"，村里办事情将会非常困难。这也从另一个侧面印证了笔者在本章的上一节所阐述的观点：富人当权因此而变得不可逆了。应该说，"村级零招待"的举措制定的初衷是为了节约村集体的经费支出，防止村干部公款吃喝，但是，由于"吃喝"在当前的农村工作中无法避免，那就只能是富人村干部出来"以私贴公"，穷人被权力核心完全排斥。如果以场域的整体视角来看，则是基层政府在利用富人的私人资本实施着公共治理。

此外，还有广为法学界与政策研究部门所推崇的"监委会"制度。这与第三章曾提及的部分实权向村支书转移一样，构成了对村主任权力的牵制。

塘村的监委会主任汪青林说：

> 我这个位置，比较形式化，选上来了以后要我当我就当了，（因为）监委会主任一定要纪检委员兼任的，纪检委员又一定是支委。监委会三个成员，一个是纪检委员，另外两个是村民代表。所有的发票，小到买一叠信纸，都要我们三个人签字过，才能报销、做账。监督的作用，多少是有一些的，就是把报账的事情搞得无限复杂，做事不方便，一些小钱都是村长自己掏腰包了。现在这一届，监委会有个章了，纪检委员盖章就可以，不需要签字，挺好的。
>
> 监委会这个东西，老实说，有利有弊，利嘛，是财务这方面更严格了，村两委零招待。弊嘛，是有权的人多了，大家有时关系搞得很僵，工作没法开展。村里的事情就是这样，民主归民主，集中还是要的，一定要把账做严格去了，除了大老板，谁都没法当。

而岭村的监委会主任朱力鹏说：

群众监督是走过场，镇里打电话叫去评分的人都是知根知底的，调皮捣蛋的人不要弄去的。监委会不一样，那是来真的，账目由上级管着，我不盖章，会计就不能报账。（不过）我呢，只要他们（村主任和支书）同意，我就同意。好多事情，钱花掉了，根本就没发票的，怎么办呢？真的去顶，那是得罪他们，和他们闹翻了，以后还怎么干工作，怎么相处呢？其他村有这样搞的，那是以前有过节，（选举）拉票的时候结了梁子。

"监委会"制度运转的机理，类似于熊彼特、拉斯韦尔、李普塞特、萨托利等理论家所潜心探究的"精英民主"：在选举中胜出的精英互相制衡，即使不能使制度臻于至善，但却可避免其走向最差的境地。然而，在村庄这个熟人社会中，精英间相互制衡的局面其实很难形成。笔者在吴镇7个村里面走访时遇到的4个监委会主任无一不是处事圆滑的"和事佬"，表面上看起来这似乎是一种偶然，但从其形成机制上分析，却又有必然性，因为性格刚毅、"喜欢出头"的监委会主任难以融入村委班子，会被逐渐排斥出局。[①] 这些参选的富人生活在一个彼此较为熟悉的社区中，而且因职务之故需长期在一起共事，倘若让一个极为固守原则的人物主职监委会，而他所固守的原则本身其实又不太吻合转型中的乡村社会的实际，那么，村干部们互相之间就会经常为发票报销的琐碎事务争吵不已，而涉及村庄整体发展的大事将无从谈起。

从某种意义上讲，在竞争人数相对有限，彼此又十分熟悉的村庄权力场中，身处村两委前台的精英们因监委会制度而形成"三权分立"之良性制衡局面的概率很小，反倒是他们形成共同进退的联盟的可能性非常之大。若从村庄改造中发生的种种故事来看，未掌握主要权力的反对派精英

[①] 事实上，坞村前任的监委会主任何家明正是在与其他村干部的争吵中退出的，而他的耿直和倔强，到底是坚持原则，还是在搞派系斗争，村民们众说纷纭。有趣的是，分管该村的联村干部似乎颇有思考地对2011年年初新任的监委会主任罗勇浩说，"这个位置，要么是缺位，要么是错位、越位。我看还是缺位好"。

因分利局面不占优而与台上执政的村干部们发生明争暗斗的情况确会出现，但这不是基层政府自身愿意看到的情况。站在他们的角度，由于制度设计者的行政权力处于高位，他们必须无条件推行，而当在乡土社会的推行过程中遭遇尴尬时，对制度做出灵活变通，又成了他们不得不做的事。

总的来看，在资源密集的发达地区农村，掌握权力的精英会利用制度漏洞大量谋取个人利益，于是国家需要有更为精细的制度创新以弥补此前的制度缺陷。由于资源的流量巨大，村内各种派系会争相利用相关的条款来争夺利益，这使得自上而下推行的制度系统能够在村庄内找到接应力量，从而能够发挥作用。这也正是利益密集型区域的制度尽管极为复杂，但能够有所收效的重要原因，相比之下，中西部人财物净输出的村庄里，相关的制度尤其是财务制度成为贴在墙上的"书法作品"。

4. 惩治贪污：压缩牟利空间

当急剧的城镇化进程开启以后，动用公检法系统惩治腐败村官，成了利益密集型地区基层组织建设的一部分。2000年以后，随着新农村建设的全面铺开，越州市检察院收到的不少匿名或实名举报，都是针对村干部的贪污行为的。一时间，查处村官几乎成了检察院的主要工作之一；而越州市政府信访办也证实，每年都有许多农民前来反映村官的不良行为。近年来，越州市纪检监察机关和检察机关查处了大批村官腐败和违法违纪案件，在最高峰的2003—2005年，越州警方每年受理村官犯罪约30起。

2005年以后，村级财务管理趋于规范化，查处村官的案件也逐渐降低。2007—2009年，该市共立案查办村干部职务犯罪案件共22件26人，涉案金额均为5万元以上，其中20万元以上9件、10万元以上6件，通过办案追缴赃款500余万元。相关数据显示，这些案件几乎占到了该市同期职务犯罪立案总数的40%。不过，上述案件主要分布在城郊村，这3年被查办的26名村干部中，主城区与副城区之间的城郊接合部村庄就占了20人。

显然，加大对村官贪污腐败的惩治力度，会对村干部的行为起到相当大的约束作用，这使得富人村干部们上台以后，似乎只能一心响应上级党委政府的政策号召，积极带动村庄发展，带领群众致富。那么，在村庄场域的实践中，具体的情形又是怎样的呢？

曾担任过市人大代表的岭村村主任包同发向笔者讲述了这方面的情

况。他说：

> 我们越州这个地方，当村官是有风险的。每一届村主任都有判刑的，有几年查得特别多。这些人呢，说起来也是活该，没有头脑，水平太次，法盲！有的不知道做账，直接把集体的钱拿来用，连个说法都没有，也有用了以后又还上的，（但是）户头多，弄错了。还有的，直接把村里的地卖出去，给企业，把耕地租给别人做厂，有的是自己拿来搞建设，做厂房出租。这些事情，一举报就坐牢的，一查一个准。这几年，大家都知道了，要按程序来，用钱要过账、卖（指出租）地要审批，证件办齐，符合程序才不犯法。

按照包同发所说，一轮惩治过后，有意竞选的富人们认识到，要想求得安全，干事情就必须"符合程序"，无论是为了个人事业还是村庄发展，必须经由法律规定的程序达到目的。也就是说，要按游戏规则来制定发展策略，否则，犯规即意味着风险。[①] 然而，出于粮食安全的考虑，近年来国家建设用地指标的日趋缩紧，村干部要想通过重重审批顺利完成村庄土地的非农化运作，即使不是完全没有可能，成功的概率也非常之小。如上一章所言，剩下的仅有的机会，只有旧村改造。换句话讲，要想安全地完成集体土地的开发，这个机遇必须抓住。不过，另一方面，一个不能回避的问题是：既然集体资金的流动都要用会计手段予以记录，并在支出时需要重重审核，那么，这是否意味着当选的村干部就没有利益空间了呢？

当笔者把类似的问题转成日常语言，询问普通村民时，他们的回答会让人非常迷惑，或者说自相矛盾。比如岭村一位喜欢研究法律条文的退休

[①] 包同发的话还有另一层意思，当天访谈时他没能详细展开，此后又重新提及，那就是越州市当年的惩治高峰类似于一轮运动式的"严打"：通过高调地查处一小部分被举报的村官，达到威慑其他村干部的目的。因为如果真的层层剥笋似地细查下去，恐怕大批的在职或已不在职的基层干部都要受到追究。最后采取的方案，只能是"对以前的事情少追究，保证以后不出问题"。这就像孙立平（2012a）在评论广东乌坎事件时所言，中国的许多改革已经走入"纠错困境"：对于一些问题，不解决会日积月累以至积量难返；努力解决，又会引起连锁反应，甚至会挑战体制本身的承受能力。运动式的解决方案实际上是一种"杀鸡儆猴"同时又既往不咎的"饰错依赖"。如何走出这种困境？这需要高超的政治智慧。

民办教师就说：

> 现在查得恁严，这些老板还砸锅卖铁去选村官，真是神经病！钱都不在你手上，进出双保险，你还要争来争去，不是发神经是什么？为了旧改的时候弄块好地，一下子砸进去上百万，至于么？

但是，当笔者隔了两周再去问他时，他却又说：

> 侬别问了，肯定是有花头的，选举的时候花了恁多钞票，肯定要赚回来哇。

看来，如果不是近年来在村庄中有过深度卷入的从政经历，普通村民（包括老支书）都只能猜测而说不清楚其中的玄机，以至于有人会去相信富豪们投入重金贿选时向村民许下的豪言壮语："给我一个机会，我能改变家乡的面貌。"

在第四章对旧村改造的深描中，笔者详细分析了村干部们的一些比较安全的利益空间。然而，这并不能解释在那些没有展开旧改的村庄中，为什么仍然会有众多的老板参与竞选。即使是正在改造的村庄中有一个尺度大致恒定的利益空间，但考虑到私营业主们在时间和精力上的机会成本，这样的答案肯定不能让人满意。严格的监管是否真的斩断了非旧改村庄的灰色空间？这个问题在田野调查中一直困扰着笔者，然而，吴镇各村的富人村干部们并不肯向外透露答案。在他们看来，其他的问题（比如贿选）即使说出来也无伤大雅，但这种问题的回答却会潜在地影响他们的"安全"。

好在塘村首富，卸任的前村长吴大海并不忌讳。他直截了当地说：

> 现在，真正清白的，不涉及经济问题的村长，可以说是找不到的。百分之七八十都有问题。大家都是商人，在商言商嘛，竞选花的钱肯定是想收回来的，完全为了面子去花那个钱的人，不是真正的生意人。他要想，如果我上了，未来这三年内有哪些工程项目可以到手，这是可以估计得到的，政府每届的预算都在那里，钱一定要花掉的。竞选花了百把万，目的是为人民服务，这种人你认为会有吗？

……一开始放开（选举）的时候，老板不去选的，（因为）那点小钱看不上眼。后来听说可以搞到（建设用）地，上面拨的钱又多，参选的人就多起来，（选票）价格也涨上来了。但是，怎么说呢，一些档次很低的人也想来试试，没当过，以为很来钱，油水很多。有的当了一两届，发现工作难做，花时间，很累。要弄点钱，风险又很大，搞不好就要戴手铐的东西。只有是大老板上来，他不需要通过这个（指向施工方寻租）搞钱的，他要的就是个面子，有了面子可以在外面认识很多人，可以自己包工程，一般的人想去做这个事，不好搞。

　　吴大海的这段话非常重要。他透露的信息至少包含了两个要点：首先，是参选的富人并不与执政党分享同样的治理目标，"逐利"才是其本质，但这并不排斥他们在这个过程中有顺带改变家乡面貌的动机。笔者之所以敢如此评述，是因为吴大海同时也是当地民间商会的主要成员，他的话反映了其所在的富人群体的观点。其次，是富人群体内部也有层次的区别，要想在村主任的位置上安全地盈利，或者说不亏本，需要有强大的资本实力和运作能力。再次，他讲述了村委会竞选变迁的另一种逻辑，那就是有意参与村政的普通富人逐渐被淘汰出主职村干部的职位，只有具备足够实力的大老板才能"持续经营"。

　　那么，大老板们低风险的经营方式又是如何可能的呢？以下便是吴大海慷慨传授的"生意经"：

　　（村集体）收款不入账，不可能，（租赁与承包）合同上都有的，数字对不上，肯定要出问题；公家的钱不好用，发票都要查的。好处，无非是地和工程，其他的都不行。旧改的时候可以拿地，好一点的地块，拿一块去建房子，值上百万。有的跟镇里关系好，可以拿到工业用地，盖厂房出租。春国2004年的时候在工业区搞了5亩地，做厂房出租，6层，二十几间房子，现在一年租金就有60万（元）。他那个时候村长做起来，镇里卖他的面子给的，一般群众不可能拿得到。

　　再一个大头，就是平时的各种工程，这个是生产性投资，花钱幅度最大。但是这个钱自己不好拿的，只能先用出去，再收一部分回来。比如，（施工）老板送人情，这个叫回扣。几百万的工程包出去，拿个几十万的回扣，很正常。"你们肯定有赚的，不意思一下么？"开玩笑的时候说一下，私底下暗示的，叫中间人说的，都有。（但是）不能做得太过，要有人情在里面，搞得过分了，验收的时候故意不签字，人家（送完钱）反过来要告你的。[①]

送人情其实不安全。香烟票啊、消费卡啊，那是没有问题的，钱是别人存的，你用而已，商场又不管钱是谁用的。但是这些面额有限，只能当零钱用。法律有规定，双方有业务往来的，赶人情超过一定数量，就是受贿了。（如果）有人去举报，不好收场。你看我们村包书记选上之后不就搬到（镇上）菜场那边去了，这样别人来送东西，就不会眼杂……

自己能够包工程，那是最好的。（因为）你不能把钱拿来直接花，那终归要出事的，你要干活，要把钱算到利润里面。这不是说去包自己村的工程，不会这样做的，都是互相承包。可以先成立建筑公司，再找个建筑队，有（施工）资质的，合股。有些有背景的人可以直接入干股，提点，只要保证拿到工程就行。很多村干部都在建筑公司参股的，我们村的工程包给你，你们的村的工程包给他，他再包给我。

要包到工程，招投标很重要。招标那一方权力很大，不是内部人很难投中。标书价格出低了，可以说施工质量无法保证，价格出高了，可以说你不符合节约原则，价格合适的，可以说群众没有采纳你的施工方案。投标的形式呢，分成好几种，有举牌投标、邀请投标，还有挂牌投标。举牌投标这种，有点像拍卖，现场决定，以前农村里

[①] 以下是塘村前支委委员吴晓江谈及工程项目的灰色空间时的访谈记录，他所谈到的主要是如何在规则范围内使用策略获得施工方老板的"礼物"。笔者将其置于此处作为补充："所有的工程项目，3万（元）以上放到镇里，5万（元）以上市招标办，公开招投标。而且是分期付，按程序来，走正规渠道，这些直接贪钱还是比较麻烦的，但还是有技巧可以想办法。比如平整土地的时候，有一个水塘，原计划的项目书中是用土来填，现在为了土地的基础好，质量过关，用石渣，于是村干部就可以要求工程追加。再比如地下管道、污水管道，当时没预算进去，现在可以要求追加。多加的这些部分都是可以要好处费的，因为追加了就等于承包的老板可以有更多的利润。还有一些材料什么的，村干部在讨论的时候，在验收的时候也可以要求追加，不过追加的工程款不能超过总工程款的20%。给好处的钱账上是反映不出来的，这是老板私人的钱，工程结束，验收合格，给个红包感情投资一下，这差不多成行规了。礼送了，卡给了，以后就是朋友，说不定什么时候还有工程可以承包的。要送红包，没个几万给不出手，工程大的话，几十万也不多。"

3万块以下的小工程，村里自己组织（投标会），就用这种形式，这个时候小混混要过来围标的，现在用得少了。邀请投标也很差劲，比如一个工程，邀请对方来，限制到5家，其实5家都串好了，报名资格很容易搞的，交个上千块，去镇里报名，什么人投上去都可以，这个叫串标。挂牌投标那种，有资格的都可以来投，没什么手脚好做，但是时间有限制（一般为10—14天），好多人不知道，这么短的时间又要符合要求，不容易的，一般是事先约好……

通过上述群体化的复杂运作，国家转移支付的大量资源会有相当一部分以利润的形式进入这些商人/村干部的私人账户，这种形式当然是合法的，因为是投资所得，而且因为资金在严格的财务管理中合乎程序地从集体账户中流出以后才在老板们的私人户头中循环，所以即使面临审计也不会出现问题。这个时候，我们很难再用"贪污受贿"或者是"以权谋私"等字眼来对这种行为进行定性，当大批的富人村干部通过日常的社会网络形成集体默契的时候，国家资源被转化为他们的商业利益，精细的制度设计仿佛成了利益分配的合法化证明。

从某种意义上说，政府设立举报系统、加大查处力度、惩治贪污的努力只是压缩了这些活跃在乡村场域上层的富豪村干部们的谋利空间，将过去几乎没有限度的贪污挪用行为约束在了一定范围之内。在这个范围内，村干部们三年任期里有一个几乎可以准确预期的正当得利。正是这种不用腐败的得利形式使得政府设立的举报机制和预警系统发挥不了太大的监督作用，因为许多事情成了商业秘密，普通村民不仅不可能拿到证据，甚至连其中究竟了发生了什么也只能猜测。因此，可以说，利益密集型地区的村官们在城镇化、现代化的进程中自身也在经历反思性（reflectivity，吉登斯，1998：110）的成长，他们早已脱离了直接贪污征地款的初级阶段，进化到了灵活运用规则以正当手段获取商业利润的境界。

（三）结网：治权弱化与"花钱消灾"

从上节的内容来看，在日常状态下，乡村两级之间似乎是一种若即若离的关系，基层政府对村级组织的控制手段虽然形式多样，但效果并不十分理想。同时，整个乡村基层组织与村民之间的关系并不密切，就像浮在水面的一层油。然而，这种判断却只适用于没有展开土地运作的村庄。一旦涉及集体土地资源的资本化与货币化，有了利益的分配和提取，镇政府必须设法拉拢村干部来帮助完成土地的征收与开发。

原因何在？这涉及乡镇政府自身的治权弱化。[①] 税改以来，实行区划撤并与机构精简的乡镇体制改革不断推进，与此同时，乡镇政权的基础性权力（迈克尔·曼，2002）也在改革中变得残缺。饶静、叶静忠（2007）指出，税改后上级政府对基层政权的控制明显增强，基层政权的权力被大大削弱，沦为"政权依附者"；欧阳静（2011b）用奉行策略主义的"维控型政权"来描述乡镇政府的行为逻辑；而赵树凯（2010：262—270）用"政府功能公司化、政府权威碎片化、政府行为运动化"来概括"虚弱的乡镇"。在一篇调查报告中，赵树凯（2005）写道："乡镇的内部人事管理缺乏自主，垂直单位的存在则基本上掏空了乡镇政府职能的实质内容。在这种条件下，上层又赋予乡镇以极其重大的使命……乡镇政府承受了不能承受之重，许多不规范行为由此而生。"李昌平基于他对乡村治理的丰富经验和敏锐洞察，指出"20世纪90年代以来，由于集体土地所有权的虚置，集体经济空壳化，乡村治理由块块为主变为条条为主，导致乡村治权逐步丧失，从而使乡村治理无法有效达成"。[②]

另一方面，取消农业税后，国家行政力量逐渐从乡村社会退出，基层组织在不需汲取资源的同时，也不再组织村民通过内部合作提供公共品，而是由国家转移资源，并由市场来完成供给。此时，农民既不需要通过协商来决定如何完成税费任务，也不需要讨论如何合作来分摊公共品供给的成本，而是转过来争夺利益，这些利益主要集中于村庄土地及国家下渗的巨量资源。换句话说，乡村公共领域的主题从分配义务转为分配权利。与此同时，国家从上至下的法治建设、权利话语以及媒体对于乡村基层干部的妖魔化叙述作为对税费时代的反弹强势兴起。在这个责任与义务虚化，而权利意识彰显的权力场域中，村民不再认同基层组织的权威，而是纷纷在自觉利益受损时通过上访、诉讼等方式谋求"公平"。农民对自身的利益变得极为敏感，特别在涉及征地与拆迁等大规模的利益再分配时，乡村

---

① 所谓乡镇治权，是指乡镇基层政权通过组织凝聚、配置资源等合法手段解决内部事务、进行乡村治理的能力。具体可参见申端锋《治权与维权：和平乡农民上访与乡村治理（1978—2008）》，博士学位论文，华中科技大学，2009年。

② 参见李昌平《乡村治权与农民上访》，未刊稿。

社会中的矛盾异常尖锐。①

在笔者所调查的吴镇，镇政府因所处地域的区域优势以及土地开发的成功而没有了财力上的困顿，但是，面对着基层社会尖锐的利益矛盾与严峻的综治维稳压力，镇干部们同样应对乏术，头疼不已。不过，与中西部地区的乡镇不同的是，吴镇政府因财力雄厚，掌握的市场资源众多而拥有足够的腾挪空间。尽管承受着"一票否决"的考核压力，但只要能够设法稳住村级组织，矛盾的缓冲地带就可以建立起来。而对于政府而言，掌控村级组织的手段有阳面和阴面，阳面是"大棒"式的监管措施，而阴面则是"胡萝卜"式的利益诱导。在吴镇乡村场域的权力实践中，"胡萝卜"比"大棒"管用得多。

分管吴镇七村的片干部马蓝生在抽空接受笔者访谈时专门就"老板村官"的问题发表了他的看法。此人本科学历，30多岁，考取公务员后在镇政府任职，平时喜欢读书看报，思考问题，他说：

> 我们是倾向于老板当村官的，起码一条，双带能力强，符合上级政策要求嘛。其他的呢，还有一些实际的考虑。别的不说，第一，工作要人做，还要做得来。像那些要搞旧改的村，不是有魄力的老板牵头，很难启动，老百姓呼声最高的也是这件事，但是要做不容易。为什么？钉子户太多！现在的农民，很精的，算得太清楚。一般人去做这事，要惹麻烦。老板牵头，情况会好很多。再者，他们肯出马，工程推进也快多了，像村镇绿化、三通一平啊、配套啊，老板可以垫钱。也可以凭信誉，让承包人带资去做。先做去再说，可以快一点。要等资金一项一项的到位，手续全部办好，再去动工，那就太晚了，时间不知道拖到什么时候。
>
> 再说，老板来当，关系也好理顺一些。有的村，把带头越级上访的人选起来，什么事情都给你顶，很恼火的！这个说起来民主，实际上很糟糕，（镇里）开会不到场，来了乱讲话，村里的工作也很难开

---

① 田先红、杨华（2009）基于中部地区的深度调查后指出，基层政权因治理弱化而导致的农民上访数量增加，成为威胁农村社会稳定的新因素。而申端锋（2009）在他研究农民上访的博士学位论文中写道："税费改革后的这几年，农民上访量急剧增加，信访工作成为乡镇政府最重要的中心工作。乡镇政府被上访农民所要挟，信访治理陷入混乱之中。乡镇政府成了'消访员'，哪里有上访就到哪里接访、稳控，而上访所反映出来的治理问题却无法得到根本解决。"

展。举个例子说，市里的规定，以前征地，村长签完字，再有小组长一个人签字就可以；从2008年开始的，小组要3个代表签，60%以上的人同意；从今年开始，要2/3同意才行。（这是因为）上面总结经验，征地越来越难，上访的人多起来，是老百姓的权利没有保护好，现在要讲法治。法治社会诶，依法行政，村长不签字你能把地征掉的啊？政府必须要给好处给他们，要不然，民主起来，政府很难办的。我们去做工作的时候，村领导不出力，征不下来。多数村干部还是配合的，没有谁当面说不支持，都是坚决拥护镇政府决定。书记是没有反对表现的，（但）村长真实的想法什么样，做事情出力不出力，不好说。这样的村，要是老板来当（村主任）就会好多了，（他们）思想先进些，看问题思路开阔，也懂得人情世故，相互给面子，最起码自己不会当钉子户。你说，自己带头当钉子的人，村里还怎么发展？

哎！说来说去，就是为了"和谐"，事情要做，还要越快越好，又怕老百姓上访、闹事，怎么办？发动老板咯。叫我说，这些跟老百姓打交道的事，只要工作做到家，按程序执行，讲清楚了，"蛮不讲理，你自己要吃亏的"。老百姓哪有不怕法律制裁的？跟他们说清楚，做到哪一步，胡闹的后果是什么，冒头的、越界的一律法办，事情哪有做不来的？基层干部不懂法，做事情靠关系，靠钱，只求不出事，花钱消灾，没办法啊。①

---

① 关于"花钱消灾"，马蓝生还颇有兴趣地跟笔者讲述了许多例子。这些例子可以很好地诠释当前乡镇基层政府的行为逻辑。因此，将这些材料置于此处作为补充："我觉得，最浪费的就是公共财政了，像那个维稳经费，每年的开支那么多，怎么花掉的我是知道。像拆违章建筑，有人举报，不去不对啊，去挖个洞，形式搞过，人走了又补回来。但是去的时候呢，那叫一个声势浩大，几十上百人，开着车子、挖掘机过去，还请一大帮民工。花了几万块钱，就拆几个平方。土管、执法大队、巡防大队、政法办、城建办，好多部门都来配合，像搞大会战一样。其实去了，站站就可以，不用做事，动手的都是农民工。为什么？因为怕危险啊，到时候万一老百姓冲动起来，受伤怎么办？为公家的事受伤划得来吗？叫民工动手拆去就是了。我们都是去壮声势的，人多，气势大，把对方镇住。但是人多是有代价的啊，中饭，吃快餐也要花很多钱啊，烟要发呢，联防队员、民工工资要给吧。还有征地，正式工不能动手，动手就惹一身臊，纠缠不清楚的。正式工不去，工资不会少。他们不出面，叫临时工。万一出了什么问题，临时工没处理好，了不起辞退掉，这都不要紧的。封厂、征地、拆违、选举选不下地，都得要临时工去处理。只要'稳定'，不要出乱子。上访的多了，干部就不行。临时工是些什么人？没有正当职业，到处晃的小青年，里面有很多小混混一样的人，只有这些人才能把事情摆平。他们不怕死，法律又有点懂，普通老百姓能应付一阵子的，碰到刁一点的吓唬吓唬……"

第五章 场域的定型:乡村治理中的权力互构   231

马蓝生所讲的第一点实际上透露了镇政府的无奈。头顶着沉重的维稳压力,又必须以土地开发为中心工作,处于夹缝中的他们只好"花钱消灾",借助于村庄中富豪的力量,将他们的经济实力、地位优势与日常权威转化为可以治理钉子户、推动城镇化建设的治理资源。而他所讲的第二点,是说与村内其他政治阶层相比,老板更能够配合镇政府的工作,因而"关系能够理顺"。但是,至于身为企业管理者的他们为什么"愿意"配合政府推动工作,他并没有多讲,只是语焉不详地说了一句"懂得人情世故,相互给面子",便不再详细展开。

在此之前,笔者曾向塘村老支书吴子林请教过"镇政府怎样让村干部干事"的问题,他根据自己观察到的现象回答了两点,一是镇政府会对有征地和旧村改造项目的重点村、中心村给予公共品项目的倾斜和照顾,二是村干部可以有机会买到工业区的牌价地。关于第二点,他说:

> 2000年的时候,镇里搞工业区没钱,(于是)征用吴越路以南的土地建店面房,商业用地,1200元一个平方米的底价,拍卖。当时拍到1600(万)、1700(万)是平均水平,2000(万)多的都有的。但是村里不让征,嫌价格太低,吴大海不签字,镇政府没办法。后来不知道怎么弄的,反正地还是征下来了,吴大海也拿到了七间店面房的房基,底价给的。① 2004年开始,上面管严了,公开招标,不能搞协议转让,后门没有了。但还是有办法,工业用地挂牌(出让)的时候,量身定做一下,牌价给出去。②

的确,"重赏之下必有勇夫",老支书吴子林提供的信息可以说明为什么有些村的村干部"愿意干活",但是,却又无法解释马蓝生所说的"老板当村官,关系容易理顺",因为既然有此良机,为什么其他阶层的

---

① 后来笔者在档案馆查阅吴镇出让宗地的档案,发现吴大海在2000年的确通过协议转让的方式以1200元/平方米的价格购得756平方米经营性商铺用地。而到了2011年笔者再去吴镇调查的时候,相似地块的拍卖价格已经达到1.7万元/平方米。吴大海在这块地上盖了一栋六层的酒店,交给妻子在家经营。

② 这是指镇政府在工业用地的挂牌转让过程中,对挂牌时间和竞买人条件做出严格限制,让特定对象以底价成功购买的行为。

村民（如上访精英）当选为某些"重点村"的村主任之后却会贸然"顶杠"呢？

当笔者找到吴子林，再次向他提问时，他坐下来抽完了一支烟才开始回答这个问题，他说：

> 我想了想，你讲的这种情况是有的，越城街道那边有两个村就是这样，村长不配合上面的工作，村里面斗得一团糟。（我觉得）这些人不是不想得好处，是得不到。自己没企业开在那里，没有足够的经济实力，怎么拿地？怎么拿项目？有钱人的想法就不一样，他们不单单是为了得这点好处去当村长的，有钱了也要名气，要地位，没有这个，好的机会轮不到他。不说其他的，消息也要灵通一些，镇里的、市里的事，今年什么政策下来，可以争取，有哪些项目可以去投资。这些事不是看报纸可以看得到的，就算是有，他们也没心思去看。当了村长，进到那个圈子里面去，交朋友的层次都不一样，政府里面有说得上话的知心人，没事交流一下，事情就好办多了。

不过，当笔者接着追问"究竟是哪些事情好办一些"的时候，吴子林为难地说，他没有办过企业，详细的情况他讲不清楚。

详细解答这个问题的人是一位以前曾在镇政府市场管理委员会任职的"无编制干部"，塘村老党员吴明顺。他与王伦浦一样，以前担任过税费时代的村干部，后来被吸收到镇里搞工业开发，为吴镇的近年来的跨越式发展付出了辛勤的汗水。可惜由于他的农民身份与文化水平，他并没有能够及时转正，在达到退休年龄之前两年被裁了下来。他因此而显得愤愤不平，也对镇政府牢骚满腹。不过，从他出于抱怨的讲述中，却能有幸获取许多有价值的信息。

> 镇里领导喜欢老板来当，这是肯定的。老板当村长，镇里干部不会吃亏。穷干部当起来，（镇里）香烟都没得抽。有些村，经济薄弱的，老板可以垫一点。村里要办事，好办。（如果）什么事情都来找镇里出钱，镇里出不起，（即使能出）也太麻烦，时间上都耗不起。再一个，灰色收入多，吃饭、红包、香烟，少不了。像我们村长东明厂办得好，跟镇里书记、镇长关系很好，书记跟他打招呼，说，"要

第五章 场域的定型：乡村治理中的权力互构

换届了，你去选吧"。为什么呢？我们村是中心村，村长让（他的）亲信去当，这样放心，省心，不会再出岔子。① 还有，村里做事，旧村改造、整村推进啊，（老板）做好了，（领导）可以当政绩上报。领导很需要这些形象工程的，他们最多在一个地方干两届②，是提拔、平调、还是去差的地方，就看平时的政绩了。

中心村，村主任一定要跟镇里搞好关系的，你顶杠，他们（镇干部）会拿你需要的项目来卡你，你不签，我就不给。到了要你给我办事情的时候，比方说征地征到，拆房子拆掉，事情做成了，好，牌价地、贷款指标、税收优惠、政策扶持，都可以坐下来谈。

老板也想啊，给我个10亩地，牌价的，不需要竞拍，比什么都强。一亩地，牌价21万8（千元），现在市场上去拍没个80万（元）是搞不下来的。这种事情，10家企业打报告，顶多只有5家能安排。办两证③，有关系的，打招呼，可以走特殊程序，快得很，要不然，拖也拖死你。你也不能怪他，按照正常手续就只能这个速度。

贷款指标也是的，普通的企业去贷款，报表交上去，等在那里，没人打招呼，很难批的。银行要防范信贷风险，贷款要担保、要抵押、要信誉度，一般人要钱急用，哪里搞得到贷款？等它批下来，你都破产了。好多老板没办法，就去找高利贷，月息4分以上，吓死人的。④ 你看，要是能拿到贷款，年利也才6.5%，多好啊！

其他的更不用讲了，省里提倡转型升级，你以为那么好升的啊，换机器要花好多钱的。现在政策扶持一来，那好处大大的啊。好多老板一天到晚往（镇委）书记那里跑，逢年过节去送礼，无非是想搞好关系，加深感情。平时有空的时候，老板会请镇里领导过去，说是厂里业务，请他们过去指导。去了之后，视察一下，开始吃饭，然后

---

① 他是暗指村里去年有人越级信访的事情。
② 指镇政府领导班子成员在某地任职不超过两届（6年）的规定。这种干部流动任职制度是为了避免在某地任职时间太长而生发裙带关系。但让人吃惊的是，许多老板有长远眼光，他们愿意投入资源经营与镇领导的关系，成为很要好的朋友。因为他们预期这些今后要上调的镇干部尤其是一把手、二把手马上就可以成为市里各局的领导，与他们成为可以说得上话的"自己人"。在吴镇，塘村新任的年轻村主任、私营业主吴东明就与镇委书记是私下里可以称兄道弟的亲密朋友。
③ 指工业企业土地使用权证与房屋所有权证。
④ 相当于贷款年利率48%以上。

的节目就是"喝茶"。有钱人，只要事情能够办得下，这点小钱是愿意花的。你想想，好多老板争都争不来的东西，现在直接给你，你还不给他把村里的事给办了？当老板的都是人精，这些道理他不懂的？

我一开始也不知道这里面的事情，有些事是不会说，不能说的，大家也不知道对方花了多少。以前上班的时候跟他们一起吃饭，没得到（政策扶持）的那一方发脾气说，"我出得也不少啊，怎么就轮不到我呢？香烟票都送去不少，软中华，都是整条整条拿的"。这些事情如果不是吃饭的时候发发牢骚，把心里怨念讲出来，平时绝对是不会讲的。公开肯定不能讲啊，讲的话厂子都办不下去，只要他铁了心要查你，总会查出问题，安全啊，消防啊，税务啊，工商啊，就算没什么问题，天天查，你什么事都不用干了……

（四）小结

作为私营业主的富人阶层与其他阶层的区别在于，他们有足够的利益俘获能力（贺雪峰，2011b）：他们既处于国家与村庄社会的上下衔接点处，又处于权力场域与经济场域的交接结点上，他们不仅在分配集体资源时具有特殊的微观权力，能将规则界限之外的模糊利益运作到规则之内，同时，也能够凭借自己的经济实力与政治地位参与国家政策性的资源分配，将权力资本转化为市场中的核心竞争力，进而博取更多的经济资本。当然，他们还可以在此基础上完成资本的扩大再生产，继续投资谋求更强大的权力资本——竞选人大代表，拿到更高级别的政策扶持，甚至成为地方政府包装和宣传的形象大使，从而使企业在发展困境中成功地完成转型升级，由地域性的中小企业成功升级为全省乃至全国性市场中的佼佼者。

回到微观的乡村权力场域之内，我们不难发现，乡镇基层干部几乎集体无意识地倾向于"老板当村官"，除了老板自身具备社会地位与日常权威所奠定的治理资质之外，还有一个极为重要的原因，就是这些老板能够被"安全地"整合进基层社会的上层网络中：基层政权能够以其所掌握的分配公共资源的能力与老板成功地完成交换。或者说，在村庄社会的诸阶层中，基层政权能够以合法的形式分配的公共资源只有富豪阶层才能够顺利承接，而其他阶层则难以消化。不论是"牌价地"还是各镇（街道）、村的富豪村干部们相互发包/承包的工程项目，没有足够经济实力的村民都无法以合法的商业形式、合乎财务管理规定的法律程序成功对接,更不用谈贷款指标、税收优惠等政策性的经济资源,这些资源对于普通村民而言是没有意义的。因此,对于村干部这个国家与社会之间的枢纽位置,村内其他阶层即使能够占据,获利的空间也十分有限,所以他们是不可能花费百万巨资来贿选的,同时他们也会从自己生活世界中积累的有限的手头库存知识出发,将富豪们豪掷千金的竞选行为说成是"发了神经"。反过来,对于习惯了长线投资的富豪们而言,乡村场域中的政治游戏成了自己商业体系的有机组成部分。他们的工具理性如此深邃,以至于可以在难以理解的普通村民那里包装成"饮水思源、回馈家乡"的慈善行为,甚至还可以让一些不明就里的学者据此生产出"带头致富、带领致富"的话语。

从这个意义上讲,我们也可以从一个全新的侧面去理解当地的贿选为何无法制止:对于基层政府而言,他们非常倾向于让更具备治理资质的富人来担任村干部,然而,如果真的实行"纯粹"的一人一票,这些生活世界游离于村庄之外的富人能否当选其实是一件或然性很高的事情。换句话说,没有了金钱的参与,这些富人将失去绝对优势。所以,对于贿选治理的消极态度,其实是乡镇治权弱化的一个必然结果,只是这种逻辑较为隐秘,甚至还可能包括了某些私人利益的因素,因而不足为外人道也。[①]

三 个案考察:参政动机分析

在本书的大多数篇幅中,笔者是把"富人治村"当作一种特定类型的农村权力结构来理解的,并从这种结构之所以成型的结构化过程中不断探究其发生原因。但是,即便行文至此,仍然不能让人觉得完满。其实,"富人治村"这个命题,还可以作为特定阶层之行动者的社会行动来理解。诚然,这种行动不能脱离特定的社会环境而孤立看待,但是,在以社会学的方法从各种外部的、整体的、社群的、场域的、情境的视角来透视

---

① 下派到吴镇驻点的民政指导员在跟笔者聊起选举时曾经讲过一件有趣的事情,他说:"你知道谁最喜欢选举吗?是香烟店老板。这里有好多香烟店都是镇里干部的家属、亲戚开的,竞选的老板指定香烟店的时候都会指定这些店子。外面的人根本看不出来店是谁开的,他们雇了几个外地人在那里卖的。香烟票,40块(老板给的钱),兑钱,38块(2块作为佣金),烟的批发价,33块(每包)。每次一到选举,几千张票过来,发死了。两边都在那个店里面兑,斗得越激烈他们越开心。"

了这种结构之后,还需要我们用"他者"的眼光来审视行动本身。

韦伯说,"一个具体行动的正确因果诠释意味着行动的外在过程及动机可以被如实地把握,并同时达到对其关联的有意义的理解……缺乏意义的妥当性,它就仍然是个不可理解的统计几率而已","只有当我们以观察者的身份能够理解行动者的动机,我们所研究的现象才是具有意义的社会学事实"①。有鉴于此,本节将以具体的富人为研究对象,对他们的生活世界进行深入考察。这种考察涉及笔者作为研究者的身份进入到田野期间与研究对象所发生的"主体间"的互动,在这种近距离的接触中,笔者试图通过自己在嵌入场域内部之后所具备的"通感"能力,努力体验他们的内心世界,以便增强本项研究的经验质感,深化对富人群体参政行为的理解。

(一) 参政富人的人生经历

先来对吴镇塘村的两位主要的参政富人——吴大海与吴东明的人生经历进行考察。笔者在吴镇调查期间接触过的富人村干部约有10人,即使将此10人全部纳入考察范围,也并不能就此消除个案的"代表性"问题。作为一项质性研究,笔者的目的是要深入探究个案本身的逻辑,以便对整体现象做出解释。不过,考虑到个案本身的差异问题,笔者将吴大海与吴东明这两个不同年代的富人同时析出,以便捕捉到更多值得追问的内容。②

吴大海年近60岁,但面容已显苍老,倘若仅从外形上看,如他自己所说,是个"刚刚从田埂上岸的农民"。吴大海的经历具有些许传奇色彩,他的爷爷是地主,在他儿时的记忆里,父亲、自己和弟弟在村里长期抬不起头来。年少时,他出人头地的愿望特别强烈。读书时遇到"文化大革命",到处参加串联,经常带着干粮步行到杭州。由于家庭成分,他错过了参军机会,不能在农村入党、提干,但强烈的改变命运的本能依然

---

① 参见马克斯·韦伯《社会学的基本概念》,康乐、简惠美译,广西师范大学出版社2005年版,第15—16页。

② 举例而言,笔者在吴镇调查时接触较多的另一位富人村干部——岭村的村主任包同发,不论是年龄、经历,还是参政行为,都与吴大海十分类似。而坞村的村主任何俊峰,则在以上诸方面与吴东明相仿。所以,把吴大海与吴东明列出,除了自己掌握的材料较多之外,也有"理想类型"上的考虑。

驱动着他继续前行。

20世纪80年代初,他与一帮村友开始外出闯荡,吃过不少苦。他做过很多小生意,睡天桥、蹲地道,是家常便饭。跟我讲述创业经历时,他特别提到一次辛辛苦苦攒下的拿来还货款的钱在火车站被偷的经历,那天晚上他"连卧轨的心都有了"。好在妻子后来回家四处找亲戚朋友借钱才暂时把账还上。

吴大海的第一桶金来自于他的"铤而走险"。当时他做的生意是给别人加工钥匙胚,但是原材料——铜材十分紧缺,而主要的原料基地,江西某地的一些工矿企业却只能在计划经济体系内部给国营企业供货。一次偶然得到的信息,有人说到新疆的边境线上可以通过黑市搞到俄罗斯的便宜废铜,于是他连夜前往……打破进货渠道的封锁后,他的生意开始脱颖而出。

但是,创业的过程并非一帆风顺。1988年开始生产的时候,他们的小作坊设在村集体的废弃仓库里,为了获得税收优待,他的厂挂着集体企业的名号,但村里除了提供一间仓库之外,并没有其他的任何支持,所以他只愿意支付较高的租金,而没有答应村集体以土地入股。然而到了年底结算的时候,村干部看到利润尚可,便要求必须合股,否则仓库不再续租。情急之下,他愤然结清账款,第二年将机器搬到了自己居住的老宅中。但是,加工钥匙胚的小工厂夜以继日地赶工,冲床、打孔、压模的噪音非常厉害,引来邻居的强烈反对,甚至在吵架过程中被人殴打。后来,他们把厂搬到村庄一角搭建的窝棚里,结果却因线路老化而意外失火……那次事故以后,吴大海没有再做加工,而是在竞争日趋激烈、利润渐薄之后将业务转移到产业链的上游,做起了铜材生意,此后又逐渐投资于矿产。

与吴大海相比,隔了整整一代的吴东明的人生经历可以说完全不同。东明的父亲吴历州与吴大海是堂兄,当年曾一起走出村庄创业,吴大海以前的钥匙胚厂也有他的股份,后来他与吴大海产生矛盾,于是把股份转让,自己办了一家纸箱厂。吴东明高中毕业以后,没能继续念书,而是下海经商,先后办过服装厂、塑料厂、饰品厂。与现在各种媒体中刻画的"富二代"形象不一样,吴东明是在父亲提供的一笔资金下自谋生路,独立经营。不过,虽然也经历了一些摸爬滚打,但其创业过程总体来说十分顺当,每次失败之后总能迅速爬起。而且,他的主要创业经历都发生在吴镇之外,只是到了近年回到镇里的工业区里开厂的时候才与村庄有所互动,如果不是竞选村主任，大部分村民都难以把他的名字和人对上号。

　　吴东明做人并不张扬，他住在工业园区，平时很少来村里。当他偶尔到了塘村村委的时候，笔者赶紧抓住机会约他访谈，他没有拒绝，只是当着其他人的面说，"有那么多话要讲吗？你现在问就可以了"。而当笔者抓住空当直接抛出"你为什么要去竞选"的问题时，他的回答有，"多交些朋友""商场如战场""你们读书人不会懂的，书上的东西不管用，社会经验很重要""到了这个位置上，你就知道了"等。

　　值得一提的是笔者自己的一次亲身经历。村长吴东明开着他的奥迪车与村支委委员吴志华一起去市规划局办事，笔者也厚着脸皮跟了去。车子开到半路，发现一辆警车停在路边，但四周无人。到了近旁一看，原来路边的草丛里有个暗中监控的测速仪。东明停下车说，"我要去骂一骂，怎么可以这样搞呢？偷偷坑人家钱这不是？"他过去之后，把人大代表的证件一亮，警察马上说："好好好，我们下班了，下班了，马上收工。"吴志华在一旁解围说："算了算了，人家吃这碗饭的，也不容易。"东明看看对方认错态度较好，于是作罢，边走边说："下次不要让我再看到！"

　　办完事后，东明在城里有私人应酬，没有一起回来。路上，我问吴志华，"怎么交警在东明面前那么低声下气的？选上人大代表了都有哪些好处呢？"他回答说：

　　　　好处多了！听说贷款不用担保，信用评级提高额度，这方面我不大清楚的。但是我知道，人大代表去哪里办事，别人都不敢得罪他的。市人大代表，交警不敢扣分，不会罚钱。违反交规了，人大代表证往挡风玻璃上一放，敬礼，放行。东明他们公司的货车被扣了好几次，打个电话，马上还驾照。有亲戚朋友超速啊，超载啊，也是一个电话的事，卖个面子。交警要是不识相，好，把交警牌号记下来，有机会收拾你的。到时候，政府让代表提意见的时候，他会讲，交通部门的工作作风不良，警风不正，比如某某交警的态度就十分恶劣。他不会讲自己超速的，他会去讲人家执法有问题，比如今天路上的事。好了，局长一听还不火死！看到这个警号的警察是马上要训的。所以呢，交警支队的人都很尊重人大代表的。政府对人大代表的意见很重视，道理上，他是代表老百姓的，老百姓自己讲，当干部的可以不信，谁知道你是不是刺头？是不是故意闹事？人大代表就不一样了，他就是

"人民"！公安局长都怕。你说说，连警察都敢骂，（当代表）过瘾不过瘾！①

很多老板有钱了之后要地位、要名气的。有了这么多钱，还跟普通人一样，有什么意思啊？把市人大代表打了，要拘留五天，他自己犯了小错误，没关系的。镇人大代表算个屁！打了就打了！当上市人大代表，那才叫有权。（因为）你把他得罪了，下次他要通过其他事情弄你，还怕抓不到把柄？现在各个部门都搞问责制，出了问题领导就要担责的，谁不怕？底下真要发生什么事，领导自己是控制不牢的，现在问题已经出来了，怎么办？关键人物给面子，问题就不大，（要不然）给你捅出去，很难收场。②

（二）富人治村的多重动机

吴镇调查期间，在有机会与富人村干部们接触时，笔者曾不止一次地以某件具体的事情为由头让他们就当地的富人为何参政发表看法。有意思的是，尽管他们对自己为何参政的问题刻意回避，但对普遍性的富人为何参政的问题却并不介意。在所有同类的访谈对象中，对吴大海的访谈异常重要，他作为一个亲身体验者与一个老到的观察者所陈述的观点与判断，十分有助于我们深化对于富人治村的认识。

---

① 在吴东明本人看来，"人大代表就是个官"，拥有这个公共身份之后，就能够以"人民"的名义对行政级别较低的基层干部行使监督权力。至于他们是否真的要替人民说话，这确实很难讲，笔者个人认为，他们并不是真的在监督公权力，而是在拿这种监督权与基层官员的行政权和执法权相交换，或者说，他们是在与当地的"上层人士"一起构筑社会网络以维护彼此的利益。在这个过程中，公共权力异化为上层网络的私人权力。从这个意义上讲，当地竞选人大代表的资金投入，成了县富能人进入上流社会的入场券。他们以"农民"的身份当选之后所表达的政见是否与真正的农民的需求相符合？农民当中的超级寡头能否代表他们的利益？这样的政治所形成的公共决策能否有助于乡村社会的治理？公共资源的流向是否会因此而发生偏离？这些都是值得深思的问题。

② 官员问责制在此却成为乡村权力场域中的"上层网络"凝结的关键因素。由于基层官员凭政府的有限能力根本无法确保辖区内或职责范围内的社会运行处于完全的掌控之中，既然一定要问责，要么是临时工担责，要么是非主职官员担责，而在后一种情况下，被处分的官员会在不久之后便被重新启用，甚至还会升职。从逻辑上分析，决策者旨在强化基层工作主动性、严肃性及责任意识而制定的问责制，由于忽视了政府职责的有限性，基础权力的有限性，反而使得基层权力主体为了保证"不出事"，或者说看起来"没出事"而相互结网。在这个过程中，权力作为交换对象在上层社会的网络中实现了让渡与共享，而各种正式制度的缺口也因此而打开。

在回答"您觉得我们这里的老板为什么要当村官"时，吴大海说：

> 来竞选村官的人，有想弄到好地基的，有想承包工程的，谣言说，村主任选上了，征到多少土地，镇里每个平方会给多少回扣的。我们说没有，老百姓就说你们是官官相护的，肯定不会讲真话的。没当上的人，就信以为真。所以很多没当过的人，都想来捞一把。再有就是很多家族势力大的，被家族的人一怂恿，也会来选，说你去选吧，我们帮你选上。这个嘛，是他们推一个人出来在村里争好处的，也是为了争地基。
>
> 没当过的人，有这些想法的，不乏其人。有的人，有点小钱，当过一任，亏了，贴了，下不了台，（但是）憋着一口气，不想让别人看不起，怕别人以为是他工作干不好，自己没能力，老百姓现在不信任他了，否定了，把他弄下来的。有的是下来了之后，心中那种失落感特别强，但是跟大家一起他不会讲的，他说没当挺好，省的烦，可以多赚点钱，其实心里失落得要死，结果下次又来选。不过选归选，亏本的人，不会再去选村主任的，花钱多，扛不住。

笔者于是追问道，"那大老板选上了为什么亏不了呢？"他眯着眼睛笑了笑，然后十分慷慨地向笔者传授了本章上一节中提及的"生意经"。大意是，作为一项高成本的"投资活动"，没有足够的资本实力，是难以"盈利"的。而在盈利的同时，要想通过商业形式将收益合法化从而将风险降到最低，就必须经营好各种关系：

> 选上村长以后，门路会多起来。镇里开会谈公事，可以结交一些朋友。（市里）村干部培训，可以认识很多人，人再介绍，可以认识更多的人。门面大了，就好办事，路面硬化、绿化、环境整治、穿衣戴帽，都是互相承包，他们在外面包工程，注册有公司的。到外地去包工程，要打点的关系太多，有时候很烦，本乡本土的，就方便多了。

笔者接着问："他们当人大代表是不是为了经营关系，让门路更多一些呢？"他回答说：

主要是这个吧。有些老板其实不愿意跟官场打交道的，不想吃政治饭。我们商会的一个朋友就说，"吃穿不愁，干吗还要碰到一个人就点头哈腰啊"。像我，不是有为难的地方，是不会靠过去的，有时候宁愿多花点钱，该怎么办就怎么办，这样最好了。

但是一般人不这么想，他们觉得政治上有红帽子戴，社会上就行得通。像有些小老板，其实也挺可怜的，他们一年到头要应付多少头头的检查，就要打点多少关系。技术监督、安全生产、消防设施、工商管理、税务审计……有了红帽子，大家平时见面的机会也多些，说话气氛都不一样，要是（政府里面）有自己人，检查之前打个招呼，省多少事啊。

再一个，很重要的，企业的命掌在银行那里，你不是人大代表，不是社会名流，人家凭什么给你那么多贷款，这不是利息多与少的问题，是你搞不搞得到的问题。有些人成天吹牛皮，其实欠了一屁股债。他不吹，人家做生意怕的，怕他没钱，形成债务，占用流动资金，资金链断掉。下游的（企业）不还账，上面的又在催，想搞点贷款，到处打点关系，也不容易。

还有些老板，企业过得去，他们要的是名声。在外面，名头响当当的，办起事来也容易些。可以拿一些荣誉啊，重合同守信誉企业、行业先进单位什么的，这些名声对企业很重要的，这是免费广告，还是政治广告。企业打品牌、宣传，都有个标志可以去说，搞什么评比活动都好拿名次的。有名了，在外面办厂、投资，别人看高，尊重，谈项目也容易谈下来。地位高起来，企业的发展机会也多得多，政府有扶持项目下来都会优先考虑。

说起来，现在花钱竞选的风气都是我们商界搅动的。经商办厂的，拼命地去争。党还是难进，时间花得长，程序麻烦。政协、人大好进的，钻进去，审批土地，好处真不少。贷款指标，税收优惠、减免，都有政策通知。① 厂区安全、消防、违章建筑……这些不会是同

---

① 有一次笔者到塔村村支书何荣国开的纸巾厂去找人时，看到门口的一排工作椅上正在忙碌的居然是在一旁放着拐杖的残疾人。后来问他，他说，"招几个残疾人过来，税收就有优惠了。但这要跟上面关系不错才行，不然人家不给你办的"。

一个标准的。反正有事情会跟你说，检查来了提前通知你，不会随便整改，断电、停产、整顿的。

我也当过一届人大代表。现在政府越来越民主了，政风、行风监督慢慢正式起来，人大代表都有固定渠道（反映）的。市政府重点工程，要邀请市人大代表去监督。年底市里、镇里的各个部门还要请人大代表去考核、打分，只要考评，代表们都要来参加。几个代表联合起来，就能把谁谁搞掉，这个他们很怕的。考评不合格说明什么，说明群众不满意，工作不到位，不主动，态度不端正，否则代表为什么不满意？没有意识到问题的严重性，就是没有提到思想高度，头脑里面没有把群众放到第一位。说来说去，你把这些代表关系搞好了，群众就满意了，哈哈……（所以）这些局长、所长啊平时都会给代表面子的，比如土管所所长打招呼，"啊，吴总，你分数打高一点哦"。那到时候要拆违肯定只打一个洞嘛，这都不需要明说的。①

表 5—3 吴镇机关干部评议制度细则

项目	办法	标准
年中动态评议	采用随机抽查的方式对机关干部进行评议	1. 从思想作风、工作作风、服务质量、服务意识和态度及廉洁自律等五类共十项进行评分，每项为 0.5 分，镇督查评议组对所抽查到的机关干部进行打分； 2. 年中动态评议安排在每年七八月份，届时将邀请镇各线负责人、市党代表、人大代表、政协委员等组成督查评分组进行全面系统地评分
年底集中评议	民意测评	1. 由镇领导班子评议（权重系数 30%）、督查组评议（15%）、支部中层干部评议（15%）、支部内互评（25%）、村干部评议（15%）五个部分组成，测评从德、能、勤、绩、廉五方面进行评分，每项各为 4 分； 2. 评分等次分为满意、基本满意、不太满意、不满意、不了解五档。按权数（满意 100 分、基本满意 70 分、不太满意 50 分、不满意 0 分）折成考核分

讲完这些，天色已晚，笔者正准备起身离开，但他似乎又想起了什

---

① 作为补充，表5—3列出了吴镇政府机关干部的考核方式，考评的结果将直接影响他们的收入和履历上的政治表现。从中我们不难看出，随着官员考核方式的民主化，政府的基层干部也有了主动与作为村干部、人大代表和政协委员的富人阶层经营私人关系的必要性。

么，稍有停顿，又补充了一句：

> 关键是进这个圈子。办企业，不懂国家政策，想办好是不可能的。政策变动这么快，有些机会，不进这个圈子，很难抓住。

（三）富人参政的阐释性理解

人本主义心理学家马斯洛（1987：63—65）在分析人类的行为动机时曾指出，除去无意识行为之外，人的特定行为有着多种不同的动机，但这并不意味着多种动机处于混沌状态，共同导致行为的发生，而是有着层次的高下之分。位于底层的生理需求优先于次层的社会需求和高层的价值需求，只有当下层的需求被满足以后，更高层级的需求才起主要作用。马斯洛的理论极具启发意义。当笔者在把先富能人作为个人来研究时，发现即使是同一个人身上的多种参政动机，同样有轻重主次之分。可以说，在作为富人参政原因的诸多动机中，有一个主要的、基础的、促动性的"始发"动机。以下，笔者将以个体为分析单位并试图通过个案考察离析出动机的层次。

笔者在吴镇接触到了大量富人村干部，有的在任，有的离任，有的具有竞选意向，极有可能在将来成为村干部。他们中的大部分人，是通过理性计算设定了可预期的目标之后，把参政行为作为实现目的的手段来运用的，这是一种典型的"目的理性（zweckrational）行动"（马克斯·韦伯，2011：51）。吴镇场域中特定的行动者，如吴春国、包根福、吴志华、汪青林、罗德广、李雪彪、何闯等人，促动这些富人和精英产生参政行为的，是未来任期内可以"直接"得到的在安全范围内的好处，这种好处可以是宅基地指标、工程项目回扣，也可以是土地或房产物业的承包经营权，甚至是子女报考公务员时的加分。有些人上任之后，可能会积极运作旧村改造，协助政府完成土地开发，并在这个过程中基于回报家族、派系或村友的桑梓情怀做一些工作。但是，他们中的多数人并无意于将时间和精力耗费在村庄公务中，他们的目的只是把位置占住。只要占住了这个村庄场域与国家的衔接枢纽，就可以比较顺利地谋得预期的利益，不但补回了此前的竞选投入，还可以有一定的盈利空间。可以说，对于他们，从政就像是一门生意。

但是，这只适用于那些非中心村的、集镇建设范围之外的主职村干部以及中心村的非主职干部。道理很简单，因为对于那些重点村的主职村干部而言，选举的竞争过于激烈，为了确保获胜而需要投入的资金太多，与后期收益相比，可能会入不敷出。这个时候，即使他们选举期间"斗气"砸下重金，不久归于平静之后也会后悔不已。

这是不是意味着理性人假设在敢于投入巨资的上层富豪那里不适用了呢？也不是。由于他们的资本实力更雄厚，所以能够在村干部的位置上利用商业形式转化而安全地获取收益的能力更强。正如吴大海所说，在商言商，纯粹为了面子去竞选的人不是真正的生意人。然而，尽管如此，他们也只能保证自己不亏本而已，倘若考虑到工程招投标仍然具备不确定性，任期内的土地运作不一定能够降服钉子户，再考虑到在村内陷入派系间的缠斗以及种种杂务所消耗的时间和精力，那么，就算是他们有少许盈利，也不足以弥补巨大的机会成本。

所以，在考察富人的参政动机时，如果我们无法摆脱经济学式的理性人假设，就会进入一个误区。至少，在吴大海这样身家逾亿元的"巨富"那里，试图用获取村官权力以谋利的动机来解释他们的参政行为，是非常具有局限性的。他们整个家庭的物质生活已经极为富足，甚至富足到日常生活充斥着空洞与无聊感。以吴大海为例，他的家就是一家普通的酒店，里面有三层直接打通，独立的楼梯进出，外面看起来并不起眼，进去之后才发现其实是豪华别墅，装潢非常考究，巨大的客厅中摆着尺寸超大的背投和昂贵的古筝，不过，背投很少用，古筝是给外孙女偶尔过来玩的。第一次前去拜访，他的妻子拿出水果时说，"这都是从原产地空运过来的新鲜水果，今天不吃完明天就扔掉了"。"这么大的房子，两个人住着，他又经常不在家。我们也不会赶时髦，住在农村里，穿着女儿给我在杭州大厦（奢侈品商店）买的衣服，别人也不知道（是名牌）。我每天在家里不出去，穿得最多的还是最便宜的棉衣，暖和、舒服。"

吴大海夫妇属于新中国成立后不久出生的一代农民，他们的大半生都在村庄中度过，这代人对商业文化包装出的所谓高端品位并不感冒，他们要的还是实用，而在实用需求被极大满足以后，奢侈符号的消费在他们那里似乎没有必要。而且，在他们的生活世界中，周遭的农民对这种由广告生产出的阶层标志并不理解。换句话讲，他们的意义世界还在实实在在的村域之中，而不是被现代性所孕育的大众文化所俘获。

吴大海为什么没有搬到城市居住，而是在"巨富"之后仍然居住在村庄里？还要去竞选村官？笔者认为，这与其人生轨迹有莫大的关系。儿时所受的压制使他产生了被人认同和尊重的强烈渴求。和他一起外出创业的那批农民与他相似的地方在于，他们无法忍受生产队里的贫穷，他们也希望自己发财以后能够衣锦还乡。创业之初，他和一帮朋友只是被迫无奈在贫穷中依靠辛苦的小生意积累资本、扩大家庭手工业以改变生活境遇的普通农民。他们不曾料到，由于率先起步，自己技术含量并不高的初级产品居然能够扩展到全国市场。在汹涌的时代大潮中，到处风餐露宿的货郎会变成千万富翁，当年溢洪道边的沼泽地会变成亩均地价拍出千万的商业区。不过，这些农民当中，获得成功的毕竟只是极少一部分，大部分人都在市场的大潮中俯仰沉浮，归于平庸。吴大海的成功源自他精明的头脑与坚定的意志，而后者，更加重要。在常年顶着巨大的压力和身体的疲惫努力坚持的时候，他所遭受的阻挠、怀疑、讥讽、鄙视、打压、责骂以及帮助、理解、关怀和支持，所有的记忆，在他们的脑海中永远也不会抹去。他们的爱恨情仇都在村庄之中，无论他们的财富积累到何种程度，生意扩展到什么地方，最终还是要回到村庄中来获得意义。这种意义来自于一种内心深处的情感表达的愿望，他要在村庄中获得"报"，这个报既是报复，也是报答或者回报。他们要在村庄里争，争的是一口气，是大家的承认，是曾经高傲者的低头，是曾经打压者的懊恼，甚至是对方的臣服。当然，同时还有对自己人的感激与回馈。要在发迹之后离开这片土地，他们做不到，也不可能做到。他们是在这片土地，在这个社群中长大的，他们的情感、志气、理想与追求都出于斯，系于斯。他们发现获得巨量的财富之后很快就厌倦了对于物质的享受，因为人的纯物质的需求其实是非常有限的，在这些需求被极大地满足之后，余下的只有精神需求。而作为当了半辈子农民的他们来说，要想获得深层次的精神愉悦，只能在村庄内部找寻。尽管这片村庄所在的土地已经改变了模样，机器轰鸣、人潮熙攘，但是村里却还有许多的人与他们的生命有着千丝万缕的关联。这些牵扯着亲情、友情、痛苦和屈辱的深刻关联，全在村庄之中。他们的人格，由记忆所锻造的人格，根本无法脱离村庄而存在。正因为此，他们的成就感也就不可能仅仅靠对金钱和物质的支配来实现。人是天生的政治动物，背后更深层的原因在于，他们还是符号的动物，是文化的动物，是意义的动物，是有着记忆绵延的高级有机体。

然而，对于比他们年轻一代人的吴东明来说，两只眼睛死死地盯着村庄，完全是看不开。富有的他们尽可以用自己的财富与这个曾经生活的世界脱离关系，用这么多的财富在一个不起眼的小地方争夺权力，就为了获得一群农民的尊重与仰慕，实在是没有必要。吴东明这一代富人的成功模式与他们的父代有着极大的差别。他们在学校接受了较长时间的教育，而他们所擅长的，是资本运营，而不是一线的生产。资本的原始积累阶段已经过去，他们并不需要从零开始，经历手工业式的生产加工与沿街叫卖式的初级营销。对于他们而言，掌握融资手段，引进先进设备，依靠新兴科技完成转型升级，聘请专业人士实施管理，这才是他们的成功之道。相比之下，他们的父辈（也包括与他们同龄的普通的农民精英）所擅长的，是在低端的轻工业中不断扩大生产和销售规模，在利润愈来愈薄的激烈竞争中勉强维持，为了实现资产的保值增值，许多人纷纷投资土地、房产、矿产等技术含量不高的，农民能够理解和操作的领域。

  由于迥然有异的经营模式与人生经历，新生代的富人也跟他们的父辈有着大不相同的生活方式。他们需要不断地到村庄的外部世界中搜寻行业内的最新进展，通过互动与交往学会如何使企业在产业结构调整、业内洗牌换代的过程中立于不败之地。尽管由于他们的厂在农村而没有脱离村庄的地界，但那早已不是那个曾经在集体主义的氛围中为着工分挥洒汗水的村庄。他们交往圈的主体与村庄无关，而他们获取精神享受的方式则是城市白领式的小资情调。虽然我们在研究时因为其户籍身份依然把他们称作农民，再配以形容富裕的定语，但是我们错了，他们更精确的身份应该是中小企业主，顶多前面再加上农村二字。他们大部分的生活世界，早在村庄之外，只是他们还保留着村籍而已，如果非要用"农民"来称呼的话，只能说，他们是超级农民。

  吴东明的从政，无论是当初以企业代表的身份当选人大代表，还是此后因政策变动而通过选举村主任的方式为继续当选人大代表铺路，都与其企业的生存与发展有极大的关系。如他自己所说，"本人不缺钱，也不稀罕村里的那点地"。但是，王伦浦却透露，吴东明的公司能够成功运营，必须长期依赖银行的贷款。

  众所周知，银行为了降低信贷风险，在做业务的时候往往存在"垒大户"的情况，而中小企业的贷款又有"期限短、额度小、频率高、用款急"的特点。一旦发生经济紧缩，首先遭遇困境的是中小企业，这里面存在一个货款回收期的问题：销售终端延长付款周期，而供应原材料的大企业（多为国有）也为了防止形成债务会要求先付款再发货，于是，产业链中游的加工制造类中小企业流动资金就非常紧张，接的生产订单越多，投入的资金就越大。此时，"不接单是等死，接单就是找死"（何俊峰语）。为了让企业在遭遇难关时生存下去，老板们可以想的办法首先是民间借贷。但是，如果经济萎靡，市场普遍不景气，大家都遭遇困难时，只好去找高利贷，即使月息达到4分、5分也在所不惜，因为资本的循环必须继续下去，否则，投资了上千万经营起来的企业将人去楼空，剩下的不过是不得不折价贱卖的产品（不是商品）和一堆闲置的、等待折旧的机器。

这些看起来无限风光，住着别墅、开着豪车的老板，其实神经高度紧张，他们拥有的越多，害怕失去的也就越多，投资越大，失败的代价也就越惨。一种强烈的不安全感、风险意识、危机意识时刻伴随着他们。说起来，他们是资产上千万甚至上亿的富翁，但那只是资产，而不是流动资金，是存量而非流量。这些资产短期内等值变现的可能性几乎没有，而最合算的方式，是让生产的循环不断持续，机器的运转一刻也不停止，只有在这个时候出手卖给下家，资产的价值才能实现最大化。问题是，如果企业运转正常，谁又愿意主动将其转让呢？毕竟其中注入了辛勤的劳动，为什么不让它赚取更多的利润呢？

从某种意义上讲，这些老板已经让自己被资本的循环过程吞噬了。他们账户上的数字很大，但负债也很高，"来得快，去得也快"，他们的账户只是资本流动的一个驿站，资本支配了他们，而不是他们在主宰资本。累的时候，他们也想停下来，但是没有办法，"机器开起来了不是想停就停的，那么多人要吃饭呢"。顺利的时候，想要赚取更多，不顺的时候，又不想亏本贱卖，总之，生产的循环要继续。但是，只要生产在继续，他们的资产就有风险，除非现金到账，否则风险就无时不在。要想寻求安全，有两种途径：一是设法提高融资本领，增强风险承受能力；二是从竞争惨烈的产业链下端逃离，挤进利润率较高、技术含量也较高的上端。此时，政治上的"红帽子"就变得无比的重要。进入基层场域的上层网络之后，他们可以利用民主化过程中转移到群众代表身上的监督权力与有关部门相交换，利用政治身份提高授信额度，扩大信贷规模，规避民间借贷中高企的利率。不仅如此，他们还可以在产业结构调整、企业不得不进行战略转型的关键时刻争取到宝贵的发展机遇。获取这种机遇的终南捷径是得到政府扶持。而政府的产业升级项目扶持，又不可能是平均主义式的抑强扶弱，而是让强者更强。不过，这其中有极大的可以操作的空间。尽管业内有一套指标体系拿来衡量谁更适合拿到项目，但是"指标是死的，人是活的"，或者说拿指标去测量的过程是由人操控的，执行者有相当大的主观裁量权。对于决策者而言，产业扶持的项目资金投下去以后，成效必然是显著的，如果申请项目者符合申请的基本条件，同时又是上层网络中的内部人，是今后可以用得上的人脉，那这个面子为什么不给呢？

除此之外，对于一些年富力强的，想在工商业中有所成就的农村中小企业主而言，设法进入场域上层的交往圈，也是把握发展机遇的必要途径，因为这些刚刚离开田埂洗脚上楼的私营业主对于自己的政策把握能力和投资决策能力是缺乏自信的。他们没有时间和精力真的沉下心来接受训练提高能力，即使设法拿到了大专乃至本科文凭，他们内心的不自信也是无法避免的。不过，虽然不能在都市化的、现代化的、技术化的由陌生人组成的市场中得心应手，但是，在城乡之间，在带有一点乡土气息的经济场域里，他们却能够凭借着自己的交往能力应付自如。

为了少走弯路，领先同行，同时，更重要的是，为了在以各种非常规方式谋取利益的过程中规避"麻烦"，他们必须与基层官员建立人格化的情感关系，而不是陌生的、即事的关系。甚至可以说，只有相互间成了人格投入的、知根知底的朋友，才能确保剥取公共资源的过程没有风险。在跟基层官员交往的时候，不能说他们完全没有动感情，这里面有义气、道义、友情的成分。成为至交，就意味着他的事业又加了一道牢固的保险。

因此，与吴东明相类似的，有着强烈的事业扩张冲动的企业主，其想法说起来也可以很简单，就是要"多交朋友"。而其原因，也可以用一句话来概括，那就是"寻求安全，争取机遇"，这是"巨富"出马、"收编队伍"的直接动因。当然，他们所寻求的安全，既是企业在银行的支持下、政策项目的支持下安全运行，也是在靠"打擦边球"领先对手时从容应对监管的安全。可以说，寻求安全是他们的最主要、最直接的始发动机，而当他们成功进入网络结构的上层之后，能够享受到的地位、尊严与权力感、支配感，其实是一种附带的收获，很难讲他们就是为了"过瘾"而去参选的。普通人看到的是结果，而他们容易倒果为因。

那么，为什么说吴东明、何俊峰等中青年的第二代富豪的始发动机是寻求安全、争夺机遇，而吴大海这样的第一代富豪是为了寻求认同、获取尊敬呢？这倒不是说吴大海本人的道德有多么高尚，笔者在与他的接触中从来没有这样认为。吴大海2000年年初第一次参选的时候，很难说没有寻求安全甚至是寻求利益的渴求，他之所以看起来比较超然，只是因为村内的利益对于今日的他而言只是蝇头小利，他的工厂已经转卖，现在所经营的矿业只是一种类似于炒房似的投资，且已远远跨出本地的范围。由此看来，他是一个不折不扣的生意人，利益计算精至毫厘，他之参与竞选，前提是知道自己选上之后不会亏本，要不然他也不会在竞选中采取"分期付款"的策略。他仍然住在村中，而且愿意付出时间和精力来争夺村内的权力，是因为他寻求利益、寻求安全的需求早已得到满足。在放弃与吴东明竞争人大代表指标一事上，他表现得很大度，尽管在此前村委会选举中的落败也使他受了伤害，但他大度的主要原因并不是村民所言的卖给东明父亲面子，而是对他来说，此时的人大代表身份是可有可无的，他可以预期未来几年自己难以因为这个位置而获得所需的发展机遇。同时，更重要的是，他并没有强烈的参与政治、表达政见的兴趣，特别是当这种表达要付出充足的选举资金投入时尤其如此，无论这种表达是为了全体村民还是为了他所属的群体。

另一个没有提到的人物，是岭村的村主任包同发，他倒是想选上人大代表，主要的目的，是为了给岭村继续完成村庄改造铺路，可惜他替朋友担保贷款，朋友却"跑路"了，参与竞选的想法也就此落空。但是，从这个脾气刚烈的人身上，倒是不难看到一丝旧时"中国绅士"的影子。他对村庄是有所担当的，尽管为了寻求支持会对自己的家族和派系有意偏袒，但能够连续数年付出那么多的精力扑在旧村改造上，这是很难用求利、求名，或者是为自己和家族"争一口气"的理由能够充分解释的。不过，笔者要争辩的是，对于包同发这个具有卡利斯玛气质的人物，他的个人利益、企业的生存以及自己在岭村的权力和地位都是有保障的，他的牺牲精神建立在上述保障的基础之上。事实是，他的具有回报乡里意涵的行动并没有在弥漫着浓厚商业氛围的吴镇引来村邻的敬佩与仰慕，反而招致诸多谋利或贪腐的猜测。在这种情况下，若非上述因素皆有保证，他也不会执意要将已经启动的工作继续下去。在包同发那里，这个事情一定要在他手上完成，别人的看法已经不再重要，他要自己成全自己，获取创造性过程中的高峰体验。至于这种让人极其兴奋的体验是不是因为执政党的意识形态濡化在他那里起到了作用，以至于基层社会的治理目标成为了他的事业，笔者作为一个与他交往不深而又必须保持客观中立的研究者，着实难以判断。

（四）小结：富人参政动机的分析模型

基于对吴镇个案的以上分析，笔者将富人的参政动机抽象出来，列于下表（见表5—4）。

表5—4　　　　　　　　　　吴镇富人的参政动机

代号	A	B	C	D	E
动机类型	寻求权力 获得利益	寻求安全 争夺机遇	寻求认同 获取尊重	寻求地位 表达政见	寻求意义 自我实现
交往圈定位	村/镇上层	镇/市上层	镇/市上层	县/市上层	村域以上
行动类型	目的理性	情感理性	价值理性		

注：表中的"市"是指人大代表实行直选的县级市。

如表5—4所示，吴镇富人参政的可能动机从左至右依次有五种类型，分别是"寻求权力、获得利益""寻求安全、争夺机遇""寻求认同、获取尊重""寻求地位、表达政见"以及"寻求意义、自我实现"。关于动机类型，需要说明的有以下几点：首先，这是五种理想类型，在具体个案身上难以精确对应。其次，这些类型的参政动机有可能在特定的先富农民身上共同发生作用，但是，内驱力最大的、最为迫切的需求才是使其产生参政行为的主要原因。随着时间与情境的变化，其主要动机有可能发生改变。再次，动机类型从A到E有层次之分，A类动机处于最底层，从下往上依次是B、C、D、E，越在下层内驱力越大，越在上层动机得到释放需付出的成本越高，经济收益越小。第四，A和B是最为常见的基本层级。从A到D，在低层次动机所对应的需求被满足之后，高层次动机的促发效用才会显现。动机类型E下的参政行为在显现之前不一定会依次地事先出现低层动机下的参政。最后，动机在A、B、C、D任何一个层级都可以直接跳跃至E。形象地说，这种动机之间没有规律性的过渡。

以上说明，笔者用图5—2示意性地予以表征：

如果不再以个体为分析单位，而是将视角扩展至整个富人群体，并对不同富人的始发动机进行比较，就可以发现，无论其主要动机是何种类

第五章　场域的定型：乡村治理中的权力互构　251

```
内驱力                                                    成本
  │         E                                              │
  │ 低                                                  高 │
  │       D                                                │
  │                                                        │
  │      C                                                 │
  │                                                        │
  │     B                                                  │
  │ 高                                                  低 │
  │    A                                                   │
```

图5—2　富人参政动机的分析模型

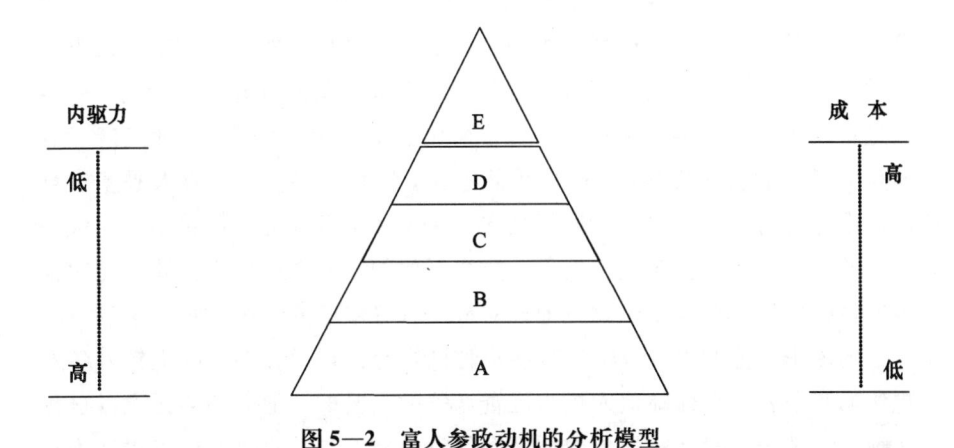

型，都有一个共同点：那就是都想进入更高层次的交往圈，成为基层权力场域中上层网络中的一员。区别只在于，要满足较高层次的参政动机，其所设定的交往圈目标也更高，如：持 A 类动机者试图进入的就是村庄内部权力网络的上层；而持 B 类动机者则需要成为村干部群体中的佼佼者，进入乡域网络的上层，直至通过竞选市人大代表等方式继续上升；C 类的交往圈定位与 B 类相仿；而 D 类则需要成为在县市区域内成为人民群众的代言人；E 类的目标网络比较特殊，持此种动机的行动者对村庄本身的眷恋是必不可少的，以至于较高的年龄会成为此类行动者的重要特征，不过，他们要报效村邻、回馈乡里，又必须在村级以上（包含村级）的权力网络中占有主要位置。

先富能人扩大交往圈，进入上层网络的途径有很多种。村干部培训、人大代表会议以及基层组织的各类学习实践、创优争先活动，都是很好的交往平台。吴东明甚至调侃说，这比参加高级车友会还管用。本来，这种汇聚基层政商精英的场合是用来领会国家治理目标、培养思想觉悟、提高对于执政党政策认识水平的，也许这些学习活动的效果达到了，也许没有达到，但不论如何，参与者在这个过程中得到了优质的人脉，增加了社会资本，也渐渐进入了乡村基层场域的上流社会。

再来比较相异之处。不同动机层级、不同交往圈定位的富人之间也有很大差别。换句话说，富人群体内部其实也是分层的，不同财富占有量的富人，"档次"是不一样的。村内的中上层精英，如果称之为下层富人的话，他们的参政行为，免不了要在村内谋取一些可以预期的利益，但也就是仅此而已,要想进入更高层级的交往圈,分享更多的权力,他们还没有这样的实力;位列中层的富人,他们对于未来的发展机遇极为看重,希望通过参政来把握机会,领先于同行;而位于富人阶层顶端的"巨富",有的是为了"做长线投资",有的可能是出于从政的兴趣,也有人是基于自己的桑梓之情、慈善之心、回报之志,为家乡出资出力,耗费心血。值得一提的是,在这种寡头化格局下,财力一般的富人想在村庄集体事业中施展抱负的可能性都很小,就算他们对村友有着浓厚的情谊,想为家乡贡献自己的才华,他们也难以击退那些声称同样有此理想,却实际上持着各式想法的竞争者。在面临他人投入巨资竞争的境况下,他们还会愿意以自我实现的、基于朴素情感的、回馈家乡的目的来参与村政吗?让以逐利为本能的商人群体在明知亏本的情况下仍然本着毫不利己专门利人的崇高奉献精神帮助基层政权实现治理目标,这是否可能?

第六章
结　　论

第六章任务有三。第一，回顾本书的主要内容，以富人治村的权力结构之形成逻辑为主线，概括"利益密集型农村"[①]的村治模式，并尝试进行规律总结；第二，挖掘吴镇个案的一般意义，在学理上进行抽象与提炼，探索具有现实解释力的农村社会学中层概念[②]；第三，对与本书主题有关的政策思路进行反思，提出笔者的个人观点。

本书的基本结论是，在农村社会高度分化且渐趋原子化之时，基层组织的角色错位与资源下渗流量的剧增共同导致了乡村权力场域上层网络的结构化，"富人治村"是这种结构的外在体现。

[①] 从类型学的角度对村落做出划分并进行比较，是研究农村问题的基本方法。学界对农村区域的理想类型所做的划分多种多样，区分标准有宗族凝聚力、文化类型、权力集中程度、市场影响、工业化程度、集体化水平等（陆学艺主编，2001）。笔者认为，不同的划分方法可以看到村庄性质的不同侧面，合适与否，只与研究主题有关，并无高下之分。贺雪峰（2011a）曾就富人治村的研究主题划分了沿海发达地区农村、资源型农村、一般农业型农村，但在笔者看来，这种划分是不周延的。首先，在拥有某种特殊资源（如矿产、煤炭）的村庄，其村治逻辑与其他两种有着根本的不同，看起来也是富人在治理村庄，其实是"因治村而富"，村干部往往都有着灰黑势力的背景。这种村治类型与其称之为富人治村，不如称为"狠人治村"。它在学界的话语和官方的政策文本中没有合法性可言，农民群众也异常反感，而且由于资源禀赋的特殊性，也不可能在大范围内展开。因此，本书并没有把这种性质的村庄纳入考察范围。其次，在抛开资源禀赋型的特殊村庄之后，余下的部分被划分为沿海发达地区农村与一般农业型农村似乎并不能与富人治村的权力实践相吻合，事实上，中西部的一般农业型地区，只要村庄所在位置处于城镇周边，其治理模式同样会形成富人主导的格局。基于以上分析，笔者在此处将村庄按区域内利益空间的大小分为利益密集型与普通型两种。

[②] 罗伯特·默顿（2006：74—77）在反思已有的社会科学体系时深刻地指出："社会学的理论发展表明，强调中层理论的方向是必要的"，"社会学理论要想获得有意义的进步，就必须在这两个相互联系的层次上发展：（1）创立可以推导出能够接受经验研究的假设的特殊理论；（2）逐步地而非一蹴而就地发展概括化的概念体系，即能够综合各种具体理论的概念体系"。

一 内容总结：寡头定理——利益密集型农村的权力结构化

在本书第二章至第五章中，笔者已从社会基础、经济背景、制度与政策环境等若干方面揭示了"富人治村"这种特定权力结构的形成机理。以下，笔者将书中内容分步骤进行综合，以使整个论述过程简练、明晰。

首先必须列出的是基本前提。20世纪90年代末以来中国农村出现了若干重大变化，笔者将这些变化分为a、b、c、d、e五个大的方面，其中每一个大的方面又涵盖若干侧面。

（一）村庄社会之变（命题代号：a）

1. 现代性下乡（命题代号：a1）

现代性通过市场与传媒等渠道进入村庄。人们的生活方式、价值理念，村庄的规则体系日益理性化，村庄由亲密的社群走向非亲密化，利益算计成为人际关系的主导因素。在消费主义与大众文化的影响下，赚钱—消费—再赚钱—再消费的循环成为村民生活的基调。传统的家族文化尽管有所留存，但已然世俗化。村庄的年轻一代，无论是观念系统还是交往模式与城市居民别无二致。

2. 经济分化（命题代号：a2）

市场经济的固有规律是财富向少数人集中。在乡村工业已初具规模的地区，这种规律表现得尤为明显。在初期的资本积累阶段大致完成以后，既有资产的增值效应体现出来，人们不可能再站在同一起跑线上。在吴镇，笔者参考"明白人"的意见，将村庄分为五个阶层。其中，上层富人的年平均收入是下层贫困村民的30倍以上，这是一个相当惊人的数字。

3. 社会疏离（命题代号：a3）

村庄的社会关联度减弱首先源自村民的职业分化，人们的公共空间与公共时间都大为缩小。同时，随着收入差距的拉大，阶层间人情圈的伸缩与交往圈的区隔开始出现。随着个体生活半径的扩大与人口流动的增加，人们自我建构的朋友关系的密度与深度远甚于同村村友，村庄共同体日渐松散。不过，文化意义上的村庄边界并未因此而消失，它与集体土地制度等因素一起构成村庄场域基本的内部引力。

村庄社会的上述变化，体现在日常化的权力场域中，首先是因面子竞争、人情竞争、借贷关系、雇佣关系等人际互动而起的阶层间微观权力的确认，其次是人们社会关系的自致性、私人性大为增强。

（二）国家与社会关系之变（命题代号：b）

1. 资源流向发生逆转（命题代号：b1）

取消农业税以后，国家与村庄社会间的资源流向发生了逆转，此前的资源汲取变为资源给予。随着"以城带乡、以工哺农"等政策方案的提出，同时也为了扩大内需，大量的财政转移支付以新农村建设、新社区建设、小城镇建设、村庄改造、农业经营大户扶持、特色农业奖励等途径大量下拨。在发达地区，财力雄厚的地方政府每年都有相当充足的资源下渗。

2. 国家行政权力后撤（命题代号：b2）

作为对20世纪90年代末期的治理模式之调整，乡镇配套改革在全国农村推行。这首先表现为合乡并镇、机构精简，国家权力在"身体"上远离村庄；其次，是人事权、财权等相关权力的上收；再次，是国家绕过基层政府与农民发生关系，比如各种补贴、保险，项目资金由各个部门的"条条"、市场化的公司或银行通过技术手段下达；最次，是上级权力跨过地方通过日渐发达的大众传媒和传播手段对农民进行单向度的信息输出，同时，又通过开放信访通道来接收农民自下而上传递的信息（袁松，2010）。然而，税费时代末期政权合法性遭到侵蚀之际，将责任归之于乡村基层组织的做法使得基层的权威大幅受损[①]，国家的后撤乃至悬浮在赢得农民对中央政权的高度认同的同时，也牺牲了基层的行政能力。可以说，在利益矛盾突出的转型期，试图通过技术手段对乡村实施间接治理以避免基层为"恶"的思路直接导致了基层政权基础性权力的削弱。

[①] 董磊明将其称之为"政治牺牲行政"。参见董磊明《结构混乱与迎法下乡》，《中国社会科学》2008年第5期。

(三) 基层治理思路之变（命题代号：c）

1. 农村党建与基层组织建设中的"双带方针"（命题代号：c1）

"带头致富、带领致富"的"双带方针"让"先富带动后富"的口号从文本落实到了实践之中。党的十七届三中全会提出建设"一好双强"型农村党组织以后，积极吸引先富能人入党、参政，让其主导农村各项工作的"领头雁"工程在各地展开。从对吴镇的调查来看，当地的富人——私营业主大批入党是在"三个代表"重要思想提出以后，基层党委对待私营业主的态度由排斥而变为整合，由整合而变为启用，再由启用而变为倚赖。同时，有限的入党名额在实践中以较为复杂的机制通过村庄和企业内的各种途径大量分配给上层的富人。

2. 基层政治的"初步民主化"（命题代号：c2）

在需要村级组织帮助国家提取资源的税费时代，村民自治可谓有名无实，因为乡镇政权必须对村干部的人选保持足够的控制力。税改以后，这种情况得以改变，基层党委政府对村内选举的控制的确放开了。不仅如此，在媒体与社会舆论关于基层权力民主化的话语压力下，县乡两级政府开始在考核机制中引入人大代表、村干部代表评分制，并且人大代表与权力核心的直达通道也逐渐常规化。但是，笔者之所以称其为"初步民主化"，是因为这只是刚刚迈出了一小步，或者说，这只是改革过程的中间状态，离民主化治理尚有很远的距离。它把"民主"简化为了"选主"，把民主机制当作了决定谁当领导，谁来代表自己利益的仪式，而不是作为对公共问题进行讨论、协商，通过沟通来获得共识的政治实践。[①] 不过，从吴镇的情况来看，通过民主程序掌握权力的富人以及需要富人来达到治理目标的基层政权却非常青睐这种竞争性的"精英民主"，尽管需要耗费大量资金的选举过程排斥了有意参与村庄政治的普通村民。

[①] 在哈贝马斯所提倡的协商民主（deliberative democracy）模式中，他强调了两个最为基本的信念。第一，民主是一种对公共政策进行协商的制度，政治决策最好是通过广泛的协商来做出，而不是通过权力和金钱。第二，协商过程中参与者应该尽可能平等且尽可能广泛。参见 J. Habermas, Citizenship and National Identity, Bart van steenberg, ed., *The Condition of Citizenship*, London: Sage Publications, 1994, pp. 32 - 33, 转引自［澳］何包钢《协商民主：理论、方法和实践》，中国社会科学出版社 2008 年版。

（四）乡村公共领域之变（命题代号：d）

1. 村庄：去政治化①（命题代号：d1）

熟人社会内部关系疏离，村庄政治的主题由分配义务变为争夺利益。征地款、宅基地指标、集体资产的分红是农民竞相争夺的对象，而村庄公共品不再由内部通过出工、派款、协作来自我供给，而是从外部由国家提供资源、由市场来完成供给。政治性的消逝还体现在村庄无法通过讨论、讲理、说服等手段克服钉子户的阻力来达成有利于村庄整体的集体行动。权利话语的兴起与法制建设的推进使得单纯强调权利而忽视责任义务的畸形个人主义盛行，村庄政治场域中没有原则、没有正气，在利益到来的时刻，所有人都无视分配规则，而是纷纷运用各种策略来使利益最大化。同时，对于明显违背集体利益的行为，没有人会站出来公开声讨，反倒是有少数人会基于私人恩怨通过信访系统实施举报。在这种只讲"利"与"力"，而不讲"礼"与"理"的丛林状态下，政府治理目标的达成面临着巨大考验。

2. 乡镇："一票否决"与无限责任（命题代号：d2）

国家从村庄退场以后，乡村内生组织的发育却并不像想象中的那么容易。农村社会的大量矛盾，尤其是涉及土地开发与村庄改造时的矛盾冲突，无法在去政治化的村庄场域内部获得解决。对于农民而言，当他觉得自己在基层受了不公正对待或者生产、生活上出现困难时，都有可能要求父爱主义的上级政府予以解决，而在收容遣送制度废除、交通便利、信息通畅、媒体权利话语盛行的背景下，农民上访的风险与成本又大大降低（贺雪峰，2011c）。于是，农村社会近年来大量的信访出现，越级上访持续攀升。在金字塔状的科层系统内，上级政府不可能应对如此大规模的农民上访，而基于农民的信息反馈，上级的直接感受是"权力失控"，下级

---

① 所谓"去政治化"并不是指农民作为村庄政治人普遍处于非政治化的生存状态（吴毅，2002：357），更不是说村庄场域内没有了权力的争夺与利益的博弈（即使这种争夺和博弈只局限在上层精英之间）。此处的"去政治化"是指村庄作为一个自主、独立的社会实体的政治属性逐渐消失。当国家直接面对分散的农户进行治理，国家与农民之间的中间层的政治聚合作用几近于无。"村庄仅仅是一个居住社区，农村社会被城市社区化了……乡村组织不过是国家行政力量的向下延伸，是国家的代理人。不再有乡村社会的当家人、不再有乡村社会的内生利益的整合能力。"（贺雪峰，2012b）

政府没有保质保量地完成本职工作。其结果，是"综治维稳"成为基层各项工作的重中之重，并对越级上访及其他重点事故实行"一票否决"。

然而，基层政权的苦衷在于，它们在治权衰弱的情况下根本就无力保证"不出事"，技术手段的引入甚至财力的增强都无法改变基层权力"外强中干"的本质。其原因，首先是"责任无限大"，处于压力型体制的末梢，既要发展地方经济，又要维护社会秩序，完成各种公共品供给，正是因为承担了无限责任，权力因而没有边界，其次是权力缺乏有效性，或者说，是因为缺乏建立于意识形态基础上的对权力的自愿服从。那么，在"一票否决"与无限责任的夹缝中，基层政权会因为"不出事逻辑"（贺雪峰，刘岳，2010；钟伟军，2011）而消极行政，而在涉及土地开发而必须与农民打交道时，尽量绕开拆迁难题，并将事情的性质转变为村庄改造或新社区建设，从而将其交给民间社会自己处理。

（五）城镇周边农村的利益密集化（命题代号：e）

以上四点变化对于利益密集型农村与普通型农村而言具有共性，但以下两点却是利益密集型农村的特性，它们是利益密集型地区富人治村的特定权力结构之形成的关键变量。

1. 超级地租的出现（命题代号：e1）

所谓城镇，是指以非农业人口为主，具有一定规模工商业的居民点。城镇周边农村因为近年来地方政府土地开发力度的加大而变得利益密集起来。其原因，既有地方政府作为理性主体的一面，也有被动的层面。在"公司化运作"（Andrew G. Walder, 1995；Jean C. Oi, 1999）的横向博弈中，地方政府必须通过加大土地供给力度、完善基础设施来降低企业的运行成本、吸引和留住优质税源，从而在"胜者通吃"的市场竞争中占得先机[1]；而在政府层级间的纵向博弈中，上级可以通过权力优势不断改变财权事权的分配规则，并使优势资源向重点扶持的城市新兴产业集中，这使得农村地区的地方政府能够真正倚赖的、用来偿还城镇化过程中的巨额

---

[1] 这一点非常关键，静态的制度分析很难发现实践状态中时间的重要性："实践的紧迫性是实践本身所独有的，重要的不是紧迫性本身，而是通过紧迫性，我们可以理解实践的独特性，理解其静态结构层面上不具有的品格……只有在实践中，才出现了时空的问题，紧迫性才出现了。"（孙立平，2002b）

债务的，是土地增值开发的预算外收益。土地的滚动式开发逐渐形成工业园区和大量的外来人口，商业日渐发达，租金市场兴起，因地利优势而起的垄断地租开始出现。

更为重要的是，这一过程伴随着政府对相关地块周边的市政设施的大量投入，于是，因城市土地规划及城镇建设的辐射效应带来的级差地租也开始出现。同时，城镇化中的整个土地开发过程往往会涉及周边农村的土地征收与宅基地重新分配。单纯从客观效果上讲，农地征收也可看作是一种资源给予，征地赔偿虽然未按市场价值计算，但却把农地未来若干年的收益提前变现，使得农民从土地中脱离，把时间腾出来获取其他收益。而嵌入到城市地理空间中的宅基地，不仅因无偿划拨而承载着绝对地租，而且也包含了上述的级差地租与垄断地租，笔者将这些地租的合值称为"超级地租"。村庄改造中的集体建设用地指标和征地时的返还用地指标意味着巨大的超级地租的分配空间。

2. 乡村工业的结构性调整（命题代号：e2）

这一点可能为此前的研究者所忽视。20 世纪 90 年代中后期，乡镇集体企业在"改制"政策的推动下突然终结（潘维，2005：322），但是，这一次调整只是乡村工业的产权结构调整，而非产业结构调整。笔者在吴镇调查时发现，此前的乡村工业——初级轻工业、加工制造业不断扩大市场、反复增加投资的成长模式已渐渐走到尽头。国外市场的饱和与国内市场的停滞意味着依靠出口和投资来促进经济增长的粗放型工业已面临极限，残酷的竞争使得私营业主纷纷将资金从实体经济转入虚拟经济，土地和房产、矿产等资产价格因此而急剧膨胀，经济运行面临系统性的风险。2000 年以后，国家用"有形之手"优化产业结构、改造和提升制造业、培育新兴产业的步伐开始加速，乡村工业的各个分支行业面临重新洗牌。富有危机意识的企业主们开始通过各种办法和渠道积极申请政府的扶持。

上述若干变化集中到一起，在利益密集型农村产生了以下三条效应：

（1）巨大利益空间出现，利益流向由权力主导……（命题代号：X）

如前提条件 b1、e1、e2 所述，大量的资源开始流入农村，而其载体和媒介有工程建设项目、土地指标、企业升级的政策扶持等。基层组织的权力主体对资源的具体流向有重大影响。总的来说，分流资源的形式从合法化程度由低到高分为三种，依次是截留工程款与征地款、寻求宅基地指标和工程回扣、获取土地申购优先权和工程项目的承包经营权。在财务制度、招标制度的多重监管与公检法系统的严厉打击之下，吸取资源的方式逐渐从违法过渡为在灰色空间中谋利，直至进化为富人精英抱团，通过合法的正规商业形式来获得资源，以使获利的风险/损失最小化。当然，猎取资源的前期成本也不断升高。

（2）权力格局由选举决定，选举结果被财富左右……（命题代号：Y）

低风险获利空间的出现导致选举竞争日趋激烈。为了在短期内成功进入基层权力场域的上层网络，获得官方程序所授予的权威资源，富人们纷纷投入重金贿选。在吴镇，选票价格随着城镇化程度的深化而一路上扬。正在进行旧村改造的村庄，村内选举可谓进入白热化，单张选票的最高价格已经达到了 2000 元。这使得普通村民退出了竞逐权力的行列，而财力一般的精英也退出了对主职村干部的争夺，因为安全的利得不足以抵消他的机会成本。值得注意的是，除了前述命题 X 与前提条件 c_2 之外，村庄的分化和村民的理性化与陌生化（a）、国家权力的后撤（b2）以及对组织工作思路中对村干部"带领致富"能力的强调（c1），都是造成选举结果被资本所左右的必要条件。

（3）村庄公共性萎缩，财富增量按资本实力分配……（命题代号：Z）

乡村的去政治化（d1）是近年来中国乡村的一项重大变化，公共领域消退，村庄在对外争取和分配利益的过程中无法通过文化整合或政治整合来达成一致。此时，在急剧分化的村庄社会中顶层的富人通过生活世界中的象征性活动与各种"造亏欠"的方式建构的微观权力（a）成为一项重要的治理资源，他们的资本、人脉、谋划能力以及日常公务支出中的"以私贴公"的行为为自己赢得了场内的"势差"，但村内人数最多的普通阶层与贫困阶层也因之被排斥。村庄政治场域呈现出上层寡头化、中层依附化、下层原子化的局面，村庄的公共性严重萎缩。必须强调的是，上层富人在盘活集体土地资源，为村庄争取到政府大量的工程项目资金的同时，其自身也是这个过程中得利最多的群体，他们并不与官僚体系共享治理目标，参政只是其资本扩大再生产流程的一部分。

（六）结论：乡村权力场域寡头化　资源下渗过程"内卷化"

最后，以上判断当前利益密集型农村社会性质的三条命题，与乡镇治权的弱化（d2）、基层政治的初步民主化（c）一道，共同促成了乡—村之间的权力结构化。面临着基础性权力的衰微，基层政权要达成治理目标，尤其是要平稳和谐地完成涉及与农民直接进行利益谈判的土地开发，就必须让已被架空的中间层重新发挥作用。但是，在意识形态的濡化能力锐减，而富人们也不在乎工资收入的情况下，对村干部的直接控制手段如签订承诺书、津贴考核、学习培训等在某种程度上成为了一种形式。要让具备治理资质，又符合上级组织意图的富人真正地按照基层政权的意志行事，最好的方式是利益诱导，而这也正是富人竞选村干部的主要动机之所在。不过，要让利益的给予方式合法，或者说合乎程序，场域内上层网络的规模必须有限，交往圈内的行动者也必须建立人格化的信任关系。这样一来，彼此之间才能够默契地通过工程招投标、土地挂牌转让以及企业政策优惠、项目扶持等形式来完成资源的转移，正式的制度设计在这些相互结成网络的主体那里是失效的。基层的"初步民主化"不仅没有发挥应有的制约作用，反而促成了上层网络的凝结：因为基层官员为了稳住局面，对上保持社会"和谐"，也为了在民主考核中不失分，必须把自己的权力与拥有话语权、监督权的群众代表相交换。同时，因为只有富豪才有足够的资本可以合法地、安全地承接其安排的资源转移，也只有他们有能力在村庄中帮助其完成施政目标，所以基层权力主体为了确保占据着经济优势的富人顺利当选，就不会下决心去治理贿选，而是乐于让改革进行到中间状态时形成的"半拉子"民主一直持续下去。

总结之，上述诸因素的合力，最终形成了基层权力场域中少数富豪村干部/人大代表与主职官员一起结成上层网络共同分享权力的格局，笔者将这种格局称之为寡头政治。它的始动因素是国家与社会之间资源流向的逆转，但它之所以在局部地区农村引起普遍化的寡头格局，是因为它与特定区域中城镇化、工业化过程中的土地征收及产业结构调整相同步，急剧增加了资源下达的流量。但资源流量的陡增并非其充分条件，它还与国家近年来治理思路的转变，"双带"方针的提出，权利话语的兴起，民主思潮的涌动，意识形态影响力的减弱，信息媒介的发达，交通设施的便利等因素交织在一起，共同铸成了利益密集型农村地区的权力寡头化格局。

笔者效仿米歇尔斯（2004）的提法，将上述寡头格局的形成机理命名为寡头定理。

图6—1呈现的，是整个论证过程的逻辑关系。

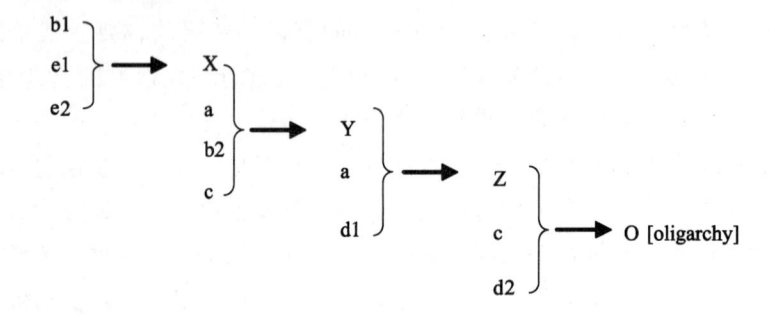

```
b1 ⎫
e1 ⎬ ⟶  X ⎫
e2 ⎭        a ⎪
              b2 ⎬ ⟶ Y ⎫
              c  ⎭        a ⎪
                          d1 ⎬ ⟶ Z ⎫
                              ⎭      c  ⎬ ⟶ O [oligarchy]
                                      d2 ⎭
```

前提： a、b、c、d、e

命题： X、Y、Z

结论： Z+d2+c=O

图 6—1　寡头定理

二　理论透视：权力的利益网络与乡村场域的结构洞

在这一节，笔者将尝试提出一个解释性概念，并以之对国家与农民之间的资源流失问题做出解释：为什么当资源从下往上提取时，发生了"国家政权的内卷化"；而当资源从上往下渗透时，又发生了"乡村治理的内卷化"，这背后是否有一个同一的原因？

（一）权力的利益网络

1. 网络的性质

本书将中国乡村社会中连接国家与农民的非正式权力关系网命名为"权力的利益网络"，这种定性是想描述它以权力为经纬，以利益为中轴的特点。在笔者看来，厘清这张网络的性质与结构将是解答前述问题的关键，因为中国农村自晚清被迫开启现代化进程以来，便成为国家政权改造的对象，无论是资源的提取还是输入，基层社会的权力网络都是最为重要的资源流动管道，尽管不同年代的权力有着不同的合法性符号，但这张网络承载并决定资源流动方式的性质未变。

杜赞奇（2003）在研究近代农村社会时曾提出"权力的文化网络"的概念，国家政权以文化正统为基础，将乡村士绅的权威和利益融合在这张网络中，维持着地方秩序。当现代化的政权脱离这张网络向下延伸权力以加大资源提取幅度时，原来的保护型经纪蜕变为赢利型经纪，这造成了乡村动乱的根源。不过，杜赞奇并没有另外建构一个概念来指称这些赢利型经纪所组成的网络。

新中国成立以后，基层权力网络实现了重组，此时它可以被称为"权力的组织网络"。通过这一网络，民族国家实现了政党下乡、政权下乡，但并没有完成近代西欧式的国家政权建设，不过，在阶级革命中诞生的新兴干部队伍与国家政权切实共享着意识形态与治理目标，以近似于科层制的逻辑运转，在超强的合法性与特殊的组织方式之下，尽管当时资源提取的幅度并不弱于前期政权，但地方秩序却能得到有效保证。当然，不可否认，经济效率也因此而受到了抑制。

人民公社体制解体以后，资源的提取依旧进行，权力的利益网络开始重新显现，层层加码的"乡村利益共同体"（贺雪峰，2006b）成为税改之前严重的三农问题的主因，这一点已成学界的共识。但是，农业税的取消与转移支付的开始并没有像许多学者所预期的那样，使得集体收入成为村民自治的坚实的经济支撑（李昌平，2004；徐勇，2006c）。在资源不那么充足的普通型农村，基层组织逐渐"悬浮"，而在本书所研究的利益密集型农村，"寡头政治"已经形成。那么，在这种格局下，地方秩序又是如何维系的呢？

吴毅（2007d）在研究农民上访时曾提出"权力—利益的结构之网"这一概念，他的着眼点是要解释当下农民维权运动及其机制不能健康发育的原因：

> 在县乡基层社会，因人际流动和社会分层小于城市社会等方面的原因，权力机器在失去神圣不可冒犯之特征的同时，却日益呈现出以官权力为轴心来编织地方社会的经济、利益与人际互动关系的结构之网的趋势，地方经济活动往往围绕"权力—利益的结构之网"而展开，而具体的社会成员也往往因各自在这一结构之网中的位置而决定其特殊的地位与资源占有和分享能力。在这样的背景下，一般的经济活动是无法不受这一关系之网的影响的，而官民博弈即使出现，也同样无法不受这一结构之网的约束……从制度规定上，维权行动者并不一定会忌惮自身的安全，但他们却不能不在人际互动中顾忌维权行为

可能对自身所无法回避的这一"权力—利益的结构之网"的碰触，这一碰触并不一定会影响到维权者的政治安全，但却不可避免地会恶化维权者的社会生存环境，损及其在这一结构之网中的生存与资源分享能力。

吴毅的观点是非常有见地的，尽管他并没有清晰地去描述这张网络的形态究竟是什么。笔者的发现与他有异曲同工之处，不过研究的出发点不一样，他是从"农民维权为何不能健康发育"的问题出发提出了权力的利益网络，而笔者是从基层政权如何掌控地方代理人以实现治理目标的问题中重新发现了这张网络。实际上，"权力的利益网络"是一体两面的：既然资源是通过这张网络中分配下去的，那么基层政府当然既可以用这张网络来拉拢地方精英为其服务，也可以用它来抑制农民的上访行为。然而，笔者要争辩的是，恰恰是因为这张网络在分配资源过程中以权力为轴心的特性，才导致了农民维权行动的发生。所以，"权力的利益网络"要去解释的，应该是农民为什么要维权，而不是农民的维权何以不能发展至"抗争性政治"（于建嵘，2010）的地步。或者说，我们更应该用这张网络去理解乡村社会的运转机制，而不是去解释地方秩序为什么没有瓦解。①

综合来看，权力的利益网络是指国家政权在向下延伸过程中与乡村精英结成的非正式关系网，国家与农民之间的资源流动经由这张网络渗透至乡村社会内部，通过各种具有乡土性的关系纽带与个体化的农民相连接。它与"权力的文化网络"及"权力的组织网络"不同的地方在于，网络的主要聚合力既非来自儒家传统，也非来自社会主义意识形态，而是源自利益，是处于流动过程中的资源。当资源从村庄向国家上行时，这张网络成为牢固的利益共同体，而当资源从国家向村庄下行时，它又成为分配资源的核心介质。不过，正因为权力的利益网络将乡村基层的经济精英吸纳为政治精英，这使得网络从上端到底部形成了一个梯度的均衡：各类行动

---

① 如果一定要来解答后者，那么更为恰切的答案应该是，权力互动中的利益侵蚀还没有达到明显剥夺的程度，农民还有后路可退。如果当经济系统因畸形的分配结构所酝酿的风险某一天真的崩溃，那么这个时候，上述网络对于农民维权行动的抑制作用就有可能完全翻转过来，成为纯粹的刺激作用。

者的差别化的利益附着在这张网络之上，或者说，它将人们吸附在层次不等的分利体系之中，并以投资—获益能力的高低作为梯度状态的正当性基础，"分利秩序"由此形成。

2. 结网动力学

如果放宽历史的视线，从本书对吴镇近 15 年来的政治社会学观察中扩展出去，我们可以发现，"权力的利益网络"在中国历史上的大多数时期都存在于中国乡村。取消农业税之后的一个较短时段，也即本书所关注的这一时段之初，权力的利益网络解体了，原因不是其他，而是因为网络的中轴——利益被抽离。当这一核心聚合力被消解之后，基层组织呈现为"悬浮"状态：它与老百姓关系不大，在科层化的文牍主义中自行运转。但是，当资源的逆向流动开始，大量的资金从国家向乡村社会输入时，权力的利益网络在短期内实现了回归。不过，回归的是它的（几何学）形式，而不是（物理学）质地：权力网络的构型/样式与以前基本相同，但织就网络的主要成员由种类繁多的乡村精英[①]转变为"清一色"的经济能人，乡村权力结构与社会分层结构高度重合。而且，从吴镇的经验来看，随着资源流量在城镇化过程中不断加大，权力结构趋于寡头化：只有"巨富"出马，场域内各种躁动的力量才最终实现了均衡。[②]

以下简短分析税改之前和税改之后的网络生成方式。

在农业税取消以前，包括晚清民国时代，基层权力—利益网络的核心任务是从农村提取资源，为了顺利完成任务，基层政权会物色、吸收和扶植代理人，形成网络，结网的动力源主要在"国家"一方。此时，基层工作需要的相应能力是资源汲取能力，网络中的代理人首推"狠人"[③]，其次是家族权威，再次，是集体时代留存下来的，因多年工作而具备相当威望的体制性精英。其原因，是基层政权可以利用他们身上既存的非正式权力完成工作任务。一般意义上的经济能人在此时并不受重视，而且，由

[①] 本书对"乡村精英"的界定是"言语表达能力强、组织协调能力强、活动参与能力强，在群众中具有一定影响力的农民"。但是，他们的这些能力与致富能力并不完全重叠，只是有所交叉。

[②] 吴镇作为利益密集型农村的特殊性在于，它的农业税取消提前于全国，城镇化过程的启动也领先于全国，国家与农民之间的资源流量比普通型农村更大，因而整个重新结构化的过程先行展演，且速度很快，但这并不排斥笔者从上述过程中提取出的演变规律所具有的一般性。

[③] "狠人"在不同的情境中有不同的称呼，可以是"土豪劣绅、乡村混混、灰黑势力"，也可以是"拳头大、兄弟多、势力广"的"强人"。

于资源流量较小，富人自身对担任基层干部并无兴趣。

取消农业税以后，结网的起始动力是先富能人的利益嗅觉，但国家的基层组织方针和村民自治的民主话语也发挥了很大的推动作用，此时的结网是国家与乡村先富能人阶层的合力所致。在新的时代背景下，基层工作的首要任务是顺畅地承接资源，或者更直接地说，是在令多数群众心服、保证基本秩序的前提下将资源分配下去。绝对的公平是没有的，在转型期规则多元的情境下，让所有的行动主体一致遵从的分配方案也不存在。当然，前文已分析过，首当其冲的选择性适用规则的主体其实是基层政权自己，它一定要这样做的原因，除了作为法人行动者的利益考量，更重要的是基础性权力缺失却要承受无限的治理责任。在诸多因素的综合作用下，资源的下渗实际上主要倚赖经济能人来操作，并以类似于"投资—受益"的方式进行。这一方式最大的好处，在笔者看来，是以市场原则置换了政治原则，从而能够以貌似公平的商业化形式堵住反对既定方案的声音。"投资更大，收益更多"是老百姓普遍接受的原则："拿不到项目是实力不够，怪不得别人。"其次，它的确可以利用民间资本和先富能人的人力资源，起到政策部门所谓的"四两拨千斤"的作用。最后，有关部门的寻租冲动也可以在此过程中以账外形式得到满足。

再来考察以私营业主为主体的先富能人阶层。他们以私人资本行公共之好的行为背后，最为核心的动机仍然是利益诉求，但这种诉求往往不是以直接获利的方式得到满足的。为了规避复杂的制度约束，他们必须要与基层权力结成高度信任的内部网络，以预先支出后期收回的方式来获利，将支出的"事件"与收益的"事件"互相分离。展开来讲，其投资于村庄公共事业的资金（包括时间付出中所含的机会成本）将在日后以土地、房产、企业升级改造项目等方式回收。显然，网络形成的原动力在于行动者（包括个体和法人行动者）的理性选择（科尔曼，2008），但必须强调的是，他们之所以通过扩展社会网络、优化和升级自己的交往圈来达到争取更多资源的目的，其原因，正如林南（2005：136）所言，是"社会资本的积累速度比人力资本要快得多。也即人力资本的积累呈算术速度增长，而社会资本的积累呈指数速度增长"。具体到基层场域之中，行动者设法进入到更高层交往圈后，通过"人认识人"的方式便可以在较短时间内捕捉到大量的优质人脉，从而通过资本的交换迅速提升自己在基层场域中的自由度，它比通过学习、提拔等方式更能快速地获得有价值的信息,获取分配资源时的优先权,而这对于农民出身的、对自己的文化水平和现代经营能力缺乏自信的私营企业主来说更是如此。正是因为嵌入在社会关系网中的资源的效用大大超过个人资本的效用。在有价值资源稀缺的情况下,这种认知推动了行动者的交往行动从初级群体向外扩展。"一旦这些关系与交换形成,特定的集体规则随之形成。这些规则超越了参与互动的行动者原来的意图与利益,成为社会结构形成的基础。"(林南,2005:130)不过,利益取向的众多行动者所形成的"特定的集体规则"只是权力场内部的潜规则,要让分流资源的行为获得正当性,必须控制分享权力的规模,只有这样,交往圈内的行动者才能够通过权力的交换与让渡而产生信任关系,默契地使制度设置的程序成为多名演员合演的剧目,从而让席卷资源的行为足够安全。基层场域的权力—利益网络正是在这种既有结构的制约与行动者高度能动性的策略之中形成的。整个结构化的过程是一种集体无意识、超出个体的理性企划。倘若行政指令的设计者能够预料并制定出针对性的措施,则这种措施反馈到实践中又会被场域中的行动者逐渐认知,并通过社会互构进行规避策略的再生产。换句话说,场域的游戏规则变了,则行动策略的细节会产生微调,但网络的总体架构不变。

3. 簇节状构型

既然权力—利益网络的架构在历史流变中相对固定,那么它的结构到底是什么,乡村权力场域的构型究竟如何?我们能否将其表示出来?

在当代理论家进行大综合以前,社会学的理论史当中有两种不同的社会结构概念长期共存,其一为制度结构(institutional structure),另一种是关系结构(relation structure),"前者是行动者按照文化或规范模式组织起来的持久关系,而后者被理解为行动者和他们的行动之间的因果联系和相互独立性以及他们所占据位置的模式"(杰西·洛佩兹、约翰·斯科特,2007)。这两种分别强调结构性和能动性的概念框架在布迪厄那里融合为一种具象结构(embodied structure)。关于权力运作问题,他试图通过"场域"把活灵活现的、动态的结构化过程以共时性的概念形式表达出来。不过,出于理论综合的需要,布迪厄只是将场域建构为一种抽象的构型(configuration),即各种位置之间存在的客观关系的一个网络(位置的占据者用各种策略来保证和改善资本的分配,在规则之外再生产出内部的特殊逻辑),却没有在其经验研究(如对阿尔及利亚社会的实地研究)

中将这种具象结构的分析贯彻到底。①

　　作为场域理论的一个应用，笔者试图将利益密集型农村权力实践所形成的具象结构描述出来，以促进我们对于转型期农村社会的理解。不过，作为具象结构，仅有文字描述是不够的，还须配以图形。好在自齐美尔发明"社会几何学"之后半个世纪，社会网分析（social network analysis）的理论范式日臻成熟，并为我们提供了绘制社会结构的可能。在格兰诺维特（2007）平面状的社会网理论中，他将社会结构视为一张人际社会网，网络的"点"（node）代表个体或一群人组成的小团体，"线段"代表人与人之间的关系。而笔者在此处吸收和借鉴了他的思想，将中国乡村的基层权力场域看作一张立体的网络，其中，"面"代表权力地位相平的交往圈，而立体空间中的"上"与"下"代表权力的层级，空间边沿的虚线代表微观场域模糊的边界。

　　作为"国家"与"社会"之间的衔接领域，"权力的利益网络"必须与二者贯通起来加以考察，而整体考察的结果，是其呈现为一种"簇节状"的立体网络，且主要特点有以下三项：

　　第一，该立体网络在抽象关系上是簇状结构，上层平面以簇状发散至下层平面，就像一朵倒置的盛开的花瓣。如果从宏观着眼，将"面"简化为"点"，那么簇状的形态可以用图6—2表示之。

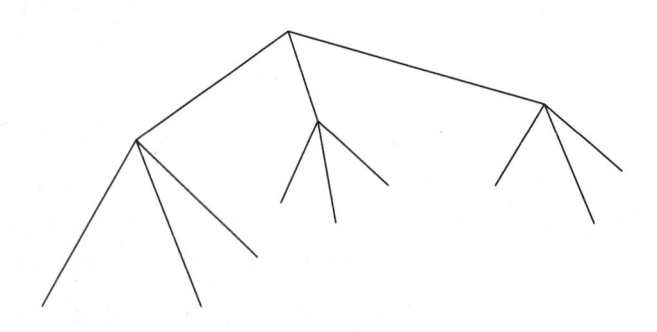

图6—2　簇状结构示意

---

① 孙立平（2002b）评述道："在把实践社会学付诸实践的时候，布迪厄失败了。他对实践的分析仍局限于定量和结构分析……他是用一种非实践精神与方式对待实践的。原因是他将实践抽象化了，于是实践就死掉了。"

由于行政区划（如众多的村庄/社区）与部门（如民政、土管、交通、建设）、领域（如工业、农业、服务业）的分立性，各个微观的权力场域具有相对的独立性，但这些场域在权力中心交叉互联；又由于从上至下的权力单元呈几何级数增加的特点，以权力为轴心编织起来的网络系统整体上以簇状发散，直至村庄内部。与此相应，资源在上下之间动态流动时呈现散射状，越在上层权力越强，所掌控的资源流量越大。

第二，取出一簇由上至下连贯的分支，并连通上层的国家与下层的村庄社会，即会发现它呈现出"节状"的特点。如果不考虑下层网络的平面更大，这种分层而又资源密度不均的形态看起来就像一节一节的甘蔗，只不过上节更甜。如图6—3所示，整体结构的上端是国家科层制体系，其规模相对有限，但资源密集，关系错综复杂；下端连接村庄场域，资源渐趋稀疏。

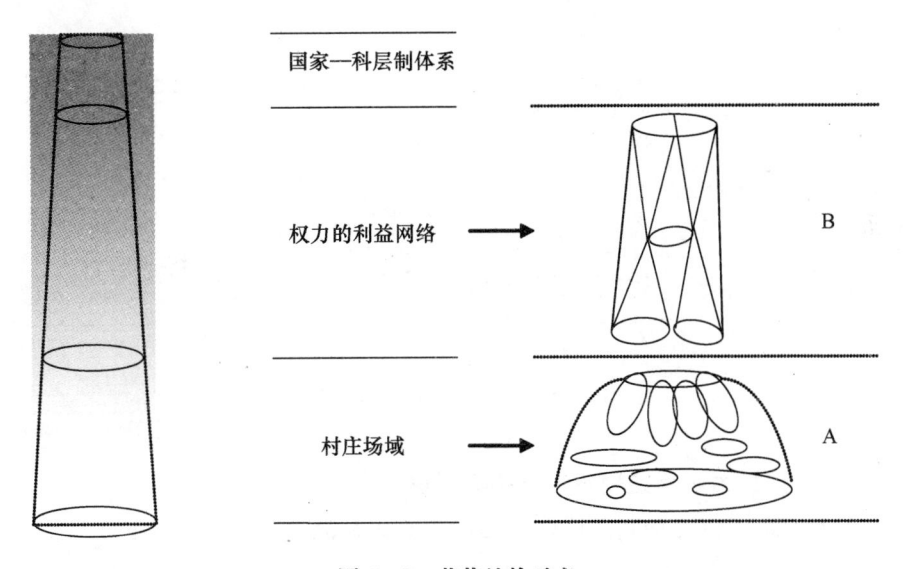

图6—3 节状结构示意

而在村庄场域内部（图6—3的A部分），上层是富人阶层所形成的权力核心，中层是被吸纳的精英组成的村内派系/家族关系网，而底层因被排斥而游离出来，其有效网络只在联合家庭的范围以内，无法扩散至更广。

第三，本书的考察重点，即权力的利益网络，是一张国家与社会之间的非正式人际关系网，其内部结构如图 6—3 的 B 部分所示。网络的上层连接基层政权，下层连接村庄权力主体，而中间则是少数寡头，它们之间形成既竞争又合作的关系，成为横亘于两层之间的中间层。立体地看，整个构型就像许多个并排的"沙漏"，"沙漏"中间的寡头成为资源流动过程中真正意义上的转换枢纽。

综上，我们可以通过图形叠加的方式在整体上把国家与社会的簇节状构型表达出来，如图 6—4 所示：

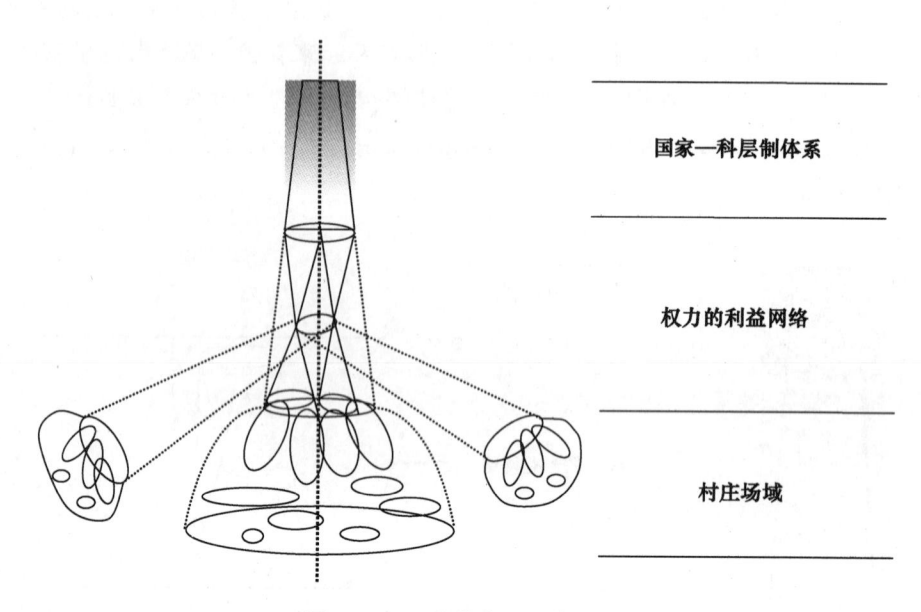

图 6—4 "簇节状"立体网络

（二）权力—利益网络的结构洞原理

为什么"权力的利益网络"会导致资源在流动过程中被吸食？

1. 何为"结构洞"？

解答这个问题，有必要引入罗纳德·博特（Burt，1992）的"结构洞"概念。所谓结构洞，即社会网络中某个或某些个体与有些个体不发生直接联系，或关系间断（disconnection）的现象，从网络整体看好像是结构中出现了洞穴。

举例说明之，如下图 6—5 的 I 所示，B、C、D 三个行动者（player）之间没有联系，只有 A 同时与这三者有联系。相对于其他三者，A 具有明显的竞争优势，最有可能接近网络中的所有资源，另三个行动者必须通过它才能与对方发生联系。图中 BC、CD、DB 三条虚线即为结构洞。而在图 6—5 的 Ⅱ 中，网络全线封闭，每个个体的相互关系是对等的、重复的，不存在结构洞。博特指出，在复杂的关系网络中（如图 6—5 的 Ⅲ 所示），通过与分散的、非重复的一组组联结点相联系，占据中心位置者拥有更多的网络资源，控制着与其他结点之间的资源流动，从而处于更有权力的位置。占据或接近更多的结构洞有利于工具性行为的成功。

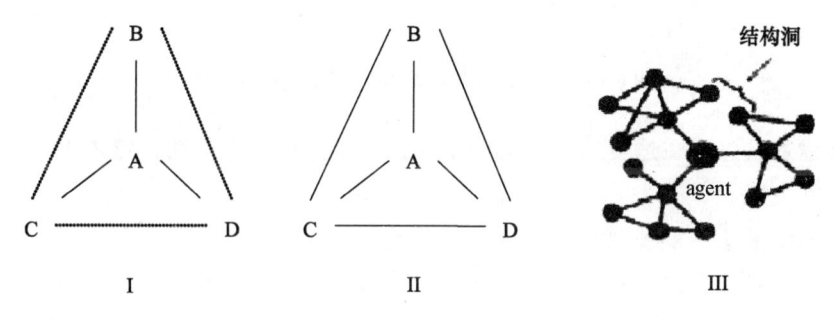

图 6—5 结构洞示意

结构洞在不同集中化程度的网络中的表现形式有所不同（聂磊，2011）。在图 6—6 的 A 网络中，除中心点以外的所有点之间都存在结构洞，此时中心点的信息收益和控制收益是最强的。而 B 网络则是由 7 个小型网络组成的大网络，而每个小型网络都有一个中心点，各个小网络的中心点又连接在一起，这样就在小网络内部和大网络中产生了双重的结构洞。与 A、B 网络不同，在 C 网络中，没有一个明确的中心点，所有结点（node）均匀地分布在网络中，因此虽然同样存在结构洞，但是任意一个结构洞之间的中介（agent）并不是唯一的，因此结构洞带来的收益也会相对弱化。

判断结构洞的标准有两个——凝聚性（cohesion）缺失和结构等位（structural equivalence）缺失。[①] 优化结构洞的首要问题，是在网络规模和多样性之间寻求平衡：规模变大，凝聚性缺失和非对等结构出现的可能性

---

① 其中，凝聚性是指网络中每个参与者之间都存在强关系即直接联系，因此通过结识他们中的任何一个都可以获取相同的信息和网络利益；结构等位是指网络中的两个参与者同时拥有相同的第三方作为联系人。

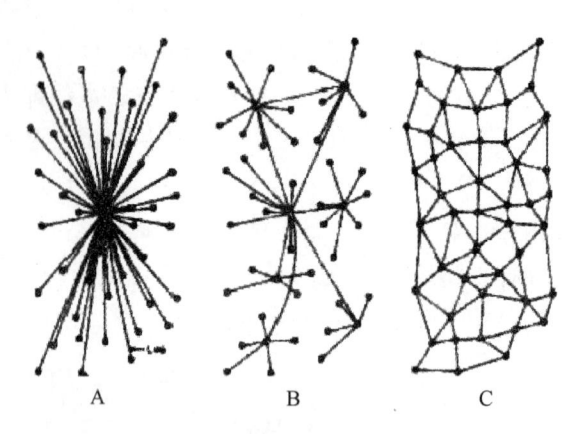

图 6—6　不同集中化程度网络中的结构洞

成倍增加，怎样在适度的群体规模下保证社会网络的等位性，将是平抑结构洞的关键。

博特的这一发现源自经济社会学领域，他意在将社会资本引入不完全信息的市场竞争之中，论述现实状态下嵌入到社会网络的经济行为。不过，他的重大发现却仅被用来解释诸如"找工作""公司职员晋升""企业竞争优势"等日常现象，没有获得更大的应用空间。这一理论的弱点，还在于把社会网络当作某种既成的东西来看待，而关于网络如何生产和建构的问题，却没有引起足够的重视（唐丽，2003）。学者们越来越重视研究现存关系的形式，而不再分析关系的实质；越来越热衷于发展更精巧的数学技术、数理模型和图表符号来描述假设成分越来越多的网络结构，不断地远离社会现实（肖鸿，1999）。①

不过，结构洞理论的首要特点，是以自由主体间的互动代替了权力的支配—服从，以竞争性的动态博弈代替了绝对控制。该理论给人的最大启发，是揭示了连接两个不相关网络的节点处所具有的经济机遇（brokerage opportunities），它能够通过信息控制的优势获取资源。

在笔者看来，通过赋予新的内涵，"结构洞"这一概念完全可以超越其出生的经济社会学领域，从而完成更为重要的理论使命。这一概念着眼

---

① 整个社会网分析范式已进入到这样一种境地：理论家们发明不同的因果模型来描述社会网络的特征，应用者通过数据资料的比较来分辨模型的解释力。罗家德（2010：3）评议说，这种复杂的理论"太过模糊，往往不具有清楚指定模型的功能……统计方法能提供的解决方法其实是有限的"。

于场域之间的弱关系①,将分析视角从场域内部扩展到场域之间,通过分析宏观结构内的、微观场域之间的相互关系来解释问题。正因为具有开放的、可延伸的特点,"结构洞"可以成为桥接宏观分析与微观分析的有效概念。

2. "内卷化"阐释

回到具体的乡村场域之中。"权力的利益网络"整体上乃是国家与社会之间的结构洞,它可以充分利用双方的信息不对称,利用国家因基础性权力衰弱而无法与小农沟通的状态不断地截流和吸食资源,无论资源的流向是"从下到上"还是"从上到下",资源的形式是农业税费、公共品项目,还是土地增值收益。② 打个形象的比方,这就像一条水渠下的深井,只要有水流过,井就能装水,水的流量越大,井就装得越多。

连接两个巨型空间的"权力的利益网络"横亘在国家与社会之间。当资源上行时,它所上传的信息是农村社会的供税能力(人口、年龄、土地、住址、健康状况……),下达的是具体社区的提取额度;而它截取资源的方法是"少上报、多收取",即上传时缩小税负能力,下达时夸大提取额度。而当资源下行时,它上传的信息是需求偏好、配给额度、瞄准目标、优先对象,下达的信息是资源下渗规则、对规则的解释以及对多元规则的选择性适用;而它吸食资源的方法是"多上报、少下发"③,以现

---

① 格兰诺维特(Granovette,1973:1361)将关系定义为人与人、组织与组织之间由于交流和接触而实际存在的一种纽带,并且在这个基础上提出了"关系力量"(strength of the ties)的概念。在他看来,关系可以分为强关系(strong ties)和弱关系(weak ties)两种,而它们在传递信息、沟通人群方面发挥着不同的作用:由于弱关系是在社会经济特征不同的个体之间发展起来的,其所获得和传递的信息往往是异质性的,且分布范围较广,所以弱关系主要用于在群体、组织之间建立纽带关系,它比强关系更能充当跨越社会界限去获得信息和其他资源的"桥梁"(bridge)。

② 关于国家与农民无法有效对接的问题,温铁军(2005)分析的结果是国家与分散小农交易成本太高。他的分析以不同的言说方式道出了问题的另一个面向,即当国家基础性权力不足的时候,我们应当将农民组织起来,通过减少交易主体的数量来缩小信息不对称,降低交易成本。其原理类似于将图6—6中的构型A转换为B。

③ 为了说明这种机制为什么难以有效监管,笔者在此处举一个例子。比如吴镇在征地时涉及迁坟,基层政府并不知道各村到底有多少坟墓,墓主是谁,只有村干部才是体制内的知情者。而且这样的信息,即使政府临时去统计,村民自己也不会说实话,他们同样认为国家的钱"不拿白不拿"。此时,当乡村干部成为国家与村庄之间的唯一桥梁的时候,通过在提交的内部数据中做一些手脚来赢利,几乎成了惯行的做法。

代农业机构、优秀乡镇企业的名义承接资源，或以工程交叉承包的形式直接赚取利润。值得强调的是，如果农村社会的非组织性越强，承接资源的"权力的利益网络"垄断性越高，且资源下渗的规则又处于高度变动的非稳态时，资源被攫取和耗损的程度也就越深。

我们可以顺着历史脉络将分析展开。当资源由下往上提取时，国家需依靠非正式的权力网络来完成任务。由于农村社会的不规则性与非均一性，村庄社区的真实信息只有长期生活在村庄内部的人才能知晓。如此一来，国家在向农民收税时，就不得不在当地社区寻找经纪人，让其代理国家来进行征收，因为国家如果不这样做，就有可能使农民的税负不公甚至把"特困户"误当"钉子户"来打击，使其丧失合法性，但是如果寻找经纪人，又难以避免这些经纪人上下其手而趁机自肥。国家不可能依靠其有限的人手和技术力量去完成千万个分散小农的动态的信息统计，同时让所有农民严格按政策提交资源。它只能依靠上述网络系统完成工作，并且用乡土性、情境式的办法来保证任务的落实。[①] 而随着文化道统或意识形态的影响力渐趋下降，抗税的钉子户越来越多，工作越来越难做。为了保证收税任务的完成，基层政府不得不默许非正式网络操纵信息，允许其增加征收指标，并对实际征收时采取的非正当手段睁一只眼闭一只眼。额外增收愈多，钉子户的对抗愈烈，则普通农户承受的负担就越重，这又反过来促成更多钉子户的生成。"基层政权的内卷化"便由此发生。

而当资源下渗时，高度分散的个体化小农没有形成中间组织来承接这些资源，国家无法通过搜集信息对农民高度差异化的公共品需求进行有效甄别，这个时候，"代表农民"的权力网络开始发挥作用，寡头化的中间层作为弱关系场域之间的传接枢纽引导了资源的实质性流向。城镇化、工业化过程中的各种工程项目、建设用地指标、产业升级扶持，促进农业现代化的资金补贴，被这层浮于村庄之上的网络所吸食，能够穿过网络的资源密度几乎是外部规则强制规定的底线。在这个过程中，因利益被侵蚀而产生的反对者——不合作的钉子户越多，则资源能够有效承接的难度就越大，这使得基层政府不得不物色具备资本经营能力的先富能人以商业运作

[①] 孙立平（2000）关于华北某镇收粮的个案考察以及吕德文等（2008a）对税改前钉子户的研究就是很好的解读。

的形式顺利实现施政目标。① 先富能人之间的竞争越激烈，就意味着均衡的达成将倚赖于更具资本优势的寡头，这反过来又强化了权力—利益网络的结构洞效应，使得资源的分流和吸食愈趋深化，进而生产出更多的利益受损的钉子户。"乡村治理的内卷化"也便由此发生。

从某种程度上讲，乡村社会的历史保持着它的延续性，权力—利益之网因基层利益的临时消弭而暂告解体，但在资源流经之处旋即又完成了结构的再生产。寡头定理，不仅仅是对当代利益密集型农村地区权力结构变动的经验总结，也是对历史上大多数时期的逻辑归纳。只不过这一次，寡头的成色已经发生变化，此前众多类型的精英皆可竞逐因而保持流动性的枢纽位置如今被堪称资本家的先富能人凭借巨量的资本牢牢掌控，并冠之以"带领致富"的政治名义。

3. 未竟的变革

反观中国乡村的权力结构史，在某些特殊时段，非正式权力网络的利益属性为何又能得到有效约制？传统时代尤其是宋以后编户齐民的乡约组建，其核心机制，是以宗族、乡里等组织对民众加以凝聚，并用程朱理学的精致道统规制乡村精英内心的谋利冲动，使国家大传统与民间小传统相互贯通，形成"天下"之序。家国一体的伦理/义务体系，是"弱国家"时代基层秩序的底色，"结构洞"效应因儒学体系下的士绅自律而被抑制。

但是现代化进程被迫开启以后，传统文化因阻滞民族发展而被诟病，甚至在近代的历次社会运动中尤其是"五四"与"文化大革命"时期被大加鞭挞。资源低水平状态下的均衡被打破，中国乡村的秩序结构由此开始了反复的摆动。大流量的资源提取与文化系统的剥离导致权力的利益网络最终瓦解了乡村社会的根基，基层政治必须加以重组。在这一点上，"伟大的中国革命"（费正清，2003）功不可没。新中国通过人民公社体制实现了农村大流量资源提取与基层秩序稳定的双重目标，而其成功的关键，不仅在于阶级翻转与权力重构过程中产生的超强合法性，更在于意识形态符号下的群众运动与大众民主。通过这种方式，基层社会网络的构型从集束式

---

① 以私营企业主为主体的先富能人阶层既处于国家与村庄社会的衔接点处，又处于权力场域与经济场域的交叉面上，他们不仅能凭经济实力承接自上而下的资源，也能通过"民主选举"将经济资本转化为政治地位，进而将资本置换出的权力转化为市场中的竞争优势，最终谋得更多的经济资本。只要眼光长远，"经营"得当，这个资本扩大再生产的循环才可以像滚雪球一样不断地演绎下去。

转为封闭式（图6—6中从A到C的变化），治理模式成为实行"三大民主"的"扁平化管理"[①]（田力为，2009），图6-3中立体型的漏斗状结构被打掉，代之以一个平面，整个簇节状体系中的结构洞得以抑。

然而，这种方式却是不可持续的。若干年一次不间断的乡村权力结构重组不利于国家的政治稳定，也扰乱了正常的经济秩序。并且，运动式的大众民主有一个重要的前提，那就是政权组织与经济组织合为一体，人口限制流动，最重要的生产资料——土地的产权上收。没有这些，大众民主也就没有了存在的土壤。当民众的政治热情在长时间的运动中趋于淡化、宣传机器制造的符号泡沫也被高层的政治斗争所戳破的时候，对物质生活的追求就成为国家的首要目标，经济发展成为新的合法性来源，扁平化的权力组织网络宣告瓦解。

可以说，集体化时期对乡村权力网络的重建实现了国家政权的向下延伸，却没有实现授权来源的转换。打破中间体、使农民直接连通并认同国家的大众民主不仅使权利意识、平等意识植根于乡村社会，而且消解了基于传统的民间关联。这些因素与改革开放后去政治化的治理实践以及普及于全球的现代性一起，决定了文化复古、重建道统或将社会重新意识形态化的努力失去意义。

在新的时代氛围与话语环境中，民主与法治建设提上日程。然而可惜的是，基层民主在实践中异化为"口号民主"加"选举民主"，而强调制度设置与权力制衡的法治建设也因实践中民主机制的缺失而失去了执行主体。当微观场域内的政治力量被排斥出去，转而倚赖上级权力来监督下级，依靠线人举报式的反腐败系统时，复杂精细的制度条文便成为摆设。诚然，当资源流量急剧增加时，客观上要求有复杂的制度来对基层权力网络加以规制，但当整个结构寡头化而且定型的时候，制度就会因为没有足

[①] 按照田力为的定义，扁平化是指在管理者和被管理者之间，相对均衡地分配政治权力和经济权力。根据毛泽东在根据地时代领导红军的实践，经济利益的均衡分配主要是采取供给制的方式，而政治利益的均衡要通过"三大民主"（政治、经济和军事民主）来实现。后来在大庆经验中，三大民主被重新定义为"充分发扬政治、生产技术和经济民主"。政治民主，主要是保证每个职工有一定的在会议上批评干部的权力。生产技术民主，主要是广泛地吸收工人参加生产技术管理，发动群众讨论生产上的作业计划和规章制度。经济民主，主要是工人参加经济核算活动，讨论农副业生产分配方案等。参见田力为《从井冈山的扁平化管理到新中国的扁平化管理——对毛主席"革命路线"的一个理解》，《观察与交流》（北京大学中国与世界研究中心内部资料）2009年第29期。

够的力量参与进来而无法激活。此时，制度设置越正式、越复杂、越精细，反而越容易成为排斥普通阶层参与民主决策、民主管理和民主监督的障碍，因为不明就里的他们无法依据生活世界中有限的手头库存知识辨清权力主体的行为，或者说，权力—利益网络中的枢纽位置占据者利用制度的复杂性遮蔽了众人的视线，使普通民众丧失了参与的能力，乡村场域的结构洞效应越来越深了。

当我们用结构洞的逻辑打通乡村权力结构的变迁史，就不难发现，在现代化的历史洪流中，资源流量的加大与社会基础的原子化都是不可逆转的时代趋势，问题的关键不在于资源的提取或给予，也不在于现代性的渗透或侵蚀，而是决定国家与农民互动方式的政策路线、组织战略是否与资源流动的社会实践相匹配。在集体化时代，当施政目标与资源存量不匹配之时，国家通过战略调整与制度设计填补簇节状网络中的结构洞，用组织手段改变社会基础，使之与资源大流量提取的实践相匹配。而在今天，当资源存量可以满足施政目标的实现时，乡村治理的实践反而陷入困境：权力通过改革孕育了市场，然后将市场的因素打碎，再和权力融为一体重组起来，这样一种新的体系，甚至比改革前权力垄断资源的机制还要强大，它矗立在国家与社会之间，迫使渐进式改革进入对其有利的过渡状态中止步不前。在这种"转型陷阱"（孙立平，2012b）中，资源的畸形分配与社会结构的断裂使得经济发展的合法性源泉极易被耗尽，而社会中潜行的"主流意识"——"自由主义"则分流成两个病态的派别：经济自由主义变成既得利益集团的论证工具，沦为弱肉强食、优胜劣汰的丛林法则；而政治自由主义变成了卢梭式的充满暴戾之气与对抗情绪的民粹主义（郑永年，2011：135—143）。从这个意义上讲，促成国家基层治理体系现代化的变革仍然任重而道远。

三 政策反思：乡村治理往何处去？

（一）"带领致富"批判

对于富人治村，政学两界有很多美好的期待，这些期待无论具体还是抽象，微观还是宏观，背后起主要支撑作用的，是先富能人能够带领群众致富。有了这一点，后面的所有理由都随之而来，因为在"先富带动后富"得以实现的前提下，几乎所有的农村社会问题都可以迎刃而解，执政党的合法性也因之而巩固。共同富裕与"一部分人先富起来"的两种表述在"带领致富"的话语下找到了汇合点。

那么,"带领致富"的命题成立吗?全国各地支撑这一命题的先进事迹数不胜数,媒体的报道让人目不暇接,似乎不容许我们有质疑的余地。而这也正是国家在农村基层的组织工作、党建工作中出台和强调"双带路线"的重要原因。

笔者丝毫不怀疑这些典型人物的先进性与真实性,也不否认其"村庄政治属于发展型的权威主义,有着'父爱主义'的色彩"(郎友兴,2010),这些案例中的先富能人所表现出来的桑梓情怀与奉献精神让人感佩。然而,这些具有新闻效应与宣传价值的先进事迹并不能证明"带领致富"的命题为真,这倒不是因为笔者自己的亲身调查与其结论相悖,毕竟吴镇的经验也是个案。笔者批判的逻辑在于,上述判断中"富人"的概念发生了偷换,个体的富人并不是先富能人群体,不是富人阶层。当概念的含义发生转移之后,分析单位的层次谬误也就出现了。

的确,富人上台以后,可以凭借其丰富的人脉为村庄争取到诸多的公共品项目,包括村庄进行城镇社区化改造的土地指标。但是,我们必须要认识到,公共品项目和建设用地指标的总量是有限的。也就是说,他们能够为村庄争取到更多资源,代价是其他村庄少得了一些资源。不可能因为他们的积极争取,国家下渗的资源总量就会增大。从社会整体着眼,以积极争取资源而引致的"带领致富"是一种局部现象,或者说,只是资源在局部地区集中起来了而已。

应该注意到,获得成功的"带领致富"的案例,绝大多数都与土地的运作有关,而其实质,是抢先获得垄断地租,只要领先一步,市场的优势就可以体现出来,从而步步领先。在租金市场中,是没有"后发优势"的,因为它不是一种实体经济,不是依靠劳动力和技术设备在生产实物,而是依靠地利优势来吸取劳动者的剩余价值。成功地凭借人格魅力、日常权威以及权术手段克服钉子户的搭便车行为,从而使村庄率先改造,的确可以占据租金市场相当的份额,而因为集体行动困境而拖在后面迟迟不能改造的单个村庄的租金收入会相对减少。同时,我们也要认识到,在城郊村、镇郊村没有改造的时候,周边尚未改造的村庄也可能获得租金收入,而当他们改造完成时,附近其他村庄的租金收入减少了。反过来,当他们抢先改造成为附近务工人员的聚居中心之后,其他村庄再行开发,能够争夺的余地其实非常有限，而且开发得越多，房地产的泡沫也就越大。

所以，这种现象与其说是"带领致富"，其实是村庄之间的一种横向博弈。如果以个体的村庄为分析单位，那么，在能人的带领下率先富裕的效果将会十分明显，而利益受损的其他村庄因为平摊了损失，村民们自己也无特殊的感触。但是，如果以整体的城镇周边的租金市场圈为分析单位，那么靠土地开发来实现的"带领致富"就是一种"神话"（柯文，2000）。

在真正生产价值的工农业领域中，"带领致富"的现象不是没有，但是辐射范围相当有限。先谈农业方面，农业大户的致富模式是无法大规模复制的，原因很简单：人均土地有限。一个中等规模村庄的土地即使一点也不被国家征收，也只能够10—20个大户来承包经营。但是这个时候，他们的"带领"作用其实与大户们是否当村干部关系不大，村民之间生产模式的复制其实是一种自发的互相模仿，绝不是富人村干部在刻意发挥带领作用。①

在乡村工业中，真正能够实现"带领致富"的是集体企业，然而，众所周知，随着20世纪90年代中期苏南模式的解体，大批的乡村集体企业实行了股份制改造。目前的农村中小企业产权结构清晰，且绝大多数是私人所有。从发达地区农村如浙江中部来看，当地村庄里上层的富人是在占据了改革开放先发优势的前提下，凭着自己的头脑、坚韧和勤奋，用艰辛的劳动在短时间内迅速扩张销售市场，从而完成了原始资本的积累（这与珠三角农村"三来一补"的外贸模式稍有差别）。但是，他们的这种"成批致富"的现象与所谓的"带领致富"没有关系，其道理也很简单："同行是冤家"。即使是同一家族成员，若不是亲兄弟，在艰辛中创业成功的富人是绝不会将他自己的关键工艺、销售客户介绍给他人的，如

---

① 事实上，基层组织"诱民致富"或"逼民致富"的尝试大多都以闹剧收场。赵晓峰等人的研究发现，在地方政府逼民致富30年的历史中，前期由于充分把握了农民生存安全与发展诉求之间的主题转换，利用了短缺经济条件下的市场机会，使农民获得了"钱袋子鼓起来"的好处。虽然农民在开始的时候不愿意接受政策的安排，但是在实效面前政策顺利地得到了推行。但是到了20世纪90年代，市场供需结构发生了逆转，即使地方政府采取"逼民致富与诱民致富双重弹唱"的方式，也难以使"逼民"政策得到有效实施，还间接导致乡村基层组织信誉的下降。税费改革以后，政府的逼民致富行为发生了变异，政府的惯性思维与民众的民意诉求产生矛盾，"逼民"的实践遭遇合法性危机。参见赵晓峰、王习明《国家治理体制转型与农民致富实践的绩效评析——基于豫中C乡与川西Y乡农民致富实践的实地考察》，《古今农业》2010年第1期。

果别人悄悄设法获取却又被对方发现，那几乎意味着彼此的公开决裂和直接冲突。一起创业的村民当中，有一小部分人同时获得了成功，这种同时成功的特点非常明显，那就是他们在各自的细小生产范围中形成了社会化分工，相互协作，形成集群效应，共同抵御风险（杨建华，2008）。他们在市场中的地位是平等的，没有独立的经营能力，无法在自己的分工范围内站住脚跟，就无法成为这个体系中的一员。即使要"带领致富"，最多只是在自己的企业形成规模、市场地位稳固以后，把某一项业务分离出来给自己的家族成员，或是让他成为自己的供货商，"给他钱赚、扶他起来"。此时，"带领"实际上是市场中选择就近的、可以信任的合作伙伴。在民营企业的市场竞争日趋白热化的今天，就算是在家族内部，"带领致富"的情况都颇为少见。某个村民要想致富，只有自己在无限细分的市场中找到自己的位置。

整体上看，利益密集型农村的普遍富裕，是因为被动城镇化过程中的土地升值，与先富能人、与村干部们的个人努力没有太大关系。他们的富裕受益于国家的城镇建设规划，受益于巨量的基础设施投资，受益于工业化过程中因人口的集聚效应而起的租金市场和商业机会。嗅觉灵敏的先富能人只是在这股大潮中先行一步，成了金字塔尖的弄潮儿。脱离宏观环境和资本自身的运动规律，把个别明星村的富裕总结为富人的带动效应，着实有些滑稽。

不过，笔者的批判不能就此止步。因为即使富人没有带领村民致富，以号召带领致富的名义让富人执掌村政又有何不可呢？诚然，富人治村会引起权威主义消解村民自治，个人性的庇护网络代替权力制衡，村庄政治的公共性难以建立，但是，在一些持精英民主观的人看来，中国乡村的常态便是政治分层、政治排斥：既然从来都是精英主导，为何当下就要因其不符合村民自治的原则而否定富人治村呢？

倘若问题只思考到这一步，显然，否定是没有必要的："富人治村"总比"穷人治村"好。如果恪守村民自治的民主原则并不意味着一个更好的结果，那么陷入"守法主义"的窠臼中似乎有点迂腐：既然村民自治从来都是有名无实，那么为了想象中有可能的带领致富效应而继续延长这种状态又有何不可？

但是，笔者必须要辩明，即使是本着这种结果主义的逻辑，刻意强调富人治村的宏观效应也将是负面的，其后果要从经济社会运行和政权性质变化两个方面来展开。

当前利益密集型农村的治理状态,如果一定要冠以"带领致富"的标签,那么带领致富的实质内涵就是"带领者"在这个过程中更富。它的代价不仅是社会分化,还有政治排斥。富人村干部的这种"带领致富"是以承接资源输入为首要条件和基本前提的,当我们的组织路线和党建方针着意强调富人治村以发挥带动效应时,本来就在村庄社会分层中占据塔尖位置的富人又凭借其资本实力掌握了权力,在"先进带动后进"的父爱主义逻辑下,政治分层乃至政治排斥将愈趋明显。这种政治排斥若是在资源没有流动的静止状态下并不可怕,但在巨量资源输入的背景下,却会不可避免地导致基层组织的严重内卷化。缺少了民主管理、缺少了群众监督,单靠建立举报机制和财务管理权上收是解决不了问题的。举报机制实际上是一种"线人制度"(陈柏峰,2011:152),其成效取决于线人的情报质量,将本着诉怨、出气、求助、谋利等各种动机上访的农民作为线人,其信息甄别成本和由此带来的政治影响比举报机制本身要沉重得多。在基层组织失控的情况下,分类治理(申端锋,2010;康晓光、韩恒,2008)几乎是不可能实现的。而财务管制,其实质是一种形式化的程序,一套票据操作的流程,运行起来就像没有情商的机器,面对高度灵活的理性人,其规制作用相对有限。

在"带领致富"的语境下,资源下渗过程的内卷化效应等同于资源按照既有资产实力分配,因为按照法律程序,这些资源将以基层政治过程来决定分配机制,而政治过程又由富人的资本实力来主导,资源的流向因此而发生偏离,人们是在以已有的财富博取更多财富。换句话说,公平(不是平均)分配原则被异化为按实力瓜分的丛林法则,贿选大规模出现。缺乏组织的普通农民对这种由来已久的情形习以为常,部分处境窘迫的中下层农民甚至还为自己在选举中得到了意外收入而庆幸不已:别人投入更多,理应收获更多,吃不到葡萄的人凭什么说葡萄酸呢?

资源的内卷化,意味着更严重的社会分化,社会结构趋于断裂,各个层级的交往圈之间彼此隔离开来,权力网络的层级增加,资源被吸食的效应更加明显,而这又反过来进一步加强了社会分化。也就是说,资源下渗内卷化与社会分化之间形成了负反馈。本意是带动后富的"双带"方针却导致了贫富差距拉大的实践效应!

而从经济运行来看,社会分化的一个直接作用是内部市场的有效需求无法扩大，富人的奢侈品需求不会有助于市场容量的提升。宏观地看，在内部市场有限的情况下，依靠外贸出口和扩大投资规模的原有发展模式不可能再有出路，中国这样的超级大国，要复制亚洲四小龙式的外贸出口模式，只会引来外部市场的严重抵制甚至引发战争。

也就是说，倘若这种意在平抑地区差异与贫富鸿沟的资源下渗最后起到的却是反作用，在这个过程中，上层寡头化、下层原子化的分配结构又渐渐凝固，那么我们将难以实现可持续发展。内需无法增加，市场容量打不开，则产业结构的升级转型将缺乏后劲。

短期来看，富人能够帮助治理钉子户，基层政权也可以利用项目来拉拢富人阶层，但问题是，能够用权力—利益网络将理性行动者以及反抗者捆在网内的前提，是经济上升的循环仍在继续。一旦经济发展的潜力告罄，底层群众的收入不能增加而生活成本又越来越高时，这种结构将难以持续。

从这个意义上讲，"带领致富"是一个美好的愿望，局部地看，的确是能人在带领致富，但整体上却只是在抢先分配财富。长远来看，它不仅不会有助于财富的增加，反而会因政治排斥所致的畸形分配格局而不断酝酿经济风险与社会失序的可能性，它不仅不会解决社会问题，反而本身就会造成社会问题。

以上分析的还只是经济社会运行方面，政治性质的转变更不可忽视。在市场经济及其大众文化盛行的今天，财富已经成为村庄社会中衡量个人价值的基本尺度。正如毛丹（2006：105）所言，"在一个承认'社会区分是美德'的社会中是不可能促生大量的社区集体主义意识的，自我服务的需求和寻求确定性、安全性，才是资本权力化的目的，也是先富群体参政、竞选的最主要的动因"。随着村庄中的治理精英越来越多地变成富人，此前接受社会主义意识形态的体制性精英吸纳非体制精英完成村庄治理的格局将成为过去。换句话说，党在农村基层的执政形式依旧，但质地正在悄然发生巨变。

富人阶层有自己独立的利益诉求。由吴镇调查发现，倘若不是为了在激烈的市场竞争中立足，顶层的富豪也不会耗费大量的时间与精力，通过参政的方式间接地争取企业的生存与发展机遇。这些人擅长经营，但不一定懂得治理；懂经济，但不一定懂政治；知晓如何进行资本的扩大再生产，但却不一定能够将国家政策真正理解到位；更重要的是，这个阶层的利益诉求与国家对于资源下渗的整体制度安排是错位的，更确切地说，他们的利益诉求在制度和法理上不应该通过这种方式得到满足。

先富能人群体并不与国家分享相同的意识形态和治理目标，这跟传统时代乡绅与朝廷共享儒学信仰的正统秩序（费孝通，2006a；瞿同祖，2003；张仲礼，1991）有着极大的不同。他们并不奉行"修身齐家治国平天下"的理念，也不可能在市场经济的生存模式与商业主义的文化氛围中接受"为人民服务"的意识形态原则。富人阶层对于农村的治理，既不是传统式的集权的简约治理（黄宗智，2007）逻辑，也不是欧阳静（2011a）所言的行政逻辑，而是一种基于自身利益诉求与基层政权展开的交换逻辑：双方各尽所能，各取所需，基层政府得到政绩与"和谐"，富人得到项目资源与发展机遇。而村民也可以在选举时得到日常收入之外的贿金，得到富人在村庄公共品项目中的垫资和速度推进。但是，这个过程中产生问题的却是政治原则的丧失，分配结构的扭曲，国家战略意图的落空以及未来产业结构升级的困难。

在乡村基层组织治权弱化的背景下，设法吸纳富人来掌控基层社会成了一种维持和谐局面的权宜性策略。但是，在刻意强调富人掌权的政策思路下，执政党在基层的接应力量也发生了巨变。从"工人阶级的先锋队"到"中华民族的先锋队"，党章修改的原意是要扩大执政党的阶级基础，但是，在"双带"方针的指引下，实践过程却发生了阶级基础的缩小。根据2006年中国第七次私营企业的抽样调查，在被调查的2001年后注册为私营企业的企业主中，中国共产党党员占32.2%。[①]"考虑到中国只有8%的成年人口是中共党员，这种现象是让人吃惊的。"（Dickson，2003：110）这个宏观过程在微观场域中的发生机理，笔者在正文中已做阐述，如果精要地概括一下具体机制，其实也并不复杂：因为入党的标准成为基层干部的标准，在思想是否先进之外又增加了是否富裕，但如何在富人当中鉴别出那些有着崇高政治觉悟与道德境界的先进分子，恐怕是永恒的技术难题。如果无法凭借言辞和书面材料鉴定人的思想境界，那么在实际操作中这样的二元判准自然而然地异化为富裕即先进，贫穷就是落后。从这

---

① 参见李强《改革开放以来中国社会分层结构的变迁》，《新华文摘》2009年第2期。此处之所以要强调2001年以后，是要去除国有企业和集体企业改制浪潮中原有党员转入私营企业的影响。

个意义上讲，国家权力确认了富人在基层社会的话语权。然而，富有与道德能够画等号吗？难道穷人就没有先进的可能？整个社会的道德滑坡是否与"金钱至上"为官方政策所认同有关？如果说新中国成立初期，政党下乡造就了社会的政党化，那么现在，这个过程似乎在逆向运转，朝着政党社会化的方向发展。

既想富人作为基层治理中兼职的优秀人力资源，又想他们以一种崇高的道德情怀来为村民付出，而不席卷任何资源，这样的想法在充斥着消费主义、大众文化的社会氛围中，即使不是一厢情愿，也多少有些自欺欺人的况味。富人自身为什么要主动带动他人富裕？如果在这个过程中其收益不是更大，他们为什么要这样做？我们的确应该宣传和表彰一些富豪思想高尚回馈乡里的感人事迹，但是，作为个体的富人与作为一个阶层的富人，其行动逻辑是完全不可相提并论的。借用他们的私人资源来实现公共利益，也许在局部区域有利于地方经济社会的快速发展。但是，这难道不是以其他的隐性公共利益被牺牲为代价的吗？

因此，与其让富人在乡村政治的舞台上"带领致富"，不如给他们的企业提供良好的服务和公平的政策待遇，号召他们在企业经营势头良好的前提下多在家乡参与一些社会团体组织的公益慈善活动。作为整个国家的基层组织路线，我们应该遵行的准则是"公民治村"，而不能去强调基层权力主体的阶层属性。否则，政体未变，但依靠谁和为谁服务的问题将发生变化，而这个潜移默化的变化恰恰是更为重要的。马克思认为，"国家是一个阶级统治另一个阶级的工具，国家属性决定政治形式"（王沪宁，2004），他的学说建基于对阶级社会的分析，也许并不适用于当代中国，在社会各个阶层的能量不一样、组织程度有别的时候，我们的国家政治必须要有全局性的广泛的权力基础，既不能实行完全偏向弱者的极端平均主义，但也不能反过来奉行经济实力决定权力归属的极端自由主义。

（二）基层组织的角色错位

上一小节是以"带领致富"的基层工作思路为论述起点，推论其经济与政治效应，本小节则是试图倒推其背后的逻辑原点。笔者认为，"双带路线"的背后，是基层组织的角色缺乏正确的、合理的定位，这应当是当前中国农村陷入去政治化困局而难以治理的根源。

当前乡村基层组织的角色任务可以分为两大块，一是发展地方经济，二是维护社会秩序，提供公共服务。对于基层组织自身而言，前者显然是更为重要的。调查时一位镇干部说，"科学发展，重心在于发展。没有发展，再科学也没有用"。"没有用"首先是指在政府的工作思路中，发展经济，提升人民群众的生活水平乃是第一要务，形象地讲，首要任务是要把蛋糕做大；其次是说，地方干部的政绩考核指标尽管有所调整，但GDP仍是第一位的。也就是说，发展经济才是中心工作，其他事务要围绕着这个中心工作来运转。公共服务、维持秩序的逻辑，不可能优先于发展经济的逻辑，或者说，基层组织公共服务者的角色是为经济推动者的角色服务的。

此时，"带头致富、带领致富"的双带方针的出台就很好理解。在社会各个阶层当中，顶层的富人所掌握的资本最多，他们的投资决策与经营活动对地方经济的发展有着举足轻重的作用，对基层政府的政绩有着直接影响，他们才是提升GDP的工作抓手，是发展经济的中心工作必须倚重的对象。在基层组织工作与党建工作中积极引入富人正是经济中心主义在政治权力构成中的体现。

然而，地方政府和基层组织把发展经济作为核心任务，将会产生两个非常值得强调的特征。其一，农村基层组织亲自"下海游泳"、参与经济活动的绩效并不理想。在发展现代农业方面，试点阶段几乎无不成功的个案一旦到了推广阶段，就会面临尴尬，其原因在于土地要素和市场规模的限制。而在将剩余劳动力转移出来的乡村工业中，作为公共资产的经营者，基层组织确实难以在平等的市场竞争条件下与私营企业抗衡，决策失误挥霍资源的行为屡见不鲜。20世纪90年代以失败收场的消灭空壳村运动以及集体企业的全面改制已经宣告了农村基层组织并不是一个合格的市场主体。但是，这并不等于它们无法在市场经济中立足，因为它们可以经营具有垄断特征的、与权力挂钩的特殊资源，尤其是土地的开发。张静（2007：49）将地方权威的这种角色称之为"公共资源的垄断经营"。尽管这种"垄断经营"本身有着为城镇化、工业化积累投资的功能，但其客观结果却是"与民争利"。

其二，地方政府既然要发展经济，就意味着上级的放权，给基层留下充分施展主体性的空间。而基层权威发挥其主观能动性的主要方式，则可以用"闯黄灯"来形容："红灯停，绿灯行，黄灯亮起来的时候能够闯过去，你就领先了。"市场经济中的机遇，遵循"一步领先、步步领先"的法则，在某些领域甚至是"胜者通吃、赢者全得"。有了领先优势，才有了核心竞争力，地方经济总量的提升也就有了坚实的基础。"闯黄灯"的举动（如超标征用土地、大型项目上马等）既是一种创新行为，也是一种违规行为，怎么定性，关键在于结果。① 事实上，各地经济形成的差异很大程度上是地方政府灵活变通地执行上级政策，并使其符合地方特定需要的结果。改革原本就是一个不断变革原有政策，探索出富有针对性和实效性方案的过程，"由于政体和意识形态是连续的，许多重要的改革和转型过程是用变通的方式实现的，在变通的过程中，特别是在开始阶段，新的体制因素往往是以非正式的方式出现并传播的"（孙立平，2002b）。因此，变通和扭曲上级的政策和规定，在基层干部理解起来并不是违背原则的行动，在一定意义上还是应当鼓励的行为，只要没有产生不可原谅的严重后果。②

然而，上述两点形成合力，却会导致基层的合法性下降。与民争利本身并没有什么问题，关键在于争利的规则是否中立，或者说划分利益区间的原则是否由参与者之外的第三方（如上级权力）裁定，假如没有明确的规则，利益的博弈主体之间是否存在公开透明的协商机制，这些将成为基层组织的合法性能否保全的关键。但问题恰恰在于，为了掌控和主导发展过程，基层组织不可能主动地让规则来限制自己，相反，来自上级权力机关的法律、政策和规定与地方的自定规则、民间惯例、村规民约在基层社会构成了混合的多元规则体系，基层组织只是在具体情境中选择性地适用有利于自己的部分。

在历次的博弈中，农民渐渐认识到，如果在分配利益时"讲理"，那就意味着只能在现有的权力与利益配置框架内接受乡村基层组织做出的安排，博弈的前提根本不存在。"只有利用体制与政策错位所造成的缝隙，

---

① 富人经营村庄的逻辑与地方政府间横向博弈的逻辑如出一辙，或者说，是这种局部合理但整体无效的逻辑通过富人之手在村际市场空间中的具体化。

② 有着丰富基层工作经验的研究者刘岳（2006）在考察国家政策的实践过程时写道：改革开放以来一直在提倡的"实践是检验真理的唯一标准"以及"不争论"，再加上"捉住老鼠就是好猫"的"猫论"和"摸着石头过河"的"摸论"，这些贯穿改革过程的指导性原则都是韦伯意义上的"实质理性"而非"形式理性"，都是就事后的结果进行价值评判而非在事先就有明确而严格的规则，都是在强调实践过程中的创造和"再生产"，却不强调明晰的准则、合法的程序以及结构的严肃性和稳定性。这种在一定程度上的实用主义和相对主义的逻辑不能不导致在政策实践过程中大量上级默许的变通、扭曲和"再结构化"的出现。

以'踩线'甚至部分'越线'的抗争技术拼命撑大这一缝隙才可能带来的机会,并借以挤压乡村组织的利益空间,从而有可能在实际的利益较量中逼迫对方让步。"(吴毅,2007a:626)也就是说,在自己安排规则并灵活适用规则的情况下,基层组织可以借用社区公共权力这一特殊资源在乡村权力场域中取得对农民的经济强势,在没有其他办法可以改变自身博弈条件的情况下,只有故意不安分守己的农民才能为自己争得更多的利益,这也正是杨俊凯(2006)曾分析过的"不讲道理就是讲道理"的逻辑。于是,在这样的丛林法则下,一些喜欢收看新闻、钻研中央文件和法律法规以援引上级权力的农民,遇事便上访的农民,有意以违规行为博利的农民越来越多,以至于基层干部们感叹"农民都变成了刁民"。

权利话语的兴起、法律下乡、市场经济下的农民理性化等因素都只是乡村场域去政治化的辅因而不是主因。这个变化过程的最核心的缘由,是基层组织越出中立的公共权力角色直接参与到经济运行中角逐利益,同时又自己决定利益分配规则,这使得基层的合法性逐渐丧失,在强制性权力庞大的同时基础性权力[1]却不断衰微,基层组织的意志难以在农村社会中得到有效落实。一方面面对着数量渐多的刁民,另一方面又必须承受沉重的维稳压力努力建设和谐社会,于是,执政过程中的政治性、原则性消失了:为了稳住局面,许多本来有着正当理由的事情(如征地拆迁)却变成了讨价还价式的生意,权力的严肃性、权威性瓦解,只有策略、心计、权谋,没有原则、没有正气。在基层干部那里,设法摆平眼前的钉子户就算成功,以后的事情以后再说;而在农民那里,"国家的钱不拿白不拿,反正我不拿别人也会拿"。这种没有确定性原则,"刁民多得、顺民少得"的结局反过来又"教育"了众多利益相对受损的,具有反思性的农民。毕竟利益博弈不是一次性的,而是在日常生活的时间流中不断地进行着。于是,刁民的数量越来越多,基层组织的妥协性和无原则性也越来越明显,这反过来又继续削弱其基础性权力,形成负反馈循环。

---

[1] 迈克尔·曼(2002:68—69)曾经对国家的强制性权力(despotic power)和基础性权力(infra-structuralpower)做了区分。强制性权力是统治者不必与市民社会群体做制度化、例行化协商而独自行使的针对市民社会的权力,它源自国家精英的一系列运作。基础性权力即一个中央集权国家的制度能力,是国家渗透社会,在其统治地域内贯彻命令、政策的能力,它通过国家基础设施来协调社会生活。

在治权衰微,"刁民"成群的时候,类似于线人制度的举报机制也就宣告失效了,因为上传的冗余信息过多,几乎无法甄别,通过上级权力来监督下级的诸多制度设计也变成了程序和形式。好在治权虚空之时,基层组织还有村庄顶层的富人可以倚靠,但代价是权力—利益网络的结构化、资源下渗过程的内卷化。

(三) 未来的现实路径

综上所述,乡村基层组织的角色错位是当前治理困境的根源,"富人治村"是将发展经济作为基层中心工作之指导思想的一个重要体现。因此,如何转变乡村基层组织的性质,提高其基础权力,将是未来相当长一段时间内农村研究包括党建研究所面临的重要使命。笔者以粗陋之学力,只能在文末缀补少许文字,以为学界同仁抛砖引玉。

其实,扭转基层组织角色的问题算得上是一个老问题,不过,无论是"逆向软预算约束"(周雪光,2005),还是税改前后的"倒逼与反倒逼"(李芝兰、吴理财,2005),着眼点都是精简机构,规范基层的资源汲取,而不是如何调整基层组织的角色本身。

张静(2007:45)在以国家政权建设框架研究乡村基层政治时有点无奈地写道:"通过政治革命,基层权威换了一批又一批,一些人沉下去,一些人浮上来,但乡村秩序在新的说辞下仍按照基层社会旧有的惯例进行着。基层权威仍然垄断着对上的信息传递和对下的资源分配……国家很难单独越过基层、直接同个体发生关系。"而她所提出的方案,是完成基层权威授权来源的转换,以现代公共规则贯之于乡村社会,将作为权力基础的个人关系重构为公共关系:"无论在国家层次还是乡村社会层次,现代公共权威建设的基本难题,都是利益政治导向取代规则导向。它倾向于关注如何集聚政治(支持)和经济(财政)力量,而不是如何通过设置权力均衡分配的结构,控制社会平衡,包括公共角色自己的任意行为,来促进公共权威的角色转型。"(张静,2006:266)

但是,正如申端锋等(2009)所评述的,"基层政权授权方式实际上并不是基层政权的核心问题之所在,而是一个国家宪政的基本问题……在某种意义上与基层政权无关,基层政权成了国家宪政原则演绎的对象"。在国家宏观政治不发生改变的前提下,基层政权自身的权威重构将没有可行性。而且,基于本项研究的田野经验,即使这种整体政治变革某一天真的从村一级向上推进，我们也要对此保持足够的谨慎。"选举"这一授权仪式本身尽管也很重要，但将重心置于此并没有实质性的突破，在基层社会自身缺乏组织，上层精英抱团而中下层群众原子化的情况下，选举放开的结果极有可能是富人阶层的政治权力正当化。而且，乡镇乃至更大的范围是一个完全意义上的陌生人社会，在这个范围内无论是展开直接选举还是间接选举，都面临着选举过程的组织主体缺位与选民的政治效能感不足的问题，这种情况下的选举很容易异化为富豪操控甚至是黑金政治，因为只有他们才有足够的资本与能量来实施选举的宣传动员工作。换句话说，在群众没有组织起来，基层没有类似于党派的政治社团时，自由选举的结果将会淮橘成枳。笔者这样说并不是不期待这样的权力来源转换某一天能够完成，而是说，在完成这项目标之前，还有大量的前期工作要做，而最为重要的一点，就是如何将乡村真正组织起来。

退一步进行现实的思考，怎样在宏观政治架构不变的前提下走出渐进式改革徘徊不前时所形成的结构定型的"转型陷阱"，是目前状态下的当务之急。笔者认为，以下四点是可以努力的方向。

第一，必须在思想上正本清源，认识到乡村基层组织将发展经济作为首要目标已经不合时宜。

诚然，作为外生后发型现代化国家，由权威主义的政权垄断主要资源，保持对经济的掌控能力，可以用"看得见的手"提升发展速度，发挥"后发优势"，而政府层级之间通过纵向的经济分权与政治集权既保持中央的全局掌控能力又发挥地方的主体能动性，已被总结为独具特色的"中国模式"（郑永年，2010）。但是必须注意到，现代化过程对于负有工业化使命的城市与对于提供粮食与劳动力的农村意义是不一样的，用贺雪峰（2002）的话来讲，农村首先应该充当的，是中国实现现代化的稳定器与蓄水池，而不是新的经济增长点。在集体化时代，农村基层组织介入生产过程的主要考虑是除了要提取资源完成现代化的原始积累，还有掌握足够多的粮食（温铁军，2005）。分田到户以后，粮食问题得到解决，农业税费主要用于供养基层干部并为农村公共品供给提供支持，而在信息与资源短缺的背景下，基层组织起到了市场中介的作用，有利于乡村工业的初步积累。随着农业税的取消，农村成了名副其实的劳动力的蓄水池，而从20世纪90年代末的亚洲金融危机和2009年以来的国际金融危机来看，农村也的确发挥了减震器的作用。失业的返乡农民工能够返回家园，并通过一定的调整重新回归，成为中国在短期内出现巨量失业人口却又能保持社会稳定的关键（袁松、余彪、阳云云，2009）。所以，农村基层组织的核心任务，应该是高效地、富有针对性地承接国家转移的资源，保证日渐衰败、丧失内生秩序能力的农村仍然能够保持稳定。换句话说，为农业、农村和农民提供良好的公共服务，才是其本职工作。与其把发展经济的无限责任揽在身上，不如集中有限资源做好简约治理，协调利益分配。发展经济的任务，应该交给社会自己去完成，农民兄弟有充足的创造力！"农民理性以其惯性进入工商业社会后会形成扩张势态，能够产生与工业社会优势相结合的'叠加优势'，释放出其在传统农业社会和现代工商业社会都未有的巨大能量。"（徐勇，2010）若能切实保证机会均等，农民的致富在现代化大潮的推动下只是时间问题，他们有足够的模仿能力和学习能力！

第二，必须用民主协商的政治过程代替权力体系间纵向与横向的利益博弈，建立明确的具有约制性的公开规则，将农村基层政权从垄断资源的经营中，尤其是对集体土地的开发中解脱出来。

其一，需要改革税制，理顺权力层级间的财权事权分割，改变地方财政对土地出让金这一预算外收入的过度依赖，保证地方能够拥有与事权相匹配的稳定收入。作为理性的法人行动者，基层的基本利益得到保障是其能够真正摆正角色的前提。但这并不意味着否认分税制的必要性，也不意味着国家失去对土地资源的掌控，因为出于平衡地区差异、保护耕地和保证粮食安全的战略需要，权力中枢的"国家能力"又是必须坚持的，否则，过度分权将形成强势者尾大不掉的格局。也就是说，资源的上收和下行过程是必要的，只是要尽量减小权力支配资源流动的幅度，减少资源流动的环节，避免流动过程中的损耗。所以，税制改革背后是一个复杂的政治过程，需要通过理性的、平等的、民主的协商来重新决定规则，而不能靠行政权力的势差来强制推行。这远不是在国家与社会之间、中央与地方之间分权放权那么简单，而是要通过整体的制度设计建立起协商与讨论的政治机制，同时还要防范既得利益集团左右政治过程。

其二，必须改变基层干部的考核方式，将 GDP 数据仅作为一个统计数字而不是评价指标，同时设法压缩基层组织在土地开发中的巨大收益空间，比如是否可以考虑将地方的土地出让金纳入预算管理，上缴国库。乡村基层组织在工业化、城镇化过程中承担的应该是中介服务、组织协调的职能，土地征收的主体应归于国土部门，而强制执行的职能归于法院。这样做的代价，短期内肯定是增加征地拆迁的难度，但从长期来看，政治收益却是明显的。

第三，必须大力推进乡村社会的协商民主，强化基层民主管理，克服资源下渗过程的内卷化。

中国的现代化已经进入一个崭新的阶段，国家正从财政收入中转移出大量的资源，让其强制性地流回农村。这个重大的战略转变有其深刻的背景：一方面，我们还无法克服整个国民经济仍处于全球产业链低端的困局，这意味着我们无法生产出足够的利润让进城打工者留在城市；另一方面，现代性的逻辑深刻地影响着每一颗年轻的心，没有人不想摆脱传统的农村生活进入到都市文明中去。这个时候，如果国家不将资源转移回农村，并且将这些资源用到实处，成功地用城镇化的推进改善农村的面貌，那么即使是户籍制度和集体土地制度的存在，也仍然难以避免如拉美国家一样在城市周边形成大规模贫民窟的危险，而那将意味着社会进入高风险的不可治理状态。

因此，资源下渗过程的内卷化必须克服，而其出路只能是发展基层民主，加强治理过程中的平等协商与政治参与。从这个意义上讲，我们必须下决心治理贿选，让真正想为民众服务的公民通过公平竞争踏上村政舞台，让人格上处于平等地位的政治人都有机会来参与管理。只有通过群众路线而不是线人制度，才能够将基层权力结构扁平化，在资源输入时减少流动的层级与交易过程中的损耗；只有通过群众广泛参与，共同决策，才能有效避免资源的流向发生偏转。更为重要的是，参与民主管理与民主监督的准入条件不应该是经济实力，而是其政治热情与组织能力。

第四，必须增强基层组织的基础性权力，重建乡村的政治性与公共性。

增强基础性权力包含两个不可或缺的部分，一是约束权力的边界，划定基层组织的权责范围，二是使权力受到有效制约，接受民主监督。权力只有是明确的、有限的、受到监督的，才会是强有力的，否则，就会只有权力（power）而没有权威（authority）。所以，一方面，确实有必要通过技术手段加强对基层社会的监控能力，增强基层的常规性权力，但客观上我们的社会资源总量还比较弱小,潜在地要求集中式的社会调控①,需要综合性的、运动性的、乡土性的、非正式的简约式治理;另一方面,这种难以正规化的、科层化的、现代化的治理方式必须要求建设基层组织,强化民主参与,才能保证权力的有效性,获得老百姓的认同与支持。

在如何组织农民的问题上,各种思路交互辉映,如做简短归纳,可以概括为五种形式,分别是传统民间组织(如宗族)、社会文化组织(如舞龙队)、经济合作组织(如合作社)、农民维权组织以及基层行政组织(贺雪峰,2006a:134)。理论上,这些组织可以彼此共存、互相促进,但是作为承接资源下渗的主体组织,民间组织与文化组织却不堪重任。经济合作组织的交易成本很高,根据我们的调查经验,这种组织形态到一定规模之后很难继续扩大,达到与已有的基层组织相比肩的程度。而农民维权组织的培育在实践中容易酝酿政治激进主义,不宜成为基层组织的中坚力量。我们认为,基层组织建设应该依托既有的组织路径,而不是另辟蹊径,更不是推倒重建。将已有的、集体化时代一直延续下来的组织系统重新夯实,通过若干调整把弱化的治权重新强化,这是代价最小也最具可行性的路径。②

笔者个人认为,一个可行的办法是在实行民主选举的同时实行村干部的专职化,即由兼职改为职业性的专职,由民间精英变成类行政人员,权力从富人阶层向更广泛的阶层和专职人员转移。③ 国家已有足够的财政能力供养起数量精简后的村干部,而实行专职化意味着要对村干部进行专门的业务培训,其主要内容不是意识形态教化,而是一套如何组织村民

---

① 王沪宁(1990)曾指出,"社会调控的形式不可能超越一定的社会资源总量,或者说最终不能超越"。他的论述极具现实意义,我们不可能像发达国家一样通过单位面积上高密度的基础设施投入来保证社会秩序,有限数量的基层干部、警察、法官等都将是长期要面对的事实。

② 在这一点上,萧功秦(2008)的观点给人以启发,他认为,对于后发现代化国家而言,现代化和最终的民主化在相当一个时期内仍须依靠政府的引导。在笔者看来,国家基于政治主体意识而主动进行"治理转型"(吴毅,2007a:627)不是没有可能,自晚清以来近两个世纪的变革不正是国家在严峻的外部压力下主动进行的吗?"离开国家转型的背景,我们其实无法真正理解社会转型。"(强世功,2003:19)

③ 这是既实现地方自治又保证国家政治性的一个较优选择。近代英国的地方自治就是通过这种形式实现了地方自治体与国家行政组织的合二为一,成为国家行政系统不可或缺的组成部分。参见沈延生《村政的兴衰与重建》,《战略与管理》1998年第6期。

（或官民之间）进行协商、讨论、决策的流程、技术与方法。[①] 此时，村干部的角色就是一个专职组织大家开会讨论的主持人，所有涉及集体收支的项目将由不同形式与规模的会议讨论决定。而村民所需要的，正是既熟悉村庄本身，又具备一定的文化水平，能够较深入地理解国家政策，经过培训以后懂得财务管理和基本法律规则的专职服务人员。全职的必要性在于，这能够使国家在政务下达过程中对其持有相当程度的监控能力，保证国家政治原则和政治意志的一致性。

总之，随着农村的社会分化愈趋明显，不同阶层的村民在村庄公共领域中的话语权、行动力等将随着社会结构的层化而产生新的变化，它突出地表现为富人阶层随着经济实力的极大增长而在公共领域中获得更大的影响力，这种情况已经大大超出《村民委员会组织法》等成文制度的设计框架。要保障人民当家做主，单靠程序性的选举是不够的，关键是让每个人都有可能通过民主管理进入村庄政治。推行具有浪漫主义色彩的自由民主，在社会的中下层处于原子化状态时盲目引入"市民社会"，将会产生一种恶性循环，即"经济不民主导致政治参与的不民主，政治参与的不民主导致决策的不民主，而决策的不民主又反过来强化经济的不民主"（林辉煌，2010）。倘若上层的富人垄断村庄政治并进行权力的自我复制，参与政治的经济门槛和道德门槛必然会不断提高，精英们便可以利用手中的政治资本谋取更多的经济利益，从而实现资源与权力的自我反馈。

因此，"带领致富"不应成为中国乡村基层民主的走向，选举也并不是村级民主的唯一内容。仅有选举无法达到村庄的善治，必须完善相应的配套措施，真正将富人群体纳入到基层民主的制度框架中来，以制度建设促进村级民主，而不是将乡村的前途寄希望于富人的良心和自觉。否则，牺牲的将是国家转型过程中资源下渗的整体效率。而这，恰恰是未来中国能否抓住发展机遇的关键所在。

[①] 比如何包钢（2008）所引进和倡导的民主恳谈、专题小组、协商大会等多种协商民主方式就十分具有适用性与可操作性，这些方式可以通过抽签、自愿参与、主办者指定等途径混合决定参与者，以保证讨论的参与率与代表性。

参考文献

埃米尔·涂尔干：《社会学方法的准则》，狄玉明译，商务印书馆1995年版。

埃米尔·涂尔干：《社会分工论》，渠东译，生活·读书·新知三联书店2000年版。

埃米尔·涂尔干：《宗教生活的基本形式》，渠东、汲喆译，商务印书馆2011年版。

安东尼·吉登斯：《社会的构成：结构化理论大纲》，李康、李猛译，生活·读书·新知三联书店1998年版。

安东尼·吉登斯：《现代性的后果》，田禾泽，译林出版社2000年版。

保罗·康纳顿：《社会如何记忆》，纳日碧力戈译，上海人民出版社2000年版。

彼得·布劳：《社会生活中的交换与权力》，孙非等译，华夏出版社1988年版。

布迪厄：《实践感》，蒋梓骅译，译林出版社2003年版。

布迪厄、华康德：《实践与反思》，李猛、李康译，中央编译出版社1998年版。

布罗尼斯拉夫·马林诺夫斯基：《西太平洋上的航海者》，张云江译，中国社会科学出版社2009年版。

查尔斯·库利：《人类本性与社会秩序》，包凡一、王源译，华夏出版社1989年版。

曹锦清、张乐天、陈中亚：《当代浙北乡村的社会文化变迁》，上海远东出版社1995年版。

曹锦清：《如何研究中国》，上海人民出版社2010年版。

曹正汉：《中国上下分治的治理体制及其稳定机制》，《社会学研究》2011年第1期。

陈柏峰：《从利益运作到感情运作》，《开发研究》2007年第4期。

陈柏峰、郭俊霞：《也论面子》，《华中科技大学学报》2007年第1期。

陈柏峰：《土地流转对农民阶层分化的影响》，《中国农村观察》2009年第4期。

陈柏峰：《华中村治研究：问题与方法》，《甘肃行政学院学报》2010年第3期。

陈柏峰：《乡村江湖：两湖平原混混研究》，中国政法大学出版社2011年版。

陈柏峰：《仪式性人情与村庄经济分层的社会确认》，《广东社会科学》2011年第2期。

陈柏峰：《中国农村的市场化发展与中间阶层：赣南车头镇调查》，《开放时代》2012年第3期。

陈柏峰、郭俊霞：《农民生活及其价值世界——皖北李圩村调查》，山东人民出版社2009年版。

陈锋：《连带式制衡：基层组织权力的运作机制》，《社会》2012年第1期。

陈锋、袁松：《富人治村下的农民上访：维权还是出气？》，《战略与管理》2010年第3期。

陈辉：《古村不古——浙西衢州古村调查》，山东人民出版社2009年版。

陈潭、刘祖华：《精英博弈、亚瘫痪状态与村庄公共治理》，《管理世界》2004年第10期。

陈涛：《村将不村——鄂中村治模式研究》，山东人民出版社2009年版。

戴维·斯沃茨：《文化与权力：布尔迪厄的社会学》，陶东风译，上海译文出版社2006年版。

戴维·格伦斯基编：《社会分层》，王俊等译，华夏出版社2005年版。

党国英：《民主政治的动力：国际经验与中国现实》，《战略与管理》2003年第5期。

党国英：《论乡村民主政治的发展——兼论中国乡村的民主政治改革》，《开放导报》2004年第12期。

邓正来：《中国发展研究的检视：兼论中国市民社会研究》，《中国社会科学》1994年第2期。

狄金华：《中国农村田野研究单位的选择——兼论中国农村研究的分析范

式》，《中国农村观察》2009年第6期。

丁卫：《复杂社会的简约治理——关中毛贼王村调查》，山东人民出版社2009年版。

丁元竹：《社区研究的理论与方法》，北京大学出版社1995年版。

董磊明：《结构混乱与迎法下乡》，《中国社会科学》2008年第5期。

董磊明：《宋村的调解》，法律出版社2010年版。

董明：《对先富参政价值及其限度的省思》，《中共浙江省委党校学报》2008年第6期。

方江山：《非制度政治参与：以转型期中国农民为分析对象》，人民出版社2000年版。

斐迪南·滕尼斯：《共同体与社会》，北京大学出版社2010年版。

费孝通：《中国城镇化道路》，内蒙古人民出版社2010年版。

费孝通：《费孝通文集》第14卷，群言出版社1999年版。

费孝通、张之毅：《云南三村》，社会科学文献出版社2006年版。

费孝通、方李莉：《关于西部人文资源研究的对话》，《民族艺术》2001年第2期。

费孝通：《乡土中国生育制度》，北京大学出版社1998年版。

费孝通：《中国士绅》，中国社会科学出版社2006年版。

费孝通：《江村经济——中国农民的生活》，商务印书馆2006年版。

费正清：《伟大的中国革命（1800—1985年）》，刘尊棋译，世界知识出版社2003年版。

高宣扬：《布迪厄的社会理论》，同济大学出版社2004年版。

桂华、刘燕舞：《村庄政治分层：理解"富人治村"的一个视角》，《中国研究》2010年第1期。

郭剑鸣：《浙江"富人治村"现象剖析——基于浙江金台温三市7个村的调查研究》，《理论与改革》2010年第5期。

郭亮：《走出祖荫——赣南村治模式研究》，山东人民出版社2009年版。

郭亮：《地根政治》，博士学位论文，华中科技大学，2010年。

郭鹏群：《豫北村治模式初探——以河南安阳洹村调查为基础》，山东人民出版社2009年版。

郭正林：《中国农村权力结构》，中国社会科学出版社2005年版。

何俊志、朱忠壹：《村民委员会选举中的选票设计与民主质量》，《复旦学报》（社会科学版）2011 年第 2 期。

贺雪峰：《论村庄权力结构的模化》，《社会科学战线》2001 年第 2 期。

贺雪峰：《乡村选举中的派系与派性》，《中国农村观察》2001 年第 4 期。

贺雪峰：《新乡土中国》，广西师范大学出版社 2002 年版。

贺雪峰：《乡村治理的社会基础》，中国社会科学出版社 2003 年版。

贺雪峰：《关中村治模式的关键词》，《人文杂志》2005 年第 1 期。

贺雪峰：《乡村的前途》，山东人民出版社 2006 年版。

贺雪峰：《乡村关系研究的视角和进路》，《社会科学研究》2006 年第 1 期。

贺雪峰：《农民行动逻辑与乡村治理的区域差异》，《开放时代》2007 年第 1 期。

贺雪峰：《个案研究与区域比较》，《华中科技大学学报》（社会科学版）2007 年第 1 期。

贺雪峰：《取消农业税的影响》，《甘肃社会科学》2007 年第 2 期。

贺雪峰：《什么农村，什么问题》，法律出版社 2008 年版。

贺雪峰：《村治模式——若干案例研究》，山东人民出版社 2009 年版。

贺雪峰：《村治的逻辑——农民行动单位的视角》，中国社会科学出版社 2009 年版。

贺雪峰：《地权的逻辑》，中国政法大学出版社 2010 年版。

贺雪峰：《论富人治村》，《社会科学研究》2011 年第 2 期。

贺雪峰：《论利益密集型农村地区的治理》，《政治学研究》2011 年第 6 期。

贺雪峰：《国家与农民关系的三层分析》，《天津社会科学》2011 年第 4 期。

贺雪峰：《论乡村治理的内卷化》，《开放时代》2011 年第 2 期。

贺雪峰：《组织起来——取消农业税后农村基层组织建设研究》，山东人民出版社 2012 年版。

贺雪峰：《乡村的去政治化及其后果》，《哈尔滨工业大学学报》（社会科学版）2012 年第 1 期。

贺雪峰、董磊明：《村民组与农民行动的单位》，《中国农史》2005 年第 4 期。

贺雪峰、刘岳：《基层治理中的"不出事逻辑"》，《学术研究》2010 年第

6 期。

胡序杭：《"先富能人治村"：农村基层党组织建设面临的新问题及其对策》，《中共宁波市委党校学报》2005 年第 3 期。

黄俊尧：《先富能人参政背景下的村庄政治生活》，《云南行政学院学报》2007 年第 4 期。

黄俊尧：《论村民代表会议与"先富群体治村"》，《浙江学刊》2009 年第 2 期。

黄光国、胡先缙：《面子——中国人的权力游戏》，中国人民大学出版社 2004 年版。

黄仁宇：《资本主义与二十一世纪》，生活·读书·新知三联书店 2006 年版。

黄宗智：《认识中国：走向从实践出发的社会科学》，《中国社会科学》2005 年第 1 期。

黄宗智：《清代的法律、社会与文化：民法的表达与实践》，上海书店出版社 2001 年版。

黄宗智：《集权的简约治理——中国以准官员和纠纷解决为主的半正式基层行政》，载《中国乡村研究》第五辑，福建教育出版社 2007 年版。

黄宗智：《中国被忽视的非正规经济：现实与理论》，《开放时代》2009 年第 2 期。

黄宗智：《长江三角洲小农家庭与乡村发展》，中华书局 2000 年版。

黄宗智：《华北的小农经济与社会变迁》，中华书局 2000 年版。

吉尔兹：《文化的解释》，韩莉译，译林出版社 1999 年版。

吉尔兹：《地方性知识》，王海龙译，中央编译出版社 2000 年版。

焦长权：《政权"悬浮"与市场"困局"：一种农民上访行为的解释框架》，《开放时代》2010 年第 6 期。

杰西·洛佩兹、约翰·斯科特：《社会结构》，允春喜译，吉林人民出版社 2007 年版。

金太军：《村级治理中的精英分析》，《齐鲁学刊》2002 年第 5 期。

金太军：《村庄治理与权力结构》，广东人民出版社 2008 年版。

景跃进：《村民自治与中国特色的民主政治之路》，《天津社会科学》2002 年第 1 期。

鞠万义等：《能人治村在白城》，《吉林日报》2003 年 9 月 13 日。

卡尔·波兰尼：《大转型：我们时代的政治与经济起源》，冯钢、刘阳译，浙江人民出版社2007年版。

康晓光、韩恒：《分类控制：当前中国大陆国家与社会关系研究》，《开放时代》2008年第2期。

柯文：《历史三调：作为事件、经历和神话的义和团》，杜继东译，江苏人民出版社2000年版。

柯武刚、史漫飞：《制度经济学——社会秩序与公共政策》，韩朝华译，商务印书馆2004年版。

科尔曼：《社会理论的基础》，邓方译，社会科学文献出版社2008年版。

孔飞力：《叫魂：1768年中国妖术大恐慌》，陈兼、刘昶译，上海三联书店1999年版。

拉德克利夫·布朗：《安达曼岛人》，梁粤译，广西师范大学出版社2005年版。

蓝宇蕴：《都市里的村庄》，生活·读书·新知三联书店2005年版。

郎友兴、郎友根：《从经济精英到村主任：中国村民选举与村级领导的继替》，《浙江社会科学》2003年第1期。

郎友兴：《政治吸纳与先富群体的政治参与》，《浙江社会科学》2009年第7期。

郎友兴：《改革、市场经济与村庄政治——基于一个浙江村庄政治的三十年》，《浙江社会科学》2010年第11期。

黎民、张小山：《西方社会学理论》，华中科技大学出版社2005年版。

李昌平：《我向总理说实话》，光明日报出版社2002年版。

李昌平：《取消农业税将引发一系列深刻变革》，《读书》2004年第6期。

李德瑞：《山村的彷徨——鄂西北村治模式研究》，山东人民出版社2009年版。

李国庆：《〈内发的村庄〉导论》，载陆学艺主编《内发的村庄》，社会科学文献出版社2001年版。

李洪君、张小莉：《一个新型移民社区的村治模式——吉林枣子河村调查》，山东人民出版社2009年版。

李猛：《日常生活中的权力技术——迈向一种关系—事件的社会学分析》，硕士学位论文，北京大学，1996年。

李培林：《村落的终结》，商务印书馆2004年版。

李培林、张翼：《消费分层：启动经济的一个重要视点》，《中国社会科学》2000年第1期。

李普塞特：《一致与冲突》，张华青等译，上海人民出版社1995年版。

李强：《改革开放30年来中国社会分层结构的变迁》，《北京社会科学》2008年第5期。

李强：《社会分层十讲》，社会科学文献出版社2008年版。

李强：《改革开放以来中国社会分层结构的变迁》，《新华文摘》2009年第2期。

李路路：《论社会分层研究》，《社会学研究》1999年第1期。

李勇华：《"两个先锋队"与中国共产党的性质》，《浙江学刊》2003年第3期。

李芝兰、吴理财：《"倒逼"还是"反倒逼"：农村税费改革前后中央与地方之间的互动》，《社会学研究》2005年第4期。

李祖佩：《从吸纳到求援：资源变迁背景下的村庄政治》，《华南农业大学学报》（社会科学版）2012年第1期。

林南：《社会资本：关于社会结构与行动的理论》，上海人民出版社2005年版。

林辉煌：《寡头政治与中国基层民主》，《文化纵横》2010年第5期。

林辉煌：《江汉平原的农民流动与阶层分化》，《开放时代》2012年第3期。

刘成斌、卢福营：《非农化视角下的浙江省农村社会分层》，《中国人口科学》2005年第5期。

刘世定、孙立平：《作为制度运作和制度变迁方式的变通》，《中国社会科学季刊》（香港）冬季卷，1997年。

刘洋：《村庄发展的社会基础——一个豫东村庄的村治模式》，山东人民出版社2009年版。

刘岳、宋棠：《国家政策在农村实践过程的理解社会学》，云南人民出版社2006年版。

卢晖临：《社区研究：源起、问题与新生》，《开放时代》2005年第4期。

卢福营：《一个私业主主政的村庄治理——以浙江永康市为例》，博士学位论文，华中师范大学，2006年。

卢福营：《群山格局：社会分化视野中的农村社会成员结构》，《学术月刊》2007 年第 11 期。

卢福营：《治理村庄：农村新兴经济精英的社会责任》，《社会科学》2008 年第 12 期。

卢曼：《社会分层理论》，《国外社会科学》1986 年第 10 期。

陆学艺：《当代中国社会阶层研究报告》，社会科学文献出版社 2002 年版。

罗伯特·达尔：《现代政治分析》，王沪宁、陈峰译，上海译文出版社 1987 年版。

罗伯特·默顿：《社会理论和社会结构》，唐少杰、齐心等译，译林出版社 2008 年版。

罗伯特·D. 帕特南：《使民主运转起来》，王列、赖海榕译，江西人民出版社 2001 年版。

罗伯特·米歇尔斯：《寡头统治铁律——现代民主制度中的政党社会学》，任军锋等译，天津人民出版社 2004 年版。

罗家德：《社会网分析讲义》，社会科学文献出版社 2010 年版。

骆建建：《十字路口的小河村——苏北村治模式初探》，山东人民出版社 2009 年版。

吕德文：《差序格局的拓展性理解：行动单位》，《江海学刊》2007 年第 4 期。

吕德文：《在中国做"海外中国研究"——中国研究的立场与进路》，《社会》2007 年第 6 期。

吕德文、陈锋：《在钉子户与特困户之间——重新理解税费改革》，《中国农业大学学报》（社会科学版）2008 年第 1 期。

吕德文：《在"钉子户"与"特困户"之间》，《中国农业大学学报》（社会科学版）2008 年第 1 期。

吕德文：《村庄传统：理解中国乡村社会性质的一个视角》，《人文杂志》2008 年第 1 期。

吕德文：《涧村的圈子——一个客家村庄的村治模式》，山东人民出版社 2009 年版。

吕德文：《治理钉子户——基层治理中的权力与技术》，博士学位论文，华中科技大学，2009 年。

麦克·布洛维：《公共社会学》，沈原等译，社会科学文献出版社 2007

年版。

马福云：《村委会直接选举的模式研究》，《中国农村观察》2006 年第 4 期。

马克·格兰诺维特：《镶嵌：社会网与经济行动》，罗家德译，社会科学文献出版社 2007 年版。

马克斯·韦伯：《支配社会学》，康乐、简惠美译，广西师范大学出版社 2004 年版。

马克斯·韦伯：《社会学的基本概念》，顾中华译，广西师范大学出版社 2005 年版。

马克斯·韦伯：《经济行动与社会团体》，康乐、简惠美译，广西师范大学出版社 2011 年版。

马塞尔·莫斯：《礼物》，汲喆译，上海人民出版社 2002 年版。

迈克尔·曼：《社会权力的来源》第 1 卷，刘北成、李少军译，上海人民出版社 2002 年版。

曼瑟尔·奥尔森：《集体行动的逻辑》，陈郁、郭宇峰、李崇新译，上海三联书店、上海人民出版社 1995 年版。

毛丹：《一个村落共同体的变迁——关于尖山下村的单位化的观察与阐释》，学林出版社 2000 年版。

毛丹：《中国农村社会分层研究的几个问题》，《浙江社会科学》2003 年第 3 期。

毛丹、任强：《中国农村公共领域的生长》，中国社会科学出版社 2006 年版。

毛寿龙：《政治社会学》，中国社会科学出版社 2001 年版。

米歇尔·福柯：《规训与惩罚》，刘北成、杨远婴译，上海三联书店 1998 年版。

聂磊：《"结构洞"理论分析》，《群文天地》2011 年第 8 期。

欧阳静：《富人治村：机制与绩效研究》，《广东社会科学》2011 年第 5 期。

欧阳静：《维控型政权——多重结构中的乡镇政权特性》，《社会》2011 年第 3 期。

欧阳静：《策略主义与维控型政权——官僚化与乡土性之间的乡镇》，博士学位论文，华中科技大学，2010 年。

钱杭：《传统与转型：江西泰和农村宗族形态——一项社会人类学的研究》，上海社会科学院出版社1995年版。

钱忠好：《土地征用：均衡与非均衡》，《管理世界》2004年第12期。

秦琴：《转型期农村社会分层研究综述》，《上海大学学报》（社会科学版）2005年第7期。

渠桂萍：《华北乡村民众视野中的社会分层及其变动（1901—1949）》，人民出版社2010年版。

瞿同祖：《清代地方政府》，法律出版社2003年版。

饶静、叶敬忠：《税费改革背景下乡镇政权的"政权依附者"角色和行为分析》，《中国农村观察》2007年第1期。

任强：《"苏南模式"的转型与乡村先富参政》，《浙江社会科学》2005年第3期。

荣敬本：《从压力型体制向民主合作体制的转变：县乡两级政治体制改革》，中央编译出版社1998年版。

商意盈等：《富人治村，一个值得关注的新现象》，《新华社每日电讯》2009年9月12日。

申端锋：《农民行动单位视域中的小亲族》，《江海学刊》2007年第4期。

申端锋：《软指标的硬指标化——关于税改后乡村组织职能转变的一个解释》，《甘肃社会科学》2007年第2期。

申端锋：《治权与维权：和平乡农民上访与乡村治理（1978—2008）》，博士学位论文，华中科技大学，2009年。

申端锋：《乡村治权与分类治理：农民上访研究的范式转换》，《开放时代》2010年第6期。

申端锋、刘金志：《乡村政治研究评述：回顾与前瞻》，《开放时代》2009年第10期。

沈延生：《村政的兴衰与重建》，《战略与管理》1998年第6期。

施从美：《"文件政治"：当下中国乡村治理研究的新视角》，《江苏社会科学》2008年第1期。

斯蒂芬·李特约翰、凯伦·福斯：《人类传播理论》，史安斌译，清华大学出版社2004年版。

孙立平：《"过程—事件分析"与当代中国农村国家农民关系的实践形态》，载王汉生、杨善华《农村基层政权运行与村民自治》，中国社会科学出版社 2001 年版。

孙立平：《实践社会学与市场转型过程分析》，《中国社会科学》2002 年第 5 期。

孙立平：《迈向实践的社会学》，《江海学刊》2002 年第 3 期。

孙立平：《社会转型：发展社会学的新议题》，《开放时代》2008 年第 2 期。

孙立平、郭于华：《"软硬兼施"：正式权力非正式运作的过程分析——华北 B 镇收粮的个案研究》，载《清华社会学评论》，鹭江人民出版社 2000 年版。

孙立平：《这一次变化真的发生了——乌坎事件已有的突破与面临的挑战》，《经济观察报》2012 年 2 月 20 日。

孙立平：《用公平正义打破转型陷阱》，《南风窗》2012 年第 4 期。

孙琼欢、卢福营：《中国农村基层政治生活中的派系竞争》，《中国农村观察》2000 年第 3 期。

孙秋云：《从乡村到城镇再到区域——谈费孝通的微型社会学研究方法及其反思》，《中南民族大学学报》（人文社会科学版）2010 年第 2 期。

谭飞、赵锋：《老区"富人治村"现象解读》，《瞭望新闻周刊》2004 年第 25 期。

谭同学：《乡村社会转型中的道德、权力与社会结构》，博士学位论文，华中科技大学，2007 年。

谭同学：《类型比较视野下的深度个案与中国经验表述》，《开放时代》2009 年第 8 期。

田力为：《扁平化管理——毛时代先进劳模制度内涵》，《绿叶》2009 年第 2 期。

田力为：《从井冈山的扁平化管理到新中国的扁平化管理——对毛主席"革命路线"的一个理解》，《观察与交流》（北京大学中国与世界研究中心内部资料）2009 年第 29 期。

田先红、杨华：《税改后农村治理危机酝酿深层次的社会不稳定因素》，《调研世界》2009 年第 3 期。

田先红：《从维权到谋利——农民上访行为逻辑变迁的一个解释框架》，《开放时代》2010 年第 6 期。

田先红：《息访之道：国家转型期的桥镇信访治理研究（1995—2009）》，

博士学位论文，华中科技大学，2010年。

唐丽：《网络的生产：以一个地方性黑市经济的演化为关键案例》，《社会学研究》2003年第5期。

仝志辉、贺雪峰：《村庄权力结构的三层分析——兼论选举后村级权力的合法性》，《中国社会科学》2002年第1期。

王国勤：《先富参政与民主恳谈的治理逻辑》，《甘肃行政学院学报》2009年第5期。

王汉生、王一鸽：《目标管理责任制：农村基层政权的实践逻辑》，《社会学研究》2009年第2期。

王沪宁：《社会资源总量与社会调控：中国意义》，《复旦学报》1990年第4期。

王沪宁：《当代中国村落家族文化——对中国社会现代化的一项探索》，上海人民出版社1991年版。

王沪宁：《政治的逻辑：马克思主义政治学原理》，上海人民出版社2004年版。

王铭铭：《村落视野中的文化与权力》，生活·读书·新知三联书店1997年版。

王铭铭：《溪村家族——社区史、仪式与地方政治》，贵州人民出版社2004年版。

王铭铭、杨清媚：《费孝通与〈乡土中国〉》，《中南民族大学学报》（人文社会科学版）2010年第4期。

王宁：《个案研究的代表性问题与抽样逻辑》，《甘肃社会科学》2007年第5期。

王绍光：《民主四讲》，生活·读书·新知三联书店2008年版。

王思斌：《社会学教程》，北京大学出版社2003年版。

王习明：《川西平原的村社治理——四川罗江县井村调查》，山东人民出版社2009年版。

王小军：《转型之痛——赣中南路东村调查》，山东人民出版社2009年版。

王振耀：《中国的村民自治与民主化发展道路》，《战略与管理》2000年第2期。

汪永涛：《乡村社会"面子"的运行机制》，《江西社会科学》2009年第

1 期。

温铁军：《三农问题与世纪反思》，生活·读书·新知三联书店 2005 年版。

吴思：《潜规则——中国历史上的真实游戏》，复旦大学出版社 2009 年版。

吴思红：《村委会选举中贿选的社会基础与治理机制》，《经济社会体制比较》2009 年第 3 期。

吴毅：《村庄中的政治人：一个村庄村民公共参与与公共意识的分析》，《战略与管理》1998 年第 1 期。

吴毅：《"双重角色"、"经纪模式"与"守夜人"和"撞钟者"》，《开放时代》2001 年第 12 期。

吴毅：《村治变迁中的权威与秩序——20 世纪川东双村的表达》，中国社会科学出版社 2002 年版。

吴毅：《小镇喧嚣：一个乡镇政治运作的演绎与阐释》，生活·读书·新知三联书店 2007 年版。

吴毅：《何以个案，为何叙述》，《探索与争鸣》2007 年第 4 期。

吴毅：《迎检的游戏》，《读书》2007 年第 6 期。

吴毅：《"权力—利益的结构之网"与农民群体性利益的表达困境——对一起石场纠纷案例的分析》，《社会学研究》2007 年第 5 期。

吴毅、李德瑞：《二十年农村政治研究的演进与转向——兼论一段公共学术运动的兴起与终结》，《开放时代》2007 年第 2 期。

项辉、周威锋：《农村经济精英与村民自治》，《社会》2001 年第 12 期。

肖鸿：《试析当代社会网研究的若干进展》，《社会学研究》1999 年第 3 期。

肖菁、岳海智：《先富群体竞选村官调查报告》，《都市快报》2003 年 9 月 20 日。

肖立辉：《如何看待和应对"富人当政"的乡村治理现象》，《中国党政干部论坛》2008 年第 8 期。

肖立辉：《"富人当政"现象剖析》，《人民论坛》双周刊 2008 年第 7 期。

肖唐镖：《村治中的宗族》，上海书店出版社 2001 年版。

萧功秦：《中国的大转型：从发展政治学看中国变革》，新星出版社 2008 年版。

谢立中：《结构—制度分析，还是过程—事件分析?》，社会科学文献出版社 2010 年版。

徐勇：《由能人到法治：中国农村基层治理模式转换》，《华中师范大学学报》（人文社会科学版）1996 年第 4 期。

徐勇：《中国农村村民自治》，华中师范大学出版社 1997 年版。

徐勇：《草根民主的崛起：价值与限度》，《中国社会科学季刊》（香港）2000 年第 2 期。

徐勇：《当前中国农村研究方法论问题的反思》，《河北学刊》2006 年第 2 期。

徐勇：《"回归国家"与现代国家的建构》，《东南学术》2006 年第 4 期。

徐勇：《现代国家的建构与村民自治的成长》，《学习与探索》2006 年第 6 期。

徐勇：《农民理性的扩张："中国奇迹"的创造主体分析》，《中国社会科学》2010 年第 1 期。

徐勇、吴毅、贺雪峰、全志辉、董磊明：《村治研究的共识与策略》，《浙江学刊》2001 年第 1 期。

许烺光：《宗族・种姓・俱乐部》，薛刚译，华夏出版社 1990 年版。

亚当・普沃斯基：《民主与市场——东欧与拉丁美洲的政治经济改革》，包雅钧、刘忠瑞、胡元梓译，北京大学出版社 2005 年版。

亚伯拉罕・马斯洛：《动机与人格》，许金声等译，华夏出版社 1987 年版。

严宏：《中国共产党基层党建模式：转型与重构》，《河南师范大学学报》（哲学社会科学版）2011 年第 1 期。

阎云翔：《礼物的流动——一个中国村庄的互惠原则与社会网络》，李放春、刘瑜译，上海人民出版社 2000 年版。

阎云翔：《私人生活的变革》，上海书店出版社 2006 年版。

杨懋春：《社会学》，台湾商务印书馆 1983 年版。

杨华：《绵延之维——湘南宗族性村落的意义世界》，山东人民出版社 2009 年版。

杨华：《当前我国农村社会各阶层分析》，《战略与管理》2010 年第 6 期。

杨华：《中农阶层——当前农村社会的中间阶层》，《开放时代》2012年第3期。
杨建华：《社会化小生产——浙江现代化的内生逻辑》，浙江大学出版社2008年版。
杨俊凯：《治理、摆平与抗争——陈村水事官司的故事》，载《乡村中国评论》第1辑，广西师范大学出版社2006年版。
尹钛：《何处是归程？长亭连短亭》，《二十一世纪》2005年第3期。
应星：《大河移民上访的故事》，生活·读书·新知三联书店2001年版。
应星：《"气"与中国乡村集体行动的再生产》，《开放时代》2007年第6期。
于建嵘：《抗争性政治：中国政治社会学基本问题》，人民出版社2010年版。
俞可平等：《中国公民社会的兴起与治理变迁》，社会科学文献出版社2002年版。
袁达毅：《县级人大代表选举研究》，中国社会出版社2008年版。
袁松、陈锋：《"气"与分化背景下的"富人治村"》，《中国研究》春季刊，2010年。
袁松：《电视与村庄政治》，《新闻与传播评论》（年刊），2010年。
袁松、余彪、阳云云：《农民工返乡的生命历程》，《青年研究》2009年第4期。
翟学伟：《中国人行动的逻辑》，社会科学文献出版社2001年版。
翟学伟：《人情、面子与权力的再生产》，《社会学研究》2004年第5期。
翟学伟：《报的运作方位》，《社会学研究》2007年第1期。
詹姆斯·斯科特：《农民的道义经济学》，程立显、刘建等译，译林出版社2001年版。
张静：《"雷格瑞事件"引出的知识论问题》，载《清华社会学评论》特辑第2期，鹭江出版社2000年版。
张静：《土地使用规则不确定：一个法律社会学的解释框架》，《中国社会科学》2003年第1期。
张静：《现代公共规则与乡村社会》，上海书店出版社2006年版。
张静：《基层政权：乡村制度诸问题》，上海人民出版社2007年版。

张鸣：《乡村社会权力和文化机构的变迁》，广西人民出版社2001年版。

张世勇：《积极分子治村——徽州村治模式研究》，山东人民出版社2009年版。

张仲礼：《中国绅士》，李荣晶译，上海社会科学院出版社1991年版。

赵树凯：《虚弱的乡镇权力》，载《国务院发展研究中心2004年调查研究报告选》，中国发展出版社2005年版。

赵树凯：《乡镇治理与政府制度化》，商务印书馆2010年版。

赵晓峰、林辉煌：《富人治村的社会吸纳机制及其政治排斥功能》，《中共宁波市委党校学报》2010年第4期。

赵晓峰、王习明：《国家治理体制转型与农民致富实践的绩效评析——基于豫中C乡与川西Y乡农民致富实践的实地考察》，《古今农业》2010年第1期。

赵晓峰：《公私定律：村庄视域中的国家政权建设》，博士学位论文，华中科技大学，2011年。

赵旭东：《文化的表达》，中国人民大学出版社2009年版。

庄孔韶：《银翅——中国的地方社会与文化变迁》，生活·读书·新知三联书店2000年版。

折晓叶：《村庄的再造：一个超级村庄的社会变迁》，中国社会科学出版社1997年版。

郑风田：《富人治村的"美"与"险"》，《人民论坛》2010年第4期。

郑燕峰：《射阳"10万元村官"富干部带领村民致富》，《中国青年报》2003年10月8日。

郑永年：《中国模式：经验与困局》，浙江人民出版社2010年版。

郑永年：《未竟的变革》，浙江人民出版社2011年版。

《中共中央共产党党章汇编》，人民出版社1979年版。

中国社会科学院语言研究所词典编辑室：《现代汉语词典》（第3版），商务印书馆2002年版。

钟敬文：《民俗学概论》，上海文艺出版社1998年版。

钟伟军：《地方政府在社会管理中的"不出"逻辑》，《浙江社会科学》2011年第9期。

周飞舟：《从汲取型政权到"悬浮型"政权：税费改革对国家与农民关系之影响》，《社会学研究》2006年第3期。

周飞舟:《生财有道:土地开发中的政府与农民》,《社会学研究》2007年第1期。

周飞舟:《锦标赛体制》,《社会学研究》2009年第3期。

周雪光:《逆向软预算约束:一个政府行为的组织分析》,《中国社会科学》2005年第2期。

朱迪丝·N. 施克莱:《守法主义》,彭亚楠译,中国政法大学出版社2005年版。

朱静辉:《地权增值分配的社会机制》,博士学位论文,华东理工大学,2011年。

Burt Ronald, *Structural Holes: The Social Structure of Competition*, Cambridge: Harvard University Press, 1992.

Dickson, *Red Capitalists in China: The Party, Private Entrepreneurs, and Prospects for Political Change*, Cambridge: Cambridge University Press, 2003.

Garfinkel Harold, *Studies in Ethnomethodology*, Polity Press & Blackwell Publishers Ltd., 1984.

Geertz Clifford, *Agricultural Involution: The Process of Ecological Change in Indonesia*, Berkeley, CA: University of California Press, 1963.

George Ritzer, *Sociological Theory*, New York: McGraw-Hill, 2011.

Granovetter. Mark. S., "The Strength of Weak Ties", *American Journal of Sociology*, Vol. 78, No. 6, 1973, pp. 1360 – 1380.

Oi. Jean C., *Rural China Takes off: Institutional Foundations of Economic Reform*, Berkeley and Los Angeles: University California Press, 1999.

Oi, Jean C., *State and Peasant in Contemporary China*, Berkeley: University of California Press, 1989.

Redfield, R., *Peasant Society and Culture*, Chicago: University of Chicago Press, 1956.

Shue Vivienne, *The Reach of the State: Skectches of the Chinese Body Politics*, Stanford: Stanford University Press, 1988.

Siu Helen F., *Agents and Victims in South China: Accomplices in Rural Revolution*, New Haven: Yale University Press, 1989.

Schwartz, B., "Memory as a Cultural System: Abraham Lincoln in World War

Ⅱ", *American Sociological Review*, Vol. 61, No. 5, 1996, pp. 908 – 927.

Walder, A. G., "Local Government as Industrial Firms: An Organizational Analysis of China's Transitional Economy", *American Journal of Sociology*, Vol. 101, 1995, pp. 263 – 301.

附 录

附录1 吴镇村民委员会选举工作细则

第一章 总则

第一条 为规范村民委员会换届选举工作，保障村民群众依法行使民主权利，推进基层民主建设，根据《中华人民共和国村民委员会组织法》、《浙江省村民委员会选举办法》的精神，结合我镇实际，制定本工作细则。

第二条 村民委员会成员原则上由3人组成，其中设主任1名、委员2名。提倡村两委成员交叉任职，减少村干部职数。村民委员会中应当有妇女成员，党支部委员中没有女委员的，在村委会班子中可以实行女委员专职专选。

第三条 村民委员会成员应当遵守宪法、法律、法规和国家政策，具有一定的组织领导能力和文化知识，廉洁奉公，作风正派，办事公道，身体健康，年富力强，热心为村民服务。

第四条 村民委员会按照居住状况可分为若干村民小组，同时设立村民代表会议，村民小组长与村民代表的推选同时进行，以村民小组为单位推选产生。村民代表中，妇女应当有适当名额。

村民代表按每五户至十五户推选一人，具体职数由村民选举委员会报镇选举工作指导小组审定。村民小组长、村民代表推选产生后，应将名单向村民公布。

村民小组长、村民代表任期与村民委员会任期相同，可以连选连任。

第五条 村民委员会选举应当坚持公平、公正、公开的原则。

第六条 本次村民委员会换届选举实行无候选人的选举方式，选民按照本村应选职位直接投票选举。

村民委员会每届任期3年，任期届满应当及时举行换届选举。

第七条　各村党组织在村民委员会选举工作中发挥领导核心作用，依照宪法、法律、法规支持和保障村民直接行使民主权利。

第八条　村民委员会换届选举工作由镇人民政府统一部署，在市工作组、镇人民政府指导下进行。

第二章　选举工作机构

第九条　村民委员会换届选举期间，镇成立村级组织换届选举工作指导小组，统一部署村民委员会换届选举工作，指导、帮助村民委员会开展换届选举。

镇村级组织换届选举工作指导小组由镇班子成员及相关职能科室的人员组成。镇村级组织换届选举工作指导小组下设办公室，负责具体工作。

镇村级组织换届选举工作指导小组的主要职责：

（1）宣传有关法律、法规和相关政策文件；

（2）制定换届选举工作方案，确定具体的选举日期；

（3）印制选民证、选票、委托投票证及各种统计报表；

（4）指导各村的选举工作；

（5）受理有关选举的申诉、检举和控告；

（6）培训选举工作人员；

（7）组织检查验收，总结选举工作；

（8）统计、汇总选举情况，建立健全选举工作档案；

（9）承办换届选举工作中的其他事项。

第十条　村民委员会的选举，由村民选举委员会主持。村民选举委员会一般由3至9人（单数）组成，设主任1人，副主任1至2人，委员若干人，建议名单由村党支部提出，人员在村两委成员、文书以及治调、团、妇、民兵等配套组织负责人中产生。村民选举委员会推选工作由本届村党组织主持，经村民代表会议推选产生，村选举委员会主任一般应通过推选由村党组织书记担任。村选举委员会名单由镇村级组织换届选举工作指导小组公布。

村民选举委员会行使工作职责至新一届村民委员会召开第一次会议时止。

另行选举时，村民选举委员会成员如确定为村民委员会正式候选人的，其村民选举委员会成员资格自行终止。村民选举委员会成员不足3人的，应及时进行增补。

村民选举委员会的主要职责：

（1）搞好调查摸底；

（2）宣传有关法律、法规；

（3）制定选举工作方案；

（4）拟订具体选举办法，提交村民代表会议讨论通过后公布；

（5）确定并培训选举工作人员；

（6）组织选民登记，审查选民资格，公布选民名单，颁发选民证；

（7）组织推选村民代表；

（8）组织竞选人发表竞选演说或书面竞职公示；

（9）确定并公布选举日期、投票具体地点、时间及投票方式；

（10）审核办理委托投票手续；

（11）组织和主持投票选举，公布并上报选举结果；

（12）总结选举工作，整理并建立选举工作档案；

（13）承办选举工作中的其他事项。

村民选举委员会接受镇村级组织换届选举工作指导小组的领导和指导。

村民选举委员会不依法履行职责，致使选举工作无法正常进行的，经镇村级组织换届选举工作指导小组调查核实，报市村级组织换届选举工作指导小组批准后，按本条规定重新产生村民选举委员会。

第三章　选民登记

第十一条　本村年满18周岁村民，不分民族、种族、性别、职业、家庭出身、宗教信仰、教育程度、财产状况、居住期限，在村民委员会选举中都有选举权和被选举权，但依法被剥夺政治权利的人除外。

选民的年龄计算时间，以选举日为准。选民出生日期以居民身份证为准，无居民身份证的以户籍登记为准。

第十二条　村民参加选举，应当于选举投票日的二十日以前在户籍所在地进行选民登记。选民登记，应出示身份证或户籍证明等有效证件。

户籍未迁移的婚嫁人员在户籍地登记。

在原籍村居住，现挂靠在镇集体户的非农居民（包括离退休人员、待业的大中专院校毕业生、下岗职工、未安置工作的复员军人等），经本人申请可在本村登记。

国家机关、企事业单位（不含非公有制企业）的正式工作人员、现役军人、大中专院校就读学生一般不作选民登记。

选民名单公布后，村民如有异议的应当在选民名单公布之日起五日内向村民选举委员会提出，村民选举委员会应在三日内依法做出解释或补正。对处理意见不服的，可以在选举投票日十日前向镇村级组织换届选举工作指导小组提出，镇村级组织换届选举工作指导小组应在选举投票日五日前依法做出处理。选民名单以补正后为准。

第四章　竞选活动

第十三条　村民选举委员会应坚持平等、客观、公正的原则，组织竞选人就创业承诺、责任承诺、廉政承诺和服务承诺等内容，向选民作出口头承诺或书面承诺。要求发表竞职演说的，应当在投票日的三日以前提出，村民选举委员会应当在投票日以前组织竞选活动。

第十四条　竞选活动采用依法公开、公平、文明的方式。竞选人做出承诺的内容应当递交村民选举委员会审核，发表后应当交村民选举委员会存档。竞选人的演讲、承诺和回答问题不得违反宪法、法律、法规和国家政策的规定，在竞选辩论中严禁任何人身攻击和诽谤，禁止私自张贴分发宣传单。竞选人的合法竞选活动，免受任何干扰、威胁和恫吓。

选举投票日当天，必须停止一切竞选活动。

第十五条　选举期间，竞选人本人或其支持者，不得以暴力、威胁、欺骗、贿赂、伪造选票等不正当手段从事竞选活动。

第五章　选举程序

第十六条　村民选举委员会应当在投票日的五天前公布投票选举的时间、地点、方式和监票人、计票人。

第十七条　监票人、计票人由村民选举委员会推荐，经村民代表会议通过。竞选人及其配偶或直系亲属不得担任监票人、计票人。

第十八条　选票由镇村级组织换届选举工作指导小组根据各村情况统一印制。

第十九条　选举村民委员会应当召开选举大会投票或者设立中心投票会场和若干投票站集中投票。村民选举委员会应当在投票场所设立秘密写票处。选民填写选票必须在秘密写票处进行。

第二十条　投票时间应根据各村情况，由村民选举委员会确定。选民应当在规定的时间内参加投票，超过时限，不再接受选民投票。

第二十一条　选民凭选民证领取选票，一人一票，严禁作假和冒名顶替行为。

因外出（外出范围为省外，外出对象为全家外出）、卧病不起或其他特殊原因不能参加投票的选民可以书面委托其他选民代为投票。委托投票必须在投票日三日前提出并指定受委托人。受委托人不得再行委托其他选民代为投票。村民选举委员会在选举投票日二日前对委托投票情况进行集体审核并公告，未经审核公告的委托无效。每一选民接受委托投票不得超过三人。受委托人须持委托人签字的委托投票证、选民证、身份证（原件）领取选票并填写选票。委托投票在其他选民投票结束后进行。

选票由选民本人填写。选民因文盲和病残等原因自己不能填写选票的，可以委托其他人代写（代写人一般由镇工作人员担任，代写时应有两名工作人员在场）。

受委托人、代写人不得违背委托人意愿，不得向他人泄露选民的意愿。

第二十二条　选举村民委员会成员实行一次性直接投票选举，采用无记名投票、公开计票的方式进行。

选民按照本村应选职位，可以选足职位，也可以少选或不选，但不能多选。

第二十三条　选举大会的程序主要包括：

（1）宣布选举大会开始。会议主持人一般由村民选举委员会主任担任。大会工作人员检查中心会场和投票站等工作全部就绪后，由主持人宣布选举大会正式开始；

（2）村民选举委员会主任代表村民选举委员会做换届选举筹备工作报告；

（3）宣读村民委员会选举投票办法；

（4）宣布监票、计票等工作人员名单；

（5）检查、密封票箱；

（6）清点选票数；

（7）讲解选票填写方法；

（8）领取选票；

（9）填写选票；

（10）投票；

（11）当众把剩余选票剪角作废；

（12）集中票箱和开箱验票；

（13）唱票、计票并封存选票；

（14）监计票工作人员填写选举报告单；

（15）主持人宣布选举结果；

（16）新当选的村民委员会主任表态；

（17）张榜公布选举结果。

第二十四条　投票结束后，选举工作人员将所有票箱集中到中心会场当众开箱，公开计票，当场公布选举结果，并当众封存选票。

每张选票所选人数，等于或者少于应选人数的有效，多于应选人数或者选举同一人为两项职务的无效；无法辨认的选票无效。对难以确认的选票，是否有效由监票人提交村民选举委员会决定。

会议主持人应向选民宣布在收回的选票中，有效票、无效票的具体票数。无效票计入选票总数。

第二十五条　参加投票的选民超过全体选民半数的，选举有效。

每次选举所投的票数，等于或少于投票人数的有效，多于投票人数的无效。

竞选人获得参加投票的选民过半数的选票，始得当选。

获得过半数选票的竞选人数超过该职位的应选名额时，以得票多者当选。如果票数相等不能确定当选人时，应当就得票数相等的人进行再次投票，在原来得票相等的人中以得票多者当选。

如有人对选举结果提出异议要求重新验票，需由过半以上村民代表向村民选举委员会提出书面意见，经镇村级组织换届选举工作指导小组审核同意后进行。

第二十六条　当选人数不足3人或者主任未选出的，应当就不足名额组织另行选举。

另行选举实行有候选人的差额选举，差额名额为1名，正式候选人按未当选人得票多少为序确定。

另行选举中，在第一次选举中的受委托人确定为正式候选人的，原来的委托关系终止，委托人需重新向村民选举委员会申请办理委托手续，经村民选举委员会审核同意后，委托给正式候选人以外的选民进行投票；未重新办理委托手续的，视为放弃权利。

另行选举以得票多的当选，但得票数不得少于参加投票选民的三分之一。

另行选举应当在选举投票日当日或在选举投票日后三十日内举行。

第二十七条　另行选举后，当选人数仍未达到规定职数的，不再选举。

主任未选出的，由村民代表会议在当选的委员中推选一人主持工作。

第二十八条　需要重新选举的，应当在一个月内依照本细则规定的程序和方法进行选举。

第二十九条　村民委员会的选举结果由村民选举委员会确认有效后，当场公布结果，并报镇人民政府和市民政局备案。村民选举委员会无正当理由不公布选举结果的，镇村级组织换届选举工作指导小组可以予以公布。

第三十条　上一届村民委员会应当在新一届村民委员会产生之日起二十日内，将公章、办公场所、办公用具、集体财务账目、固定资产、债权债务、文件资料及其他事项，移交给新一届村民委员会。镇人民政府对移交工作予以指导、监督。

第六章　法律责任

第三十一条　对有下列行为之一的，村民有权向镇人民代表大会和镇人民政府或者市人民代表大会常务委员会和市人民政府及民政局举报：

（一）以暴力、威胁、欺骗、贿赂、伪造选票等不正当手段，妨害选民行使选举权、被选举权，破坏村民委员会选举的；

（二）砸毁票箱、撕毁选票、冲击选举会场的；

（三）对检举村民委员会选举中的违法行为的村民进行打击、报复的；

（四）其他破坏、妨害选举的行为。

有上述行为，情节轻微的，由镇人民政府和市民政局进行批评教育；违反治安管理规定的，由公安机关依法予以处罚；构成犯罪的，由司法机关依法追究刑事责任。

第三十二条 以暴力、威胁、欺骗、贿赂、伪造选票等不正当手段当选的,经调查核实,由镇人民政府或镇村级组织换届选举工作指导小组宣布其在本届内当选无效。

选举结果全部无效的,应当重新进行选举;选举结果部分无效造成村民委员会成员当选人数不足应选人数的,依照本细则有关规定办理。

第七章 附则

第三十三条 本工作细则自公布之日起施行。

第三十四条 农村居民委员会选举按本细则执行。

第三十五条 本细则由镇村级组织换届选举工作指导小组办公室负责解释。

附录2 承诺书样本

竞职承诺书

本人谨向全体党员、村民作如下竞职承诺:

一 严格遵守村选举办法的各项规定。自愿接受村民选举委员会的资格审查,若不符合村选举办法参选规定的,主动退出竞选;若当选,则接受当选无效的有关决定。竞选期间做到不侮辱、诽谤和攻击他人,不威胁、恫吓其他选民,不作违规和不切实际的承诺。不搞分发钱物、请客送礼等任何形式的拉票贿选行为。不以其他非法或不正当手段妨碍选民行使选举权、被选举权,若发现配偶及其他亲属朋友等有干扰选民意愿的行为,本人及时予以制止。

二 认真履行村干部职责。认真贯彻落实镇党委、镇政府的工作部署,坚决执行村党组织委员会、村民委员会的各项决议和决定。带头执行民主集中制原则,凡涉及村民利益的重大事项,严格按照村务决策管理"五议"工作法进行研究和决策。自觉维护村"两委"班子团结,不断提高自身理论修养和工作能力。

三 全心全意为党员、村民服务。坚持从全体村民利益出发,以"网格化管理、组团式服务"为载体,及时了解和掌握党员、村民的所想所盼所需,共同践行村级班子创业承诺,在为民谋福利、办实事中积极创先争优,加快推进社会主义新农村建设。

四　严格遵守廉政建设各项规定。坚持依法办事，做到公平公正，实行"三务"公开制度。自觉接受党员、村民的监督，绝不利用职务、权力谋取个人私利，不参与承包本村内任何工程，保证干干净净做事，公公道道办事，清清白白做人。

以上是本人竞选的承诺。如果能当选，必将认真履职、扎实工作、甘于奉献，努力兑现对全体党员、村民的庄严承诺。

承诺人（签名盖章）：
2011 年　月　日

创业承诺书

我今年____岁，现参加竞选本村____职务。根据镇党委政府的统一部署，我特向广大选民作创业承诺。

1. 我承诺在村党组织的领导下，努力为村民服务，办好富民强村的实事，不断发展壮大村级集体经济，为建设社会主义新农村贡献一份力量。我个人的初步创业设想是，在当选后要努力完成以下创业项目：

(1) _____ ；
(2) _____ ；
(3) _____ 。

2. 我承诺严格恪守村干部行为规范，做到公道正派，廉洁奉公，严格按照《民主决策规则》、《村民代表会议规则》等有关制度办事，尤其是涉及村级建设项目的，本人一律不参与招投标，同时不为亲属朋友参与村级建设项目招投标提供便利。

3. 我承诺对与创业项目的具体实施情况，将按照村"两委"的统一安排后，再研究制定实施。创业项目确定后，我将尽自己最大努力做好工作，自觉接受党员和村民群众的监督。

以上是我的创业承诺，请党组织和广大村民群众监督。如果不能做到，我将主动辞职。

承诺人（签名）：
2011 年　月　日

辞职承诺书

本人经选举当选为村干部，为更好地履行岗位职责，规范行为，完成创业承诺，推进我村的各项事业发展，特向全体村民做出承诺，任期内如发生下列情形之一，本人将主动辞去现任村干部职务：

一　工作业绩

1. 不贯彻执行党的路线方针政策和不支持党委、政府决策部署的，或不能正确履行法律法规赋予的工作职责的；

2. 不执行党组织的决定，或村民代表会议的合法决定、决议，造成严重不良影响或后果的；

3. 无正当理由，村干部创业承诺事项不能按时兑现，或在年度考核中，综合评定被确定为不称职等次的；

4. 严重影响村级班子或村民团结，给农村工作造成不良影响和后果的；

5. 不能有效推行村务决策管理方法，导致违规决策、管理或严重失误、失职，造成村集体经济较大损失或较大负面影响，群众反响强烈的；

6. 煽动、组织或参与集体上访、无理上访的；

7. 无正当理由，连续三次或半年内累计四次不参加村党支部会议、村民委员会会议、村"两委"联席会议等重要会议的。

8. 一年内累计半年以上不参加工作或一年中连续外出时间6个月以上，严重影响工作的。

二　道德规范

不赡养老人、不抚养子女或参与赌博、嫖娼、打架、酗酒闹事等严重违反社会公德等活动，造成恶劣影响的。

三　行为规范

1. 侵犯其他村民人身权利、民主权利和合法财产权利，对竞争对手进行人身攻击的；

2. 企图将个人捐助村内公益事业财物与选举挂钩的；

3. 被处以两次（含）以上拘留或造成恶劣影响的；因涉嫌犯罪被立案侦查，6个月以上未撤案的；被劳动教养（包括所外执行）或因刑事犯罪被判处刑罚的；

4. 违反计划生育政策、违反土地管理法和村街道规划违法建房，造成恶劣影响的；

5. 患重病6个月以上，或身体状况不佳，严重影响工作，客观上不再适合担任村干部的；

6. 其他不正确履行岗位职责，情节严重造成恶劣影响行为的。

请村党总支部、村委会和全体党员、村民对本人履行承诺的情况进行监督。本人如有上述情形之一的，本承诺书即作为辞职申请书。

承诺人（签名）：
2011 年　月　日

附录3　越州市委组织部关于"两推一选"制度的工作总结

改革和完善"两推一选"制度，提高农村基层党组织执政能力

实行"两推一选"制度，将基层民主选举与党内选举有机结合起来，以民主推荐形式把群众的选择权、知情权、监督权、参与权真正落到实处，使村党支部成员能够最大范围地受到群众的拥护，解决党在农村基层执政合法性的问题，通过增加党内选举的透明度保证党员的民主权利，激活党员政治参与的热情和积极性，解决发扬党内民主问题，并使党内选举的实践、经验和创新在群众中传递，有力地推动人民民主的发展。

通过采取召开座谈会、发放问卷、专题研讨、查阅文献和数据统计分析等形式，对"两推一选"制度进行理论与操作层面的梳理和归纳，以越州选举实践为例总结该制度的优势，深入分析制度存在问题原因，提出改革和完善"两推一选"制度的总体思路和具体对策。

一　"两推一选"的具体实践与探索

1. 基本做法

作为村党组织换届选举试点单位之一，越州市委、市政府站在加强党的执政能力高度，积极探索选举制度改革：2001年采用"两推一选"，在村民（或村民代表）推荐和党员推荐的基础上确定候选人，然后按照《党章》规定进行党内选举，产生支部委员和书记；2004年进一步深化"两推一选"，推行"两票制"方式，即先由户代表按1∶2的比例投票推荐委员初步人选，再由镇（街）党委根据推荐情况和任职条件进行考察，确定正式候选人，然后召开支部党员大会选举产生新一届支部委员会，最后由镇（街）党委提名书记人选，在支部委员中选举产生书记。基本做法是：

（1）加强组织指导。成立市级领导小组、指导工作组和镇（街）指导小组等工作机构；深入调查研究，全面掌握思想动态以及影响选举的各种因素，制定实施方案、工作细则和处置预案；层层分解任务，落实责任追究制度和考核机制。

（2）营造良好氛围。以《党章》及相关法律法规为重点，利用新闻媒体和文艺表演等形式开展全方位多层次宣传；以专题简报及时交流进展和经验；分发法律法规汇编；开通咨询电话，解答疑难问题；强化工作人员业务培训考试，掌握选举原则、方法和步骤。

（3）严格执行程序。规定不准委托户外代表参加推荐，不得以捐赠承诺和向选民个人捐赠钱物等形式参与竞选，做到执行标准不走样，履行程序不变通，按章办事，严禁任何非组织活动，坚决抵制各种违规违纪行为。

2. 实践效果

"两推一选"在不违背党章、不损害党员民主权利和党管干部原则的基础上，充分体现群众的意愿，有90%的人们认可选举效果，认为不好的仅占10%，基本上达到了党委、党员、群众"三满意"的效果，具体表现在三方面：

（1）强化了党员群众的民主意识。

民主推荐支部候选人，拓宽了群众表达政治心声的参与途径，调动了群众政治参与的积极性和主动性，改变了过去"对支部换届选举不关心，对干部工作不支持"的状况。2004年777个村（居）有187502户参加"一户一票"推选，平均参与率达到87.7%，一些村（居）达到99%以上。有96.46%的人表示比较了解支部班子任职条件、公推程序和党员选举办法，比较模糊和不了解仅占3.64%。

"两推一选"使党员和群众真正拥有了最基本最重要权利的象征选票。通过投票行使选择权、参与权、监督权、表决权等多项权利，调整了以往"选上的干部不硬气，留任的干部不顺气，落选的干部不服气"的心态，营造了党内和谐氛围。2001年换届后，党员来信来访明显减少，调整过的779个支部中仅有17个村有来信来访，占总数的2.2%。广大党员得到党内民主生活的锻炼，受到党内选举的教育，不断增强党员的民主意识，并在总结经验的基础上，大胆创新，积极探索党内选举制度的新思想和新机制，65.5%的问卷提出改进和完善"两推一选"办法的意见和建议。

（2）整合了党内的资源优势。

"两推一选"综合民主推荐、党员选举和上级党委的意志选任干部，克服了少数人选少数人的弊端，以民主投票的方式整合党内资源：一是一些素质差的支委成员落选。2001年支部书记、支委成员调整面分别为45.2%、36.87%，一些平时作风不实、表现欠佳、在群众中影响较差的干部落选。二是优化支部成员整体结构。一批年富力强、群众认同度和支持度高的党员充实到支委班子。2004年当选的书记平均年龄为43.8岁；高中以上文化程度334人，占45.88%，大专以上81人，占10.42%；经商办厂能人占49.86%，增强了党组织凝聚力和战斗力。

（3）巩固了党执政的群众基础。

"两推一选"使党员与群众成为选择、监督领导干部的基本力量，通过党内选举把群众的意愿变为现实，改变了"党支部在党员中选举产生，没有群众投票不能代表全体村民意愿"的质疑，消除了"支部管党员，村委管群众"的模糊认识，最大限度地提高了群众对基层党组织的认同。支部成员得到大多数党员和群众的拥护支持，便于了解村情民意和汲取群众智慧，将党的富民政策转化为群众自觉行动，防止党脱离群众的危险，巩固了农村基层党组织的领导核心地位。新当选支部成员可通过法定程序竞选村委会成员，有利于理顺村两委关系，减少村干部数量，减轻农民负担，提高工作效率。

3. 主要特色

（1）规范职务公布。对选举结果实行"两个暂缓"：对支部党员大会选举产生的支委会成员，先由镇（街）党委确定一名临时负责人，等村委会选举结束后再产生支部书记；对群众公推未列入初步人选，但在党员大会选举产生的支部委员，镇（街）党委暂缓进行公布。

（2）完善干部考核。推行任期目标创业承诺制，采用"两定两查两评"的办法实施，镇（街）党委每半年进行一次实绩考核，对不能完成工作目标和兑现公开承诺的班子列为不达标班子，并作出相应处罚。每半年组织党员、群众代表或全体村民对支部班子成员进行民主评议，其评议结果作为决定支部成员任免的主要依据，激励先进，鞭策后进。

(3) 选拔后备力量。选举中涌现的素质好、有能力的年轻优秀党员极大地丰富了村级后备干部资源库。2003 年年底共选出 1356 名后备干部，其中 40 周岁以下的 1241 人，占 91.5%，30 周岁以下的 574 人，占 42.3%，高中以上文化程度的 810 人，占 59.7%，为解决支部成员老龄化、断层问题打下基础。

(4) 建立充实制度。经反复酝酿，对选举后职数缺额的村（居）党组织班子，出台《关于充实农村党组织组成人员的意见》，由各镇（街）党委从发挥战斗堡垒作用出发，按照任职条件、党员（群众）基础、本人素质及表现作适当的充实，调动支部及党员的积极性、主动性和创造性。

(5) 安置落选干部。有针对性地做好落选者的思想及安置工作，消除不满和消极情绪；鼓励因工作能力落选者提高素质，优先吸收到市委党校农干班进修；重新安排非正常原因而落选者到其他村级配套组织（如治调委、民兵连、团妇组织）任职。

二 "两推一选"制度的难题及原因

党内选举的实质是通过选举来保障每位党员的民主权利，体现党员的意志，使党员在选举中充分享有《党章》中规定的选举权和被选举权，从而实现通过选举产生的村干部来管理党内一切事物的目的。从 2004 年投票选举结果来看，虽然扩大了群众参与民主推荐的范围，提高了群众参与的热情，但仍然受条件的限制和外界因素干扰，一些群众的意愿得不到真正体现，党员的民主权利也不同程度地受到挑战。

1. 实践操作层面上的难题

问卷调查 "你认为农村党支部换届选举采用什么办法比较好" 中有 30% 选 "直选"，20% 选 "党委推荐、党员选举"，37.27% 选 "两推一选"，12.73% 选 "两票制"，48.18% 认同 "两推一选" 是换届选举的好办法，但超过 60% 的人认为具体实践操作难度大，其中 45.45% 的人认为较难操作，15.45% 的不好操作，认为很好操作的仅 6.36% 和较易操作的 32.73%。实践操作中存在三个难题：

(1) 参与推荐范围的选择。让群众最广泛参与，按照其意愿充分自主选择是民主推荐的基础，是推选出代表群众利益的候选人的前提。推荐方式的选择势必将一些群众从参选过程中排除出去，影响民主意愿表达质量。2001 年由党员和非党员的村委干部、村民代表、村民小组长分别推荐，但因村民代表和村民小组长大多由党员兼任，群众参与比例小，意愿表达不充分，仍然是党员意愿主导支部选举，让群众投票不过是"走走过场做做样子"，一定程度上影响了部分党员和群众对"两推一选"制度的认同；2004 年"两票制"形式，量上扩大了群众参与面，以群众推荐结果作为确定候选人的重要依据，使党员行使民主推荐的权利受到限制，党员的意愿得不到真正体现。

（2）"推"与"选"存在主体差异。改革党内干部选拔任用机制的落足点是"两推"与"一选"结果相一致，将群众认可的人选为干部。但由于党员意见与群众意见的差异，导致了选举不一致性，其结果是："两推"中高票的却在"一选"中落选，或在"两推"中票数极低，而在"一选"中高票当选，在群众看来，"两推"工作只不过是走走过场做做样子罢了，影响群众参与积极性。使"两推"与"一选"结果的一致性是整个选举工作的重点和难点。实践中一些非候选人在正式选举中当选，导致"两推"与"一选"的结果错位十分明显，由于重叠性减少，造成一些党支部成员职数严重不足。

出现非候选人当选的情况主要有两种：一是"两推"时忽视了"年龄、文化程度、遵纪守法"等任职条件，使一些党员不能列为正式候选人；二是一些党员本身在群众中信任度不高，"两推"中因得票率低而未能列为正式候选人。"两推一选"办法的主要目的，就是把那些符合任职条件的人选推荐为候选人。（调查显示非候选人当选的 166 位以 45—57 岁为最多，以初中文化程度为最多），这说明部分群众和党员在"两推一选"中没有真正领会"两推一选"的精神，习惯于老办法、旧思想和受一些不良因素的干扰和影响，未能把年纪轻、文化程度高、政治素质好、"双带"能力强的优秀党员作为党组织人选，从而影响了选举结果。

（3）支部综合素质的下降。2004 年选举结束后的支部状况分两大类：一类是非整体结构，有几个村甚至无法选出支委，陷入瘫痪状态，难以实现党对农村基层工作的领导；另一类是完整结构，433 个支部成员多为经商办厂能人，有为群众办实事的经济基础，经营管理能力较强，但对党内工作规程了解掌握较少，组织纪律性相对较弱，行使公共权力的经验少，另有一部分成员综合素质低、法治观念淡薄、涉政动机不纯，有碍党组织先进性的体现和党员先锋模范作用的发挥。

2. 原因分析

（1）党员民主素质不高。一是缺乏民主意识。一些党员认为"两推一选"是搞花架子、形式主义，选谁当干部都无所谓，谁说情就给谁划圈，对选出的支部成员能否正确行使权力漠不关心。二是缺乏政治意识。一些基层党委将能否"高票当选"作为衡量选举工作成败的标准，在实践中进行了倾向性引导，注重符合组织意图的代表候选人当选；一些党员不熟悉政治参与的规则和知识，对换届选举的意义和作用认识不足。三是缺乏民主训练。改革开放以来，民主化进程加快但尚未真正实现制度化，特别是选举制度不完善，使党员在国家政治生活中缺乏应有的民主训练，从而导致有的党员不知道怎样行使和保护自己的民主权利。

（2）党内法规滞后。随着经济社会发展不断进步，党内选举制度建设相对滞后，出现了一些不适应的地方，最明显的是两个：一是赋予党员的权利不完整。党章规定的党员权利，如知情权、对党的政策参与讨论权和决定权、揭发检举权和监督权等，在党内选举制度中都得不到充分、有效的行使和保障。如：候选人自己不能主动介绍自己的情况和政见，由选举主持机构控制介绍的形式、内容和时间等；有授权无收权，选举产生的不称职干部不能够及时得到撤换，非要等到任届期满。二是选举机构的临时性。乡镇选举工作指导小组和村选举委员会都是选举管理机构，承担选举中的具体准备工作，其中监票人负责对选举全过程进行监督，选举结束后自行撤销。当需要对选举中不规范行为进行调查取证时，缺少一个具体专门机构。

（3）操作规则弹性。操作规则中弹性条款多，给干扰选举的外部因素留下空间，表现在：一是党管干部原则。其实质是保证党对干部人事工作的领导权和对重要干部的管理权，"两推一选"中坚持这一原则但未明确其内容和实现方式。候选人资格条件的设置就需要解决组织意图、群众公认、党员意志之间有机结合问题。民主政治力量博弈中，上级党委的用人导向有可能就变成了硬性的用人标准。二是直接民主推荐。由有推荐权的人直接提名候选人，根据得票多少与上级党组织考察确定正式候选人，属于海选式，没有充分的机制让候选人展示能力，不可避免地出现"误识""误举"，而且无法回避权势单位和权势个人的直接或间接干预，大姓或大派或有"势力"支持者就成了最大受益者，而部分人品好、有能力和干劲干事的党员推不上。三是多数投票规则。结果的确定往往以总体投票结果为依据，而没有考虑各个利益团体的投票情况，虽然考虑到总体的大部分利益，却不能兼顾各个团体的利益，造成对小团体的不公平，无法协调各个团体之间的利益关系，导致各团体间纷争不已，甚至决裂重组成更大利益集团趋势。

三　改革和完善"两推一选"的指导思想、工作原则及对策建议

1. 指导思想

以邓小平理论和"三个代表"重要思想为指导，全面贯彻落实党的十六大和十六届三中、四中全会精神，进一步发展基层民主。从保障党员权利出发，科学设计选举程序，形成互相衔接、相互配套，充分体现党员群众意志的"两推一选"制度体系，理顺党内权力授受关系，优化党内人才配置，提高基层党组织执政能力，为扩大党内直接选举提供理论依据和实践经验。

2. 工作原则

（1）党管干部与群众公认相结合。即在党管干部原则的前提下，落实党员群众对干部选任的知情权、参与权、选择权和监督权，扩大干部选拔的渠道和范围，任用体现民权、尊重民意、集中民智、发挥民力的干部，真正执行好党的路线方针政策。

（2）发扬民主与按章办事相结合。在宪法与法律的范围内，体现人民当家做主的主体地位和主体作用，增强人民群众积极主动参与政治建设，行使权利的自觉意识，严格按章办事，严肃选举纪律，做到执行标准不走样，履行程序不变通，坚决抵制各种违规违纪行为。

（3）开拓创新与继承发展相结合。注重制定的民主方式、程序和办法要与本地区、本部门的实际相结合，尽可能地考虑干部群众和社会环境的承受力，特别是涉及推荐范围和选举程序等问题，应做到有序推进、逐步深化。

3. 对策建议

（1）坚持党管干部原则，优化人才政策。

党管干部是实现党的领导的重要组织保证，是党的干部队伍建设的一条重要原则，是坚持党的领导的根本原则。在改革与完善"两推一选"制度中，必须坚持党管干部原则不动摇，结合时代要求和历史方位的变化，不断赋予充实党管干部新内容、新内涵，建设一支高素质的农村基层党组织干部队伍。

一是改革党管干部方式。着眼于党和国家在全面建设小康社会阶段人才的需求状况，以及实现中华民族伟大复兴的战略目标，多渠道、多视角发现、聚集和起用人才，侧重标准、程序、机制、过程和结果认定等管好干部手中的权力，领导、组织和支持人民群众选出信得过的干部，调动一切积极因素建设和谐社会。

二是制定人才政策。消除制约人才成长、聚集的体制和制度性因素，制定出符合人才生成、成长、流动、增值规律的人才政策，营造全社会"尊重劳动、尊重知识、尊重人才、尊重创造"的浓厚氛围，不断优化人才生长机制。

三是优化人才配置。引进与盘活人才资源并重，重视有成就的人才和关注潜在的人才，发挥各个不同年龄层次的人才及其整体优势，自然科学领域与哲学社会科学领域同行，因才施用，因岗选用，用当其位，用当其长，实现人尽其才，才尽共用，形成"广纳群贤、人尽其才、能上能下、充满活力"的用人机制。

（2）厘清选举制度本源，提高民主素质。

党内选举所要解决的是党内权力的来源与合法性问题。党员的选举权与被选举权在党内民主制度的运作中得到经常性地正确运用，不仅使其权利在选举中得到尊重和保障，使选举具有合法性基础，而且在决策、管理、监督中实现农村基层党内民主的整体运作意义，进一步增强选举制度的民主效能。

一是认清党员选举权利。党内选举制度的核心问题是党员选举权与被选举权的运行和保障，认清选举的不同阶段党员选举权利的表现形态是完善选举制度的前提。选举权包括知情权、获得候选人承诺的权利、投票权以及对当选者的罢免权；被选举权有参选权、竞选权、候选权、当选权、任职权等形态。

二是健全权利保障制度。逐步推行党务公开、党内情况通报、情况反映和重大决策征求意见等制度，提高党内事务的透明度，保证党员平等地、直接或间接地参与权力；成立专门的受理党员权利受到侵犯而投诉的机构，给党员在党内生活中充分发表意见的安全感；建立弹核罢免制度，对选举产生的不称职支部成员进行及时撤换或调整的制度化监督，提高党员参与党内政治的积极性。

三是开展民主参与训练。定期召开民主生活会，进行自我解剖和自我评估，使党员养成基本的政治权利和义务的观念，在党内生活中充分发表意见建议；开展评议党员活动，掌握政治生活的程序、规则以及必要的政治参与技能；举办经常性的民主听证会，使党员在重要村务的协商、质询、论证过程中培养政治思维方式和参与政治生活的理性精神，提高参与管理决策的水平。

（3）完善选举程序设计，搭建竞选平台。

一是提高民意表达质量。对推荐的方式、程序、结果运用、纪律、监督和参加推荐的人员范围等作出比较详细的规定，以便将公认的优秀干部推荐出来。村内有选举权的选民全部参加推荐，候选人为全村有选举权和被选举权的党员；在本村确无支部书记合适人选时，上级党组织可通过内选、招聘、下派等形式提名候选人；探索特色推荐形式，如推荐选举"时空分离"式、"两轮筛选推荐制"、党委参与的"三推"式以及"支部书记与支委分离推荐"式等。选举方式上也可采用"支部书记和支部委员直接选举产生"等方式。

二是畅通信息沟通渠道。创造比较公开的信息环境和比较自由的舆论环境，使选举人对候选人有更多、更切实的了解。允许候选人利用各种渠道、各种未经法律禁止的途径公开竞选，允许作出承诺，让党员群众了解施政目标、主张和纲领，鼓动党员群众投赞成票，使党员群众在不同候选人中寻找、挑选自己利益的代言人，堵塞平庸人当选的机遇，让候选人在反复的"要约—反要约—承诺（承担相应的社会政治和个人道德责任）"中取得党员群众信任。

三是提倡组合竞选方式。为化解或分散家族宗族力量等外部势力对选举的干扰，建立有利于乡村利益表达机制和乡村利益共同体，可借鉴村委选举中的组合竞选方式。"组合"在民主推荐基础上进行，即由民主推荐的支部书记候选人在民主推荐的支委成员候选人的名单中自主地组合班子，组合者在吸优纳良和均衡各方面利益中增强整体凝聚力，"竞选"在镇（街）党委审核公布正式候选人名单后进行，保证权利的有效性和合法性。

四是防范打击违法行为。对干扰、操纵、破坏选举的行为，作出必要的具体的禁止性规定。加强事前防范，教育和引导选民和竞选对象以正当的方式参与选举；加强事中检查，做好相关人员的思想工作，严防各类贿选行为的发生；加强事后打击，公检法等相关部门及时查处贿选问题，对群众反映的突出问题进行专门调研。

（4）处理"四个关系"，完善选举制度。

一是处理好发挥民主与加强党的领导的关系。实行"两推一选"制度，坚持党的领导是根本，充分发扬民主是基础，严格依法办事是保证。要注意克服两个极端：要么撒手不管，放弃领导；要么包办代替，不认真听取党员和群众意见，主观臆断，不按政策和程序操作。二是正确处理好党内推荐和群众推荐的关系。在推荐和测评时，要充分相信群众，依靠群众，教育群众正确行使民主权利，对群众的意见和测评结果要给予充分尊重和吸收。党内选举是党员民主生活中的一件大事，要发挥党员的主体作用，充分尊重党员的意见，调动党员参与的积极性，当推荐和测评中群众意见和党员意见不一致时，要进行全面综合的分析，一般依据多数党员的意愿。三是处理好民主推荐测评和组织考察的关系。党组织对候选人进行考察是党内选举的必经程序，更是强化党对选举工作领导的集中表现。对候选人的考察要具体问题具体分析，做到既充分尊重民主测评推荐结果，又不简单地以票取人，要看所推荐的人选是否符合任职条件支部班子的结构和岗位要求；要看是群众一贯认可还是偶然冒出；要注意尊重少数人的意见，如果少数人反映的情况属原则性、实质性的重要问题，被推荐者得票再多，也不能作为正式候选人。四是处理好发扬民主与依法办事的关系。在实行"两推一选"时，既要广泛听取群众的意见，充分发扬民主，又要按章办事，依法办事，不能把"两推一选"当作"海选"，群众怎么说就怎么定。必须严格遵守党内选举的规定和办法，在群众推荐和组织考察的基础上，由党内选举产生支部成员。

中共越州市委组织部

2009 年 10 月 21 日

附录4 关于切实解决农村多年不发展党员问题的意见

（越组〔2006〕14号文件）

各镇（街道）党委、市机关各部门党组织：

　　近些年来，我市农村发展党员工作，在各镇（街道）党委的重视下，做了大量工作，取得了一定的成效，每年发展党员的数量比较均衡，新党员的质量比较高，入党积极分子队伍不断壮大。但是，随着社会就业方式的日益多样化，农村发展党员工作也面临着许多新情况、新问题，农村党员年龄老化的问题仍然比较突出，有的村多年不发展党员，这些问题的存在，严重地影响了农村基层党组织的创造力、凝聚力和战斗力。为切实解决农村多年不发展党员问题，特提出如下意见：

　　1. 要明确工作重点。做好在农民中发展党员工作，要围绕发展农村经济，增加农民收入，实现农村全面建设小康社会的目标来进行。要在非党村委干部及村级后备干部、回乡大中专毕业生、复员退伍军人、致富能手、行业协会会员以及外出务工返乡青年中发展和培养入党积极分子。要注重在符合条件的致富能手中培养党员，重点做好在有文化、有一技之长、能带头勤劳致富并带领群众致富的优秀分子中发展党员工作。在比例结构上，要把侧重点放在35岁以下的优秀青年和妇女中，适当控制50岁以上特别是60岁以上的人员入党；35岁以下比例要达到70%以上，妇女党员要达到20%以上，50岁以上不能超过5%；吸收60岁以上人员入党，按照省、市委组织部的要求，必须写出书面情况说明。在发展数量上，要首先保证3年以上未发展党员的村和60岁以上党员占一半以上的村。

　　2. 要落实工作责任。各镇（街道）党委要把解决多年不发展党员村工作列入党建工作目标，摆上重要议事日程。要健全和落实发展党员工作责任制，党委主要领导是发展党员工作的第一责任人，党委组织委员是具体责任人。对5年以上不发展党员村要建立台账，落实镇（街道）党委主要领导联系制度，每位镇（街道）党员领导干部联系1—2个多年不发展党员村。同时，由农村工作指导员担任联络员，制订党农村工作指导员发展党员工作责任制，加强指导，保证各项任务落到实处。要进一步关注3—4年不发展党员和60岁以上党员占一半以上的村的情况。今年工作目标是：通过努力，解决农村10年以上不发展党员问题，力争2年内解决农村5年以上未发展党员问题。

3. 要拓宽解决渠道。要解决农村多年不发展党员问题，必须拓宽培养渠道，在农村因宗族派性等原因确实无法正常发展党员的，可以通过以下途径解决：参加市委党校村干部大专班学习的，可以通过市委党校支部培养发展；经商人员可以通过中国小商品城党委或行业协会支部培养发展；办厂和企业务工人员可以通过企业联合支部培养发展。各镇（街道）党委要根据自身情况，探寻解决问题的有效办法和途径，力争有创新、有突破，切实解决问题。

4. 要加强督查考核。根据"谁主抓谁负责"原则，市委组织部要在2006年度党建工作目标责任制考核中加大考核力度，平时要加强巡查监督力度，督查情况实行定期通报制度。对督查中发现的问题要及时通报，并采取措施认真加以解决，确保发展党员中的各项工作落到实处。各镇（街道）党委要把解决多年不发展党员问题与村两委干部、镇（街道）干部工作目标责任制考核相结合，要充分运用考核机制抓好落实。村支部书记本届任期内不发展党员或未解决5年以上不发展党员问题的，一般不得作为下届支部书记人选。未解决5年以上不发展党员村问题的村党组织和主要负责人，取消年度党内评先资格。

5. 要加大追究力度。近几年来，针对发展党员工作中出现的新情况、新问题，相继出台了一些发展党员工作制度：入党积极分子"群众推优制"，发展对象"预审制"，发展党员"公示制""票决制"和"责任追究制"。各基层党组织要认真贯彻执行，对农村基层党组织在发展党员工作中，有意拖延不召开支部党员大会讨论接收预备党员和进行预备党员转正，不执行有关工作制度，采取违纪、违规的方法发展党员的，要严肃查处，追究支部书记及相关责任人的责任；对不认真对待公示中群众反映的问题，不严格把关，随意审批党员的，要追究基层党委主要负责人和相关责任人的责任；对那些长期不肯做发展党员工作的农村党支部，要采取必要的组织措施加以整顿，对支部书记进行诫勉谈话、限期整改，直至免职。要通过有效工作制度来进一步保证发展党员质量。

中共越州市委组织部
2006年3月23日

附录5 关于印发《吴镇解决农村多年不发展党员问题工作责任制》的通知

（镇委〔2006〕35号）

各村（居）党组织：

为适应新形势下农村发展党员工作需要，解决多年不发展党员的问题，经镇党委研究，现将《吴镇解决农村多年不发展党员问题工作责任制》印发给你们，望结合实际，树立动真、碰硬、解难题的思想，认真抓好贯彻落实。

中共吴镇委员会
二〇〇六年四月十七日

吴镇解决农村多年不发展党员问题工作责任制

发展党员工作既是党的建设的重要内容，也是党员队伍建设的重要工作之一。切实做好党员发展工作，对提高党员质量、改善党员队伍结构，巩固党的执政基础和提高党的执政能力，具有十分重要的意义。近年来，我镇在发展党员工作中，通过上下各级共同努力取得了一定成绩，但党员老龄化问题比较突出，一些村连续多年不发展党员的问题还依然存在，严重影响和制约了基层党组织的功能发挥。为切实破解上述难题，特制定如下工作责任制。

一 目标任务

1. 落实发展党员工作制度。各级党组织主要领导是本单位发展党员工作的第一责任人。党组织要按照规定要求，制定发展党员工作的计划（方案），健全和落实发展党员工作推优制、预审制、公示制、票决制、责任追究制等制度。实行领导干部联系点制度和党员联村干部担任党建工作联络员制度。

2. 着力解决突出问题。一是要把连续5年以上不发展党员的村作为重点，二是关注连续3—4年不发展党员及60岁以上党员数占一半以上村的情况。力争通过今、明两年努力，解决多年不发展党员的问题。同时，建立长效监督管理机制，确保类似问题不重复出现。

二　确立发展重点

3. 发展党员工作，要严格遵循"坚持标准，保证质量，改善结构，慎重发展"的方针。

4. 确定和培养入党积极分子，要从源头上把好"入口关"。把非党村委干部及村级后备干部、回乡大中专毕业生、复员退伍军人、致富能手、行业协会会员以及外出务工返乡青年作为重点。在比例结构上，要把侧重点放在35岁以下的优秀青年和妇女中，使35岁以下比例达到70%以上，妇女党员达到20%以上，50岁以上不超过5%，60岁以上人员入党，按照省、市委组织部的要求，必须写出书面情况说明。在发展数量上，首先保证连续3年以上未发展党员的村和60岁以上党员数占一半以上的村。

三　拓宽发展渠道

5. 对农村因宗族派性等原因造成确实不能正常发展党员的村，经考察符合条件的人员，采取以下途径进行解决：参加市委党校农干大专班学习的，可以通过市委党校支部培养发展；经商人员可以通过小商品城党委或行业协会支部培养发展；办厂和在企业务工人员，可以通过企业党组织培养发展。

6. 通过上述途径发展的党员，当工作需要时，其组织关系可以直接转入所在村（居）。

四　监督考核办法

7. 按照"谁主抓谁负责"的原则，把解决多年不发展党员问题与镇、村干部责任制考核相结合。村支书本届任期内不发展党员或未解决5年以上不发展党员问题的，一般不作为下届支部书记人选考虑。

8. 未解决5年以上不发展党员的村级党组织和支部主要负责人及联系责任人，取消年度党内评比先进资格。

9. 有意拖延不召开支部党员大会讨论接收预备党员和进行预备党员转正，不执行有关工作制度，采取违纪、违规手段发展党员的，追究支部书记及相关责任人的责任；对长期不做党员发展工作的农村党支部，将采取对支部书记进行诫勉谈话、限期整改，直至免职的组织措施加以整顿。

附录6　关于建立2009年度解决农村多年未发展党员问题镇（街道）领导联系点制度的通知

（越组〔2009〕14号）

各镇党委、各街道党工委：

为贯彻《关于切实解决农村多年不发展党员问题的意见》（义组〔2006〕14号）精神，落实工作责任，各镇党委、各街道党工委都普遍建立了领导班子成员联系点制度。为力争在今年年底基本解决农村多年不发展党员问题，现将2009年度解决农村多年未发展党员问题镇（街道）领导联系点制度相关要求通知如下：

一　工作目标

2009年，除个别经市委组织部确认的软弱涣散村外，力争基本解决农村多年未发展党员问题。

二　工作方式

各镇（街道）党（工）委领导班子成员通过"一对一""一对多"或"多对一"的方式，联系若干多年未发展党员村，指导帮助解决多年未发展党员问题。（联系点安排详见附件1）

三　工作要求

1. 要认真调查摸底，理清工作思路。各镇（街道）党（工）委领导班子成员要通过与村两委班子谈心交心、召开党员座谈会、走访干部、群众等方式，主动到联系村进行调查摸底。调查摸底要摸清三个底数，即要摸清联系村党员队伍基本状况，摸清发展党员工作现状，摸清入党积极分子队伍建设情况。要通过调查摸底，查找多年未发展党员问题的原因，理清工作思路，找准工作突破口。

2. 要实行一村一策，落实工作责任。各镇（街道）党（工）委领导班子成员要结合调查摸底情况，找准联系村多年未发展党员问题症结，实行一村一策，对症下药。解决多年未发展党员问题，联系领导是第一责任人，农村工作指导员是具体责任人，村党组织书记是直接责任人。联系领导要注重牵头抓总，分解工作任务，要形成人人肩上有担子、个个心中有压力，一级抓一级、层层抓落实的工作格局。各镇（街道）要把解决农村多年未发展党员问题作为衡量领导班子队伍建设和班子成员素质能力的重要依据，并列入年度工作业绩考核。同时，还要把解决农村多年未发展党员问题与村两委干部、镇（街道）干部工作目标责任制考核相结合，要充分运用考核机制抓好工作推进与任务落实。

3. 要加强监督指导，确保完成任务。各镇（街道）党（工）委领导班子成员要经常深入联系点，加强对联系点发展党员工作的指导，强化对农村工作指导员和农村党组织书记工作的监督。在解决多年未发展党员问题过程中，要敢于碰硬，敢于动真格，对落实任务不积极、开展工作不配合、解决问题不努力的党员干部，要采取诫勉谈话、限期整改等组织措施，确保工作任务的完成。

附1：2009年解决农村多年未发展党员问题镇（街道）领导联系点安排表

附2：2009年全市多年未发展党员情况统计表

中共越州市委组织部
2009年3月24日

附录7　越州市委组织部关于基层党建工作的调研报告

严格发展党员程序　健全完善各项制度着力破解发展"亲属党"问题和多年不发展党员问题

市委组织部课题调研组：

当前，我市正在轰轰烈烈地开展"解放思想，创业创新"大讨论活动，吴书记在大讨论动员大会中"十问越州"振聋发聩，发人深省。越州新农村，怎样实现再突破？首先必须坚持党的领导，依靠农村基层党组织，加强农村党员队伍建设，发挥农村党员队伍的带领带动作用。要加强农村党员队伍建设，首先必须加强和改进农村发展党员工作。总结回顾近年我市农村发展党员工作，农村发展党员数量有所增加，新党员的质量有了很大提高，入党积极分子队伍不断壮大。但农村发展党员工作仍面临着许多新情况、新问题，发展"亲属党"和多年不发展党员等问题仍比较突出。这些问题的存在，严重阻碍了农村党员队伍的建设，影响了农村基层党组织作用的发挥。这两个问题是发展党员工作的痼疾，是影响发展党员工作的毒瘤。为破解这两大问题，组织一科进行了重点调研和深入思考，形成如下调研报告。

一 我市"亲属党"问题和多年不发展党员问题的具体表现

2007年我市在《越州商报》上共刊登拟吸收预备党员公示12期，公示1150人，在公示的拟吸收对象中共有99人受到群众举报，其中有11人群众举报其不具备入党条件，但与支部书记及支委成员存在亲属关系而被发展入党，占受举报总人数的11.1%。且在2007年的公示中，几乎每一期都能收到类似举报。一些村党支部书记将自己的家人、亲属优先发展入党，有的把不具备入党条件的家人、亲属也强行发展入党，而一些已具备入党条件的发展对象、入党积极分子却长期入不了党。这种发展党员的近亲繁殖现象在农村具有一定的普遍性，其危害性极大，一方面导致了农村党员质量下降，另一方面容易形成村党支部的家族化倾向，并进而影响村里各项工作的开展。

与"亲属党问题"一样严重的还有多年未发展党员问题。据初步调查，截止到2008年6月30日，我市3—4年未发展党员的村还有170个，占全市村（居）党组织总数的22%，5年以上未发展党员的村125个，占全市村（居）党组织总数的16.1%，其中包括5个10年以上未发展党员的村。由于涉及的村数非常多，问题也比较严重，目前这组数字仍在各镇（街道）进一步核实。但从这组初步数据上，我们仍可以准确断定，如果再不采取措施，加大解决力度，这组数据将会逐年增大，多年不发展党员问题将成为农村基层组织建设面临的最大的威胁。

二 造成"亲属党"问题和多年不发展党员问题久拖不决的原因

从主观上分析：

1. 思想上不重视。一些村支部认为发展党员工作是无关紧要的事情，是"软任务""虚指标"，发展也可，不发展也行，带有较大的随意性；在行动上既无计划，也无安排，使发展党员工作长期处于放任自流状态；有的甚至私心作怪，不管自己的亲属是否具备入党条件都强行吸收入党，发展党员质量优先的原则抛之脑后。

2. 发展党员业务不熟悉。根据中组部发展党员细则，发展党员工作本身要走的程序、要履行的手续就比较多。对于大多数文化程度不高、年龄偏大的农村党组织书记来说要熟悉发展党员的一系列程序和制度存在一定的难度。再加上我市农村党组织每三年换届一次，每次换届都有许多"新人"走上支部书记的岗位。要新当选的支部书记快速熟悉发展党员程序和制度就更困难。书记对发展党员业务不熟悉，导致不能有效组织开展农村党组织的发展党员工作。

3. 教育引导不到位。发展"亲属党"问题和多年未发展党员问题，虽然几年前就已经引起市委的高度重视，也出台了相关文件，要求实行发展党员责任追究制，对多年未发展党员村书记进行相应的组织处理。但从目前情况上看，责任追究措施没有得到很好的执行，镇（街）层面上对问题书记的教育引导、监督惩处的力度不够。

从客观上分析：

1. 宗族宗派斗争激烈。在调查中我们发现，绝大部分存在多年没有发展党员问题或者发展"亲属党"问题的支部，都是平时村内矛盾比较复杂的问题村。由于宗族宗派的斗争，各方面的力量为掌握支部的控制权，都积极发展本派党员，巩固自己的地位。如有的村"爷爷"培养了"儿子"，"儿子"培养了"孙子"，一个村的党员都是其裙带，党支部俨然成了其家庭支部、宗派支部，发展党员成了派性斗争的工具；有的村党支部书记私心杂念重，嫉贤妒能，害怕"培养了苗子、失去了位子"，故意压制人才；有的村以圈定人，党员一票在手，凭个人好恶办事，是自己同派的，即使表现再差都无原则地投赞成票，不是自己同派的，即使表现再好都无原则地投反对票等。

2. 入党积极分子队伍存在诸多问题。如有的山区村，总人口不到百人，大部分人全都外出务工经商，同时，一些农村党组织不坚持"三会一课"制度、党员民主生活会制度、党员议事制度、学习制度等，放松了对党员的党性教育，久而久之，农村党员的知识结构不能及时更新，党性观念不强，思想混乱，把自己混同于普通群众，有的甚至还不如普通群众，使党员形象受损，党组织感召力和号召力降低。

3. 发展党员周期比较长。按照发展党员程序，从递交入党申请书到吸收为预备党员，最短需要2年时间。而目前，我市农村党组织书记的任期为3年。支部换届后，如果书记易人，一些已经培养成熟的入党积极分子，很可能因为宗族宗派等原因无法顺利吸收。

三 解决"亲属党"问题和多年不发展党员问题的几点建议

1. 以执行发展党员五项制度为载体，着力破解发展"亲属党"问题。

①严格落实"公示制"和"预审制"。在发展党员中要充分发挥群众和上级党委的监督作用。认真执行发展党员"公示制"，将支部要吸收谁、发展谁告知群众，将党务置于阳光下。同时镇（街）党（工）委，要强化发展党员的"预审制"，通过对拟吸收对象的入党申请书、个人自传和家庭成员及主要社会关系职业、政治历史说明、支部征求党内外群众意见谈话记录、发展对象公示情况说明等材料的审查，及时发现"亲属党"问题，把关口前移，把问题解决在萌芽状态。

②进一步完善"推优制"和"票决制"。目前我市对"推优制"和"票决制"的一些具体操作环节没有进行明确，容易被人钻空子。如在推优制中，到底以党员推荐为主，还是以群众推荐为主，如果以党员推荐为主，群众推荐做参考，那群众推荐的得票率该如何掌握等。而对票决制，虽然操作相对比较简单，就是用无记名投票方式代替举手表决，但由于农村党组织本身存在文化程度低等劣势，同时农村矛盾又比较复杂，操作稍有不慎就容易引起群众上访。因此，应及时出台相关实施办法，明确具体操作。

③切实贯彻"责任追究制"。我市早在2002年就制定了《发展党员工作责任追究制实施细则》，但时隔6年，发展党员责任追究流于形式，至今很少有因发展"亲属党"等问题党员的支部书记和相关人员受到相应处罚。因此，要切实把责任追究制落到实处，对农村基层党组织在发展党员工作中，有意拖延不召开支部党员大会讨论接收预备党员和进行预备党员转正，不执行有关工作制度，采取违纪、违规的方法发展党员的，要严肃查处，追究支部书记及相关责任人的责任等。

2. 以全面调查掌握多年不发展党员村情况为抓手，着力改善多年不发展党员问题。

①建立3年以上未发展党员村动态台账。今年我们已布置各镇（街）在认真核对党员档案的基础上建立3年以上未发展党员村的动态台账，做到四个明白："明白三年以上未发展党员村底数、明白造成的原因、明白入党积极分子培养情况、明白发展的具体措施"，并以此作为开展工作的基础和目标，因地制宜制订解决计划。要对三年以上不发展党员的村进行

挂号督办，落实一个，销号一个，并定期在全市予以通报。

②建立联系点制度。在解决多年未发展党员问题中，要健全和落实发展党员工作责任制，党委主要领导是发展党员工作的第一责任人，党委组织委员是具体责任人。要落实镇（街）党（工）委主要领导联系制度，每位镇（街）党员领导干部联系几个多年不发展党员村。同时，要落实党员农村工作指导员在解决多年不发展党员问题中的责任，由党员农村工作指导员担任联络员，制订党员农村工作指导员的发展党员工作责任制，签订责任书。

③做好新一届农村党组织书记培训工作。近期全市组织开展了农村党组织书记、村委会主任培训班，各镇街也组织开展了村两委干部培训。在这些培训的基础上，要再单独组织农村党组织书记业务培训，提高他们做好发展党员工作的能力，争取在今年就能解决一批多年不发展党员的村。

3. 以抓好发展党员日常工作为基础，着力切断问题根源。

①建立发展党员工作进度跟踪表。对每个村申请入党人员、入党积极分子情况等都要建立动态台账，镇（街）主要领导和分管领导掌握所有村台账、工作片主任和分管副主任掌握管辖村台账、农村工作指导员和村书记掌握所在村台账，做到发展党员工作村村一目了然，人人明明白白。

②加强入党积极分子队伍建设。入党积极分子是党员的"源头活水"。要加强入党积极分子队伍建设，就要转变支部"坐等上门"的消极思想，看准苗子要主动培养，引导他们向党组织靠拢。要强化对入党积极分子的教育培训，通过让他们听党课、列席接收新党员入党宣誓仪式或参加有益活动，对他们加强教育，强化党性锻炼，端正入党动机，促其成熟。对经一年以上培养成熟的入党积极分子，支部要及时吸收入党。

③广泛深入宣传。要让党员群众了解发展党员程序和工作要求，切实做好党务公开工作。只有让党员群众了解发展党员所要走的各项程序，所要履行的各种手续，把发展党员工作置于群众监督之下，这样才能有效避免发展党员过程中个别人搞小动作，才能有效保证发展党员的质量。同时要广泛宣传发展"亲属党"和多年不发展党员的责任人责任追究办法，让群众监督，让责任人产生压力。

④完善督查考核。根据"谁主抓谁负责"原则，在党建工作目标责任制考核中加大考核力度，平时要加强巡查监督力度，督查情况实行定期通报制度。对督查中发现的问题要及时通报，并采取措施认真加以解决，

确保发展党员中的各项工作落到实处。各镇（街）党（工）委要把解决多年不发展党员问题与村两委干部、镇（街）干部工作目标责任制考核相结合，要充分运用考核机制抓好落实。村支部书记本届任期内不发展党员或未解决5年以上不发展党员问题的，一般不得作为下届支部书记人选。未解决5年以上不发展党员村问题的村党组织和主要负责人，取消年度党内评先资格。

附录8 越州市城乡新社区建设实施办法

（越政发〔2009〕84号）

第一章 总则

第一条 为进一步推进城乡新社区建设，改善城乡居民生产和生活环境，集约节约用地，提升城乡建设品质，根据国家有关法律、法规规定，结合《越州市统筹城乡综合配套改革试点实施意见》，特制定本办法。

第二条 本办法使用范围为城中村、镇中村（园中村）、近郊村和远郊村。城市老社区改造另行制订办法。

城中村是指位于城市规划建设用地范围内的村；镇中村（园中村）是指位于镇街规划建设用地范围内的村（城中村除外）。

远郊村是指地处偏远、人口稀少、自然承载力弱的边缘山区的村（即实施"宅基地换住房、异地奔小康"工程的村）；近郊村是指位于城市（镇街）规划建设用地范围外，并且不实施"宅基地换住房、异地奔小康"工程的农村。

第三条 城乡新社区建设过程中，必须遵循"因地制宜、集约用地、集聚发展、群众自愿、有序推进"原则。

第四条 城乡新社区建设在市委、市政府的统一领导下，由市农办指导，镇人民政府、街道办事处（以下简称镇街）负责，村级组织实施；国土资源局、建设（规划）局、综合行政执法局等行政主管部门根据各自职责依法履行所涉及的行政职能。

第五条 城乡新社区建设项目用地纳入全市年度土地供应计划，市政府综合考虑城乡建设用地规模，分批有序组织实施。

除新社区建设规划留用地外，其余土地基本被征收的行政村，优先组织实施。

第二章 建设模式分类

第六条 城中村改造实行高层公寓（12层以上建筑，下同）为主的模式安置（建筑控高不允许建设高层的区域除外）。其建设总用地的60%以上用于规划建设高层公寓。

第七条 镇中村（园中村）改造实行生产经营、生活居住功能分区。其生活居住区建设总用地的50%以上用于规划建设高层公寓或多层及中高层公寓（6—11层建筑，下同）。有条件的村，也可参照城中村的模式改造。

第八条 近郊村一般采用零增地或少增地的"空心村"改造。"空心村"改造重点包括：拆除危房和违法建筑、修缮旧房、解决住房困难、畅通道路、外立面粉刷、古建筑保护、村庄绿化等，改善居住环境，避免全村大拆大建。

除村庄建设规划留用地外，其余土地基本被征收的行政村，经村民代表会议通过，也可参照城中村、镇中村（园中村）的方式改造。

第九条 远郊村实施"宅基地换住房、异地奔小康"工程，具体按义政发〔2009〕75号《越州市"宅基地换住房、异地奔小康"工程实施办法》执行。

第十条 提倡整村异地安置，推行多村联片按规划适度集中建设，城市新社区规划安置人口一般不少于1500人，镇街新社区规划安置人口一般不少于1000人。

第三章 城镇新社区用地对象和规模核定

第十一条 新社区建设总用地规模由建设用地审批对象（村级组织成员）的用地面积（含可增加安排的面积）、非村级组织成员合法房屋补偿所需的用地面积和需规划控制保护的面积（具体以审批为准）等组成。

第十二条 建设用地审批对象人均规划用地不超过90平方米。

第十三条 建设用地审批对象包括：

（一）村级组织实有在册并且享受村民待遇的成员；

（二）服兵役前属本村级组织成员的义务兵、士官；

（三）入学前属本村级组织成员的全日制大中专院校在校学生；

（四）在服刑、劳教前属本村级组织成员的正在改造人员。

第十四条 夫妻双方均为本村级组织实有在册成员，且已领取独生子女光荣证等法律、法规、政策规定可增加安排建房用地的家庭，增加一人标准安排。

属建设用地审批对象，并经村民代表大会同意，有下列情形的，可增加一人标准安排：

（一）年满 20 周岁以上的未婚人员（不含离异的人员和五保人员）；

（二）已婚未育的家庭；

（三）服兵役、入学前属本村级组织成员的义务兵、士官和全日制大中专院校在校学生已婚未育的，且其配偶系本村级组织成员的家庭；

（四）在服刑、劳教前属本村级组织成员已婚未育的，且配偶系本村级组织成员的家庭。

除上述情形外，规划用地按实有在册人员安排。已享受新社区建设政策的对象，今后因婚嫁等原因迁移户籍的，在迁入地不再安排建设用地。

第十五条 非村级组织成员合法房屋补偿：

合法旧房建筑占地面积在 108 平方米以下的，按实安排规划；合法旧房建筑占地面积在 108 平方米以上的，超过 108 平方米部分按 1∶0.5 的比例按实安排规划，但最高不超过 126 平方米。

非村级组织成员拥有的合法房屋，已出卖、赠与他人或已被司法部门依法查封拍卖的，在审批补偿方案时，其剩余的合法房屋必须与已出卖、赠与他人或已被司法部门依法查封拍卖的面积合并审查。

鼓励推行货币化补偿安置，具体补偿标准由村级组织与非村级组织成员自行协商。

第四章 城镇新社区规划设计

第十六条 新社区规划必须符合土地利用总体规划、市域总体规划，并符合产业布局规划、区块详细规划。具体操作按有关政策规定审批。

第十七条 新社区的规划控制标准为：

（一）高层公寓建筑密度 18%—25%，容积率不低于 2.5，住宅标准层层高不超过 3.2 米；

（二）多层及中高层公寓建筑密度 20%—30%，容积率 1.4—3.0，住宅标准层层高不超过 3.2 米；

（三）联立式住宅建筑密度32%—40%，容积率1.0—1.5，房屋檐口高度不超过10.2米；

（四）生产用房区块，建筑密度35%—40%，容积率1.6—2.4。

第十八条　新社区建设规划要做好有纪念意义的建筑物、军事设施、测绘标志、宗教场所、文物古迹、名贵古树等遗存保护；并合理配套文化中心、幼儿园、警务室、社区卫生服务中心等公共设施。

第五章　城镇新社区的分户安置和实施程序

第十九条　建设用地审批对象，以户为单位按下列标准确定安置基数：

（一）1—3人的小户安排安置基数108平方米以内，其中，子女单独立户的父母一人安排36平方米以内，二人安排54平方米以内；符合立户条件且未婚的子女安排90平方米以内，已婚未育的子女安排108平方米以内。

（二）4—5人的中户安排126平方米以内；

（三）6人以上的大户不超过140平方米。

夫妻双方均为本村级组织实有在册成员，且已领取独生子女光荣证的家庭，独生子女可享受增加1人计入在户人口。

旧房合法占地面积超过户型安置基数标准的，超过部分按1∶0.7的比例按实增加安置基数，但每户安置基数最高不超过140平方米。

第二十条　年满二十周岁以上的未婚人员分家立户的具体条件，由镇街指导村级组织商讨确定，并经村民代表大会通过。

第二十一条　属建设用地审批对象，但位于本村级组织范围内合法房屋已被部分或全部出卖、赠与他人或已被司法部门依法查封拍卖的，安置基数计算方法为：按第十九条规定的安置基数扣减已出卖或赠与或被司法部门依法查封拍卖的旧房建筑占地面积。

（一）扣减后面积大于18平方米的，该面积即为该家庭的安置基数；

（二）扣减后面积小于18平方米的，予以照顾安置。家庭实有在册成员人数在3人及以下的，安排建筑面积108平方米以内公寓房一套；4人及以上的，安排建筑面积126平方米以内公寓房一套。

第二十二条　非村级组织成员，按下列标准确定安置基数：

合法旧房建筑占地面积在108平方米以下的，按1∶1的比例确定安置基数；合法旧房建筑占地面积在108平方米以上的，超过108平方米部分按1∶0.5的比例按实确定安置基数，但最高不超过126平方米。

第二十三条　因分家立户时旧房分配不均造成建设用地审批对象拥有旧房占地面积不足安置基数的，不再按限额补足，超过限额的按本办法执行。

第二十四条　高层公寓、标准厂房的安置系数为1∶6。多层及中高层公寓的安置系数为1∶4.5。联立式住宅的安置系数为1∶3。

高层公寓规划设计时，在实现1∶6安置的基础上，允许再规划一定比例的配套用房（一般指裙房），其安置系数最高不超过1∶1.5。由村级组织筹建，其权属属于村级组织，收益优先用于公共配套、物业管理等支出。

第二十五条　新社区建设按下列程序实施：

（一）调查核实。村级组织对本村进行详细调查摸底，统计总人口和可增加安排的对象、非农人员合法产权房屋总量等。经村民代表会议通过，由村级组织向镇街提出旧村改造申请，并确定改造建设的项目法人。

（二）镇街统筹。镇街在有关村级组织提出申请的基础上，以村庄为单位确定新社区建设对象。

（三）初核总用地规模。在镇街国土所指导下，村级组织测算总用地规模，预编用地方案和实施计划，并由镇街予以初核。

（四）草拟实施细则。村级组织依据法律、法规、政策的相关规定以及经镇街初核的总用地规模，草拟实施细则，确定分户安置基数和安置面积，并经村民代表会议通过。

（五）联合审批。镇街、国土资源局等单位联合办公，严格按照本办法核定总用地规模。在符合建设规划和土地规划的条件下，可在建设用地审批对象规划总用地面积的基础上增加10%计入总用地规模。

镇街审核批复实施细则，并由市政府委托镇街审批分户安置基数、分户安置面积。

经镇街审核批复的实施细则、分户安置基数、分户安置面积，由村级组织在村内公示。

（六）统一编制规划。镇街先统筹编制跨村域的社区详细规划。各村级组织应严格依据社区详细规划、国土资源局批准的建设总用地、总建筑面积等条件，编制本村的建设规划。建设规划按有关规定审核审批。

（七）拆除旧房，建设新房。村级组织应在建设用地批准后，新房建设启动前完成旧房拆除，并与安置户签订《物业管理协议书》。再按照基本建设的政策规定，办理相关手续后建设新房。

（八）登记发证。新房建成并经验收合格后，居住用房依申请予以登记发证。

第二十六条　新社区建设用地在自愿、依法征收为国有后，经办理审批手续，允许进入二级市场，土地出让金按规定交纳。

完成新社区建设后，人均耕地少于0.2亩的行政村，依法实施撤村建居，其剩余集体所有土地依法征收为国有。

第二十七条　安置后用地少于原村庄建设用地的，所节约的土地在符合城市规划的条件下，由市政府一次性统一征收。

第六章　"空心村"改造的拆建和实施程序

第二十八条　市政府每年安排部分用地指标，专项用于"空心村"改造，用地指标的使用由镇街统筹安排。

第二十九条　开展"空心村"改造的村，需经村两委会议、村民代表会议讨论通过，报镇街审核审批，并报市农办、国土资源局备案。土地被征收较多的村优先实施。

第三十条　"空心村"改造必须"零增地"或"少增地"。"空心村"改造中建新房的农户，必须严格实行一户一宅，且宅基地面积不得超过第五章第十九条所规定的安置基数。

建新房前，必须先完成旧房处置。

第三十一条　"空心村"改造要坚持集约节约。提倡水平安置住房困难户；尽量避免拆除建筑质量较好的旧房，提倡以村内户户置换的方式，帮助住房困难户解决住房问题。

第三十二条　"空心村"改造新社区建设按下列程序实施：

（一）调查摸底。村级组织对本村进行调查摸底，了解统计需要拆建和修缮的旧房现状及产权情况，并登记造册。

（二）编制规划。在严格控制新增用地的前提下，村级组织负责编制"空心村"改造规划，按有关规定审核审批，批准后由村级组织公布。

（三）拆建实施。村级组织根据规划实施危旧房拆除；镇街对拆除工作进行严格验收后，下拨新增建设用地指标，并进入新房建设程序。

对规划予以修缮的房屋，允许进行原地拆建。

第七章 旧房拆除和资金管理

第三十三条　旧房产权以《土地使用权证》登记的建筑占地面积为准。未发放《土地使用权证》的旧房，由发证部门予以丈量审核确定。庭院、空基、天井、滴水等不计入建筑占地。

第三十四条　拆除共有产权的房屋，应待共有权人达成协议后再予拆除；拆除设有抵押权的房屋，依照国家有关担保的法律、法规执行。

第三十五条　村级组织与被拆除人应签订房屋拆除书面协议，协议签订后，被拆除人应当将原土地使用权证和房屋所有权证上交村级组织，统一向发证部门办理产权注销手续，并在规定的期限内完成搬迁。村级组织应在新房建设前完成旧房拆除。

第三十六条　新社区建设中收取的各项费用应专款专用，纳入镇街联管账户管理，优先保证道路、给排水、绿化、公建等基础设施建设；各项账务应单独列支、定期张榜公布，接受群众监督。

第三十七条　村级组织应建立、健全档案制度，加强对新社区建设档案、资料的管理。档案资料包括：批准文件、规划和建设方案、拆除协议等与新社区建设相关的材料。

第三十八条　涉及新社区建设的行政事业性收费，本市有权减免的给予减免，不能减免的按政策规定最低价收取。

第八章 附则

第三十九条　成立市城乡新社区建设领导小组，由市委、市政府分管领导任正副组长，市农办、发展和改革局、建设（规划）局、国土资源局、综合行政执法局、供电局、人防办及各镇街等单位一名主要领导为成员，办公室设在市农办；建立领导小组联席会议制度，解决城乡新社区建设中遇到的疑难问题。各有关职能部门要通过联合审批、集中审批、委托审批、现场办公等方式，最大限度简化办事程序，提高办事效率，方便群众办事，加快推进建设进程。

第四十条　本办法公布前，已经依法批准旧村改造并开工建设的村级组织，已经市政府下文批准旧村改造的村级组织，或者村庄建设规划、实施细则、分户报批已批准且建设用地已落实的村级组织，允许按原批准方案执行。

第四十一条　本办法自发布之日起施行。此前与本办法相冲突的规范性文件，均以本办法为准。

第四十二条　本办法由市政府法制办负责解释。

附录9　关于全面推进新农村建设实施意见
（越农办〔2009〕1号）

各镇党委、政府，各街道党工委、办事处，市机关各单位：

为贯彻落实党的十七届三中全会精神，统筹城乡经济社会协调发展，扎实推进创业富民、创新强市，进一步提升我市新农村建设水平，结合越州新农村建设实际，特制定本实施意见：

一　目标要求

围绕"生产发展、生活宽裕、乡风文明、村容整洁、管理民主"二十字方针和统筹城乡发展要求，按照"四个区、三步走、二十年、一体化"发展思路，坚持市域一体、规划引领、政府主导、农民主体、社会参与原则，建立健全以工促农、以城带乡长效机制，大力推进农村新社区建设、村庄整治和异地奔小康工程，进一步创新改造模式，提升规划与建设水平，加大扶持力度，兴起新一轮新农村建设热潮，创建一批符合实际、富有特色、具有较大影响力的特色示范村。把越州农村建设成为繁荣、富强、文明、民主、和谐，城乡融合、基本一体的社会主义新农村，成为全国新农村建设的先进市、示范区。

——主城区内的村庄。为中心城区规划控制区，采取高层多层公寓相结合建设模式，规划建设成为国际商贸、国际会展、国际物流、国际文化等中心相配套的城市社区。

——副城区内的村庄。为小商品制造基地，规划建设成为生活区与生产、经营区及生产仓储用房相分离的功能区，就近融入城镇和工业园区。

——城郊区内的村庄。因村制宜开展"空心村"改造和村庄整治建设，保留现有村庄特色，把生态、环保、自然的理念深入新农村，将传统的耕种农业逐步引向附加值更高的都市农业、农产品加工业和"农家乐"休闲旅游业，走出一条专业化、产业化、规模化的发展之路。

——远郊区内的村庄。为自然保护区，重点建设山川秀美的生态环境体系，山区列入"异地奔小康"村庄，以宅基地换城镇住房的建设模式，用五年的时间，实施下山脱贫异地奔小康。

二　实施程序

1. 新社区建设实施程序

（1）调查核实。村级组织广泛宣传，调查摸底，统计总人口和可增加安排的对象、有合法产权的非农人员等，查清、统计旧房现状及产权情况，并登记造册。

（2）确定新社区总用地规模。由国土所和镇（街道）审核，经市农办签署意见后，报市国土部门核准。

（3）制订新社区建设实施意见。由所在镇（街道）国土所审核，镇（街道）批复，报相关部门备案。

（4）编制规划。村级组织根据社区控制性详细规划和总用地规模、住宅的类型等，委托编制村庄建设规划，经村民代表会议讨论通过，镇（街道）、市规划行政主管部门审核，报市政府审批，批准后由镇（街道）公布。

（5）建设用地申请。列入镇（街道）新农村建设年度计划的村级组织，持已批准的规划、实施意见、用地方案、旧房拆除协议、申报对象资料等向镇（街道）提出建设用地申请，经镇（街道）、国土部门审核后，报市政府审批。不占农用地的，可一次性申请。

（6）拆除旧房。村级组织应在建设用地批准后，新房建设启动前完成旧房拆除。过渡期间，农户租房费用由村级组织做妥善安排。

（7）新房建设。村级组织应依法、统一申办建房手续。旧房拆除经检查合格后，由各镇（街道）定点放样，城市规划区范围内由市规划管理部门组织放样，按规划组织实施。社区内道路、给排水、"三线"布设、绿化、亮化、环卫等基础配套设施及新房外立面应按规划同步实施。

2. 村庄整治提升实施程序

（1）村提出申请，制订提升计划，明确资金概算、资金来源。

（2）镇（街道）现场踏勘，提出指导性意见，确定村庄整治提升内容。

（3）经所在镇（街道）道审核立项后，报市农办备案。

(4) 分项目组织实施。

(5) 镇（街道）道按工程进展，分期组织竣工验收。

3. 示范村、特色示范村实施程序

(1) 有特色条件，村两委班子战斗力强，干部团结干事，村民要求创建愿望迫切的村，向所在镇（街道）申请；

(2) 制订实施初步方案，经所在镇（街道）道签署审核批准后，报市农办备案；

(3) 委托规划设计单位进行专项规划设计，特色示范村要委托有资质的规划设计单位进行特色专项规划设计；

(4) 示范村专项规划经镇（街道）审核同意后组织实施，特色示范村的专项规划，由镇（街道）道组织市农办、建设局、国土局等有关部门进行会审同意后，组织实施。

4. 异地奔小康村实施程序（按有关政策执行）。

三 资金补助

新农村建设资金投入，必须坚持户村自筹和政府补助相结合；坚持项目管理和资金管理相结合；坚持节俭和效益相结合，保证工程建设质量，降低工程建设成本。

1. 资金补助范围

(1) 新社区建设内的道路、给排水、供电、绿化、环卫等公共基础设施建设。

(2) 村庄整治中的自来水、村内道路、外墙粉刷、湖塘沟渠治理、亮化、绿化、古祠堂修复、公厕、墙体文化等基础配套工程。

(3) 示范村、特色示范村的补助资金。

(4) 授予示范村的奖励资金。

(5) 有下列情况之一的，不列入补助范围：一是非新农村建设工程；二是非新农村基础配套工程；三是项目建设未完工或完工未验收的项目；四是审批支出程序不规范的项目；五是弄虚作假及其他。

2. 补助标准

(1) 新社区建设。就近整合、分批次建设的村人均（人口按村上年度统计年报确定）补助标准基数为1800元，整体搬迁的村及自然村撤并人均补助标准基数为2300元（人口按村上年度统计年报确定）。视经济、区位条件划分四个档次：一是主城区内城中村；二是主城区内其他村；三是副城区内镇中村、园中村；四是其余村。分别享受上述标准的100％、140％、180％、220％。实施功能分区规划建设、"零增地"旧村改造的村（含"空心村"改造），人均补助提升20％。旧村改造村联建多层公寓及高层公寓（12层以上），所建住房经市农办审核确认后，可按建筑面积另加奖励：多层公寓150元/平方米，高层公寓300元/平方米，每村最高奖励额度不超过500万元，奖励归村集体所有，用于新农村公共基础设施建设。

（2）村庄整治。补助标准为人均总额1350元。即：自来水200元；道路硬化300元；"穿衣戴帽"400元；湖塘沟渠治理、亮化等300元；"三拆"150元。

（3）被授予市级（含越州市级）新农村建设示范村的，予以每村10万元。

（4）修复古祠堂、古民居（用于村民室内活动或旅游观光）的，经所在镇（街道）审核立项后，报市农办备案，经验收合格，予以每村5万元至10万元专项补助。

（5）自然村较多（3个以上）的行政村实施村庄整治，视其资金投入情况，再给予适当补助，补助标准不超过原补助额度的10％。

（6）规划设计。引进市内外有先进理念且符合资质条件的规划设计单位参与村庄规划设计，通过规划引领，结合农村的风貌特色，以提升规划建设档次。镇（街道）年初列出计划，对培育示范村和特色示范村，编制村庄修建性详细规划，报市农办备案，按实际规划费的80％予以补助，补助额最高不超过10万元，多次规划的，只享受补助一次。

（7）公厕建设。列入实施计划的村（根据实际需要，一般人口在500人以上，含外来人口），完成每村一座以上水冲式公共卫生厕所建设。市农办根据验收结果及投入情况，每座补助5万—10万元。

（8）墙体文化。在"穿衣戴帽"工程人均补助400元的基础上，开展墙体文化建设。对外墙勾线等内容，色彩协调、风格统一、效果显著、符合当地文化特色的，经镇（街道）验收，市农办认定，可予以人均补助120元，资金补助不超过实际投入。

（9）对已授予"全面小康建设示范村"的奖励。为巩固示范村的成果，市农办对照示范村的创建标准，每年不定期地开展示范村复查工作。

对创建成效显著、示范作用明显、保持创建标准的村，年终时予以1.5万元的奖金。在复查中，第一次达不到创建标准的，予以警告批评，扣除奖金5000元；第二次达不到创建要求的，予以通报批评，扣除奖金1万元；第三次达不到创建要求的，取消年终1.5万元奖金，并暂缓或停止该村新农村建设资金拨款。

（10）示范村和特色示范村，视其建设档次和资金投入情况，在人均补助的基础上，示范村再予以人均600元至1600元的补助；特色示范村再予以人均1600元至2600元的补助。

（11）镇（街道）建立垃圾中转站、购置垃圾处理设备，按投资额给予50%的补助，每个镇（街道）总额补助最多不超过300万元。

（12）实施村庄整治建设的村，在补助标准的基础上提高10%。

（13）实施农村饮用水项目，工程投入较大，资金缺口较多，可视资金投入情况，再给予适当补助。

（14）镇（街道）培育连片、连线的示范区块，整体规模较大，示范带动明显，资金投入较多，可按镇、村投入资金的实际情况，予以不高于25%资金配套。

3. 补助程序和要求

（1）资金申请。填写《新农村建设资金拨款申请表》经镇（街道）审核后，报市农办。

（2）新社区建设的资金补助按工程量投入、形象进度、建新房、拆旧房的完成情况按比例计核。

（3）村庄整治工程按项目完成情况分期分批计核。

（4）资金拨付。市农办实地踏勘工程的进度和质量后，提出补助方案意见送市政府审定，由市财政局按季进行拨付。

（5）镇（街道）对新农村建设项目要严格把关，有下列情况之一，应暂缓或停止上报申请拨款：一是自筹资金不落实、不到位；二是不实行专款专用；三是财务管理不健全、会计核算不规范；四是工程不按规划实施；五是工程不按规定实行公开招投标；六是工程质量不符合要求，验收不合格；七是未按协议要求拆除旧房；八是工程已通过验收，资金补助已拨付的，未有新建工程的村（居），不再按本实施意见的标准予以补足。

四　工作要求

1. 提高认识、加强领导。新农村建设面广量大，整治建设内容不断拓展，标准和要求也不断提高。因此，各镇（街道）必须提高认识，积极引导，配强力量，切实加强对新农村建设的领导。

2. 突出重点、敢于创新。树立规划是最大的经济效益、社会效益和生态效益的观念，根据村级班子、集体经济、区位、自然条件、产业特色和产业效益等因素，立足当前，着眼长远，以高起点的规划、高标准的建设管理，提升村庄整治建设总体水平。要继续解放思想，大力发扬敢于创新、勇于突破和宽于失败的改革创新精神，大胆探索，敢于冲破条条框框，推进新农村建设再上新台阶。

3. 精心部署、严密组织。建立健全各镇（街道）、各村（居）新农村建设领导小组和工程管理班子，精心制订村庄整治、建设实施计划，加大对新农村建设项目的监管，规范工程建设流程。对新农村建设工程要求做到，统一规划设计、统一预算、统一招标、统一监理、统一审核。

4. 完善机制、强化考核。坚持"建、管、养"并举原则，完善长效管理机制，制订考核奖励办法，确保村集体资产、公共配套设施的日常维护和完整，积极引导和教育村民自我约束、自我管理、互相监督，长期保持村容整洁，防止"脏、乱、差"现象反弹。对村庄整治建设完成的村，环境卫生、绿化养护、文体活动设施维护等项目进行明察暗访，不定期检查，并实行考核，以进一步巩固整治成果。

五　其他

1. 有关政策与本实施细则不一致的，以本实施细则为准。

2. 本实施意见由市农办负责解释。

附录10　吴镇岭村社区建设实施细则

第一章　总则

第一条　为了确保岭村社区建设顺利展开，根据《中华人民共和国土地管理法》、《中华人民共和国城乡规划法》、《越州市城乡新社区建设实施办法》，结合义亭镇义亭社区建设的实际情况，为进一步推进城乡新社区建设，改善城乡居民的生产和生活环境，集约节约用地，提升城乡建设品质，以发展"小城市"为契机，制定本细则。

第二条 岭村社区建设范围以越州市人民政府（2010年义办第156号）批准的规划为准。岭村社区建设用地以越州市国土局批准的岭村居委会新农村住房建设总用地规模为准，总用地规模为88607平方米。

第三条 岭村社区建设必须遵循"因地制宜、集约用地、集聚发展、群众自愿、有序进行"原则。

第四条 岭村社区建设在市委、市政府的统一领导下，由市农办指导，义亭镇人民政府负责，义亭居委会实施。

第五条 为保证岭村社区建设工作公开、公正、公平、依法、按章有序进行，成立义亭社区建设办公室（以下简称办公室），其组成人员必须有开拓精神、大公无私、能为群众办实事。

第六条 办公室工作职责：做好有关法律政策及细则的宣传解释，接受建设用地审批对象的申请和资格审查、旧房的登记，代表居两委与建设用地审批对象签订协议，督促旧房的拆除与拆除后的验收，办理宅基地报批，参与工程管理、选位及建设资金管理和档案管理，配合有关部门确权，建设工程规划许可证、定点放样、土地使用权与房屋所有权以及土地产权的登记发证等。

第七条 办公室按规定将实施细则、人口、旧房面积、拟报批面积、批准情况、建房位置落实、安置方式、资金收支等情况张榜公布，接受群众监督。

第八条 岭村社区建设范围内的道路、杂地、水塘、集体公房及房前屋后的空闲宅基地，属集体所有，由集体统一规划使用。

第二章 分户安置和实施程序

第九条 建设用地审批对象：

1. 村级组织实有在册并且享受村民待遇的成员；
2. 服兵役前属本村组织成员的义务兵、士官；
3. 入学前属本村组织成员的全日制大中专院校在校学生；
4. 在服刑、劳教前属本村组织成员的正在改造人员。

第十条 建设用地审批对象拥有完全产权的住宅房屋（不包括非村级组织成员），以户为单位按下列标准确定安置基数：

1. 1—3人的小户安排108平方米以内，其中子女单独立户的父母一人安排 36 平方米以内，二人安排 54 平方米以内。符合立户条件且未婚的子女安排 90 平方米以内，已婚未育的子女安排 108 平方米以内。

2. 4—5 人的中户安排 126 平方米以内。

3. 6 人以上的大户不超过 140 平方米。

夫妻双方均为本村级组织实有在册成员，且已领取独生子女光荣证的家庭，可享受增加 1 人计入在户人口。

旧房合法占地面积超过户型安置基数标准的，超过部分按照 1∶0.7 的比例按实增加安置基数，但每户安置基数最高不超过 140 平方米。根据一户一宅原则，属本户在义亭居委会行政区域内的房屋须全部收回合并计算报批。

属建设用地审批对象，但位于本村组织范围内合法房屋已被部分或全部出卖、赠与他人或已被司法部门依法查封拍卖的，安置基数计算办法为：按《越州市城乡新社区建设实施办法》第十九条规定的安置基数扣减已出卖或赠与或被司法部门依法查封拍卖的旧房建筑占地面积。

（一）扣减后面积大于 18 平方米的，该面积为家庭的安置系数；

（二）扣减后面积小于 18 平方米的，予以照顾安置。家庭实有在册成员人数在 3 人及以下的安排建筑面积 108 平方米以内公寓房一套，4 人及以上的，安排建筑面积 126 平方米以内公寓房一套。

第十一条 非村级组织成员，按下列标准确定安置基数：

合法旧房建筑占地面积在 108 平方米以下的，按 1∶1 的比例确定安置基数；合法旧房建筑占地面积在 108 平方米以上的，超过 108 平方米部分按照 1∶0.5 的比例按实确定安置基数，但最高不超过 126 平方米。

第十二条 建设用地审批对象安置基数超过原旧房占地面积的部分，应向建设用地审批对象收取超出占地面积地价款：本村经济组织成员每平方米 600 元。非本村经济组织成员：①原籍在本村的，每平方米 1000 元；②原籍在非本村的，每平方米 1500 元。

第十三条 建设用地审批对象分家立户的条件：

根据岭村社区建设规划和实际情况，岭村社区建设分期实施。第一期分家立户截止时间为公历 2009 年 11 月 16 日。

1. 年满 20 周岁的男儿允许单独立户；

2. 有女无子户允许一个满 20 周岁的属本村集体经济组织成员的女儿单独立户；

3. 有女有子且儿子未满20周岁的户，允许一个满20周岁的属本村集体经济组织成员的女儿带其弟单独立户，但其弟不得再单独报批，且该户须提出书面申请，全家共同签章；

4. 祖孙有三代（每代都可单独立户）的，第一代安置18平方米。祖孙四代（每代都可单独立户）的，第一代第二代各安置18平方米。

第十四条 几种特殊情况的处理：

1. 服兵役（不含提干）的义务兵和士官，全日制在校大中专学生，劳教、劳改人员在户口迁出前属本村集体经济组织成员参照第十三条第1项执行。

2. 离婚户的安置办法：

（1）2009年2月20日后，男女双方离婚，按婚前的户型面积进行安置，超限额的按1∶0.7比例安置，双方具体安置面积自行协商解决。

（2）离婚后外嫁但户口仍保留在册的按在册外嫁女计算。

（3）外嫁女户口仍在册的，凭嫁入地所在镇街国土所开具的未享受住房政策（旧村改造、空心村改造、异地搬迁、住房特困户等）的证明或市住房管理委员会开具的未享受房改政策的证明，可享受36平方米，否则不予享受；嫁给世居户，户口仍在册的，享受36平方米，其子女不再享受。

（4）有关领养问题的处理：2009年2月20日前，符合有关计生政策规定，并经民政部门办理领养手续的人员计算安置人口。

3. 夫妻一方属于本村集体经济组织成员，一方不属于本村集体经济组织成员但属于越州市内非农户口的，凭市住房管理委员会开具的未享受房改政策的证明，可算审批对象人口。

第十五条 分家析产时，既有本村集体经济组织户口子女、又有本村集体经济组织外居民户口子女的或双方均为本村集体经济组织外居民户口子女多分房屋，而本村集体经济组织户口子女部分或少分，旧房安置当中先留足父母审批面积，再进行平均分摊。同样父母旧房留房面积不足的，也应从符合立户条件的子女处平均上补。

第十六条 具有垂直房住房的建设用地审批对象如自愿放弃垂直房安置的，准予安置多层及中高层公寓（6—11层建筑，下同）或高层公寓（12层以上建筑，下同）：

1. 建设用地审批对象愿意安置多层及中高层公寓或高层公寓的可以

享受安置基数扩比的优惠政策。高层公寓的安置系数为1∶6；多层及中高层公寓的安置系数为1∶4.5；联立式住宅的安置系数为1∶3。

2. 高层公寓规划设计时，在实现1∶6安置的基础上，允许再规划一定比例的配套用房（一般指裙房），其安置系数最高不超过1∶1.5。由村级组织筹建，其权属属于村级组织，收益用于公共配套、物业管理等支出。

第十七条　审批后，垂直房安置余数以9平方米为基数：

1. 小于9平方米的，采用货币补偿形式安置，按市场评估价给予补偿；

2. 大于等于9平方米的，安置18平方米，须缴纳差额部分的地价款，地价款价格参照第十二条。

第十八条　安置高层、多层及中高层水平房的，安置余数及具体经济结算办法另行制定。

第三章　旧房拆除及安置

第十九条　旧房占地面积的确定：

1. 以《土地使用权证》登记的建筑占地面积为准。

2. 未发放《土地使用权证》的旧房，由土地登记代理中介机构测量后指挥部统一上报国土部门予以确权。

3. 庭院、空基、天井、滴水、挑梁不计入建筑占地。

第二十条　旧房的拆除。办公室与建设用地审批对象应签订房屋拆除书面协议，协议签订后，建设用地审批对象应将原土地使用权证和房屋所有权证上交村级组织，统一向发证部门办理产权注销手续，并在规定期限内搬迁。旧房拆除由义亭居委会招标确定的拆除公司统一拆除。

第二十一条　拆除共有产权的房屋，应待共有权人达成协议后再予以安置。拆除依法设有抵押权的房屋，抵押人与抵押权人应当按照有关规定就抵押权及其所担保债权的处理问题达成一致，并向办公室提交书面协议后，建设用地审批对象才享有货币补偿或产权调换权利；抵押人与抵押权人达不成协议的，办公室应当对建设用地审批对象实行货币补偿，并将补偿款向公证机关提存公证。

第二十二条　对未作依法处理的违章建筑物或临时性构筑物，办公室和有关部门不得以补交出让金手续为由予以产权调换。鼓励自行拆除违章建筑物或构筑物，对限期内主动自行拆除的，予以人工补贴；超过期限的，由职能部门强制拆除。

第二十三条 选择货币补偿的水平产权和完全垂直产权的房屋均按评估中介机构的市场价给予补偿。

第二十四条 选位方式：

1. 第一期采用抽签定位方式，具体方法另行制定；

2. 第二期采用竞标或抽签定位方式，具体方法另行制定。

第二十五条 按完全垂直产权的房屋进行安置的，可在每幢房屋整体统一设计前提下，建设用地审批对象必须选择有相应资质的施工单位承建。新房建成并经有关职能部门验收合格后，建设用地审批对象自行申请办理房地产权属登记。

第四章 其他

第二十六条 建设用地审批对象应按本细则之规定，积极主动配合办公室工作人员做好房屋拆除安置工作。对辱骂、殴打办公室工作人员，阻碍工作人员执行公务的，由公安机关依照《治安管理处罚条例》处罚，构成犯罪的，由司法机关依法追究刑事责任。

第二十七条 办公室工作人员应忠于职守，尽职尽责，严格按照有关法律政策及工作职责办事。对于玩忽职守、滥用职权、徇私舞弊的，由上级主管部门从严查处，构成犯罪的由司法机关依法处理。对工作不惩治，不尽心的工作人员，报相关部门同意后予以调换。

第二十八条 本实施细则如与上级政策抵触的，应以上级政策为准。未尽事宜，岭村社区建设办公室在广泛征求村民意见的基础上，制定补充规定，报村民代表大会通过执行。

第二十九条 本细则在村民代表大会通过，报吴镇人民政府批准后实施。

第三十条 本细则由吴镇社区建设工作领导小组和岭村社区建设办公室负责解释。

附录11　吴镇岭村社区建设实施细则补充规定

根据越政发〔2009〕84号文件精神，吴镇岭村社区建设总用地的50%以上用于规划建设高层公寓或多层公寓或多层及中高层公寓（6—11层建筑，下同）。为此，根据吴镇岭村社区建设实施细则，针对安置高层、多层及中高层水平房的安置余数及具体经济结算办法，特作如下补充规定：

一　具有下列情形之一的建设用地审批对象，一律安置在多层及中高层或高层公寓。

1. 本村在册户口的建设用地审批对象安置基数少于54平方米（含54平方米）的；

2. 非本村在册户口的建设用地审批对象。

二　父母与子女单独立户分户安置的，其中一户必须安置在多层及中高层或高层公寓。

三　外嫁女安置基数36平方米的，一律安置在多层及中高层或高层公寓，且不准与父母兄弟合并安置。

四　垂直房占地面积按规定分别以72平方米、90平方米、108平方米户型安置。

五　以垂直房安置的建设用地审批对象，必选在定点放样之日始一周年内建好房屋。

六　岭村社区建设安置的多层及中高层或高层公寓由岭村社区建设办公室（以下简称办公室）统一建设。建设用地审批对象应按下列规定向指挥部支付建房款。

1. 公寓工程施工单位确定后十五日内，建设用地审批对象支付建房款（套型面积×中标的工程单价）的60%；

2. 公寓工程竣工验收合格后十五日内，建设用地审批对象支付建房款（套型面积×中标的工程单价）的20%；

3. 公寓工程价款结算审计后十五日内，建设用地审批对象付清房款。建设用地审批对象建房款届时与办公室结算，多退少补。

七　多层及中高层或高层公寓套房的安置与分配，由办公室另行制定实施办法执行。

八　本补充规定在村民代表大会通过，报义亭镇人民政府批准后实施。

九　本补充规定如与上级政策抵触的，应以上级政策为准。本补充规定由吴镇社区建设工作领导小组和岭村社区建设办公室负责解释。

附录12　两封与旧村改造有关的上访信

关于旧村改造中村两委干部违法违纪行为的信访报告

我村在旧村改造工作中，村两委干部没有按照国家有关法律和政策进行拆迁安置和旧村改造，而是利用手中权力凭个人喜欢随心所欲安置宅基地，无公开、公平、公正可言，村民顺口溜"一户一政策，政策放在干部口袋里"。

现将有关违法违纪行为事实呈报如下：

1. 拆迁安置过程中，村委委员＊＊＊户，原有房屋四间，凭借1983年的一张申建房屋批条（没有任何建筑）又多安置了三间房屋，按照打七折的政策，共分到五间半宅基地。

2. 村支部委员＊＊＊户，在2009年的拆迁中已安置162平方米宅基地，已经建好房入住。但是到2010年旧村改造时，又安置了七间宅基地。许多村民向村干部询问此七间宅基地的安置依据，村干部始终不解释。

3. 本村第八村民小组在70年代曾用于蒸汽育秧的一块废弃空地，也被当做屋基出售给村民而安排宅基地。

4. 在旧村改造中，五十年户口在外，在本村无任何房产证、土地证，都可以利用关系分到宅基地。一个甚至在台湾出生，从未在本村出现过的人，更无土地证等，也可分到宅基地二间。

5. 旧村改造过程中，三天冒出一张10年前的批条（村级批），五天又冒出一张20年前的交款发票，都可以安排宅基地，数字吓人。

6. 司法机关已裁定违章建筑的房屋，不但至今未拆除，反而被原村干部列入旧村改造中的建房面积而安排宅基地。

由于本村两委干部办事不公平，造成许多村民利益受损，矛盾尖锐，也严重影响了旧村改造的进行。

为此恳请相关部门调查处理。

此致

敬礼！

报告人：越州市吴镇岭村一部分刁民

2011 年 4 月 11 日

举 报

尊敬的领导同志：

　　我村目前正在旧村改造，村领导班子在本村旧村改造过程中有严重徇私舞弊、损公肥私的违法行为，他们利用职权，一手遮天，以权谋私，并且独断专行，弄虚作假。现在很多省市都让户籍迁回原籍的人享受村民的同等待遇，这样能给老百姓有个安身处。如果所有非农业户籍迁回原籍的人都是这样，我们老百姓也没有什么怨言，但是那些有背景的人却能分到宅基地并造好了房子。

　　村委书记×××还没有分家立户、大学毕业、非农业户口的女儿×××分到了 180 个平方（五间房子）地基，他自己连妻子、小儿子分到了 108 个平方，父母也分到了两间多。而其他村民的孩子大学毕业后、下岗职工回到村子里，竟然连一个平方也分不到，他还竟然说是政府的政策，那么他女儿分的 180 个平方难道也是政府规定的吗？他开会时宣称把自己祖上的宅基地给了非农业户口的女儿，自己作为无房户又向村里要了一户宅基地，为什么他能这样，我们这些老百姓却不能这样？难道我们老百姓和村委书记不是生活在同一片蓝天下吗？就连他哥哥×××的非农业户口女儿×××、儿子×××也分别分到了宅基地并造好了房子。

　　村支部委员×××，只有初中文化水平，但在本地却能呼风唤雨。不但利用职权以权谋私，侵占村里的福利，还不择手段地不放弃任何一次能捞钱的机会。例如，他家的祖坟在 2005 年修路的时候已经搬迁到了公墓，拿到了补偿款。现在村后面修了一条公路，他用欺诈的手段再一次拿到三万多元。×××为了能继续在村子里作威作福，为了自己的选票，发展了自己的亲戚×××入党，×××的奶奶都已死了一年多啦，为了能分到宅基地，户口到现在还没注销，这样的人还能顺利成为党员，真让人称奇。

前任村长×××，在丈量自家住宅面积时，故意虚报住房占地平方，并且把亲兄弟三人的房宅面积全部划到自己的名下，使自己原本七八十个平方变成了二百多个平方。×××把他的兄弟列为无房户，不但达到自己从村里多分摊宅基地的目的，而且还能让兄弟按照无房户的村规，毫不费力地再次分到建房宅基地。而对于本村村民的房屋面积不给计数，应该分到的地基扣着不分，致使本村的绝大部分拆迁户迟迟拿不到自己应该有的土地使用面积而无法造房，成为长期的无房户，以高价租房度日。并且把去年已经逝世的母亲一直冷冻着不下葬，还继续贪得无厌向村里索要宅基地。就连×××的老婆也坐到村委会的办公室里，一边打牌一边对丈夫垂帘听政、发号施令、指点江山。

对村干部在本村一手遮天的恶劣行径，我村村民怨言四起，却敢怒不敢言，也导致本村的改造计划长期徘徊不前，改造方案一直不能落实下来，村民造房的日子更是变得遥遥无期。他们为了自己的亲人多分地，把结婚登记的日期改了又改，已经改了三次了，导致村里有了众多假离婚、死了人不下葬的现象。这种官位老爷在自己势力范围内一手遮天，是不打折扣的土霸王、土地老爷，只会让共产党在老百姓心中失去威信。

温总理说要把反腐倡廉建设摆在重要位置，这直接关系政权的巩固。各级领导干部特别是高级干部要坚决执行中央关于报告个人经济和财产包括收入、住房、投资以及配偶子女从业等重大事项的规定，并自觉接受纪检部门的监督。塘村的领导干部为何敢明目张胆地胡作非为，这里面的玄机、背后的故事，我想，老百姓心里早已有了答案！

塘村退休教师×××

附录13 越州市村级干部基本报酬考核办法

一 考核对象
全市各村（包括未纳入社区管理的居委会，下同）级班子及成员。
二 考核指标体系
（一）考核构成。村级干部基本报酬考核实行百分制，分定性考评和定量考核，其中定性考评占30分，定量考核占70分。

（二）考核系数的确定

考核系数由职务系数、工作难易系数和村（居）规模系数构成。

村党组织书记和村委会主任的职务系数为1，村级其他委员的职务系数为0.5，书记、主任一肩挑的职务系数为1.5，委员交叉兼职的职务系数为0.7，跨村任职的村级干部的职务系数按任职村的实际考核系数累加计算。

村级班子的工作难易系数由各镇（街道）根据村（居）的具体情况实事求是确定，以0.1为一个档次，最高为1.3，最低为0.7，工作难易系数的平均值不得超过1。跨村交叉任职的村级干部的工作难易系数按最高标准计算。

村（居）规模系数按照村（居）的户籍人口数确定，以0.1为一个档次，具体划分为：村（居）户籍人口数300人以下的为0.8，300—500人的为0.9，500—800人的为1，800—1500人的为1.1，1500人以上的为1.2。

（三）考核项目的确定

定性考评由群众考评和组织考评两部分构成。

定量考核内容为"考核项目+X"，满分为70分，分别由若干个单项考核项目和1个奖励考核项目构成。各镇（街道）结合自身实际和工作特点，充分发挥各条线的作用，围绕基础工作和重点工作，科学设置考核项目，合理分配考核分值，并根据考核项目和奖励项目制定具体可行的考核细则。各镇（街道）考核细则制定后要报经市委组织部审核同意，方可组织实施。若市级职能部门有考核的，可参照市级职能部门的考核结果，不再另行组织考核。

三 考核的组织和计分办法

各镇（街道）建立村干部基本报酬考核小组（简称考核小组，下同），负责组织定性考评和定量考核工作。

（一）定性考评

1. 村级班子定性考评

村级班子定性考评满分为30分。具体考评方法如下：①群众考评。召开村党员、村民代表和村级配套组织负责人会议，先由村党组织书记代表村班子作述职报告，再对班子进行考评，考评分数占定性考评总分的

30%。②工作片考评。由工作片对照镇（街道）的考核细则，对各村目标完成情况进行综合考评，考评分数占定性考评总分的30%。③镇（街道）党（工）委考评。由镇（街道）召开班子联席会议，对各村目标完成情况进行综合考评，考评分数占定性考评总分的40%。

2. 村级干部定性考评

村级干部的定性考评得分满分为30分。具体考评方法分三步走：一是召开村党员、村民代表和村级配套组织负责人会议，由村级干部分别作述职报告，其中村党组织书记、村委会主任要求有书面述职报告，然后由村党员、村民代表和村级配套组织负责人根据村级干部工作开展情况进行考评，确定每位村级干部的群众考评得分。二是镇（街道）考核小组根据村级班子的定性考评得分计算村级班子的定性考评得分率，定性考评得分率＝班子定性考评得分/30。三是镇（街道）考核小组将每位村级干部的群众考评得分与所在村级班子定性考评得分率进行综合，确定每位村级干部的定性考评得分，即每位村级干部的定性考评得分＝每位村级干部的群众考评得分×所在村级班子的定性考评得分率。

（二）定量考核

1. 村级班子的定量考核

村级班子的定量考核满分为70分。各镇（街道）考核小组成员按照考核细则计分要求分别计分，统一汇总后产生各村级班子的定量考核得分。定量考核得分应以平时工作情况为主，年终考核情况为辅。

2. 村级干部的定量考核

村级干部的定量考核满分为70分。村级干部的定量考核分三步走：一是各工作片及时召开工作片正副主任以及联村干部会议，对村级干部逐村逐人进行考核，确定个人考核得分。二是镇（街道）考核小组根据村级班子的定量考核得分计算村级班子的定量考核得分率，定量考核得分率＝班子定量考核得分/70。三是镇（街道）考核小组将每位村级干部的个人考核得分与所在村级班子定量考核得分率进行综合，确定每位村级干部的定量考核得分，即每位村级干部的定量考核得分＝每位村级干部的个人考核得分×所在村级班子的定量考核得分率。

四　等次确定及奖惩措施

（一）村级班子的考核等次确定

1. 村级班子的最终考核成绩＝村级班子定性考评得分＋村级班子定

量考核得分+表彰加分。获得市级以上荣誉的村班子可获得表彰加分。获得市委、市政府及省厅局级表彰的，加5分，获得省委、省政府及国家部委办局表彰的，加10分，获得国家级荣誉的，加20分。

2. 村级班子的最终考核成绩在90分及以上的考核为优秀，80—90分为良好，70—80分为称职，60—70分为基本称职，60分以下为不称职。

3. 考核为优秀的村级班子数不超过各镇（街道）村（居）总数的20%，良好的不超过20%，称职的不超过30%，不称职的不少于5%，其他为基本称职。

4. 考核为基本称职的村级班子，取消班子和主职干部的评先资格。

5. 考核为不称职的村级班子，取消班子和干部个人的评先资格。

（二）村级干部的考评等次确定

1. 村级干部个人的最终考核成绩＝个人定性考评得分＋个人定量考核得分。

2. 村级干部个人的最终考核成绩在90分及以上的考核为优秀，80—90分为良好，70—80分为称职，60—70分为基本称职，60分以下为不称职。

3. 考核为优秀的村级干部数不超过各镇（街）村级干部总数的15%，良好的不超过20%，不称职的不少于5%。

4. 本年度内有以下情形之一的，考核实行个人一票否决，个人最终考核成绩为0分。①违反计划生育和土地管理政策受到处罚的；②参与赌博、嫖娼、封建迷信、打架斗殴及其他违法、违规活动被纪检监察机关立案查处的；③村级干部带头、参与越级上访的；④严重闹不团结、影响工作开展的；⑤未完成市、镇（街道）重点工程配合工作的。

五　报酬兑现

1. 按照上级有关文件规定，我市本届村级干部基本报酬的基数为2007年年底我市农村劳动力平均收入，即15485元。

2. 村级干部个人报酬计算方法：

各村级干部基本报酬基数＝各村级班子的最终考核成绩/100×班子工作难易系数×村（居）规模系数×全市村级干部基本报酬基数；

个人报酬＝个人最终考核得分/100×职务系数×各村（居）干部基本报酬基数。

3. 村级干部个人本年度考核被一票否决的，取消本年度基本报酬。

4. 村党组织书记及委员、村委会主任及委员本年度内有以下情形之一的，取消本年度基本报酬。①年度考核不称职的；②除不可抗力原因外，没有完成组织分配工作或创业承诺事项的；③长期外出（一年内累计3个月以上不在越州区域内）致使工作无法正常开展的；④其他方面存在突出问题造成严重后果的。

村党组织书记及委员、村委会主任及委员不认真履行职责的，也要视情扣发其基本报酬。

5. 村党组织书记任期内不发展党员的，第3年取消年度基本报酬。

附录14 吴镇村（居）集体经济组织财务管理制度

为切实加强农村财务管理，实行民主监督，保障农村集体经济组织和广大农民合法权益，使村级集体资产增值、保值。根据市委办〔2003〕86号、232号、〔2008〕151号和义农字〔2005〕12号文件精神，结合本镇实际，经镇政府研究，特制定本制度。

一　村级财务管理机构及基本原则

镇设立农村财会代理中心，在坚持"三权不变"（即坚持资金所有权不变、坚持资金使用权不变、坚持盈利收益权不变）的原则下，负责所辖村级财务统一结算报账，代理村级记账，代为管理存款，实现货币收支两条线和会计电算化管理，按照有关法规和制度，监督农村财务活动，协助农村集体经济财务公开，确保集体资产安全、增效。镇设立农村财会代理中心，配专职代理总会计、总出纳和助理会计或出纳若干名。各村设财务主管、会计、出纳各一名，会计为报账员。

二　执行"五统一"收支两条线管理程序

（一）统一开设银行账户、预算拨款、报账决算制度

各村资金统一存入越州农村合作银行义亭支行，镇农村财会代理中心统一设立收入账户，村所有资金收入统一存入农村财会代理账户，以村为单位统一设立一个支出账户。实行预算拨款、报账决算，各村的日常开支尽量手续齐全、减少报账次数，方便村的办理程序。

1. 村必须在月底（即报账决算前）编制下月所需开支金额的财务预算，此预算由村委主任、村会计编制，村支部书记审核盖章（财务监督

章），必要时须经村两委讨论通过。报镇农村财会代理中心按相关程序监审后才能拨款。

2. 镇财会代理中心，接到村财务预算后，必须在当日或次日监审完毕，同意拨款的在手续齐全后当日拨出。

3. 村在完成当月财务预算的过程中，必须及时将本月收入、费用账目的一切经济业务上报镇农村财会代理中心决算入账。

（二）统一实行收付凭证领用登记制度

各村统一使用上级统一监制的收付款凭证和账册，由镇财会代理中心总出纳发放，做到发放登记、领用签名。收款凭证须凭上次用完的发票存根进行验对注销后调换。收入必须当天存入代理中心账户。

原始凭证必须合理、合法，同时要具备"四章六有"："四章"即指凭证监制章、出具发票单位章（发票专用章）、经办人或领款人章、审批人章，"六有"即指有发票抬头，有开票日期，有票据编号，有发票单位名称，有内容摘要，有数量、单价、金额（大小写）。支出票据，原则上要开具财税发票。对金额较大支出，如工程款支出、单位来往等必须凭财税发票结算，对金额较少，确实无法取得有效凭证的个人单项业务，凭收款人出具的详细清单和签名及身份证号码等附件资料，由会计填写付款凭证。白条子一律不予入账，严禁白条子抵库。各村及时按要求处理镇财会代理中心退回的凭证业务。

（三）统一财务支出审批权限

村集体经济组织一切开支必须按照财务制度规定执行，统一财务主管审批和加盖财务监督章（村支部书记）报销的原则。原始单据须有经手人签字，并注明用途。

审批权限：生产性开支2000元/次以内，非生产性开支1000元/次以内，由村财务主管签批；生产性开支2000—5000元/次以内，非生产性开支在1000—3000元/次以内，由村财务主管签批，村支部书记审核盖章；生产性开支5000元/次以上，非生产性开支3000元/次以上，要通过村两委讨论同意，再由村财务主管签批，村支部书记审核盖章。需要集体讨论通过的，必须有会议记录和到会人员签名。村财务主管要严格执行财务管理制度，遵守财经纪律，不允许财务主管自签自报。

规范借入款手续：村集体经济原则上不予借入款，但如有特殊情况必须借入款时，须经村两委讨论同意，报村民代表大会通过，附会议记录和到会人员签名，并开具村统一收款收据，收据内容要明确归还日期、利率（参照人行同期利率）、金额等。借入款必须存入镇财会代理中心账户。否则一切后果自负。

（四）统一报账日期

规定每月 21—25 日到财会代理中心报账，义亭片 21—22 日、王阡片 23 日、畈田朱片 24 日、杭畴片 25 日，若遇双休日则顺延。根据需要代理中心也实行随时报账制。

村会计为报账员，报账时必须随带本期发生的收付发票、现金存款日记账、收款凭证存根、收入户存单、支出户存折、现金存款结报单（必须有村会计和出纳共同签名）。村出纳必须在报账日期前 3 天将付款凭证及现金存款结报单交会计审核、结算，以便及时报账。

坚持不报账不拨款原则，对不按时报账，经镇代理中心多次催报仍不结报的村（居），代理中心有权暂停该村申拨资金等措施，直到结清账目为止。

（五）统一民主管理、民主监督、财务公开

村建立民主理财、民主监督小组，村民主理财和监督小组一般由 4—6 人组成。各村每年不少于一次开展民主理财活动，理财小组一般由民主监督小组成员与 1—3 名村民代表成员组成，其中村两委成员不得超过 1/3。镇政府建立农村财务清理小组，根据有关文件规定对各村 3 年轮换一次进行财务清理，并对各村财务清理情况做出报告，对存在的问题提出整改意见。

各村每月 28 日在财务公开栏内公布各项收支情况，公布资料由镇财会代理中心提供，由村会计加盖村两委及村民主监督小组公章后负责张贴，联村干部对村财务公开情况进行监督。

三 货币资金管理

村级收取的各种款项必须全额纳入代理中心收入管理，农村集体经济组织内部的土地征用、农田基本建设、旧村改造、公墓建造、农电网改造、老年协会、幼儿园、社会治安、市场管理、环境保护、水电等社会公共事业的收付业务必须全额纳入村账管理，严禁设账外账，严禁以收抵支，收支不入账等行为的发生。

代理中心分别给各村设置一个支出专户，进行银行货币资金的核算，不得多头存款、坐支现金；不得设小金库、搞账外账；不得白条抵库、擅自出借；不得挪用、移用公款；不得出租或出借银行账户。对外投资、土地征用费发放等事项，要召开村民代表大会讨论通过，同时要有会议记录及到会人员签名，并将会议记录复印件、分配方案、招标文件等资料报财会代理中心备案。

各村日常用款的申领，需由村填写《存款领用监审单》，实行分级审核签字。一次性领用5000—10000元（不含）由村主任、书记审核签字；1万元（含）以上还需联村干部审核签字；5万元（含）以上还需核算中心主任审核签字；10万元（含）以上还需分管财务领导审核签字，必要时还需主要领导审核签字。

支出账户库存限额：1000人以下的村为5000元以内，1000人以上的村为10000元以内。出纳向支出户取现金时，须由村会计开具支取凭证，经村委主任签字，并加盖（支部书记）财务监督章后方可领取。为确保集体资金不流失，保证货币资金的安全，出纳库存备用金按各行政村人数确定：500人以上的村留用备用金为1000元；501—1000人的村留用备用金为1500元；1000人以上的村留用备用金为2000元。

四　收支管理

1. 各村年初要根据本村的收入来源进行预算，制订收支计划，按照统筹兼顾、增收节支、量入为出、留有余地的原则，加强核算，实行收支预决算制度。

2. 村各种承包项目，一般采用公开投标预交制，承包者要按合同规定及时上交承包款，村两委干部要按时收缴，先交款后开收据，严禁开空头收据。

3. 村干部不得利用职权用集体资金投商业保险，严禁用集体资金购置交通和通信工具。

4. 村干部不得滥发钱物、用公款外出旅游或变相旅游。确因工作需要，需要外出的，须经村集体研究同意，报工作片主任审核后，再报镇主要领导批准，方可外出。否则不予报销。

5. 严格执行村级零招待制度，根据市委办〔2007〕44号文件精神，坚决杜绝任何形式的公款招待行为，严禁公款招待入账。

6. 规范工程款支付方式，严格按照工程进度及合同约定条款分期支付，工程结算时，必须具有投标细则、合同、工程预决算、竣工验收单、正式发票等资料，才能按相关程序结算。

7. 实行村级误工报酬登记簿制度。凡是列入市政府年终发放奖金范围的村两委成员，一律取消固定职务报酬。各项误工费的支出实行登记簿制度。各村到镇财会代理中心领取义亭镇统一印制的《义亭镇村（居）误工登记簿》，并确定村会计为记工员，实行实务实记，每月报账前各村要按时公开误工清单与标准，在公开一周接受群众监督后加盖村（居）民主监督小组章，才能支付。

8. 村（居）民主监督小组积极参与村收支的管理和理财，并对收支情况进行全程监督。

五 加强承包合同与项目招投标管理

村级承包合同管理的范围主要包括二轮土地承包合同、山林或荒山承包合同、土地承包清册、山林承包权证、土地承包变更协议和到户清册、各项修建工程或项目承包合同等。村级民主监督小组及财会人员必须参与村本级各业发包工作，积极当好参谋，负责合同签订的有关业务处理，完备合同手续。承包合同发生变更，必须经承发包双方同意，并对原承包合同有关事项办理变更手续。财会代理中心设置《农村承包合同明细账》，加强对承包合同的管理，各村设置《承包合同登记簿》，及时收缴承包款，承包合同到期后及时办理相应手续。

凡涉及村（居）集体经济组织的工程建设（包括工程建筑材料采购）、项目承包以及房屋租赁，应由村（居）两委决定或经村民代表会议讨论通过。工程款预算在3万元（含）以上的新农村建设工程（包括农村自筹资金的建设项目和财政资金扶持的建设项目，含村庄整治中所涉及的排水排污、自来水、村内道路、湖塘沟渠、外墙粉刷、绿化、亮化、公厕等项目）统一都由镇招投标中心招标。3万元以下工程也必须在镇政府相关职能办的指导下，由村（居）按照民主决策程序组织招投标。镇代理中心依据会议记录、协议或合同中规定的付款方式进行拨付。同时坚持整体工程不分割的原则，原则上不追加工程项目，若确需追加工程项目的，按义镇政〔2006〕43号文件《关于义亭镇建设项目调整和工程变更管理办法的通知》执行。严禁私下设标和低价处理。

六 财产物资管理

村集体经济资产、产品物资由村本级主管，各村应建立固定资产明细账和价值易耗品登记簿，确定保管员定期核对盘点或提取折旧，并把盘点结果及时报农村财会代理中心入账。村集体资产一律不准出借或担保贷款，违者由经办人和批准人共同承担相应的经济和法律责任。

七　债权债务管理

村会计（报账员）向农村财会代理中心报账时，根据期末债权债务的实际，填制《债权债务对账单》一式两份，一份经代理总会计记账核对签字后返回会计保管，另一份由代理总会计存档。债权债务要及时兑现，对逾期没有兑现的应予以计息处理；长期逾期、无客观原因的要追究法律责任。

八　财会人员职责与义务

1. 代理中心工作人员职责：根据村会计（报账员）提供的凭证，准确、及时系统地记好总分类账、各种明细账、总出纳账，做到账证、账表、账物、账款、账账五相符；严格把好农村财会代理制度关，认真审查收支凭证的真实性、合法性、合理性；按月结出会计科目余额表，并返回村公布，按季上报市农经站；审查监督各村的财务预算执行情况，资金的保管使用情况，对违法违纪及不合理开支拒绝入账，对于手续不全的凭证要返回补办手续，发现问题及时汇报；保管好印章；年终搞好财务决算，整理装订好会计档案并妥善保管。

2. 村会计（报账员）的职责：协助财会代理中心做好各项财务工作，并监督实施，参与制订本村财务收支计划；开具收款凭证，负责收入及时存入代理账户；归集和审核本村收付凭证，填制收付款凭证；准确、及时、完整、清楚地记好各种明细账，汇总结报清单；记录《报账登记簿》、《债权债务登记簿》、《物资分配登记簿》、《承包合同登记簿》。签订和结算本村各种经济合同，做好各种农业统计工作；年终做好会计档案和文书档案装订归档工作。

3. 村出纳的职责：记好现金日记账，管好、使用好备用金，严格按财会代理制度规定付款；审查报销的非正式发票（非正式发票须经村会计开具付款凭证，并按规定签批后方可付款，对不符合手续的开支出纳必须拒绝支付，否则后果自负）；及时核对财会代理账户、支出账户、备用金的余额。

4. 加强村级财会队伍建设。各村财会人员要保持相对稳定，不得随意撤换，确需调换的应由村两委提出申请，经代理中心和镇分管领导审核，报镇政府批准。村级财会人员必须持证上岗。村级财会人员实行回避即村主任及其亲属不得聘任为本村集体经济组织的财会人员。

九　加强会计档案管理

各种会计凭证和账簿、财务收支预决算、各种会计报表、经济合同或协议、财会人员交接清单、会计档案销毁清单及经济情况统计资料等，由农村财会代理中心统一管理，任何个人和单位不得以任何借口不上交各种会计档案。在财会人员变动时，必须及时办理交接手续，对于拒不移交会计资料或会计资料毁坏以及违反本制度规定非法使用凭证，产生严重社会影响和经济损失的，依法追究有关当事人责任。在村（居）设立档案室，各种账册、单据、报表、凭证存根、合同、契约、产权证、文件、会计出纳移交清单、会议记录等，应由村会计及时分类整理装订成册，列入档案管理。

十　违纪违规处理办法

有下列情形之一的，视错误事实、情节轻重和认识态度，经有关纪检部门查处，按照《中国共产党纪律处分条例试行》和《浙江省违反村级财务管理规定行为责任追究办法》给予相关责任人员通报批评或进行党纪政纪处分，触犯刑律的，由相关部门进行查处，依法追究法律责任。

1. 超出核定备用金限额，超额较大的；
2. 不符合财务制度规定的凭证抵库存现金，且笔数较多、金额较大的；
3. 现金坐支，即将收入现金不存入代理专户，直接拿去支付现金业务，屡教不改的；
4. 保留账外公款，包括收到现金一个月以上不交入代理中心基本账户的；
5. 以个人名义或化名公款私存的；
6. 移用、挪用公款的（包括未经批准私借）；
7. 在工程材料清单不齐和凭证不合法的情况下支付入账的；
8. 伪造、涂改、虚假会计凭证（并已报销入账）和毁掉收款收据存根的；
9. 其他违反国家有关法律、法规的行为。

十一　附则

1. 镇财务管理核算中心是农村合作经济组织财务管理的业务主管部门。
2. 本制度适用于经济服务社、自然村、村民小组（生产队）。
3. 本制度如与上级规定相抵触的按上级规定执行。
4. 本制度由镇财务管理核算中心负责解释。

后　　记

　　这本书是在我的博士学位论文基础上修改而成的。付梓之际，回首往昔，生命中有太多值得我终生铭记和感恩的人。

　　首先要感谢我的博士导师贺雪峰教授。本文从选题、写作、修改到定稿，每个环节都渗透着他的心血。10年前，在我人生最迷茫的时候，先生不嫌我资质驽钝且心思不宁，将毕业于化学系却混迹于媒体的我招入麾下，他的指引让我少走了很多弯路，他的鞭策与鼓励使我这个生性懒散的浪子有幸一窥学问之堂奥。在他那里，我真正意识到"富贵于我如浮云"并不是文人自慰的说辞，恰恰相反，只有进入像他那样的无欲境界中，人才能真正找到自我，才能心无杂念专于一事，才能从小我中超脱出来，在有生之年为民族贡献一点心智。他不仅是我学术的导师，也是我人生的导师。

　　吴毅教授的指导同样让我受益匪浅。他治学严谨，尽管研究进路与行文风格与我的导师略有不同，但两位老师的切磋与争鸣让我感受到思辨的张力、思维的魅力和思想的精彩。董磊明教授在我的成长路上也给予了大量的帮助，对于我每次的叨扰与提问，他都耐心细致地予以解答。罗兴佐教授、王习明教授在田野调查中给了我许多的指点和提携。华中科技大学社会学系雷洪教授、孙秋云教授，武汉大学社会学系朱炳祥教授、周长城教授，华中师范大学社会学院夏玉珍教授对我的博士学位论文提出了非常中肯的批评和建议，让我受益良多。

　　感谢华中科技大学中国乡村治理研究中心这个上进友爱的团体！尽管高强度的调查、阅读和写作并不轻松，但在众多师兄师姐与师弟师妹的相互激励中，这个"痛并快乐着"的过程变得无比充实。能够与他们一起在田野中挥洒汗水、激发灵感，实乃人生一大幸事！他（她）们是陈柏峰、刘勤、刘岳、李德瑞、吕德文、杨华、郭亮、欧阳静、田先红、宋丽娜、范成杰、龚春霞、张世勇、汪永涛、刘洋、陈辉、朱静辉、赵晓峰、刘燕舞、郭俊霞、王会、何绍辉、狄金华、陈锋、耿羽、王德福、桂华、林辉煌、陈讯、陶自祥、黄鹏进、韩鹏云、李祖佩、袁明宝、李宽、邢成举、王君磊、余练、李元珍、焦长权、龚维刚、夏柱智、王海娟、阳云云、刘锐、孙新华、陈义媛、谭林丽、徐嘉鸿、杜园园、余彪、田孟等。

我的工作单位浙江师范大学法政学院为我博士毕业后顺利完成角色转变提供了一个温情友爱的环境和大量的便利条件。感谢张兆曙教授一直以来对我的关怀与指导！感谢周绍斌、章秀英、应小丽、蔡应妹、李伟梁、林晓珊、方劲、许涛、李棉管、陈占江、辛允星、蔡玉敏、杜妍智、朱凯、裘旋、叶晖、李院林、温荣等老师、同事和朋友对我的照顾！他们的理解、体谅和无私帮助让我得以顺利地走出生活的难关。

感谢学界前辈浙江大学毛丹教授、杭州师范大学卢福营教授、杭州市委党校吴思红教授对我的帮助与支持！感谢浙江省委党校任强教授、浙江省民政厅基政处陈建义处长，他们为我提供了这次难得的调查机会，并为我顺利进入田野展开调查做好了充足的铺垫。感谢调查地点所在市的民政局纪委书记与基政科科长，原谅我不能说出他们的名字，但对他们的感谢已经写在了我的心底。

感谢吴镇的乡村干部和父老乡亲！感谢房东夫妇在调查期间对我的帮助与照顾，他们不厌其烦地为我联系访谈对象，还要在生活中忍受我神经质般对诸多平常细节的反复纠问。感谢塘村的老支书，他年已古稀，但精神矍铄、记忆清晰。他一次又一次地接受我的访谈，不求任何回报，遇见他实在是我的福分。感谢所有的访谈对象！正是这些民间的高人用他们已知的信息和既有的观察滋养了我的文章。真正探究和思考的是他们，我只是去发掘、记录和拼凑整幅画面，然后用一套号称"社会科学"的符码重新表达而已。

感谢浙江省社科联省级社会科学学术著作出版专项资金的全额重点资助，他们的支持让这项以浙江中部农村为田野的研究项目得以完成并顺利出版。

最后，感谢我仍在田间地头劳作的父母。转眼他们已年逾花甲，而我却因长期求学逃避了诸多责任。我只能在这里默默地期许自己的学术作品能够为无数个像他们一样勤劳善良的中国农民做点什么,哪怕只是一点点。

窗外晨光熹微,鸟鸣婉转。啊,新的一天到来了!

袁　松

2014 年 9 月 20 日清晨于浙江师范大学生活区